“十二五”职业教育国家规划教材
经全国职业教育教材审定委员会审定
高职高专汽车检测与维修技术专业优质核心课程系列教材

汽车整车性能检测

第 2 版

主　编　吴兴敏　惠有利
副主编　马绪辉　张丽丽
参　编　陈卫红　赵　彬　康宏卓　马志宝
沈　沉　黄宜坤　黄艳玲　张成利
宋孟辉　郭大民　鞠　峰

机械工业出版社

本书是“十二五”职业教育国家规划教材，经全国职业教育教材审定委员会审定。本书以典型的汽车综合性能检测报告单为依据，按照报告单的先后顺序，详细介绍了报告单规定的全部检测项目的检测目的、检测方法、检测仪器及设备的结构与工作原理、检测标准及检测结果分析等。具体内容包括汽车动力性检测、汽车燃料经济性检测、发动机技术状况检测、转向操纵性检测、悬架装置特性检测、汽车制动性能检测、汽车前照灯检测、汽车排气污染物检测、车辆人工检测以及噪声与其他项目检测等，并以附录的形式简要介绍了国内与汽车整车性能检测相关的法律法规及标准。

本书供高等职业院校汽车相关专业教学使用，也可作为相关岗位培训或自学用书，同时可供汽车检测与维修技术人员学习和参考。

本书配有电子课件，凡使用本书作为教材的教师可登录机械工业出版社教育服务网 www.cmpedu.com 注册后下载。咨询邮箱：cmpgaozhi@sina.com。咨询电话：010-88379375。

图书在版编目（CIP）数据

汽车整车性能检测/吴兴敏，惠有利主编.—2 版.—北京：机械工业出版社，2015.7（2022.7 重印）
“十二五”职业教育国家规划教材　经全国职业教育教材审定委员会审定　高职高专汽车检测与维修技术专业优质核心课程系列教材
ISBN 978-7-111-50822-9

Ⅰ.①汽…　Ⅱ.①吴…②惠…　Ⅲ.①汽车-性能检测-高等职业教育-教材　Ⅳ.①U472.9

中国版本图书馆 CIP 数据核字（2015）第 154455 号

机械工业出版社（北京市百万庄大街 22 号　邮政编码 100037）
策划编辑：葛晓慧　责任编辑：葛晓慧　贺贵梅
版式设计：赵颖喆　责任校对：任秀丽　胡艳萍
封面设计：鞠　杨　责任印制：常天培
北京中科印刷有限公司印刷
2022 年 7 月第 2 版·第 6 次印刷
184mm×260mm·16.25 印张·402 千字
标准书号：ISBN 978-7-111-50822-9
定价：39.80 元

电话服务	网络服务
客服电话：010-88361066	机　工　官　网：www.cmpbook.com
010-88379833	机　工　官　博：weibo.com/cmp1952
010-68326294	金　　书　　网：www.golden-book.com
封底无防伪标均为盗版	机工教育服务网：www.cmpedu.com

前言

1. 课程说明

“汽车整车性能检测”是高职汽车检测与维修技术专业针对汽车机电维修工及汽车检测线检测工岗位能力进行培养的一门专业课程，也是高职汽车电子技术专业、汽车整形技术专业和汽车定损与评估专业的一门专业必修或选修课。本课程构建于“汽车维护”“汽车发动机构造与维修”“汽车底盘构造与维修”“汽车发动机原理与使用性能”等课程的基础上，以培养学生职业能力为目标，以汽车整车性能检测为主要内容，采用基于工作过程的课程方案设计，以行动导向组织教学过程，使学生能够利用检测仪器设备对汽车的综合性能及维修质量进行检验，同时注重培养学生的社会能力和方法能力。

通过该专业核心课程的学习，使学生掌握以下专业能力、方法能力和社会能力：

1）专业能力

①制订计划，在法律规定的范围内对汽车整车综合性能进行检测，并按计划实施。

②填写工作任务单，借助于专用的检测仪器、设备对汽车技术状况进行评估。

③提高车辆技术状况水平，调整技术参数，并对此予以说明。

④根据相关的制度、规范开展服务工作。

⑤制订检测规范，规定检测必须具备的条件，对汽车每一部分的系统运行功能进行检测，核查检测程序。

⑥对已经掌握的数据，要能够解释说明、分析利用和评估。

⑦在征得客户同意的前提下，排除之前已检测确定的交通安全和运行安全的隐患。

⑧告知客户对车辆状况进行法定的检查，以及必须进行修理措施的可能的类型和范围。

⑨评估车辆维修质量，确认是否达到维修目标；对营运车辆进行车辆技术状况等级评定。

2）方法能力

①能独立学习新知识、新技术。

②具有解决实际问题的思路。

③能独立制订工作计划并实施。

④能够查找资料与文献以取得有用的知识。

3）社会能力

①具有团队意识和相互协作精神。

②具有较强的沟通能力和人际交往能力。

③注重环境保护和工作安全。

④遵守职业道德。

2. 第1版教材使用与建设情况

《汽车整车性能检测》一书自出版以来，由于采用了新颖的编写模式，理论知识的深度和知识与技能的融合方式适应职业教育突出技能培养的要求，理论知识与技能要求完全来自于实际的汽车整车性能检测企业，并配备了较为全面的教学素材而受到广大使用者的关注，受到使用者一致好评。

3. 本次修订的主要内容

1）重新调整教材编写结构，采用项目式教学方法设计。

理由：本课程不适合情境式教学模式。

2）内容及顺序完全按统一的汽车综合性能检测报告单编写。完全删除综合性能检测报告单和安全检测报告单之外的项目内容。

理由：能看懂检测报告单是本课程学习的主要目的之一。特别是在行业培训时，检测报告单的作用更加突出。按检测报告单程序编写符合实际工作情况。

3）取消"知识与技能拓展"模块。

理由：因为原书中"知识与技能拓展"模块中的内容为较深的理论知识或实际工作中不太常用的技能，删除此模块才能充分体现知识浅显，技能与实际工作一致。

4）进一步简化"相关知识"模块中的内容，精练设备原理叙述。

理由：过多、过深的设备原理叙述，高职学生很难理解，实际工作中用处也不大，因为设备的维修一般由设备生产厂家进行。

5）修改相关标准。

理由：原书引用的部分标准如GB 7258—2004《机动车运行安全技术条件》已被GB 7258—2012代替。故本次修订必须引用新的标准，以保持教材内容的先进性。

6）增设附录，用以简要介绍与汽车整车性能检测相关的法律法规及标准。

4. 修订后的教材特点

①根据职业教育规律和高端技能型人才成长规律，充分考虑中高职教育的衔接，吸纳企业一线专家参与，体现产学结合的思想。

②教材内容选取与实际工作紧密相关，理论知识浅显精练，注意实操技能的培养。

③教材采用项目引领、任务驱动结构。按学习目标、任务分析、相关知识、技能学习和学习检验的体例组织各学习任务，具有明显的项目式教学特点。

④引入相关的法规，提高了课程的完整性。

⑤制作了相关的视频、电子课件、习题库、学生实训用工单、考核用评分标准和考核试卷库等立体化教学资源。

5. 课程建议学时分配

本课程建议教学时数为48～60学时，具体学时分配见下表。

"汽车综合性能检测"课程学时分配表

序号	项　目	教 学 任 务	学时
1	汽车动力性检测	汽车动力性检测	6
2	汽车燃料经济性检测	汽车燃料经济性检测	2
3	发动机技术状况检测	发动机技术状况检测	4
4	转向操纵性检测	1. 车轮平衡度的检测	2
		2. 转向轮侧滑量的检测	2

（续）

（续）

序号	项　目	教 学 任 务	学时
4	转向操纵性检测	3. 车轮定位的检测	1
		4. 转向盘最大自由行程与转向操纵力的检测	1
		5. 转向轮最大转向角与转向操纵力的检测	1
5	悬架装置特性检测	悬架装置特性检测	2
6	汽车制动性能检测	1. 台试检测制动性能	3
		2. 路试检测制动性能	3
7	汽车前照灯检测	汽车前照灯检测	4
8	汽车排气污染物检测	1. 汽油车尾气排放污染物含量的检测	2
		2. 柴油车尾气排放烟度的检测	2
9	车辆人工检验	1. 车辆外观检验	6
		2. 车辆底盘检验	2
10	噪声与其他项目检测	1. 汽车噪声的检测	2
		2. 车速表示值误差的检测	2
		3. 客车防雨密封性检测	1
合　计			48

注：上表中未包含实训项目课时分配，各单位可根据自身情况确定实训项目及课时分配，总体实训课时建议 10 ~ 12 学时。

本书由辽宁省交通高等专科学校吴兴敏和惠有利担任主编，沈阳市汽车综合性能检测中心马绪辉、辽宁省交通高等专科学校张丽丽担任副主编。参加本书编写工作的还有陈卫红、赵彬、康宏卓、马志宝、沈沉、黄宜坤、黄艳玲、张成利、宋孟辉、郭大民、鞠峰。

本书的编写，得到了大连市汽车综合性能检测中心邓万豪先生和石家庄华燕交通科技有限公司的大力支持，在此表示衷心的感谢。

由于编者水平有限，书中难免有不当之处，恳请读者批评指正。

编　者

目　录

项目一

汽车动力性检测

学习目标

1. 能够正确解释汽车动力性评价指标。
2. 能够正确描述汽车底盘测功台的结构与工作原理。
3. 能够用汽车底盘测功台检测汽车底盘输出功率。
4. 能够根据底盘测功的检测结果分析评价汽车的动力性能，并提出维修建议。
5. 能够培养良好的安全与卫生习惯和团队协作意识。

任务分析

汽车动力性是表示汽车在行驶中能达到的最高车速、最大加速能力和最大爬坡能力，是汽车各种性能中最基本、最重要的一种性能。它直接影响汽车的平均技术速度。随着我国高等级公路里程的增长、公路路况与汽车性能的改善，汽车的行驶速度越来越高。汽车行驶的平均技术速度越高，汽车的运输生产率就越高。但在用汽车随使用时间的延长，其动力性会逐渐下降，如果不能达到高速行驶的要求，则不仅会降低汽车应有的运输效率及公路应有的通行能力，而且会成为交通事故、交通堵塞的潜在因素。因此，对在用汽车动力性的检测越来越受到重视。

在室内检测在用汽车动力性时，采用驱动车轮输出功率或驱动力作为诊断参数，必须在底盘测功台上进行。驱动车轮输出功率的检测，即通常所说的底盘测功。

底盘测功的目的：一是获得驱动车轮的输出功率或驱动力，以便评价汽车的动力性；二是用获得的驱动车轮输出功率与发动机飞轮输出功率进行对比求出传动效率，以便判定底盘传动系统的技术状况。

相关理论知识

一、汽车检测站简介

汽车检测站是综合运用现代检测技术，对汽车实施不解体检测诊断的机构。它具有现代的检测设备和检测方法，能在室内检测出车辆的各种性能参数，并能诊断出各种故障，为全面、准确评价汽车的使用性能和技术状况提供可靠的依据。

1. 检测站任务

按照中华人民共和国交通部令第 29 号《汽车运输业车辆综合性能检测站管理办法》的规定，汽车检测站的主要任务如下：

1）对在用运输车辆的技术状况进行检测诊断。

2）对汽车维修行业的维修车辆进行维修质量检测。

3）接受委托，对车辆改装、改造、报废及其有关新工艺、新技术、新产品、科研成果等项目进行检测，提供检测结果。

4）接受公安、环保、商检、计量和保险等部门的委托，为其进行有关项目的检测，提供检测结果。

2. 检测站类型

按照不同的分类方法，汽车检测站可以分为不同的类型。

（1）按照服务功能分类　按照服务功能的不同，检测站可分为安全检测站、维修检测站和综合检测站三种类型。

安全检测站是国家的执法机构，不是营利性企业。它按照国家规定的车检法规，定期检测车辆中与安全和环保有关的项目，以保证汽车安全行驶，并将污染降低到允许的限度。这种检测站对检测结果往往只显示“合格”和“不合格”两种，而不做具体数据显示和故障分析，因而检测速度快，检测效率高。如果自动化程度比较高，则检测站年度检车量可达数万辆次。检测合格的车辆凭检测结果报告单办理年审签证，在有效期内准予车辆行驶。这种检测站一般由车辆管理机关直接建立，或由车辆管理机关认可的汽车运输企业、汽车维修企业等企业单位或事业单位建立，也可多方联合建立。

维修检测站主要是从车辆使用和维修的角度，担负车辆维修前、后的技术状况检测。它能检测出车辆的主要使用性能，并能进行故障分析与诊断。它一般由汽车运输企业或汽车维修企业建立。

综合检测站既能担负交通运输管理部门的综合性能检测、公安车辆管理部门的安全性能检测及环保部门的环保性能检测，又能担负车辆使用、维修企业的技术状况诊断，还能承接科研或教学方面的性能试验和参数测试。这种检测站检测设备多，自动化程度高，数据处理迅速、准确，因而功能齐全，检测项目广且深度大，可为合理制定诊断参数标准、诊断周期以及为科研、教学、设计、制造和维修等部门或单位提供可靠依据，并能担负对检测设备的精度测试等工作。

（2）按照规模大小分类　按照规模大小的不同，检测站可分为大、中、小三种类型。其中，大型检测站检测线多，自动化程度高，年检能力大且能检测多种车型。大型综合检测站可成为一定地区范围内的检测中心。

中型检测站至少有两条检测线，目前国内地市级及以上的城市建成或正在筹建的检测站多为这种类型。

小型检测站主要是指那些服务对象单一的检测站。例如：规模不大的安全检测站和维修检测站就属于这种类型，它不能担负更多的检测任务。这种检测站设有一条或两条作用相同的检测线。如果是一条检测线，它往往能兼顾大、小型汽车的检测；如果是两条检测线，其中一条检测线往往是专检小型汽车，而另一条检测线则大、小型汽车兼顾。这种规模的检测站，在国外较为常见。

有些检测站虽然服务对象单一，但站内设置的检测线较多，因而不应再称为小型检测站。例如：国外把拥有4条安全环保检测线的检测站视为中型检测站。

（3）按照自动化程度分类　按照检测线自动化程度的不同，检测站可分为手动式、半自动式和全自动式三种类型。

手动式检测站的各检测设备由人工手动控制检测过程，从各单机配备的指示装置上读数，笔录检测结果或由单机配备的打印机打印检测结果，因而占用人员多、检测效率低、读数误差大，多适用于维修检测站。

全自动式检测站利用微型计算机控制系统将检测线上各检测设备连接起来，除车辆上部和下部的外观检查项目仍需人工检查外，能自动控制其他所有工位上的检测过程，使设备的起动与运转、数据采集、分析判断、存储、显示和集中打印报表等全过程实现自动化。检测长可坐在主控制室内通过闭路电视观察各工位的检测情况，并通过检测程序向各工位受检车辆的驾驶人和检测员发出各种操作指令。每一项检测结果均能在主控制室内的微型计算机显示器和各工位上的检验程序指示器上同时显示，因而检测长、各工位检测员和驾驶人均能随时了解每一项检测结果。

由于全自动式检测站自动化程度高，检测效率高，能避免人为的判断错误，因而获得广泛应用。目前，国内、外的安全检测站几乎全部为这种形式。

半自动式检测站的自动化程度或范围介于手动式和全自动式检测站之间，一般是在原手动式检测站的基础上将部分检测设备（如侧滑检测台、制动检测台和车速表检测台等）与微型计算机联网以实现自动控制，而另一部分检测设备（如烟度计、废气分析仪、前照灯检测仪和声级计等）仍然手动操作。当微型计算机联网的检测设备因故不能进行自动控制时，各检测设备仍可手动使用。

（4）按照站内检测线数分类　按照站内检测线数的不同，检测站可分为单线检测站、双线检测站和三线检测站等多种类型。总之，站内有几条检测线，就可以称为几线检测站。例如：日本某陆运事务所的检测站有 8 条检测线，可称为八线检测站。

（5）按照所有制分类　按照所有制的不同，检测站可分为全民所有（国家经营）检测站、集体所有（集体经营）检测站和个体所有（私人经营）检测站三种类型。例如：日本就有国家车检场和民间车检场之分，我国也早已出现集体所有制企业建立的检测和个体经营的检测站。

（6）综合检测站按照职能分类　如果按照职能分类，则综合检测站可分为 A 级站、B 级站和 C 级站三种类型，其职能如下：

A 级站：能全面承担检测站的任务，即能检测车辆的制动、侧滑、灯光、转向、前轮定位、车速、车轮动平衡、底盘输出功率、燃料消耗、发动机功率和点火系统状况以及异响、磨损、变形、裂纹、噪声、废气排放等状况。

B 级站：能承担在用车辆技术状况和车辆维修质量的检测，即能检测车辆的制动、侧滑、灯光、转向、车轮动平衡、燃料消耗、发动机功率和点火系统状况以及异响、变形、噪声、废气排放等状况。

C 级站：能承担在用车辆技术状况的检测，即能检测车辆的制动、侧滑、灯光、转向、车轮动平衡、燃料消耗、发动机功率以及异响、噪声、废气排放等状况。

3. 汽车检测站的组成及工位布置

（1）检测站组成　检测站主要由一条至数条检测线组成。对于独立而完整的检测站，除检测线外，还应包括停车场、清洗站、泵气站、维修车间、办公区和生活区等设施。

1）安全检测站。安全检测站一般由一条至数条安全环保检测线组成。例如：从 20 世纪 80 年代开始，日本陆运事务所的国家车检场，即使较小规模的也有两条安全环保检测线。其中，一条为大、小型汽车通用自动检测线，另一条为小型汽车（轴质量为 500kg 或以下）

的专用自动检测线。除此以外，还配备一条新规检测线，以对新车登录、检测之用。日本中等规模的国家车检场，一般设有4条安全环保检测线，如东京沼律车检场就是如此。4条自动检测线中，一条为大、小型汽车通用检测线，其余3条为小型汽车专用检测线。另外，还配备一条新规检测线和一条柴油车排烟检测线。

2）维修检测站。维修检测站一般由一条至数条综合检测线组成。

3）综合检测站。综合检测站一般由安全环保检测线和综合检测线组成，可以各为一条，也可以各为数条。国内交通系统建成的检测站大多属于综合检测站，一般由一条安全环保检测线和一条综合检测线组成，如图1-1所示。

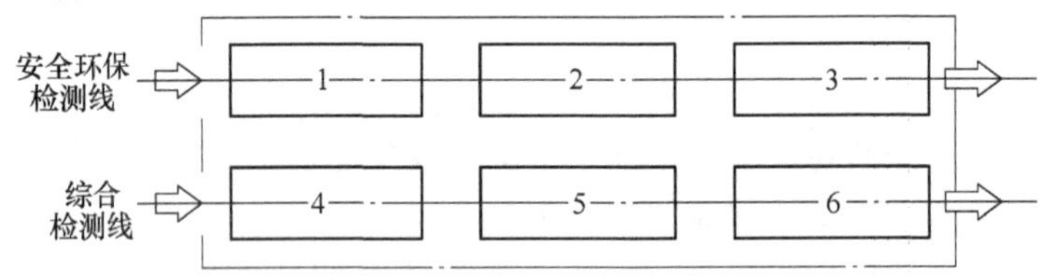

图1-1　双线综合检测线平面布置示意图

1—外观检查工位　2—侧滑制动车速表工位　3—灯光尾气工位
4—外观检查及车轮定位工位　5—制动工位　6—底盘测功工位

由于对环境保护的日益重视，环保管理部门要求对机动车的排放性进行单独检测，所以一些综合性能检测站也单独设置了一条至数条环保检测线，主要用于机动车尾气排放性能的检测。此时，原安全环保检测线上的相应检测项目不再进行（也有部分检测站在综检线上仍进行尾气排放的检测，不过只是综合性能检测的一个项目，与是否核发环保合格标志无关）。

（2）检测线组成和工位布置　不管是安全环保检测线，还是综合检测线，它们都由多个检测工位组成，布置形式多为直线通道式，检测工位则是按一定顺序分布在直线通道上。

1）安全环保检测线。手动式和半自动式的安全环保检测线，一般由外观检查（人工检查）工位、侧滑制动车速表工位和灯光尾气工位三个工位组成。其中，外观检查工位带有地沟。全自动式安全环保检测线既可以由上述三工位组成，也可以由四工位或五工位组成。五工位一般是汽车资料输入及安全装置检查工位、侧滑制动车速表工位、灯光尾气工位、车底检查工位（带有地沟）、综合判定及主控制室工位，如图1-2所示。

对于安全环保检测线，不管是三工位、四工位，还是五工位，也不管工位顺序如何编排，其检测项目是固定的，因而均布置成直线通道式，以利于进行流水作业。

2）综合检测线。如前所述，综合检测站分为A级、B级、C级三种类型，各类型检测站职能不同，因而综合检测线的职能也不同。A级综合检测站（以下简称A级站）能全面承担检测站的任务，是职能最全的检测站。A级站在国内一般设置两条检测线：一条为安全环保检测线，主要承担公安部门车管所对车辆进行年审的任务；另一条为综合检测线，主要承担对车辆技术状况的检测诊断。A级站的综合检测线一般有两种类型：一种是全能综合检测线，另一种是一般综合检测线。全能综合检测线设有包括安全环保检测线主要检测设备在内的比较齐全的工位，而一般综合检测线设置的工位则不包括安全环保检测线的主要检测设备。

A级站的一般综合检测线主要由底盘测功工位组成，能承担除安全环保检测项目以外项目的检测与诊断，必要时车辆须开到安全环保检测线上才能完成有关项目的检测，国内已建成的综合检测站有相当多的属于这种类型。与全能综合检测线相比，一般综合检测线设备少，建站费用低，但检测效率也低。

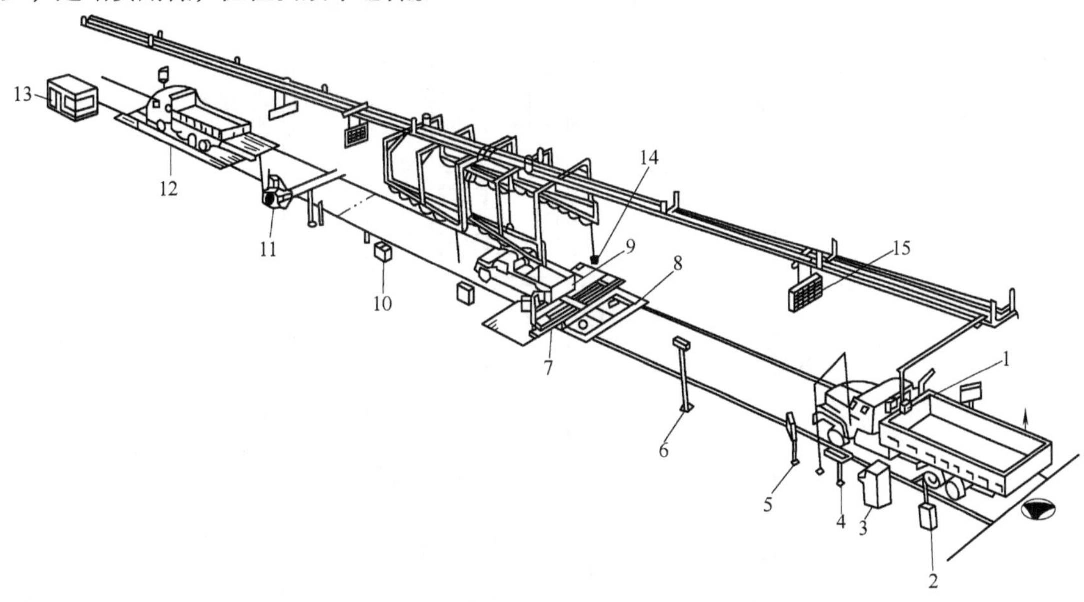

图 1-2　国产五工位全自动式安全环保检测线工位布置图

1—进线指示灯　2—烟度计　3—汽车资料登录计算机　4—安全装置检查不合格项目输入键盘（或工位电脑）　5—烟度计检验程序指示器　6—电视摄像机　7—制动检测台　8—侧滑检测台　9—车速表检测台　10—废气分析仪　11—前照灯检测仪　12—车底检查工位　13—主控制室　14—车速表检测申报开关　15—检验程序指示器

B 级综合检测站和 C 级综合检测站的综合检测线不包括底盘测功工位。

随着汽车技术的不断发展，汽车检测技术也不断更新，新的检测设备逐渐被研发，检测线的工位布置及各工位配备的仪器设备和功能也不断改近。最新设计的六工位双线综合检测线如图 1-3 所示。

4. 检测站的工艺路线

对于一个独立而完整的检测站，汽车进站后的工艺流程如图 1-4 所示。图 1-5 所示为 GB 21861—2014《机动车安全技术检验项目和方法》规定的车辆安全技术检验流程。

5. 汽车检测线的微型计算机控制系统

（1）汽车检测线微型计算机控制系统的功能

1）能输入、传输、存储、查询、打印汽车资料。

2）除车上/车底外观检查、汽车资料输入、插入与取出排气分析仪（或烟度计）探头，以及移动声级计等工作仍必须人工操作外，其余各检测项目均能由微型计算机实现全自动控制。即，检测设备的运行控制以及数据的采集、处理、判定、显示、打印、存储和统计等，均能自动进行。

3）检测结果既能在主控制室的微型计算机显示器上以数据、图表和曲线等方式进行动态显示，同时又能在工位检验程序指示器上合格以“○”、不合格以“×”或直接用文字显示，并能集中打印检测结果报告单。

4）主控制室能对全线实行监控和调度。

5）具有指令汽车驾驶人（或汽车引车员）操作的检验程序指示器（灯箱、彩色显示器或电子灯阵）。

6）具有丰富的软件功能。

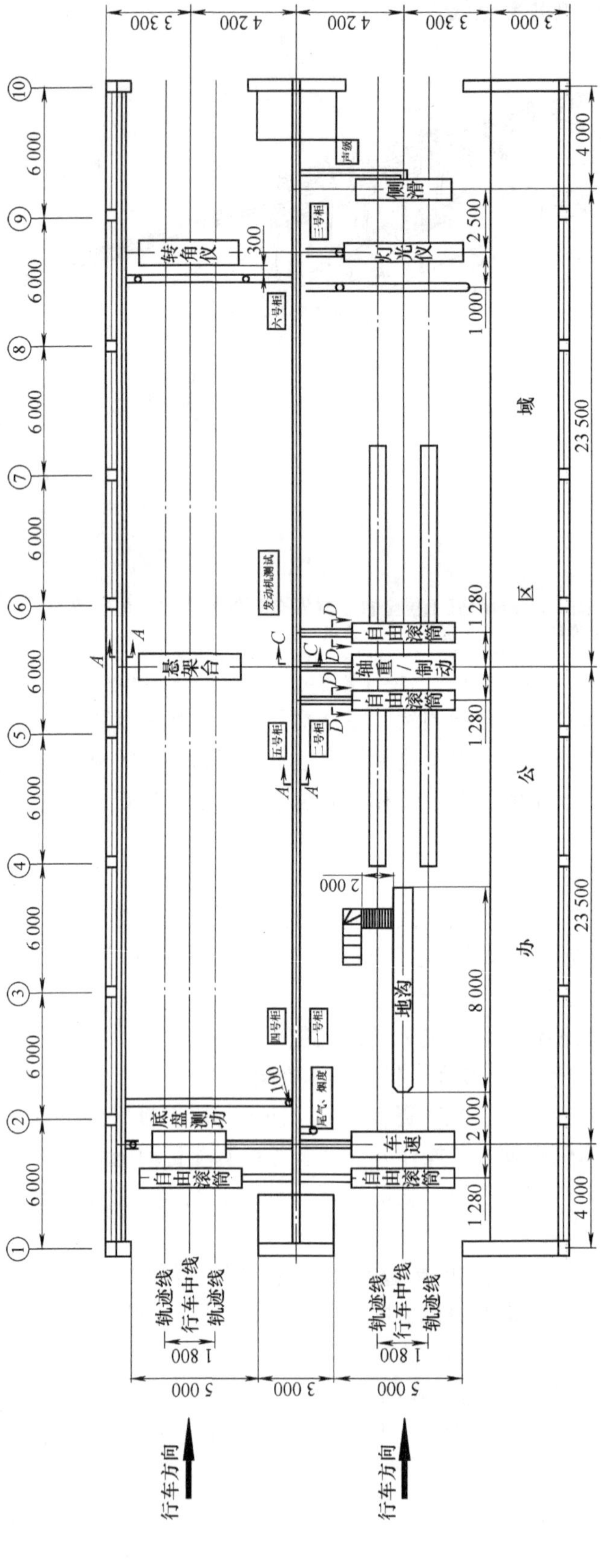

图1-3　最新设计的六工位双线综合检测线

（2）汽车检测线微型计算机控制系统的要求

1）可靠性要高。要求微型计算机控制系统的平均无故障时间能达到数千小时以上并设有自检和自诊断系统，以便故障出现后有利于实现快速诊断。

2）适应性要强。检测线内的工作环境比较恶劣，表现为电源电压波动、各用电设备相互干扰、汽车运转造成振动与噪声、排气污染、尘埃污染以及温度和湿度不易控制等，因而微型计算机控制系统应有较强的环境适应性，在恶劣环境中仍能正常工作。另外，汽车种类繁多，检测线类型设计不一，微型计算机控制系统还应能满足多种类型汽车的检测与诊断，并能根据用户要求装配成不同工位安排、不同检测与诊断项目、不同检测与诊断工艺、不同规模和不同档次的系统。

3）使用方便性要好。微型计算机控制系统应能满足人机对话方便、操作简单易学、显示直观明了、能汉字显示、数据易存且易查、组线灵活以及维修、管理方便等要求。

4）经济性要好。在不影响功能的前提下，微型计算机控制系统要尽量降低造价，提高检测效率，缩短汽车在线时间，并尽量使用国产器材。

5）在实时响应、系统配套、系统扩充、系统通信和软件支持等方面，微型计算机控制系统应有较强的功能。

6）除微型计算机控制系统对全线的自动控制外，还应在主控制室内的主控制键盘上设置自动/手动开关和一套手动操作键盘，以便在必要时对前照灯检测仪等设备进行辅助操作和当无法实现全自动检测时对全线检测设备实施手动操作。

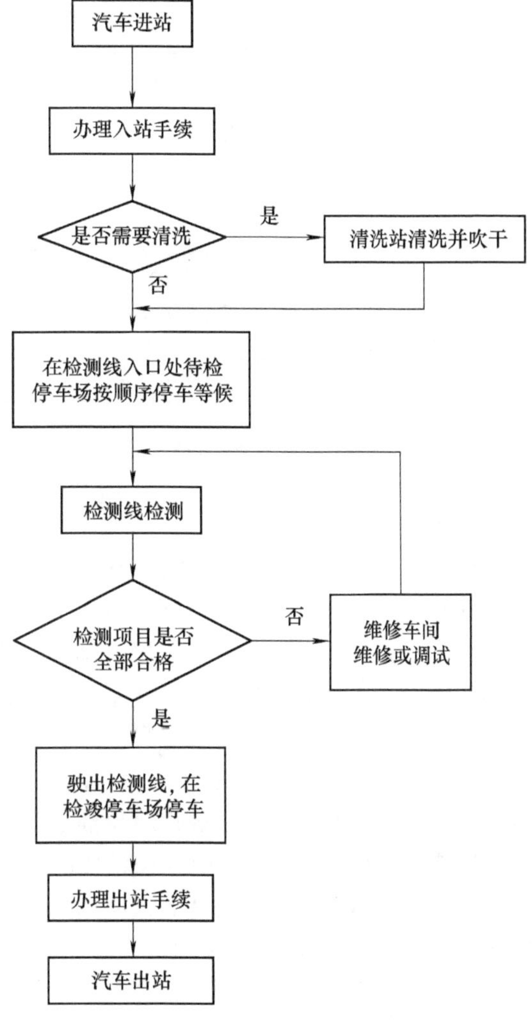

图1-4　检测站工艺流程

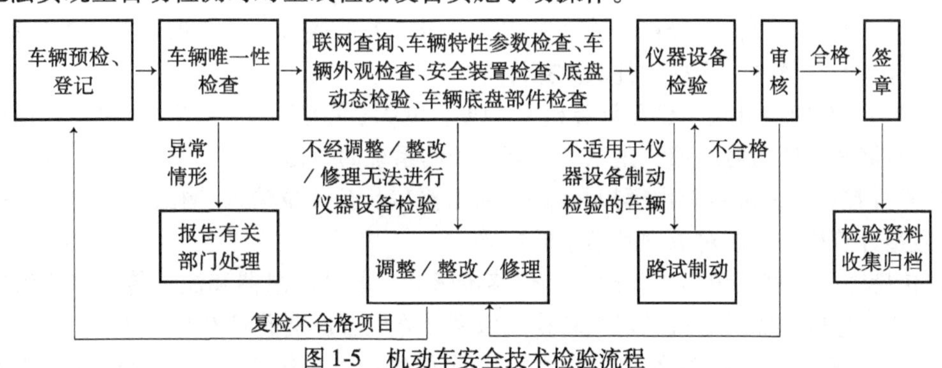

图1-5　机动车安全技术检验流程

国产CAISM全自动检测系统的主控键盘面板如图1-6所示。其上的前照灯检测仪操作键区和设备操作键区，均为手动操作键盘。

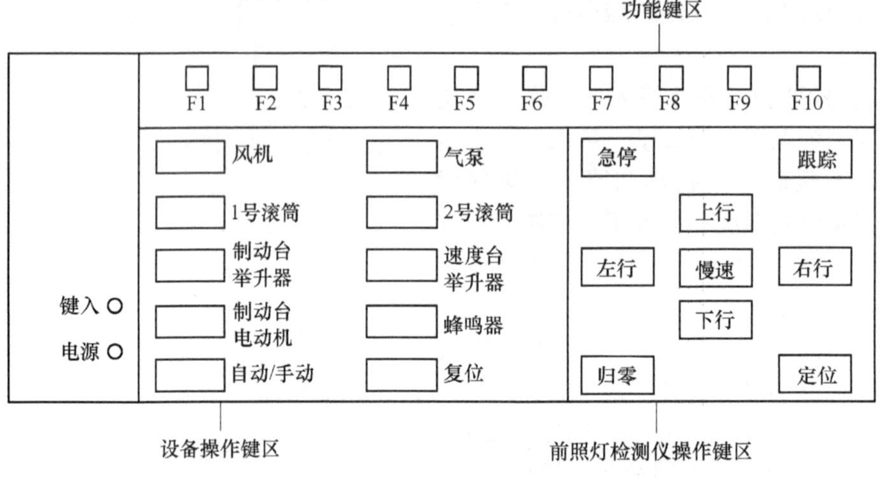

图1-6　国产CAISM全自动检测系统的主控键盘面板

（3）检测站微型计算机控制系统的工作原理　汽车综合性能检测站（以下简称综检站）微型计算机控制系统是将微型计算机技术与自动控制技术、网络通信技术相结合，对车辆的安全性、动力性、燃油经济性、尾气排放、整车装备等参数进行测量、计算和判断，并将结果进行输出、存储和传送的智能化系统，它具有实时性、可靠性和准确性的特点，是现代汽车检测作业中不可或缺的重要工具。

对检测站的微型计算机控制系统而言，其终端被控对象通常可分为力、速度、位移、流量、光、气体参数等，这些被控对象抽象起来又可分为模拟量和开关量，控制系统通过A-D转换器或I-O装置将模拟量或开关量转换成微型计算机可识别的数字量，经微型计算机处理后，再通过D-A转换器或I-O装置驱动执行机构，从而完成汽车检测的控制过程。微型计算机控制系统示意图如图1-7所示。

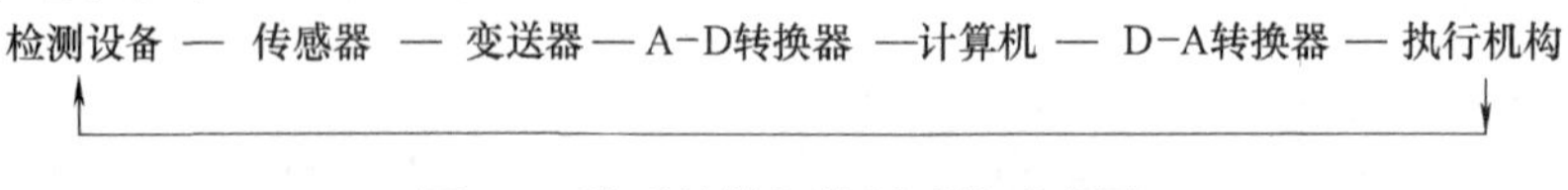

图1-7　微型计算机控制系统示意图

（4）检测站微型计算机控制系统的组成　检测站微型计算机控制系统由硬件部分和软件部分组成。其中，硬件部分包括计算机及其外设、外部接口、传感器及前端处理单元等；软件部分包括系统软件、应用软件及数据库等。

1）微型计算机及外设。微型计算机由CPU、ROM、RAM、外存储器、键盘、鼠标、扫描仪、显示器和打印机等组成，是微型计算机控制系统的中枢。

2）外部接口。外部接口由模拟量输入/输出接口、开关量输入/输出接口和通信接口组成，是微型计算机与控制对象交互信息的桥梁。

3）传感器。传感器由压力传感器、位移传感器、电磁传感器和流量传感器等组成，是将力、位移、速度和流量等检测对象转换成微型计算机可识别的对象的工具。

4）前端处理单元。前端处理单元由放大器和执行机构等组成，前者将传感器信号调理、放大并传送到外部接口设备，后者将外部接口设备的控制动作传递给检测设备。

5）系统软件。系统软件由操作系统和编译软件等组成，是应用软件赖以运行的平台。

6）应用软件。应用软件是程序员根据用户要求编制的，用于完成检测、控制、管理功能的程序语言，是微型计算机控制系统的灵魂。

7）数据库。数据库是存储、管理历史数据的空间。

（5）检测站微型计算机控制系统的常用部件　检测站微型计算机控制系统的硬件配置框图如图 1-8 所示。

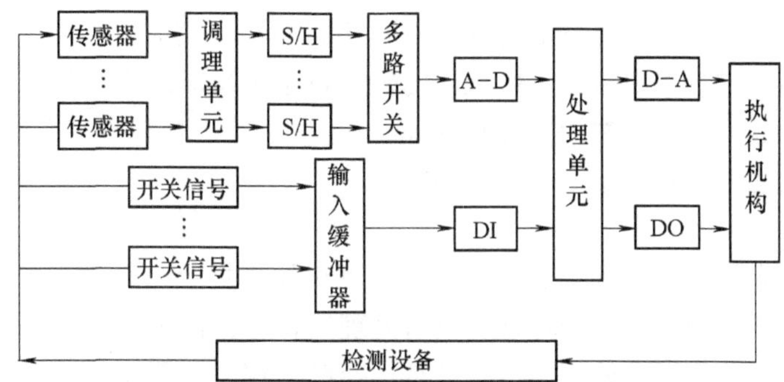

图 1-8　检测站微型计算机控制系统的硬件配置框图

1）传感器。传感器是指能感受规定的被测量并按一定的规律转换成可用输出信号的器件或装置。可见，传感器将电量或非电量等被测量按一定的规律转换成可供后续处理装置识别的输出量。传感器通常由敏感元件、转换元件及转换电路组成。

检测站微型计算机控制系统中常用的传感器有应变式压力传感器、位移传感器、电磁传感器、流量传感器、气体成分传感器和光强传感器等。

2）调理单元。压力、位移等被测量经传感器转换后通常为毫伏级信号，这些微弱信号在传输过程中易受干扰而失真，因此必须经过调理、放大后方可远距离传送。此外，放大器的另一个作用是将这些微弱信号放大，使其可与 A-D 转换的输入电压相匹配。

3）模拟量输入接口。在检测站微型计算机控制系统中，模拟量输入接口的任务是把被控对象的模拟量，如压力、流量和位移等信号，转换成微型计算机可以识别的数字量信号。模拟量输入接口一般由多路模拟切换开关、采样保持器（S/H）、模-数（A-D）转换器和控制电路组成。其中，采样保持器的作用是在模-数转换器的转换时间内保持输入模拟信号不变，以保证模、数转换器的正常工作。

4）开关量输入输出接口。可用两种状态来表示的信号称为开关信号或称作开关量。开关量可分为电平式和触点式：前者的状态为高电平或低电平；后者的状态为闭合或断开。此外，按供电方式开关量又可分为有源和无源两种。

在检测站微型计算机控制系统中，开关量输入/输出接口的应用亦十分普遍。常见的应用有：检测车辆就位状态，在车速或尾气检测中启动一次测量，在检测过程中控制滚筒、举升器的动作等。

5）串行异步通信。一般地，PC 机都配有两个串行异步通信接口，用以实现微型计算机与微型计算机或微型计算机与外设之间的通信。串行是指数据在一个信道上按位依次传送的方式。异步是指发送端和接收端之间无同步时钟，接收端根据事先约定的波特率接收发送端传送的数据。国际电子工业协会（EIA）制定的RS-232C标准，规定了串行异步通信接口的功能、电气、机械特性。

理论上，串行异步通信距离不大于15m，在实际应用中，为防止噪声干扰，通过对传送的数据包增加校验码的方法，可使串行异步通信距离保持在80～100m的范围内。

6）微型计算机网络。检测站微型计算机控制系统的网络结构一般分为三层，即现场控制网络、站内局域网和广域网。其中现场控制网络将传感器、放大器、执行机构、二次仪表和控制微型计算机连接起来，完成各类底层控制。站内局域网将检测站控制系统内的各台微型计算机、服务器连接起来，通过信息的传输、存储和共享完成对检测全过程的业务管理。广域网是管理部门通过专线，将一定区域内的检测站连接起来，从而实现更大范围内的信息共享，以实现对区域内各检测站的监督和管理。

（6）检测站微型计算机控制系统的软件构成

1）系统软件。

①操作系统。操作系统是直接运行于微型计算机硬件之上，管理和控制微型计算机软、硬件资源的最基本的系统软件。操作系统具有处理器管理、作业管理、存储管理、文件管理和设备管理五大管理功能。在检测站微型计算机控制系统中，Windows2000操作系统的应用较为广泛。

②数据库管理系统。数据库管理系统能够有组织地、动态地存储大量数据，使人们能方便、高效地使用这些数据。现在比较流行的数据库有FoxPro、DB-2、Access、SQL-server等。

2）应用软件。应用软件是用户可以使用的各种程序设计语言以及用各种程序设计语言编制的应用程序的集合，分为应用软件包和用户程序。应用软件包是利用计算机解决某类问题而设计的程序的集合，供多用户使用。应用软件是为满足用户不同领域、不同问题的应用需求而提供的那部分软件，主要有信息管理软件、文字处理软件、辅助设计软件和实时控制软件等。

（7）检测站微型计算机控制系统的控制方式　检测站微型计算机控制系统通常由系统集成厂商承建，在建造成本、技术应用、当地主管部门及检测站的管理要求等众多因素的影响下，不同的系统集成商对控制系统的设计方法各有侧重，不尽相同。一般可分为以下几种：

1）集中式。集中式控制方式由主控制微型计算机单独完成测控工作。除汽车资料输入由登录微型计算机完成并发往主控制微型计算机外，各工位的检测信号经放大后也都直接送往主控制微型计算机，因而全线的数据采集、处理、判定、显示、打印、存储、统计和检测过程控制等全部工作均由主控制微型计算机完成，其框图如图1-9所示。这种方式的优点是结构简单，价格低廉；缺点是主控制微型计算机负担重，可靠性差，发生故障后易造成全线停止工作。

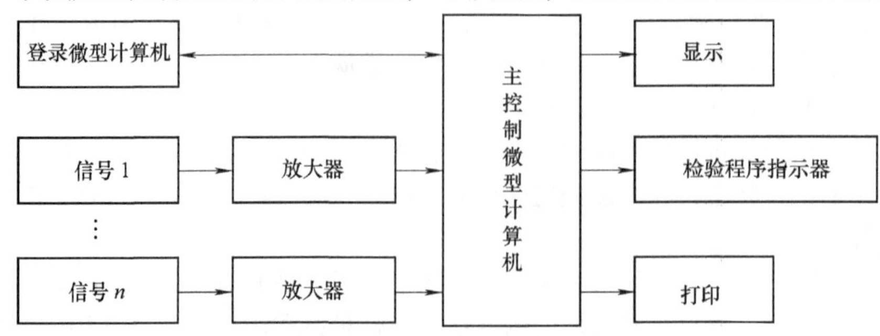

图1-9　集中式控制方式框图

2）接力式。接力式控制方式由各工位测控微型计算机完成测控工作。工位测控微型计算机分布在各工位上，因而也可以称为分布式控制方式，其框图如图 1-10 所示。各工位检测信号经放大后送入工位测控微型计算机处理和判定，然后在检验程序指示器显示，并按顺序传送至末级工位测控微型计算机。全线检测数据和检测结果由末级工位测控微型计算机显示并打印出检测结果报告单。这种方式的优点是结构简单，价格也较低廉，可靠性也较好；缺点是功能稍差，对较高程度的自动控制和较复杂的检测对象适应性差。

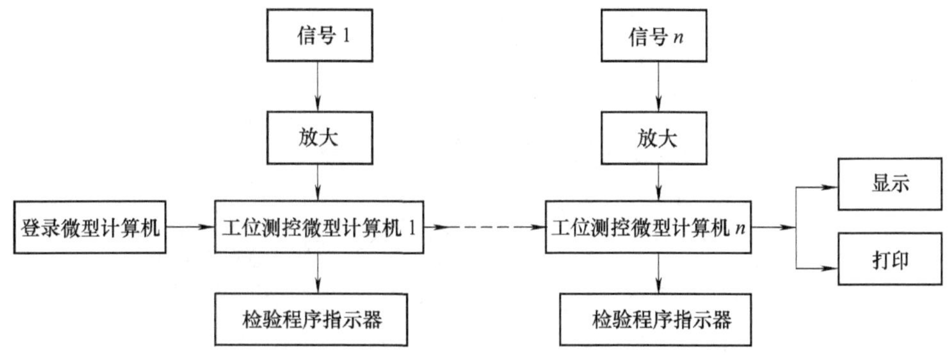

图 1-10　接力式控制方式框图

3）分级分布式。分级分布式控制方式是应用较为广泛的一种控制方式。图 1-11 所示为二级分布式控制方式框图。其第一级为测控现场控制级，由分布在各工位上的测控微型计算机完成测控工作，主要担负检测设备运行控制、数据采集和通信等任务；第二级为管理级，由主控微型计算机完成测控工作，具有安排检测程序、担负全线调度、综合判定检测结果、存储并集中打印检测结果报告单和管理数据库等功能。

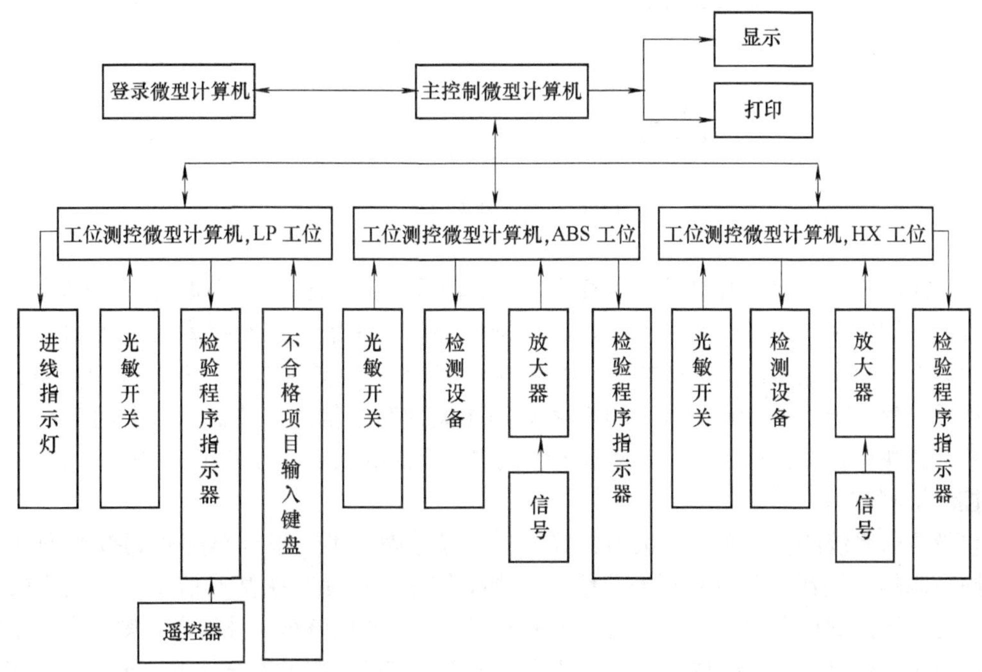

图 1-11　二级分布式控制方式框图

（8）检测站微型计算机控制系统各子系统的功能和结构

1）登录注册系统。登录注册系统流程如图 1-12 所示。登录注册系统是检测站微型计算机控制系统检测流程的起点，它将车辆基本信息和检测项目录入微型计算机控制系统，为主控系统控制和报告单打印提供信息。

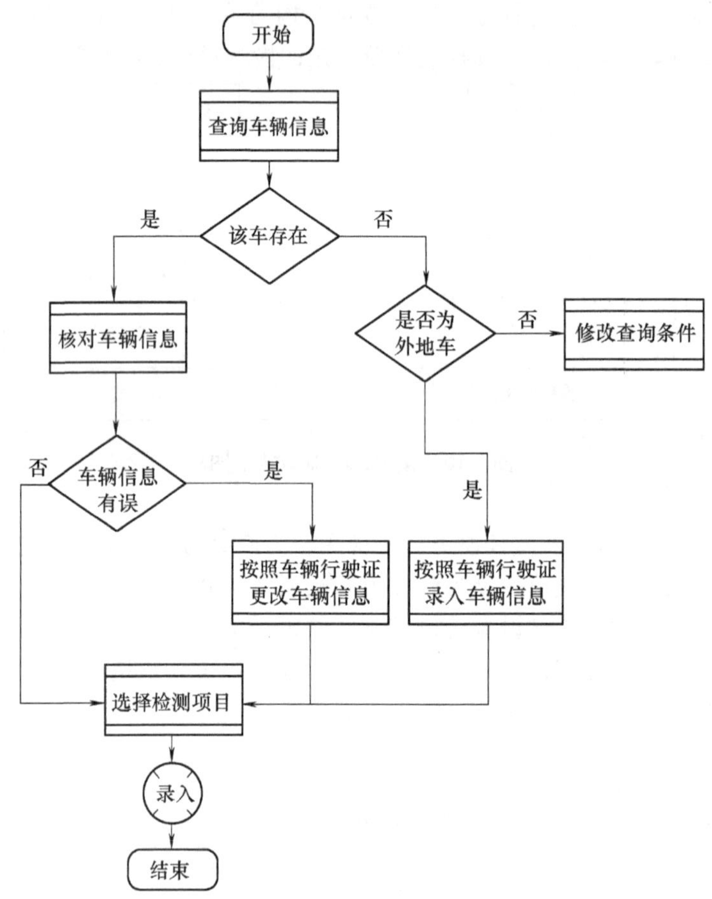

图 1-12　登录注册系统流程

登录注册系统界面一般包括查询条件区、车辆基本信息区、检测项目选择区等几部分。根据查询条件区的车型和车牌号码，可以在交管部门的车辆信息数据库中检索到车辆的灯制、驱动形式、车主单位、车辆类型、底盘号、发动机号、燃油类别、初次登记日期、总质量、载质（客）量、外廓尺寸和核定载客数等相关的基本信息，并显示在车辆基本信息区相应的信息块中。选择检测项目选择区中车辆需要检测的项目，可以通知主控系统按照需检项目控制检测流程。

登录注册系统的一般操作方法为：首先，选择号牌种类，录入车牌号码按查询（或具有相同功能的）按钮。若检索到该车信息，则将信息显示在车辆基本信息区内相应的信息块中；若未检索到该车信息，则分以下两种方法处理：如果该车是外地车，则在车辆基本信息区内相应的信息块中，根据车辆行驶证录入相应的信息；如果该车是本地车，则应核对号牌种类和车牌号码后重新查询。其次，根据车辆的检测类别（技评、二维等），在检测项目选择区内选择需要检测的项目，按录入（或具有相同功能的）按钮，将车辆信息和检测项目录入系统。

登录注册系统在使用中应注意：查询条件应该准确无误，按照车辆行驶证输入的信息应完整、准确。

2）调度系统。调度系统流程如图 1-13 所示。调度系统的功能为：按照车辆实际到达检测车间的顺序，根据检测线的当前负载情况（多线情况下）选择待检车辆上线检测。

调度系统界面一般包括：待检车辆列表，用来显示登录注册系统已经录入的车辆的车牌号、车型、待检项目和检测序列号等信息；多个发送按钮（多线情况下），每个按钮对应检测车间内的一条检测线。

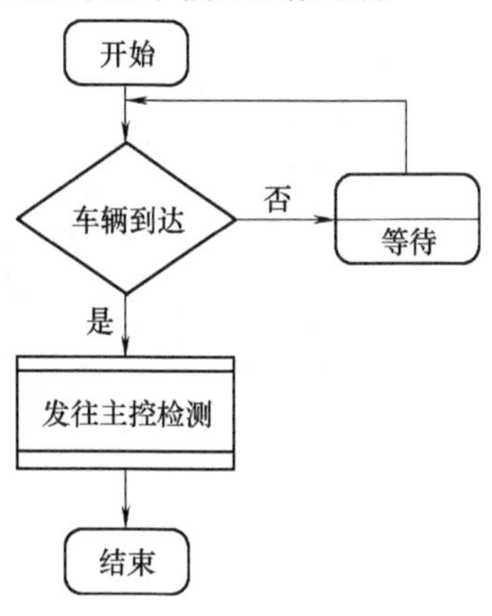

图 1-13　调度系统流程

在一站多线情况下，微型计算机控制系统对已注册的车辆可实现无序调度。

调度系统的一般操作方法为：按照车辆实际到达检测车间的顺序，根据到达车辆的车型和车牌号码选择调度系统界面上待检车辆列表中相应的车辆条目，根据检测车间内各检测线的负载情况选择发送按钮，将车辆信息发往相应检测线的主控程序，开始检测。

调度系统在使用中应注意：仔细核对到达车辆与待检车辆列表中的车型和车牌号码，防止误发。在多线情况下，还应根据各检测线的实际负载情况合理选择检测线，防止发生一边“吃不了”，另一边却“吃不饱”的现象。

3）主控系统。主控系统是检测站微型计算机控制系统的核心模块，它根据被检车辆需要检测的项目控制检测设备运转，采集检测设备返回的检测数据，对检测数据按照国家相应的标准进行判定。控制检测线各工位电子屏显示检测结果和判定结果，按照检测流程给引车员相应的操作提示。将检测数据和判定结果存入本地数据库。在主控界面显示在检车辆的检测情况和待检车辆的排队情况，以及各工位的检测数据和各工位电子屏幕的提示信息。

一般主控系统界面包含如下信息区：在检车辆状态区，用来显示在检车辆当前正在检测的项目及已检过项目的判定情况；待检车辆信息区，用来显示已由调度发来但还未进行检测的车辆信息；检测数据显示区，用来显示各工位当前正在检测车辆的检测数据；检测设备状态区，用来显示当前各检测设备的运行状态。

主控系统运行后，对于模拟接口的检测设备，应打开相应的 A-D 通道，将模拟输入信号调零；对于数字接口的检测设备，应打开相应的数字端口或串行通信端口。

主控系统框图如图 1-14 所示。主控系统通常包含以下功能模块：外观检测、底盘检测、尾气检测、速度检测、制动检测、灯光检测、声级检测、侧滑检测、悬架检测、底盘测功检测和油耗检测。

4）打印系统。打印系统能够按照规定的报告式样，根据检测结果，在检测报告单的相应位置打印出车辆的基本信息和各个检测项目的检测数据，并给出判定结果和评语。

打印系统界面一般由查询条件组合框、查询结果列表框和一些按钮组成。查询条件一般为号牌种类、车牌号码和起止时间段，根据查询条件可以将符合条件的结果显示在查询结果列表框中。

打印系统的一般操作步骤为：录入查询条件，按“查询”按钮，在查询结果列表框中显示符合查询条件的记录，选择检测结果列表框中想要打印的记录，按“打印”按钮，即可打印出该记录对应的检测报告单（也可先预览后打印）。

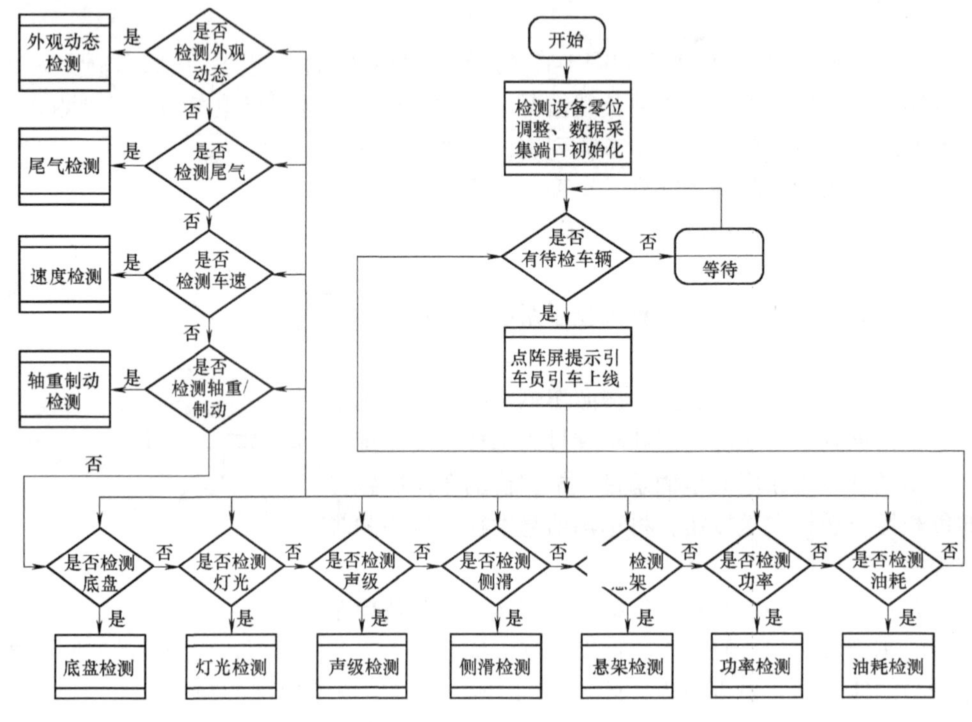

图 1-14　主控系统框图

5）监控系统。监控系统将前端摄像机采集的视频信号，通过传输线路集中到监视器或录像机，供人们实时监控或存档查询。

根据视频采集和存储方式的不同，监控系统分为模拟式和数字式两种。模拟式监控系统前端采用模拟或数字摄像机采集视频信号，后台使用录像机加录像磁带存储视频、音频资料。数字式监控系统前端采用数字或模拟摄像机采集视频信号，后台使用数字硬盘录像机存储视频、音频资料。

数字式监控系统由于具有图像分辨率高、压缩比大、节省存储介质空间、操作简便和检索回放便捷等优点而广为应用。

6）客户管理系统。客户管理系统根据各检测站自身业务处理的不同而略有差异，检测站客户管理系统一般分为客户接待、业务收费、财务审核和领导查询等功能模块。

客户接待模块是将送检单位、车辆及其他相关信息录入客户管理数据库中。业务收费模块根据系统中设定的收费标准收取检测费，并打印收费凭证。财务审核模块对业务处理过程中产生的应收款、应付款提供审核、对账功能。领导查询模块提供对客户、财务等信息的综合查询、统计功能。

7）系统维护。系统维护一般包括检测设备的软件标定、检测判定标准的维护、数据库的定期备份、硬件维护、软件维护等功能。

①设备的软件标定。设备的软件标定功能主要针对模拟接口设备而言，在检测设备硬件

标定的同时，调整对应模拟通道的满程值，使该通道的示值保持在设备说明书中规定的误差范围之内。

②检测判定标准的维护。检测判定标准的维护功能应具备查询所有检测标准限值的界面，未经授权不允许用户随意改动标准限值。

③数据库的定期备份。由于系统故障具有突发性、毁灭性，为防止系统发生灾难性故障，检测站微型计算机控制系统应提供定期备份功能。数据库备份功能可以提供人工手动备份模式或系统自动备份模式。

④硬件维护。硬件维护功能包括模拟输入通道故障诊断功能、开关量输入/输出通道诊断功能和通信链路故障诊断功能。

⑤软件维护。软件维护功能提供计算控制系统安装软件包，使用户自行恢复控制系统。

8）查询统计系统。为及时掌握检测站的运行情况，检测站微型计算机控制系统应具备按任意时间段进行查询统计的功能。查询系统一般包括车辆检测峰值统计、车辆单位统计、送检单位统计、检测合格率统计、引车员工作量统计和营业收入情况统计等功能，并能按照一定的查询条件自动生成统计报表。

（9）检测站微型计算机控制系统的发展动态　随着微型计算机控制技术和网络通信技术的发展，检测站微型计算机控制系统也在不断地发展，特别是检测站的管理部门，从加强管理、服务群众的角度出发，促使检测站在运用新技术、提高检测效率、增加检测透明度、完善便民措施方面做了大量的工作。检测站微型计算机控制系统的发展呈现出以下几个特点：

1）从单站联网向区域联网发展。传统的检测站微型计算机控制系统仅限于单个检测站联网运行，已经难以满足管理部门对检测站的管理要求。目前，某个城市或更大区域范围内检测站之间、检测站与管理部门之间的联网运行已经成为可能。通过区域联网，管理部门可以实现检测数据共享，可以通过现场实时监控及检测数据对比等方法规范检测站的运行，可以通过异地检测签章方便广大车主。

2）从检测系统向管理系统发展。随着我国车辆保有量的不断增长，以及检测市场的社会化，检测站在坚持检测标准，科学、公正地提供检测数据的同时，将更加重视对客户资源的管理。一个集检测控制、客户管理、财务管理和档案管理于一体的检测行业信息化管理系统，将日趋成熟和完善。

3）从集散控制向现场总线发展。现场总线系统是20世纪90年代发展起来的新型工业控制系统，它通过智能仪表把控制和管理的功能从总控室移向工作现场。目前，检测设备的生产厂家已将信号采集、判定、显示和控制等功能集成到智能仪表中，再通过串行接口或工业以太网卡将数据传递到后台。可以预见，随着现场总线接口标准的统一，检测站微型计算机控制系统将在实时性、可维护性和可移植性等方面出现崭新的变化。

（10）微型计算机控制系统的使用方法　下面以国产CAISM全自动汽车检测系统为例介绍微型计算机控制系统的使用方法。

1）启动微型计算机控制系统。

①按下控制台各部分的电源开关，使微型计算机控制系统接通电源。

②起动辅助设备（包括气泵站等）并打开各检测设备的电源开关。

③主控制微型计算机自检。

④工位测控微型计算机自检。

⑤装入DOS，进入CAISM引导程序，屏幕显示系统菜单。CAISM系统菜单及其功能见表1-1。

表1-1 CAISM系统菜单及其功能

符号	菜单名称	功能
A	使用说明	介绍CAISM系统功能及其操作
B	汽车检测	CAISM系统汽车检测程序
C	自检测试	用系统自检测试程序完成对系统数据通道、键盘、光敏开关及部分控制逻辑等的测试
D	标准设定	对诊断参数标准进行修改
E	设备标定	用系统标定程序完成对检测系统所有项目通道的标定
F	报告打印	对已检车辆的数据记录、检索及报告进行打印
G	报表统计	对已检车辆的合格率、不合格率和参检率进行统计
H	数据备份	对标定数据和车辆数据等进行备份
I	操作系统	退到DOS

⑥利用光标键或直接键入［B］，选择菜单B，按〈Enter〉键，即可启动汽车检测程序。此时，主控制微型计算机将程序模块和数据模块装入工位测控微型计算机，并建立与登录终端的通信电路，然后微型计算机显示器屏幕进入检车界面。从该界面中可观察到检车时所有项目的检测数据、示值范围和动态检测曲线。在界面的左上角还能显示出检车日期、总检车台次和当日检车台次。

检测系统启动后，检测线上的自由滚筒（如果有的话）抱死，制动检测台和车速表检测台的举升器升起，主控制室控制台的状态面板上“电源”灯亮，第一工位、第二工位和第三工位上的“空位”灯均亮，“检车”灯闪烁，等待汽车进线。

2）启动登录微型计算机。

①将登录启动盘（CAISM系统专用）插入登录微型计算机软盘驱动器中，按下登录微型计算机电源开关，电源指示灯亮。

②登录微型计算机进行自检。

③自检后屏幕等待输入显示方式选择，键入任意字符后，登录微型计算机开始引导，并完成与主控制微型计算机的通信握手，进入登录工作状态。

④将即将进线待检的汽车资料按规定的登录项目输入登录微型计算机。

⑤当第一工位空闲时，键入[Alt]+[F1]，即可将登录的资料发往主控制微型计算机。主控制微型计算机安排检测程序，并使进线指示灯的绿灯亮，待检汽车驶入检测线，停在第一工位上检测。

二、汽车动力性及其评价指标

汽车的动力性：汽车在公路上行驶所能达到的平均行驶速度。

汽车动力性的评价指标：最高车速、加速能力、爬坡能力、发动机输出功率、汽车的比功率和汽车底盘输出功率等。

汽车的最高车速：在平直、良好的路面上汽车所能达到的最高行驶速度。

汽车的加速能力：汽车在行驶中迅速增加行驶速度的能力，常用汽车的原地起步加速时间和超车加速时间来评价。

原地起步加速时间：汽车从起步开始，逐步换档至直接档，到车速达到 100km/h 时所经历的时间。

超车加速时间：汽车在直接档行驶，从 40km/h 急加速至 100km/h 时所经历的时间。

发动机输出功率（净功率）：在曲轴尾端测得的功率。

汽车的比功率：发动机净功率与汽车最大总质量之比。

GB 7258—2012《机动车运行安全技术条件》中规定：三轮汽车、低速货车的比功率不应小于 4.0kW/t，除无轨电车外的其他车辆不小于 5.0kW/t。

汽车的爬坡能力：汽车满载时在良好的路面上以最低前进档所能爬行的最大坡度。

动力因数：由汽车驱动力和汽车总质量计算而来的参数。

驱动轮输出功率：通过汽车驱动轮向外输出的功率。

相对驱动轮输出功率：实测驱动轮输出功率与相应工况发动机的输出功率的比值。

驱动比功率：驱动轮输出功率与汽车总质量的比值。

三、底盘测功台的结构与工作原理

底盘测功台是一种不解体检验汽车性能的检测设备，它是通过在室内台架上模拟道路行驶工况的方法来检测汽车的动力性，而且还可以测量多工况排放指标及油耗等。底盘测功台采用滚筒模拟路面，通过功率吸收加载装置来模拟道路行驶阻力，通过飞轮的转动惯量来模拟汽车直线运动质量的惯量，故能进行符合实际的复杂循环试验，因而得到广泛应用。近年来由于计算机技术的高速发展，为数据的采集、处理及试验数据的结果分析提供了有效的手段，同时为模拟道路状态准备了条件，加速了底盘测功台的发展，加之各类专用软件的开发和应用，使汽车底盘测功台得到了广泛的推广。

按照不同的分类方法，底盘测功台可以分为不同的类型。按照测功装置中测功器形式的不同，底盘测功台可以分为水力式、电力式和电涡流式三种；按照测功装置中测功器冷却方式的不同，底盘测功台可以分为风冷式、水冷式和油冷式三种；按照滚筒装置承载能力的不同，底盘测功台可以分为小型（承载质量不大于 3t）、中型（承载质量大于 3t 且不大于 6t）、大型（承载质量大于 6t 且不大于 10t）和特大型（承载质量大于 10t）四种。

汽车底盘测功台主要由道路模拟系统、数据采集与控制系统、安全保障系统及引导系统等构成。

汽车在道路上运行过程中存在着运动惯性、行驶阻力。要在检测台上模拟汽车在道路上的运行工况，首先要解决模拟汽车整车的运动惯性和行驶阻力问题，这样才能用台架测试汽车运行状况的动态性能。为此，在该检测台上利用惯性飞轮的转动惯量来模拟汽车旋转体的转动惯量及汽车直线运动惯量，采用电磁离合器自动或手动切换飞轮的组合，在允许的误差范围内满足汽车惯量模拟。至于汽车在运行过程中所受的空气阻力、非驱动轮的滚动阻力及爬坡阻力等，则采用功率吸收加载装置来模拟。路面模拟是通过滚筒来实现的，即以滚筒表面取代路面，滚筒的表面相对于汽车做旋转运动。

滚筒式底盘测功台一般由框架、滚筒装置、举升装置、测功装置、测速装置、控制与指示装置和辅助装置等组成。国产 DCG-10C 型汽车底盘测功台，是一种采用美国 INTEL 公司生产的单片微型计算机作为系统的控制核心，适用于轴质量不大于 10t，驱动轮输出功率不大于 150kW 的滚筒式试验台，其机械部分的结构如图 1-15 所示。

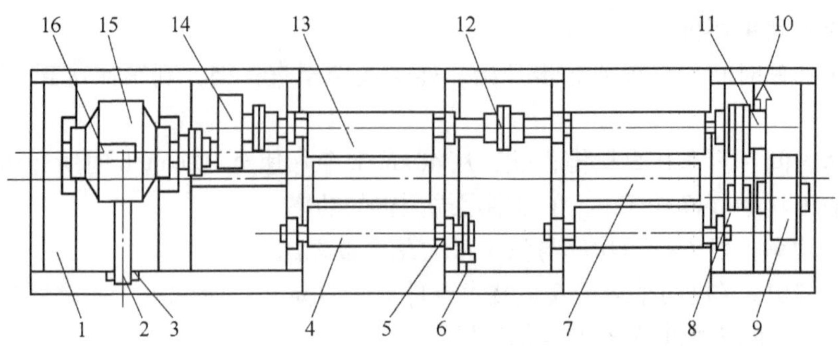

图1-15　国产DCG-10C型汽车底盘测功台机械部分的结构

1—框架　2—测力杠杆　3—压力传感器　4—从动滚筒　5—轴承座　6—速度传感器　7—举升装置　8—带轮　9—飞轮　10—电刷　11—离合器　12—联轴器　13—主动滚筒　14—变速器　15—电涡流测功器　16—冷却液入口

1. 框架与滚筒装置

底盘测功台的滚筒相当于连续移动的路面，被测车辆的车轮在其上滚动。该种检测台有单滚筒和双滚筒之分，如图1-16所示。

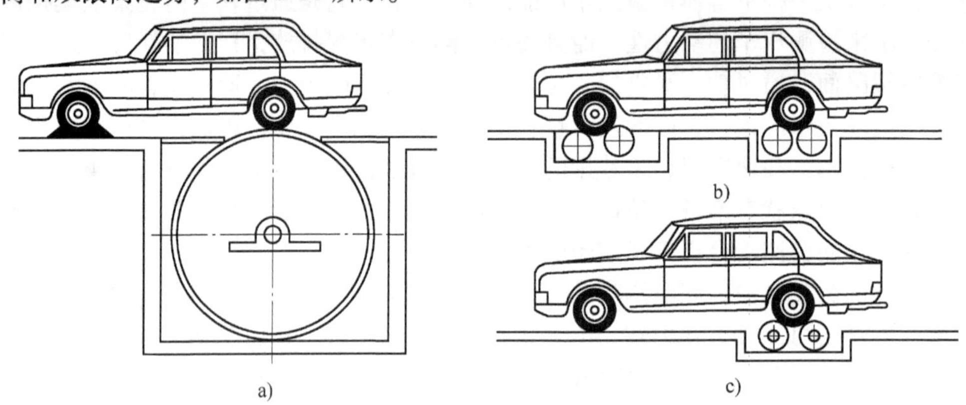

图1-16　滚筒式底盘测功台

a）单轴单滚筒式　b）双轴双滚筒式　c）单轴双滚筒式

（1）单滚筒检测台　支承两边驱动轮的滚筒各为单个的检测台称为单滚筒检测台。

单滚筒检测台的滚筒直径一般较大，多在1500～2500mm。滚筒直径越大，车轮在滚筒上就越像在平路上滚动，使轮胎与滚筒的滑转率小、滚动阻力小，因而测试精度较高。但加大滚筒直径会受到制造、安装、占地和费用等多方面的限制，因此滚筒直径不宜过大。

单滚筒检测台对车轮在滚筒上的安放、定位要求严格，而车轮中心与滚筒中心在垂直平面内的对中又比较困难，故使用不方便。因此，这种检测台仅适用于汽车制造厂、科研院所和大专院校的科研性试验，不适用于汽车维修企业、汽车综合性能检测站等的生产性试验。

（2）双滚筒检测台　支承汽车两边驱动轮的滚筒各为两个的检测台称为双滚筒检测台。

双滚筒检测台的滚筒直径要比单滚筒小得多，一般在185～400mm。滚筒直径往往随检测台的最大检测车速而定，当最大检测车速高时，直径也大些。由于滚筒直径相对比较小，轮胎与滚筒的接触与在道路上不一样，致使滑转率增大，滚动阻力增大，滚动损失增加，故测试精度较低。据有关资料介绍，在较高检测车速下，轮胎的滚动损失常达到传递功的

15%～20%，因此滚筒直径不宜太小。当滚筒直径太小时，长时间在较高检测车速下运转会使轮胎温度升高，致使胎面达到临界温度而可能导致早期损坏。因此，当最大检测车速达到160km/h时，滚筒直径不应小于300mm；当检测车速达到200km/h时，滚筒直径不应小于350mm。近来滚筒直径已有变大的趋势，有的高达530mm。

双滚筒检测台具有车轮在滚筒上的安放、定位方便和制造成本低等优点，因而适用于汽车维修企业和汽车综合性能检测站等生产单位，尤其是单轴双滚筒式检测台得到了广泛应用。

双滚筒检测台的滚筒多用钢质材料制成，采用空心结构。按其表面形状的不同，分为光滑式、滚花式、沟槽式和涂覆层式多种形式。目前，光滑式滚筒和涂覆层式滚筒应用得最多，滚花式滚筒和沟槽式滚筒应用得较少。光滑式滚筒表面的摩擦因数较低，而涂覆层式滚筒是在光滑式滚筒表面上涂覆摩擦因数与道路实际情况接近一致的材料制成的，是比较理想的一种形式。

单滚筒检测台的滚筒多用硬质木料或钢板制成，也是采用空心结构。

双滚筒式底盘测功台还有主、副滚筒之分。与测功器相连的滚筒为主滚筒，左、右两个主滚筒之间装有联轴器，左、右两边的副滚筒处于自由状态。

不管哪种类型的滚筒，均要经过动平衡试验，并通过滚动轴承安装在框架上，要确保可以高速旋转而不振动。框架是底盘测功台机械部分的基础，由型钢焊接而成，位于地坑内。

车轮和滚筒的中心连线与车轮中心的铅垂线之间的夹角称为滚筒的安置角，如图1-17所示。滚筒的安置角大小与滚筒大小、滚筒中心距及轮胎半径有关。滚筒直径和车轮直径越大，安置角越小；滚筒中心距越大，安置角越大。因此，不同吨位级的汽车底盘测功台适应有限的车型。GB/T 17993—2005《汽车综合性能检测站能力的通用要求》规定，滚筒的安置角不得小于26°。

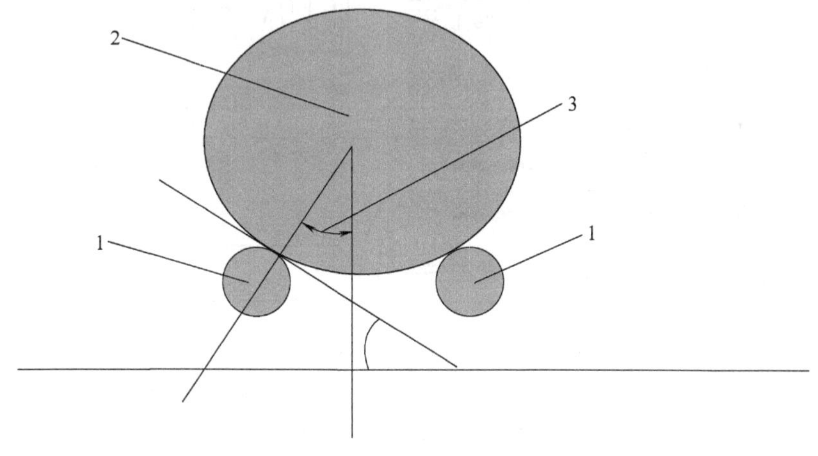

图1-17　滚筒的安置角

1—滚筒　2—车轮　3—安置角

2. 测功装置

测功装置能测量发动机经传动系统传至驱动轮的功率。测功装置也是加载装置，对于滚筒式底盘测功台是十分必要的。这是因为汽车在滚筒式底盘测功台上检测时，检测台应模拟车辆在道路上行驶所受的各种阻力，所以需要对滚筒加载，以使车辆的受力情况如同在实际道路上行驶一样。

测功装置由测功器和测力装置组成。

滚筒式底盘测功台常用的测功器有水力测功器、电力测功器和电涡流测功器三种。不论哪种测功器，它们都是由转子和定子两大部分组成的，并且转子与主滚筒相连，而定子是可以摆动的。

汽车综合性能检测站和汽车维修企业使用的滚筒式底盘测功台，多采用电涡流测功器。电涡流测功器具有测量精度高、振动小、结构简单和易于调控等优点，并具有宽广的转速范围和功率范围。

（1）电涡流测功装置的基本结构　电涡流式测功装置的基本结构分为水冷式和风冷式两种。

水冷式电涡流测功装置的基本结构如图1-18所示。

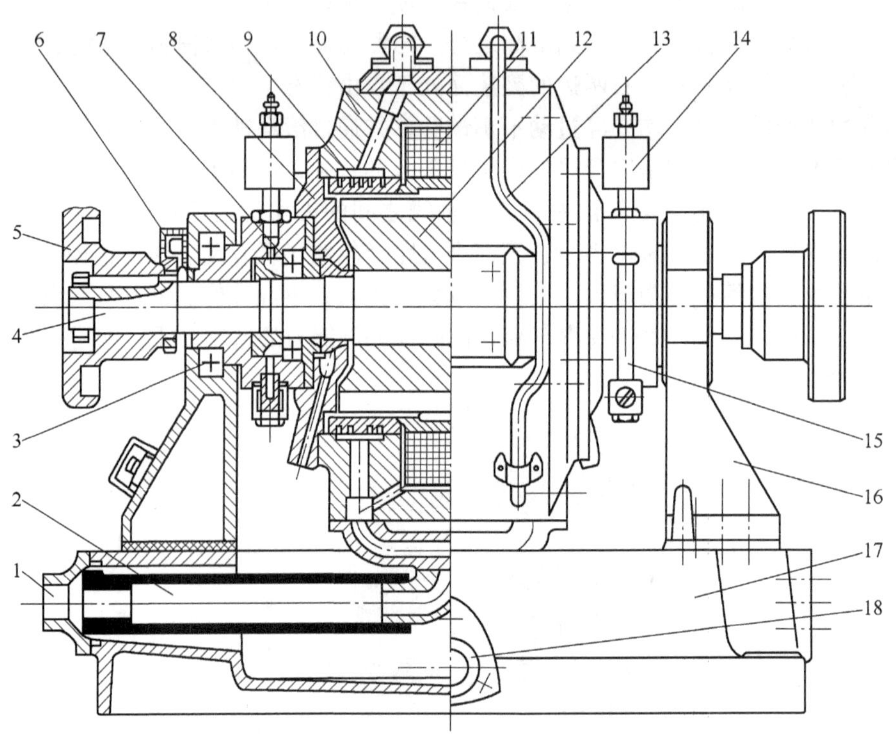

图1-18　水冷式电涡流测功装置的基本结构

1—进水口　2—进水软管　3—滚动轴承　4—主轴　5—联轴器　6—转速传感器　7—轴承　8—端盖　9—涡流环　10—励磁体　11—励磁绕组　12—感应子　13—出水管　14—油杯　15—油面指示器　16—轴承架　17—线圈　18—排水口

水冷式电涡流测功装置主要由转子（包括带齿状凹凸的感应子12、主轴4）和定子（包括作为磁轭的铁心、涡流环9、励磁绕组11、端盖8）组成。因水冷式电涡流测功装置结构复杂，安装不方便，故应用得较少。

风冷式电涡流测功装置的基本结构如图1-19所示。

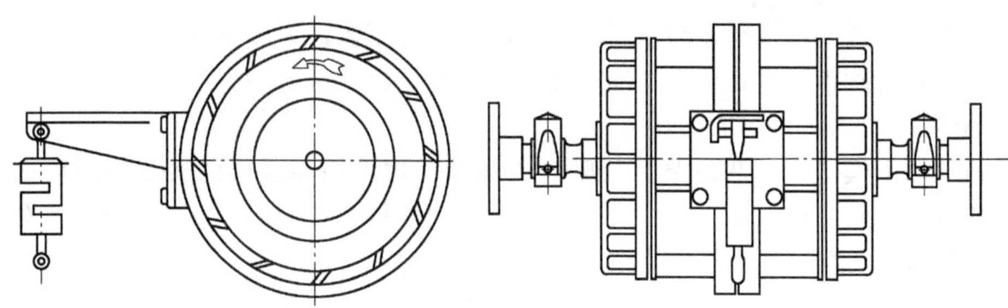

图 1-19　风冷式电涡流测功装置的基本结构

风冷式电涡流测功装置主要由转子、定子、励磁线圈、支撑轴承、冷却风扇叶片和力传感器等组成。风冷式电涡流测功装置的特点是：

1）结构简单，安装方便。

2）冷却效率低，不宜长时间运行。一般在高转速、大负荷下工作时间不宜超过数分钟。

3）冷却风扇在工作时消耗一定的功率，故应将此消耗的功率计入汽车底盘输出功率。

（2）电涡流测功装置的工作原理　电涡流式测功装置的工作原理如图 1-20 所示。

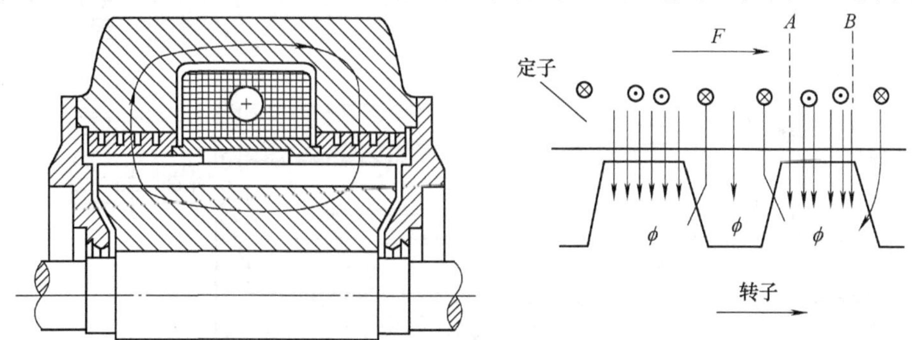

图 1-20　电涡流式测功装置的工作原理

当励磁线圈通以直流电时，转子与定子的间隙就有磁力线通过，此间隙的磁通分布在转子齿顶处的密度最大，而通过齿槽处的磁通密度最小。当转子旋转时，由于转子的齿顶与齿槽断续通过励磁线圈的磁场，便引起磁通量大小的交替变化。由磁感应定理可知，此时在定子的涡流环内产生感生电动势，试图阻止磁通量的减小，于是就有电涡流产生。电涡流产生后，一方面产生热量、消耗能量，另一方面会产生磁场，此磁场将阻碍转子旋转，即定子产生阻碍转子旋转的力。根据力的作用与反作用原理，转子同时产生对定子的作用力，此力试图推动定子旋转。此力便通过与定子处外壳相连接的力臂引入测力装置，从而测量出力矩值。

当测功机转子以转速 n 转动，且给励磁线圈加载一定的电流时，可摆动的定子外壳就产生一定的阻力矩 T，便得到吸收功率阻力矩 P，即

$$P = Tn/9\ 549$$

汽车底盘输出最大功率 = 测功装置所消耗的功率 + 滚动阻力所消耗的功率 + 台架机械阻力所消耗的功率 + 风冷式测功装置冷却风扇所消耗的功率

对于形式固定的底盘测功台及确定的车型，其滚动阻力所消耗的功率、台架机械阻力所

消耗的功率及风冷式测功装置冷却风扇所消耗的功率为定值，可由试验测得。因此，根据试验数据及测功机所测得的吸收功率，即可计算驱动轮输出的最大功率。

3. 飞轮机构

飞轮机构用于模拟汽车在道路上行驶时的动能，常采用离合器以实现与滚筒的自由接合。飞轮机构通常是一组多个飞轮，飞轮机构的转动惯量及转动惯量在各个飞轮上的分配应与所测车型加速能力测试和滑行能力测试的要求相适应。

汽车在道路上行驶时，汽车本身具有一定的惯性能，即汽车的动能；而汽车在底盘测功台上运行时车身静止不动，是车轮带动滚筒旋转；在汽车减速工况时，由于系统的惯量比较小，汽车很快停止运行。因此，在检测汽车的减速工况和加速工况时，汽车底盘测功台必须配备惯性模拟系统，如图 1-21 所示。

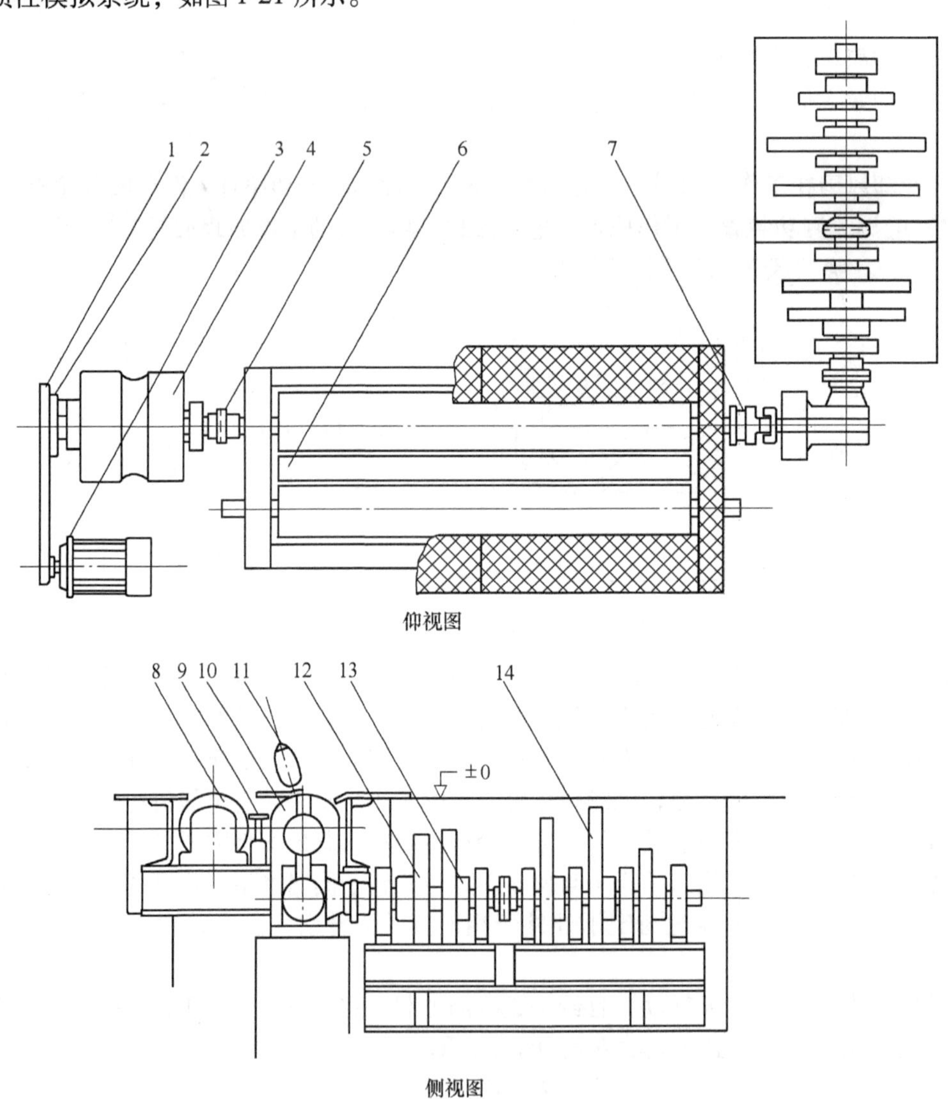

图 1-21　惯性模拟系统

1—传动链条　2—超越离合器　3—拖动电动机　4—功率吸收装置　5—双排联轴器　6—举升板　7—牙嵌离合器　8—滚筒　9—举升器　10—变速器　11—挡轮　12—小飞轮　13—电磁离合器　14—大飞轮

汽车底盘测功台转动惯量是通过飞轮来实现的。目前，由于对汽车台架的惯量没有制定相应的标准，因而国产底盘测功台所装配的惯性飞轮的个数不同，且飞轮惯量的大小也不同，飞轮的个数越多，则检测精度越高。

4. 反拖装置

所谓反拖装置是指采用反拖电动机带动功率吸收装置、滚筒、车轮以及汽车传动系统的一种装置，如图 1-22 所示。反拖装置的基本结构由反拖电动机、滚筒、车轮、转矩仪（或电动机悬浮测力装置）等组成。利用反拖装置可以方便地检测汽车底盘测功台的机械损失，还可以检测汽车传动系统、主减速器、车轮与滚筒以及台架机械系统的阻力损失。但值得注意的是，在检测过程中，主减速器、车轮与滚筒的正向拖动与反向拖动阻力有差异，目前尚未得到广泛的应用。

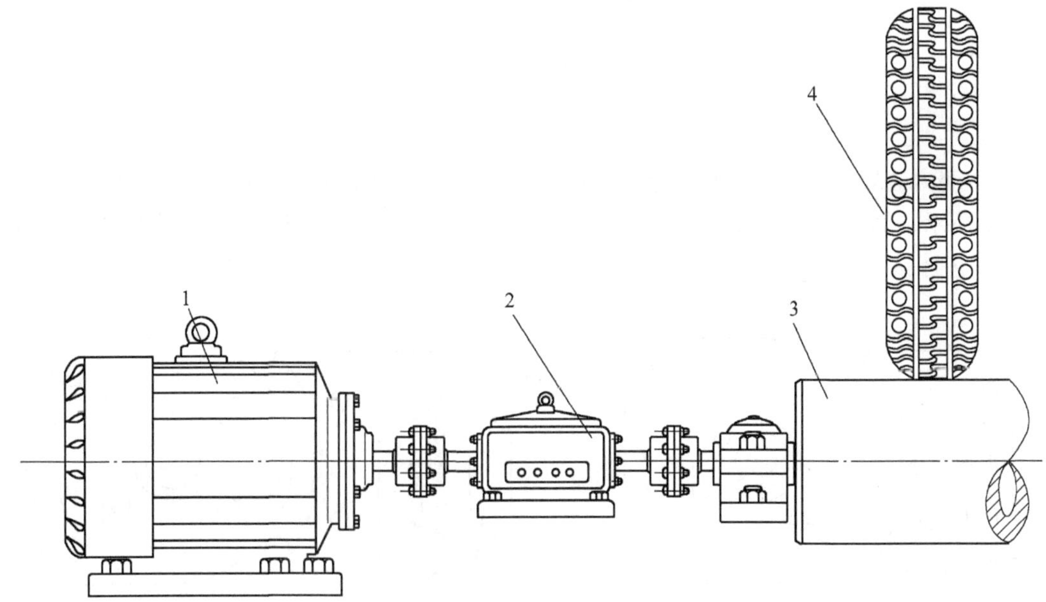

图 1-22　带有反拖装置的底盘测功台

1—变频电动机　2—转矩仪　3—滚筒　4—轮胎

5. 数据采集与控制系统

（1）转速信号传感器　目前，国内检测线用的汽车底盘测功台所采用的转速传感器可以分为光电式、磁电式、霍尔式和测速发电机式等几个类型，目前应用较多的是磁电式和测速发电机式两种。

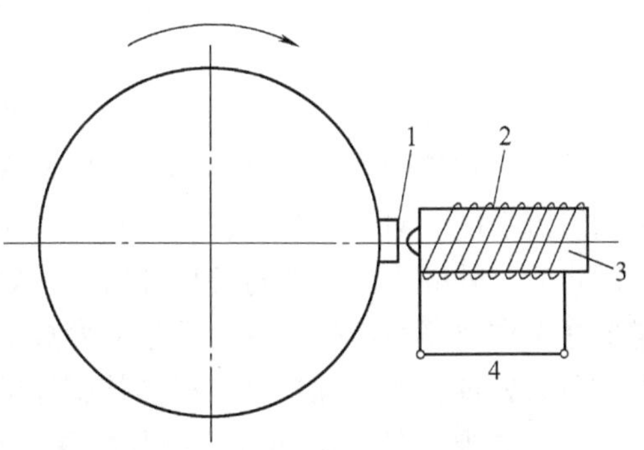

图 1-23　磁电式转速传感器工作示意图

1—销子　2—绕组　3—永久磁铁　4—脉冲电压变换器

1）磁电式转速传感器。如图 1-23 所示，磁电式转速传感器由旋转齿轮和永久磁铁及感应线圈等组成。汽车车轮在滚筒上滚动时，带动齿轮以一定的速度旋转。当永久磁铁对准齿顶时，磁电式转速传感器感应电动势增强。同理，当永久磁铁对准齿槽时，磁电式转速传感器感应电动势减弱，由于磁阻的变化，磁电式转速传感器输出的电压信号为交变信号。因为信号较弱（一般在3mV），所以必须经过信号放大整形电路将交变信号转变为脉冲信号，送入CPU高速输入口（HSI），以获取转速信号。

2）测速发电机。测速发电机工作示意图如图1-24所示。汽车车轮在滚筒上滚动时，带动测速发电机旋转，产生的电压正比于滚筒转速，通过A-D转换器可得到转速信号。

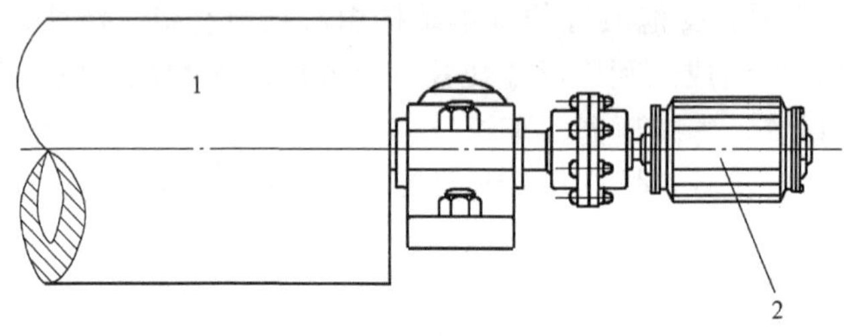

图1-24　测速发电机工作示意图

1—滚筒　2—测速发电机

（2）测力装置　汽车底盘测功台驱动力传感器可分为两种：一种是拉压式传感器，如图1-25a所示；另一种是位移传感器，如图1-25b所示。它们的一边连接功率吸收装置的外壳，另一边连接测功台框架。

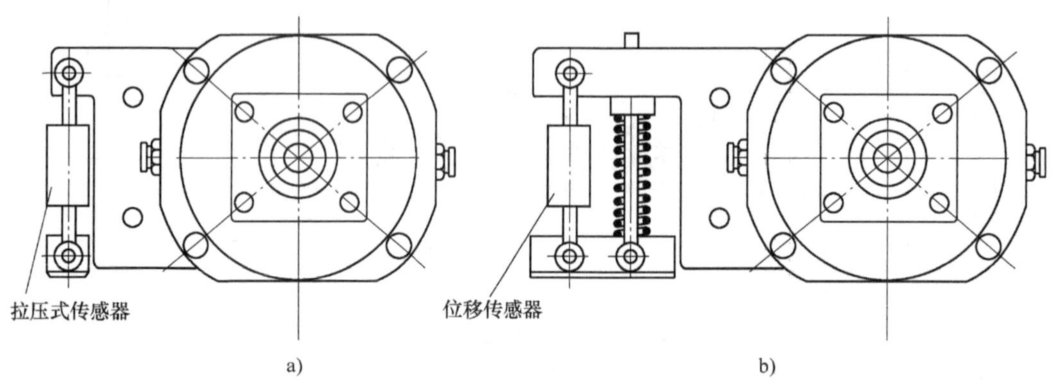

图1-25　测力装置

a）拉压式传感器　b）位移传感器

在工作过程中，无论是水力式功率吸收装置、电涡流式功率吸收装置，还是电力式功率吸收装置，它们的外壳都是浮动的。以电涡流式为例，当线圈通过一定的电流时，就产生一定的涡流强度。对转子来说，电磁感应产生的力偶的作用方向与其转动的方向相反。当传感器固定后，外壳上的力臂对传感器就有一定的拉力或压力（与安装的位置有关），拉压式传感器在工作时受力产生应变，通过应变放大器可得到一定的输出电压。这样将力信号转变成电信号来处理，通过标定可以得到传感器的受力数值。

（3）控制系统　电涡流式加载装置可控性好、结构简单、质量轻、便于安装，在底盘测功台中得到了广泛的应用。

汽车在行驶过程中存在滚动阻力、加速阻力和坡道阻力，其中加速阻力是通过惯性飞轮来模拟的；通过台架模拟道路必须选用加载装置，要想控制它，就必须知道控制电压及电流。电涡流式加载装置控制系统框图如图 1-26 所示。

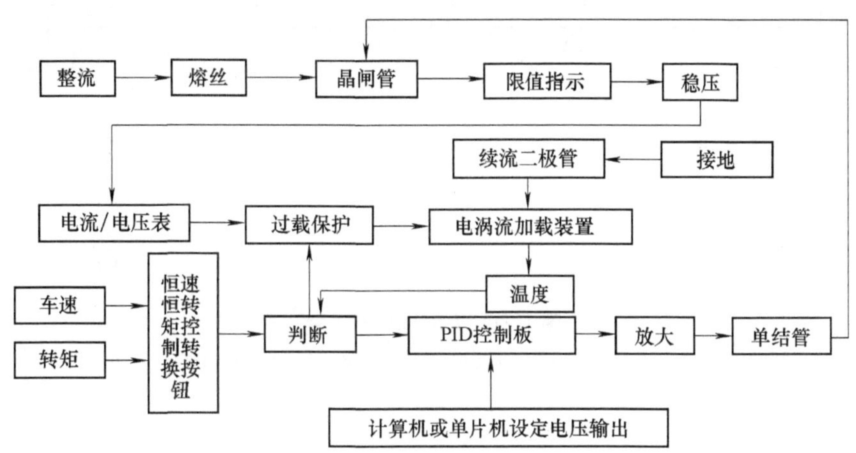

图 1-26　电涡流式加载装置控制系统框图

汽车底盘测功台常见的位控信号有举升机升降控制或滚筒锁定控制、电磁阀控制、飞轮控制、车辆检测灯控制、手动或自动控制等信号。它们常常通过计算机或单片机 I/O 板（8155 或 8255 等），再经过信号放大、驱动来实现控制。

6. 安全保障系统

安全保障系统包括左右轮挡、系留装置、车偃、发动机与车轮冷却风机，其作用如下：

1）左、右轮挡的作用是防止汽车车轮旋转过程中在侧向力的作用下横向滑出滚筒，对于前轮驱动车辆更应使用轮挡。

2）系留装置是指地面上的固定盘与车辆相连，以防止车辆高速运行时由于滚筒的卡死而冲出。

3）车偃的作用之一是防止车辆在运行过程中车体前后移动；同时，也达到与系留装置作用相同的功能。

4）发动机与车轮冷却风机的作用是防止在车辆运行过程中发动机和车轮过热。

7. 引导、举升及滚筒锁定系统

（1）引导系统　引导系统也称为驾驶人助手，其作用是引导驾驶人按提示进行操作。提示的方法有两种：一种是显示牌，另一种是大屏幕显示装置。

1）显示牌一般是与计算机的串行通信接口相连，当计算机对显示牌初始化后，便可对显示牌发送 ASC Ⅱ码与汉字，以提示驾驶人如何操作车辆及显示检测结果。

2）大屏幕显示器通过 AV 转换盒与计算机相连，如图 1-27 所示，AV 转换盒的作用是将计算机的数字信号转换成视频信号供电视机用。

（2）举升装置　底盘测功台常用的举升装置类型有气压式和液压式两种。

1）气压式升降机如图 1-28 所示，它是由电磁阀、气动控制阀及双向气缸或橡胶气囊组成。在气体压力的作用下，气缸中的活塞便可上下运动以实现升降的目的。

2）液压式举升装置通常由电磁阀、分配阀和液压举升缸等组成。在液压作用下，举升缸活塞向上移动，从而实现举升的目的。

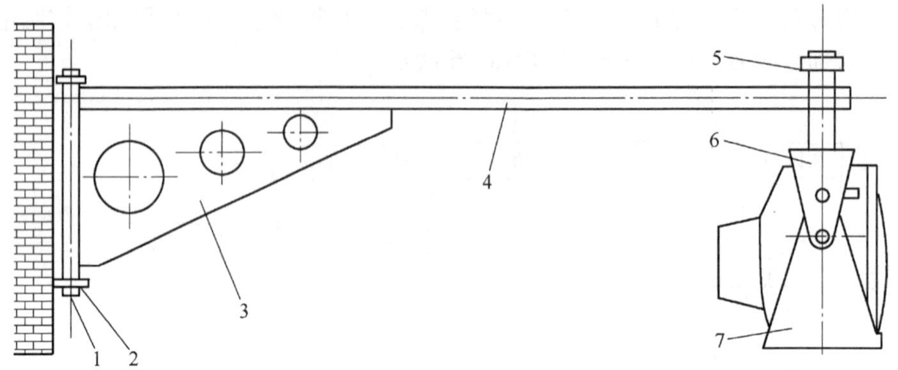

图 1-27　大屏幕显示装置

1—转轴　2—开口销　3—支架　4—悬臂　5—小转轴　6—电视机吊架　7—电视机座

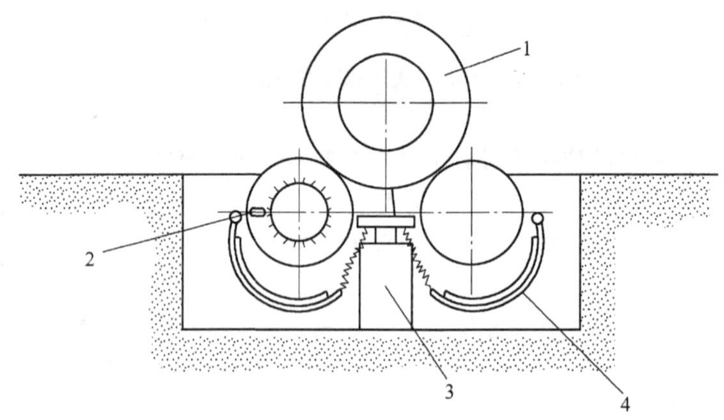

图 1-28　气压式升降机

1—车轮　2—滚筒转速传感器　3—举升器　4—滚筒制动装置

（3）滚筒锁止系统　棘轮棘爪式滚筒锁止系统如图 1-29 所示，它由双向气缸、棘轮、棘爪、回位弹簧、拉杆及控制器组成。通过控制器控制压缩空气的通断，当某一方向通气后，压缩空气推动气缸活塞运动控制棘爪与棘轮离合，以达到锁止或放松的目的。

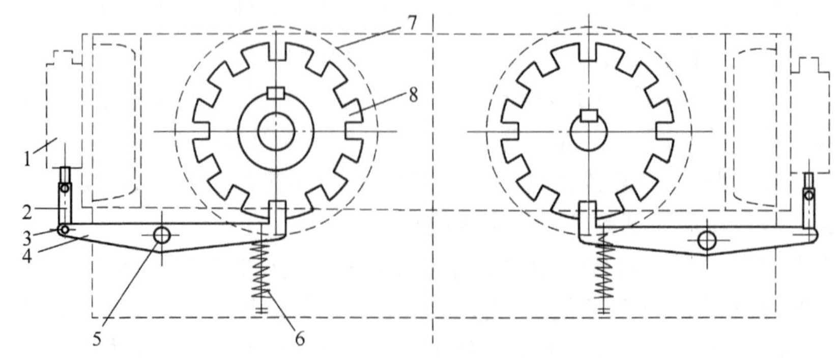

图 1-29　棘轮棘爪式滚筒锁止系统

1—双向气缸　2—拉杆　3—连接销　4—棘爪　5—固定销　6—回位弹簧　7—滚筒　8—棘轮

8. 控制和指示装置

底盘测功台的控制装置和指示装置常做成一体，构成控制柜，安放在机械部分的左前方易于操作和观察的位置。当测力装置和测速装置均为电测式，指示装置为机械式时，指示装置仅能显示驱动轮的驱动力，驱动轮输出功率需根据所测出的驱动力和测试车速换算得到。

全自动检测线底盘测功工位的控制与指示通常由主控计算机、工位测控计算机及检验程序指示器等来完成。

技能学习

一、准备工作

1. 环境条件

环境温度为 0～40℃，环境相对湿度小于 85%，大气压力为 80～110kPa。

2. 检测设备和仪器

底盘测功台及温度计、湿度计、气压计以及饱和蒸气压计等。

3. 底盘测功台的准备

使用测功台之前，按照厂家规定的项目对测功台进行检查、调整和润滑，在使用过程中，要注意仪表指针的回位（或数字显示的回零）、举升器工作导线的接触情况。发现故障，及时清除。

4. 被检汽车的准备

1）汽车开上底盘测功台以前，调整发动机供油系统及点火系统至最佳工作状态。

2）检查、调整、紧固和润滑传动系统及车轮的连接情况。

3）清洁轮胎，检查轮胎气压是否符合规定。

4）汽车必须运行至正常工作温度。

5）排气系统应有排气消声器，系统不得泄漏。

6）检查空气滤清器状况，允许更换空气滤清器滤芯。

7）关闭空调系统等非汽车运行所必需的耗能装置。

5. 确定测功项目

对汽车进行底盘测功前，首先根据测试或应车主要求确定测功项目。一般有以下几项：

1）发动机额定功率转速下驱动轮的输出功率或驱动力。

2）发动机额定转矩转速下驱动轮的驱动力或输出功率。

3）发动机全负荷选定车速下驱动轮的输出功率或驱动力。

4）发动机部分负荷选定车速下驱动轮的输出功率或驱动力。

GB 18565—2001《营运车辆综合性能要求和检验方法》规定，在检测线上，轻型车辆按发动机额定转矩转速工况检测，其他车辆在发动机额定功率转速工况和额定转矩转速工况下检测均可。

6. 设定车速值的确定

为简化检测工作，GB 18565—2001《营运车辆性能要求和检验方法》中规定了不同型号的车辆检测驱动轮输出功率时的检测车速，并给出了驱动轮输出功率的限值（表 1-2）。选择的原则以测试工况、车辆型号和燃油种类为依据。例如：1090 系列的汽油车按照额定转矩工况法进行检测时，$v_M = 40$km/h，按照额定功率工况法进行检测时，应为 $v_p = 80$km/h；

而柴油车，则分别为 $v_M = 55\text{km/h}$ 和 $v_p = 80\text{km/h}$。

表 1-2　汽车驱动轮输出功率的限值

汽车类别	汽车型号		额定转矩工况			额定功率工况		
			直接档检测速度 v_M/(km/h)	校正驱动轮输出功率/额定转矩功率 η_{VM}（%）		直接档检测速度 v_P/(km/h)	校正驱动轮输出功率/额定功率 η_{VP}（%）	
				额定值 η_{Pr}	允许值 η_{MH}		额定值 η_{Pr}	允许值 η_{Pn}
货车	1010 系列 1020 系列	汽油车	60	75	50	90	65	40
	1030 系列	汽油车	60	75	50	90	65	40
	1040 系列	柴油车	55	75	50	90	70	45
	1050 系列	汽油车	60	75	50	90	65	40
	1060 系列	柴油车	50	75	50	80	70	45
	1070 系列	汽油车	—	—	—	—	—	—
	1080 系列	柴油车	50	75	50	80	70	45
	1090 系列	汽油车	40	75	50	80	70	45
		柴油车	55	75	50	80	70	45
	1100、1110 系列	汽油车	—	—	—	—	—	—
	1120、1130 系列	柴油车	50	70	45	80	65	40
	1140 系列 1150 系列 1160 系列	柴油车	50	75	50	80	65	40
	1170 系列 1190 系列	柴油车	55	75	50	80	65	40
半挂列车①	10t 半挂列车系列	汽油车	40	75	50	80	70	45
		柴油车	50	75	50	80	70	45
	15t、20t 半挂列车系列	柴油车	45	70	45	70	65	40
	25t 半挂列车系列	柴油车	45	75	50	75	65	40
客车	6600 系列	汽油车	60	70	45	85	60	35
		柴油车	45	75	50	75	65	40
	6700 系列	汽油车	50	65	40	80	60	35
		柴油车	55	70	45	75	60	35
	6800 系列	汽油车	40	65	40	85	60	35
		柴油车	45	70	45	75	60	35
	6900 系列	汽油车	40	65	40	85	60	35
		柴油车	60	70	45	85	65	35
	6110 系列	汽油车	40	65	40	85	60	35
		柴油车	55	70	45	80	60	35
	6120 系列	柴油车	60	65	40	90	60	35
轿车	夏利、富康		95/65②	65/60②	40/35②	—	—	—
	桑塔纳		95/65②	70/65②	45/40②	—	—	—

注：5010～5040 系列厢式货车和罐式货车驱动轮输出功率的允许值按同系列普通货车的允许值下调 2%，其他系列厢式货车驱动轮输出功率的允许值按同系列普通货车的允许值下调 4%。

①半挂列车按载质量分类。

②汽车变速器使用三档时的参数值。

7. 检测汽车驱动轮功率应注意的事项

1）超过检测台允许轴重或轮重的车辆一律不准上检测台进行检测。

2）检测过程中，切勿拨弄举升器托板操纵手柄，车辆前方严禁站人，以确保检测安全。

3）检测时，一定要开启冷却风扇并密切注意各种异响和发动机的冷却液温度。

4）走合期间的新车和刚大修后的车不宜进行底盘测功。

5）检测台不检测期间，不准在上面停放车辆。

相关说明：大多数检测站使用的底盘测功台基本上都是单轴双滚筒式底盘测功台，如果没有配备自由滚筒，那么对于双后驱动桥的车辆，车辆的第三桥只能位于地面上，导致第三桥车轮不转，由于汽车轴间差速器的作用，将使第二桥车轮加速旋转，而导致汽车轴间差速器的损坏；或者由于第三桥在地面上的驱动牵引作用，车辆将向前驶出底盘测功台的滚筒。

有些检测线配备如图 1-30 所示的第三滚筒（自由滚筒），即使如此，由于车轮转速的不同，两驱动轴的轴间差速器仍可能出现高转速差的工作状态，也会导致汽车轴间差速器损坏，还可能使所测功率降低，甚至测不出功率来。

因此，对于检测双后桥驱动的车辆应特别注意：检测时，对于单轴双滚筒式底盘测功台，如果配备自由滚筒，那么务必将汽车轴间差速器锁可靠地锁住，使两驱动桥同步运转。

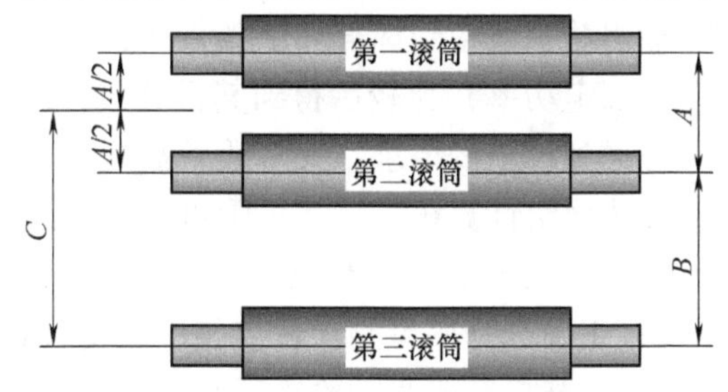

图 1-30　配备自由滚筒的结构

但是，即便将汽车的轴间差速器锁可靠地锁住，保证了两驱动桥同步运转，由于自由滚筒没有功率吸收装置，所测得的底盘输出功率也将大为降低。因此，对于检测双后桥驱动的车辆，最合理的选择是双轴双滚筒式底盘测功台。

二、测试步骤

1. 汽车驱动轮输出功率的检测

1）根据显示屏显示的被检车辆牌号，将车辆驱动轮置于底盘测功台滚筒上，非驱动轮前抵上车偃（或用系留装置拉住车辆），举升器自动降下。

2）引车员系好安全带，并根据显示屏指令操作，检测过程中，车辆前方不得站人。

3）引车员应逐级起步换档、提速至直接档，并以直接档的最低车速稳速运转。

4）显示屏指令“设定车速值”时，引车员将加速踏板踩到底并保持不动，底盘测功台自动加载，直至车速稳定在设定的检测车速值 ±0.5km/h 范围内。

5）测试车速在设定车速范围内稳定 15s 后，计算机连续自动采集实际车速值、驱动轮输出功率及转矩值，在测试全过程中，实际检测车速和设定车速的允许误差为 ±0.5km/h，转矩波动幅度应小于 ±4%。

6）工位测控计算机读取检测数据，引车员挂空档，松开加速踏板，车轮继续带动滚筒旋转约 1min 以上，确保电涡流测功器散热。

7）对于检测不合格的车辆，允许复测一次。

8）举升器举起，车辆驶出底盘测功台工位。

对于全自动检测线，本工位所检测的数据直接传输给主控计算机，用于全部项目检测完成后打印检测报告单。对于有工位打印机的，可以在本工位直接打印检测数据。工位打印机可打印设定车速值、实际车速值、驱动轮输出功率及转矩值等。

驱动轮输出功率检测完成后，车轮会继续带滚筒旋转，一方面给电涡流测功器散热，同时，可利用该段时间进行30～0km/h的车辆滑行距离测试。要注意的是，滑行距离测试应挂接相应的惯性飞轮，只要计算机软件合理，两个参数同时检测完全是可行的。

动力性检测完成后，应让滚筒运转1min以上使电涡流测功器散热。底盘测功机在测试中如果突然发生停电，则引车员应立即松开加速踏板并挂空档，等车辆滑行减速直至停止。

理论和实践都已证明，不同使用环境的大气压力、温度和空气湿度都会影响到发动机的进气压力，车辆在不同的环境条件下使用，功率值是不一样的，严重时，功率会相差10%～20%。车辆在冬季使用的功率比夏季高温季节要高，在平原地区使用比西部高原地带要好，这也充分说明不同的环境条件下检测驱动轮输出功率的数值是有差异和变化的。

GB 18565—2001《营运车辆综合性能要求和检验方法》规定，要将现场检测的实测驱动轮输出功率修正到标准环境条件下的校正驱动轮功率后，再与发动机额定转矩功率（或发动机额定功率）比较后得到其百分数，然后对车辆的整车动力性进行判定。

考虑到校正的要求，大多数底盘测功工位均配备温度计、湿度计和气压计等。其检测信号直接传输给计算机，计算机则可按设定的程序自动进行校正计算。

2. 汽车滑行性能的检测

1）正确选择底盘测功台上相应飞轮（使离合器接合）。

2）将被检车辆驱动轮置于底盘测功台滚筒上。

3）按引导系统提示将车辆逐步换至直接档并加速至高于规定车速（30km/h或50km/h）后，置变速器于空档，利用车-台系统储存的动能，使其运转直至车轮停止转动。

4）计算机记录汽车从规定车速开始至车轮停止转动的滑行距离。

注意：实测的滑行距离需经修正后显示。

三、检测标准

1. 驱动轮输出功率检测标准

驱动轮输出功率的限值见表1-2。标准规定整车动力性检测的判定限值是在用上述检测工况下，采用校正驱动轮输出功率与相应的发动机输出功率的百分比，作为驱动轮输出功率的限值，即

$$\eta_{VM} = P_{VM0}P_M$$
$$\eta_{VP} = P_{VP0}/P_e$$

式中 η_{VM}——汽车在额定转矩工况下的校正驱动轮输出功率与发动机额定转矩功率比值的百分比（%）；

η_{VP}——汽车在额定功率工况下的校正驱动轮输出功率与发动机额定功率比值的百分比（%）；

P_{VM0}——汽车在额定转矩工况下的校正驱动轮输出功率（kW）；

P_{VP0}——汽车在额定功率工况下的校正驱动轮输出功率（kW）；

P_M——发动机在额定转矩工况下的输出功率（kW）；

P_e——发动机在额定功率工况下的输出功率（kW）。

驱动轮输出功率合格的判定条件为

$$\eta_{VM} \geqslant \eta_{Ma}$$

$$\eta_{VP} \geqslant \eta_{Pa}$$

式中　η_{Ma}——汽车在额定转矩工况下的校正驱动轮输出功率与发动机额定转矩功率比值的百分比的允许值（%）；

η_{Pa}——汽车在额定功率工况下的校正驱动轮输出功率与发动机额定功率比值的百分比的允许值（%）。

允许值的限值是对一般营运车辆动力性的最基本的合格要求，如果动力性达不到允许值的要求，则说明该车动力性不合格，应对该车发动机或传动系统进行检查维修后再重新检测，一定要合格后才能投入营运工作。根据JT/T 198—2004《营运车辆技术等级划分和评定要求》的规定，凡从事危险品货物运输、高速公路客运、旅游客运和800km以上超长线公路客运的车辆，其技术等级必须为一级，上述车辆的校正驱动轮输出功率与相应的发动机输出功率的比值的百分数，必须要大于或等于表1-2中额定值的限值才能为合格。对于二、三级车，只要达到合格即符合要求。

2. 汽车滑行性能检测标准

汽车滑行性能的检测标准见表1-3。

表1-3　汽车滑行性能的检测标准

汽车整备质量/kg	双轴驱动车辆滑行距离/m	单轴驱动车辆滑行距离/m
$m<1\,000$	≥104	≥130
$1\,000 \leqslant m \leqslant 4\,000$	≥120	≥160
$4\,000 \leqslant m \leqslant 5\,000$	≥144	≥180
$5\,000 \leqslant m \leqslant 8\,000$	≥184	≥230
$8\,000 \leqslant m \leqslant 11\,000$	≥200	≥250
$m>11\,000$	≥214	≥270

注：表中规定的测试车速为50km/h。

四、检测结果分析

1. 检测报告单分析

汽车驱动轮输出功率的检测报告单式样见表1-4。即在实际综合检测报告单中，隶属于动力性、燃料经济性检测项目下的第一个小项（序号1）。

在表中的“检测结果”栏内，应该在“kW”前打印出实测驱动轮输出功率值，单位为kW；在“%”前打印出校正驱动轮输出功率与相应的发动机输出功率的百分比。上例中“kW”前没有数据，而“%”前的数据大于100%，说明有错误，原因可能是应用程序设计的问题。

2. 检测中的误差分析

在分析、判断汽车动力性之前，首先应确定底盘测功台的性能是正常的，即符合动力性测试的要求。控制系统的精度和软件程序均符合标准提出的各项要求，底盘测功台经过计量部门检定并在有效期内。只有在这种条件下，才能认为检测数据是正常的，然后才能按照检测数据进一步分析动力性不合格的可能原因。

表1-4　汽车驱动轮输出功率的检测报告单式样

<table>
<tr><td rowspan="18">动力性、燃料经济性</td><td>序号</td><td colspan="3">检测项目</td><td colspan="8">检　测　结　果</td><td>评价</td></tr>
<tr><td rowspan="2">1</td><td colspan="2" rowspan="2">校正驱动轮输出功率</td><td>额定转矩工况</td><td colspan="8">kW　144.8　%</td><td rowspan="2">○</td></tr>
<tr><td>额定功率工况</td><td colspan="8">kW　　%</td></tr>
<tr><td>2</td><td colspan="3">等速百公里燃油消耗量</td><td colspan="8">L/100km　　%</td><td></td></tr>
<tr><td>序号</td><td rowspan="14">发动机技术状况</td><td colspan="2">检测项目</td><td>1</td><td>2</td><td>3</td><td>4</td><td>5</td><td>6</td><td>7</td><td>8</td><td>评价</td></tr>
<tr><td>3</td><td colspan="2">相对气缸压力/%</td><td>100</td><td>98</td><td>101</td><td>101</td><td></td><td></td><td></td><td></td><td>○</td></tr>
<tr><td>4</td><td colspan="2">点火电压(汽油)/kV</td><td></td><td></td><td></td><td></td><td></td><td></td><td></td><td></td><td>—</td></tr>
<tr><td>序号</td><td colspan="2">检测项目</td><td colspan="2">检测结果</td><td>评价</td><td>序号</td><td colspan="2">检测项目</td><td colspan="2">检测结果</td><td>评价</td></tr>
<tr><td>5*</td><td colspan="2">最低稳定转速</td><td colspan="2">532r/min</td><td>○</td><td>11</td><td colspan="2">蓄电池电压</td><td colspan="2">11.7V</td><td>○</td></tr>
<tr><td>6</td><td colspan="2">最高转速(柴油)</td><td colspan="2">r/min</td><td></td><td>12</td><td colspan="2">润滑油污染指数</td><td colspan="2">2.5</td><td>○</td></tr>
<tr><td>7*</td><td colspan="2">起动电压</td><td colspan="2">9.4V</td><td>×</td><td>13</td><td colspan="2">润滑油水分含量（质量分数）</td><td colspan="2">0.2</td><td>○</td></tr>
<tr><td>8*</td><td colspan="2">起动电流</td><td colspan="2">197.3A</td><td>○</td><td>14</td><td colspan="4">机油压力</td><td>○</td></tr>
<tr><td>9</td><td colspan="2">充电电压</td><td colspan="2">13.2V</td><td>○</td><td>15*</td><td colspan="4">停机装置(柴油)</td><td>○</td></tr>
<tr><td>10</td><td colspan="2">充电电流</td><td colspan="2">13.2A</td><td>○</td><td>16*</td><td colspan="4">异响</td><td>○</td></tr>
</table>

1）发动机额定转矩功率选择不准确。GB 18565 标准检测的限值是按照汽车型号系列选择，而发动机额定转矩功率是由发动机型号决定的，只有查阅了发动机型号，才能确定其额定转矩和转速，经运算得到该车的发动机转矩功率，并将该转矩功率代入相应的公式来计算百分比。由于国内车型太复杂，同一种车型可能配置多种发动机，而各种发动机的转矩功率值又不都是一样的。如果 P_M 值选择错误，那么必然会影响到 η_{VM} 值的百分比值的判定。

2）动力性检测时应选用直接档（或传动比接近 1 的档位）。检测标准规定，检测应使用直接档，如果引车员没有用直接档，那么检测的数据就不是最大转矩条件下的驱动轮输出功率。由于 P_{VM0} 或 P_{VP0} 的减小，从而引起 η_{VM} 变小，这样就会导致整车动力性不合格。

3）车辆驱动轮轮胎的规格、气压不符合检测要求。现在不少营运车辆同轴轮胎的规格、花纹经常不一样，有时连尺寸都不一样，有的轮胎破损严重，这种状况在检测中会增加轮胎和滚筒之间的滑移功率损耗，还会造成车轮在检测中速度的波动变大，轮胎滑移和车速的波动直接影响到驱动轮输出功率的真实检测值，造成检测结果值变小而使动力性检测不合格。

上述检测中所发生的失误并不是车辆动力性很差，而是检测中的有关环节失误造成数据的差异，只要选对发动机的额定转矩功率，采用直接档或换用好的轮胎并应重新检测，是能解决的。

3. 整车动力性不合格的主要原因分析

（1）发动机功率不足　可能的原因有：气缸压缩压力低；个别气缸工作不正常；点火正时（或喷油正时）不准；空气滤清器堵塞等。

（2）底盘传动系统技术状况不良　可能的原因有：离合器打滑；制动器间隙偏小；传动轴变形弯曲，中间轴承支架松旷，传动轴不平衡；驱动轿装配不良或有故障；轮胎气压不标准，轮辋变形，轮胎花纹规格不符合要求；传动系统、行驶系统润滑不良等。

思考与练习

一、简答题

1. 什么是汽车的动力性？其评价指标有哪些？

2. 底盘测功的目的是什么？

3. 底盘测功台飞轮的作用是什么？什么时候需要用到飞轮装置？

4. 进行底盘测功前，对车辆有哪些要求？

5. 在用带自由滚筒的底盘测功台检测双后轴驱动的车辆的驱动轮输出功率时，为什么一定要锁止轴间差速器？

6. 在进行汽车驱动轮输出功率检测时，哪些人为的因素会影响检测结果的准确性？

7. 简要说明汽车动力性检测不合格在底盘方面可能存在的故障。

二、单选题

1. 驱动轮输出功率限值是（　　）输出功率与对应的发动机输出总功率的百分比值。

A. 实测驱动轮　　B. 发动机额定转矩功率　　C. 校正驱动轮

2. 驱动轮输出功率检测完后，应让滚筒空转（　　）min 以上确保电涡流测功器散热。

A. 3　　B. 2　　C. 1

3. 带有反拖装置的底盘测功台除具备常用底盘测功台功能外，还能测试底盘测功台自身的传动阻力、汽车车轮滚动阻力及（　　）等功能。

A. 汽车加速时间　　B. 汽车车速里程表　　C. 汽车传动阻力

4. 为及时掌握检测站的运行情况，汽车检测站计算机控制系统应具备按照（　　）进行查询统计的功能。

A. 日　　B. 固定时间段　　C. 任意时间段

5. 检测站集中式控制系统的弊端是（　　）。

A. 成本过高　　B. 易受干扰　　C. 结构复杂

6. 检测站计算机控制系统的网络结构一般分为（　　）层。

A. 1　　B. 2　　C. 3

7. 可将模拟量转换为数字量的装置是（　　）转换器。

A. D-A　　B. A-D　　C. I/O

8. 检测站计算机控制系统的外部接口设备不包括（　　）。

A. 模拟量输入/输出设备　　B. 开关量输入/输出设备　　C. 打印机

9. 在登录注册系统中，车辆查询条件不包括（　　）。

A. 车辆类型　　B. 车牌号码　　C. 发动机型号

10. 车辆调度系统适用于（　　）。

A. 一站一线　　B. 一站多线　　C. 一站一线和一站多线

11. 用来调整车辆上线检测顺序的是（　　）。

A. 注册系统　　B. 调度系统　　C. 主控系统

12. 对控制系统的软件维护可以通过（　　）来实现。

A. 手动备份数据库　　B. 自动备份数据库　　C. 提供系统安装软件包

13. 检测标准的维护限值人员可以是（　　）。

A. 授权人　　B. 站长　　C. 开发人员

三、多选题

1. 汽车动力性是指汽车在运行中的（　　）。

A. 最大加速能力　　B. 最高车速

C. 最大爬坡能力　　D. 发动机额定功率

2. 按（GB/T 18276—2000）《汽车动力性台架试验方法和评价指标》的规定，汽车动力性采用（　　）作为评价指标。

A. 汽车发动机在额定转矩工况下的驱动轮输出功率

B. 汽车发动机在额定功率工况下的驱动轮输出功率

C. 汽车发动机达到最大转速时的驱动轮输出功率

D. 汽车发动机达到最大功率时的驱动轮输出功率

3. 底盘测功台应能打印各测试点的（　　）值。

A. 设定车速　　B. 实际车速　　C. 转矩　　D. 功率

4. 实测驱动轮输出功率修正为校正驱动轮输出功率的标准环境状态参数有（　　）。

A. 大气压力　　B. 环境温度　　C. 相对湿度　　D. 干空气压

5. 底盘测功台主要由道路模拟系统、引导与举升系统以及（　　）等部分组成。

A. 数据采集与控制系统　　B. 测量装置

C. 安全保障系统　　D. 速度报警装置

6. 检测站计算机控制系统的测量对象包括（　　）。

A. 流量　　B. 速度　　C. 力　　D. 位移

7. 检测站计算机控制系统的常用软件包括（　　）。

A. 系统软件　　B. 应用软件　　C. 数据库软件　　D. 图形处理软件

8. 检测站计算机控制系统在尾气检测时，需判断车辆的（　　），并给出相应的检测提示。

A. 生产日期　　B. 燃油类别　　C. 外廓尺寸　　D. 核定载客数

9. 检测站计算机控制系统的系统维护一般包括（　　）和软件维护。

A. 检测设备的软件标定　　B. 检测判定标准的维护

C. 数据库的定期备份　　D. 硬件维护

10. 根据视频采集和存储方式的不同，检测站计算机控制系统的监控系统分为（　　）。

A. 模拟　　B. 音像　　C. 数字　　D. 视频

11. 检测站计算机控制系统的发展呈现出以下特点：（　　）。

A. 从单站联网向区域联网发展　　B. 从检测系统向管理系统发展

C. 从集散控制向集中控制发展　　D. 从集散控制向现场总线发展

四、判断题

（　　）1. 汽车动力性，又称为汽车牵引性，它是表征汽车加速、爬坡及能达到最高车速的能力。

（　　）2. 汽车比功率是汽车发动机的额定功率与汽车总质量的比值。

（　　）3. 汽车比功率的大小不但影响到车辆的速度特性和加速性能，还会影响到车辆的燃油经济性。

（　　）4. 发动机在台架上，按照标准要求只安装部分规定的附件，在曲轴端检测到的相应转速下的发动机输出功率，并按标准大气状态修正得到的功率，称为发动机最大净功率。

（　　）5. 为了更准确地进行汽车加速性能和滑行性能测试，底盘测功台应设置相应的惯性模拟装置。

（　　）6. 驱动轮输出功率的大小完全取决于发动机的输出功率和传动系统的传动效率。

（　　）7.（GB 18565—2001）《营运车辆综合性能要求和检验方法》规定，用汽车发动机在额定转矩或额定功率时的驱动轮输出功率作为整车动力性的评价指标。

（　　）8. 底盘测功台主要由道路模拟系统、数据采集与控制系统、安全保障系统以及引导系统等组成。

（　　）9. 底盘测功台的滚筒直径越小，比压就越大，滚动阻力就越大，对驱动轮输出功率的损耗也越大。

（　　）10. 应尽可能选择滚筒直径大的底盘测功台使用，以减少检测时的滚动阻力损耗。

（　　）11. 底盘测功台检测时轮胎的滚动阻力随着安置角的增大而增大。

（　　）12. 底盘测功台反拖装置是采用反拖电动机带动底盘测功台的功率吸收装置、滚筒及汽车车轮、汽车传动系统的一种装置。

（　　）13. 底盘测功台反拖装置对车轮与滚筒的正向拖动与反向拖动阻力是有差异的。

（　　）14. 底盘测功台的驱动力传感器一般有两种：一种是拉压式传感器（应变片式），另一种是位移传感器。

（　　）15. 底盘测功台在测试中如果突然发生停电，引车员应立即松开加速踏板并挂空档，等车辆滑行减速直至停止。

（　　）16. 底盘测功台实测的驱动轮输出功率并不是校正驱动轮输出功率。

（　　）17.（JT/T 445—2001）《汽车底盘测功台通用技术条件》规定，测试车速的确定原则以其测试工况、车辆型号和燃油种类为依据。

（　　）18. 底盘测功台光制滚筒表面有水、油迹或沥青等会造成车辆检测时的滚动阻力损耗功率增加。

（　　）19. 底盘测功台的功率吸收装置，其实就是一个制动器。

（　　）20. 底盘测功台的惯性模拟系统除加速试验、滑行试验和多工况油耗试验外，其他检测不允许随意使用。

（　　）21. 动力性检测完后，应让滚筒运转 1min 以上使电涡流测功器散热。

（　　）22. 驱动轮输出功率检测工况采用汽车发动机额定转矩和额定功率时的工况。即发动机全负荷与额定转矩转速和额定功率转速所对应的直接档（无直接档时，指传动比接近于 1 的档）车速构成的工况。

（　　）23. 底盘测功台滚筒的测试车速越高，轮胎和滚筒之间的附着系数会越低。

（　　）24. 当底盘测功台滚筒安装好后，其安置角就固定不变了。

（　　）25. 底盘测功台必须安装惯性飞轮才能进行驱动轮输出功率的检测。

(　　) 26. 底盘测功台运转的动力是反拖电动机。

(　　) 27. 汽车行驶中的滚动阻力、空气阻力和坡道阻力可配置惯性飞轮进行模拟。

(　　) 28. 引车员在底盘测功台上检测时应系上安全带，测试中严禁使用制动器。

(　　) 29. 用底盘测功台测试滑行距离后，应对检测结果进行修正。

(　　) 30. 发动机排气系统的技术状况会影响到发动机的输出功率。

(　　) 31. 检测站计算机控制系统是对车辆的安全性、动力性、燃油经济性、尾气排放等参数进行测量、计算和判断，并对结果进行输出、存储和传送的智能化系统。

(　　) 32. 检测站一站多线情况下，计算机控制系统对已注册的车辆可实现无序调度。

(　　) 33. 检测站计算机控制系统应提供检测标准限值的查询、修改界面。

(　　) 34. A-D 转换器是模-数转换器的英文缩写。

(　　) 35. 检测站计算机控制系统中的系统软件由操作系统和编译软件等组成，是应用软件赖以运行的平台。

(　　) 36. 检测站计算机控制系统的应用软件是程序员根据用户要求编制的，用于完成检测、控制和管理功能的程序语言。

(　　) 37. 检测站计算机控制系统中，登录注册模块的作用是将车辆基本信息和检测项目录入计算机控制系统。

(　　) 38. 为防止系统发生灾难性故障，检测站计算机控制系统应提供数据库定期备份功能。

(　　) 39. 检测站计算机控制系统正从单站联网向更大范围的区域联网发展。

(　　) 40. A-D 转换器的作用是将模拟量转换成计算机可以识别的数字量。

(　　) 41. 外部接口通常是指模拟量输入/输出接口、开关量输入/输出接口和通信接口。

(　　) 42. 开关量是用两种状态来表示的信号。

(　　) 43. 计算机操作系统是直接运行于计算机硬件之上，管理和控制计算机软、硬件资源的最基本的系统软件。

(　　) 44. 集中式计算机控制系统由于信号传输距离长、易受干扰等缺点，在专业汽车检测站中应用不多。

(　　) 45. 集中式计算机控制方式以一台计算机控制所有的检测设备。

(　　) 46. 集散式计算机控制系统因为分散控制、集中管理的特点，在汽车检测站中得到广泛应用。

(　　) 47. 通过区域联网，管理部门可以实现检测数据共享、可以通过现场实时监控及检测数据对比等方法规范检测站的运行。

项目二 汽车燃料经济性检测

学习目标

1. 能够正确解释汽车燃料经济性的评价指标。
2. 能够正确描述油耗仪的结构与工作原理。
3. 能够在底盘测功台上利用油耗仪检测汽车的燃料消耗量。
4. 能够根据检测结果对车辆的燃料经济性给出正确评价，并提出维修建议。
5. 能够培养良好的安全与卫生习惯和团队协作意识。

任务分析

汽车燃料经济性用汽车燃料消耗量评价。汽车燃料消耗量除了与燃料供给系统的技术状况有直接关系外，还与曲柄连杆机构、配气机构、点火系统、润滑系统、冷却系统、传动系统、行驶系统、转向系统和制动系统等有关，是一个综合性评价参数。用油耗仪测量汽车燃料消耗量在使用中的变化，不仅可以诊断燃料供给系统的技术状况，而且可以诊断发动机及整车的技术状况。

在汽车综合性能检测中，通过对汽车燃料消耗量的检测，可以限制油耗超标的车辆继续使用，从而可以达到节约能源和减少排气污染的目的。

相关理论知识

一、汽车燃料经济性及其评价指标

汽车的燃料经济性是汽车的主要使用性能之一，它是指汽车以最小的燃料消耗完成单位运输工作量的能力，常用汽车行驶100km所消耗的燃油量（L/100km）来评价。由于汽车运输中汽车燃油消耗费用占总费用的1/3左右，所以燃料经济性的提高就意味着汽车运输成本的下降和经济效益的提高。

汽车的燃料经济性常用一定运行工况下汽车行驶100km的燃油消耗量或一定燃油量能使汽车行驶的里程来衡量。

等速行驶百公里的燃油消耗量是常用的一种评价指标，指汽车在一定载荷（我国标准规定轿车为半载，货车为全载）下，以最高档在水平、良好的路面上等速行驶100km的燃油消耗量。每隔10km/h或者20km/h速度间隔测出等速行驶百公里的燃油消耗量，然后在图上连成一条曲线，这条曲线称为等速百公里的燃油消耗量曲线，如图2-1所示。

但是，等速行驶工况并不能全面反映汽车的实际运行工况，特别是在市区行驶中频繁出现的加速、减速、怠速停车等行驶工况。因此，在对实际行驶车辆进行跟踪测试统计的基础上，各国都制定了一些典型的循环行驶试验工况来模拟汽车的实际运行工况，并以车辆百公里的燃油消耗量（或单位燃料消耗量所行驶的里程）来评定相应工况的燃料经济性。

循环行驶试验工况规定了车速-时间行驶规范，例如，何时换档、何时制动以及行车的速度和加速度等数值。因此，它在路上试验比较困难，一般多规定在室内汽车底盘测功台（转鼓试验台）上进行测试。

我国规定轿车按二十五工况进行循环试验，如图 2-2 所示，各工况的具体规定见表 2-1。

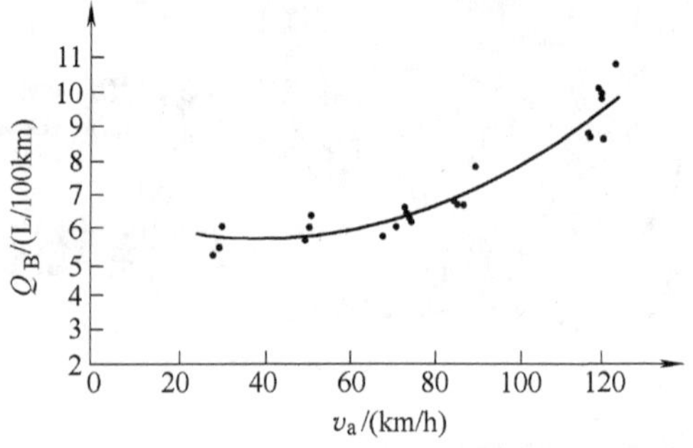

图 2-1　汽车等速百公里燃油消耗量曲线

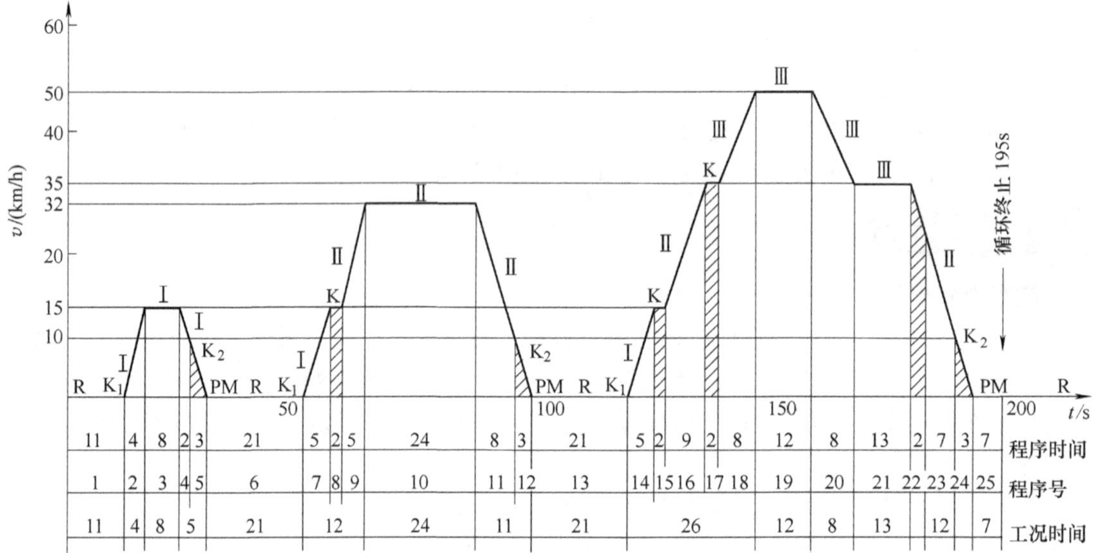

图 2-2　轿车二十五工况试验循环

K—离合器分离　K_1、K_2—离合器分离，变速器挂一档或二档

Ⅰ、Ⅱ、Ⅲ—变速器为 1 档、2 档、3 档　R—怠速（图中的阴影部分）

表 2-1　轿车二十五工况试验循环表

程序号	运 转 次 序	工况序号	加速度 /(m/s^2)	车速 /(km/h)	程序时间/s	工况时间/s	累计时间/s	如是手动变速器，所用档位
1	怠速	1			11	11	11	PM6s + $K_1$5s
2	加速	2	1.04	0～15	4	4	15	Ⅰ
3	匀速	3		15	8	8	23	Ⅰ
4	减速	4	-0.69	15～10	2	5	25	Ⅰ
5	减速（离合器脱开）		-0.92	10～0	3		28	K_2
6	怠速	5			21	21	49	PM6s + $K_1$5s
7	加速	6	0.83	0～15	5	12	54	Ⅰ
8	换档		0.94	15	2		56	Ⅱ

（续）

程序号	运转次序	工况序号	加速度/(m/s²)	车速/(km/h)	程序时间/s	工况时间/s	累计时间/s	如是手动变速器，所用档位
9	加速			15~32	5		61	Ⅱ
10	匀速	7		32	24	24	85	Ⅱ
11	减速	8	−0.75	32~10	8	11	93	Ⅱ
12	减速（离合器脱开）		−0.92	10~0	3		96	K_2
13	怠速	9			21	21	117	PM6s + $K_1$5s
14	加速	10	0.83	0~15	5	26	122	Ⅰ
15	换档			15	2		124	K
16	加速		0.62	15~35	9		133	Ⅱ
17	换档				2		135	K
18	加速		0.52	35~50	8		143	Ⅲ
19	匀速	11		50	12	12	155	Ⅲ
20	减速	12	−0.52	50~35	8	8	163	Ⅲ
21	匀速	13		35	13	13	176	Ⅲ
22	换档	14	0.86	35~10	2	12	178	Ⅱ
23	减速				7		185	
24	减速、离合器脱开		−0.92	10~0	3		188	K_2
25	怠速	15			7	7	195	PM7s

注：PM 为变速器空档，离合器接合；K_1 为变速器挂一档，离合器脱开；K_2 为变速器挂二档，离合器脱开。

二、车用油耗仪

测量汽车燃油消耗量时，可以采用测定燃油容积、质量、流量、流速和压力等方法。其中容积法和质量法较为常用，特别是容积法应用得更为广泛。发动机台架试验时，采用容积法和质量法的基本做法是测定发动机消耗一定体积燃油或消耗一定质量燃油所用的时间，然后由燃油消耗量和所用时间计算单位时间的燃油消耗量。汽车道路试验或整车在底盘测功台上测量燃油消耗量时，则是测定汽车通过一定路程时消耗的燃油量和通过时间，然后由燃油量、路程和时间计算测试车速下汽车单位里程燃油消耗量（L/km）、百公里燃油消耗量（L/100km）、百吨公里燃油消耗量（L/100t · km）或每升燃料行驶的里程（km/L）。

就车测定燃油消耗量时，需采用车用油耗仪。车用油耗仪具有体积小、质量小、使用方便、不易损坏、能以蓄电池为电源和可装在车内与里程计并用等优点，因而能固定安装在汽车等机动车辆上，随车辆进行道路试验、长期使用，或装到底盘测功机上，考核整车燃油消耗量。

车用油耗仪一般由传感器和计量显示仪表组成，二者采用电缆线连接。车用油耗仪的类型有多种，常用的为容积式。

容积式车用油耗仪按照传感器的结构分类可分为膜片式、量管式和活塞式三种。膜片式车用油耗仪有单油室式和双油室式之分；量管式车用油耗仪有单量管式和双量管式之分；活塞式车用油耗仪有单活塞式和四活塞式之分。在上述容积式车用油耗仪类型中，以采用膜片式、活塞式传感器为多见。容积式车用油耗仪按照计量显示仪表分类可分为电磁计数器式和有运算功能的数字显示式两种。目前，有运算功能的数字显示容积式车用油耗仪已发展成微型计算机控制的智能化仪表。在常见的容积式车用油耗仪中，采用膜片式传感器的和单活塞式传感器的多以电磁计数器式仪表作为计量显示仪表；采用四活塞式传感器的多以具有运算功能的数字显示式仪表作为计量显示仪表。

1. 膜片式车用油耗仪

膜片式车用油耗仪的传感器是通过油室内膜片的变形来测量燃油消耗量的。当油室内膜片变形使油室容积由最大变到最小时，造成的容积差就是油室的排油量。油室的排油量是一个定值，由电磁计数器记录排油次数即可测得流经的燃油量。膜片式车用油耗仪具有结构简单、密封性好、对燃油清洁性要求不高等优点，但在使用过程中膜片不可避免地产生塑性变形，致使计量精度发生变化，因而需要经常校正。

国产 GD-30 型车用油耗仪由传感器和电磁计数器两部分组成，如图 2-3 所示。此传感器为容积膜片式，适用于汽、柴油机。当燃油流经传感器时，传感器能发出与流经的燃油体积成正比的脉冲信号，并将脉冲信号输送到电磁计数器，经放大器放大后，驱动计数器进行记录，然后由数码管显示燃油的消耗量。

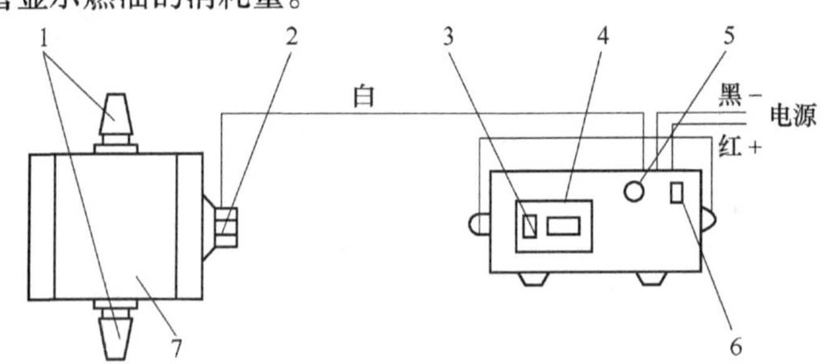

图 2-3　国产 GD-30 型车用油耗仪

1—进、出油口　2—磁敏开关　3—复零按钮　4—计数器　5—电源指示灯　6—电源开关　7—传感器

2. 单活塞式车用油耗仪

单活塞式车用油耗仪的传感器是通过活塞在液压缸内移动一次，排出固定体积的燃油，计数器记录排油次数，实现对流经的燃油消耗量进行测量的。由于使用中活塞及液压缸的尺寸变化速度极慢，所以计量准确、测试精度较高。但是，传感器结构相对复杂，加工精度和装配精度要求较高，且对燃油的清洁度要求也较高。

3. 四活塞式车用油耗仪

四活塞式车用油耗仪也称为行星活塞式油耗仪。该种车用油耗仪的传感器由流量测量机构和信号转换机构组成，如图 2-4 所示。

流量测量机构主要由活塞、油缸、连杆、曲轴、上壳体、上盖和进、出油道组成。四个活塞及其油缸呈十字形向心布置，活塞装在油缸内，通过各自的连杆与曲轴连接。曲轴通过轴承支承在上壳体内。在上壳体及上盖内开有进、出油道。当燃油在泵油压力作用下经进油道进入E腔并通过上壳体内的油道来到活塞顶部时，可迫使活塞、连杆推动曲轴转动，并将对面活塞顶部的燃油通过上壳体内的油道经上盖F油道排出。可以看出，当4个活塞及其油缸各完成一次进、排油时，曲轴旋转一圈。

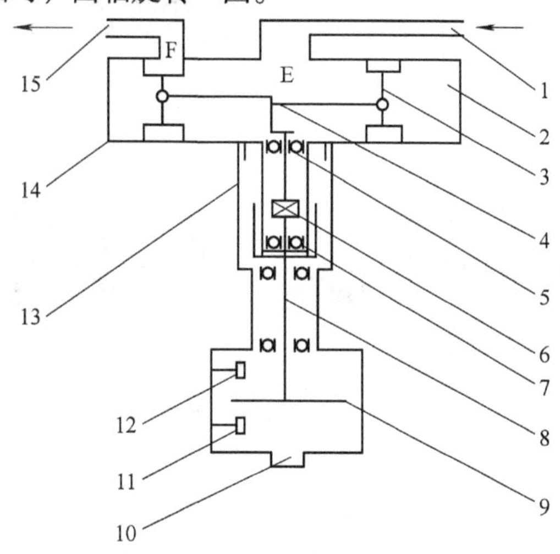

图 2-4　四活塞式车用油耗仪传感器简图

1—进油道　2—油缸　3—活塞　4—曲轴　5—曲轴轴承　6—主动磁铁　7—从动磁铁　8—转轴　9—光栅板　10—电缆线插座　11—光敏管　12—发光二极管　13—下壳体　14—上壳体　15—出油道

图 2-5 所示为行星活塞式油耗传感器的流量测量机构的工作原理。该装置由十字形配置的 4 个活塞和旋转曲轴构成，用于将一定容积的燃油流量转变为曲轴的旋转。

在泵油压力作用下，燃油推动活塞往复运动，4 个活塞各往复运动一次则曲轴旋转一圈，完成一个进、排油循环。活塞在油缸中处于进油行程还是排油行程，取决于活塞相对于进、排油口的位置。图 2-5a 表示下活塞处于进油行程，由来自曲轴箱的燃油由 P_3 推动而下行，并使曲轴做顺时针旋转。此时，左活塞处于排油行程终了，上活塞处于排油行程中，燃油从活塞上部经 P_1 从排油口 E_1 排出，右活塞处于进油终了，下活塞处于进油过程中。随着曲轴每旋转一圈，各缸分别泵油一次，从而具有连续定容量泵油的作用。曲轴旋转一圈的泵油量为

$$V = 2\pi h d^2$$

式中　V——4 缸排油量（cm^3）；

h——曲轴偏心距（cm）；

d——活塞直径（cm）。

由此可见，经上述流量测量机构的转换后，测定燃油消耗量转化为测定曲轴的旋转圈数。这可由装在曲轴一端的信号转换装置完成。一般采用光电测量装置进行信号转换，把曲轴旋转圈数转化为电脉冲信号。

信号转换装置装在曲轴的另一端，如图 2-6 所示，由主动磁铁、从动磁铁、转轴、光栅、发光二极管和光敏管等组成。主动磁铁装在曲轴端部，从动磁铁装在转轴端部，两磁铁相对安装但磁铁之间留有间隙，其作用是构成磁性联轴器。光栅固定在转轴上，由转轴带动

旋转。光栅两侧装有发光二极管和光敏管，光敏管用于接收发光二极管发出的光线，光栅位于两者之间，其作用是把发光二极管发出的连续光线转变为光脉冲。当曲轴转动时，通过磁性联轴器带动转轴及光栅旋转，光栅在发光二极管和光敏管之间旋转使光敏管接收到光脉冲，由于光敏管的光电作用将光脉冲转换为电脉冲信号输入到计量显示装置。显然，该电脉冲数与曲轴转过的圈数成正比，从而经过运算处理在显示装置上显示出燃油的消耗量。

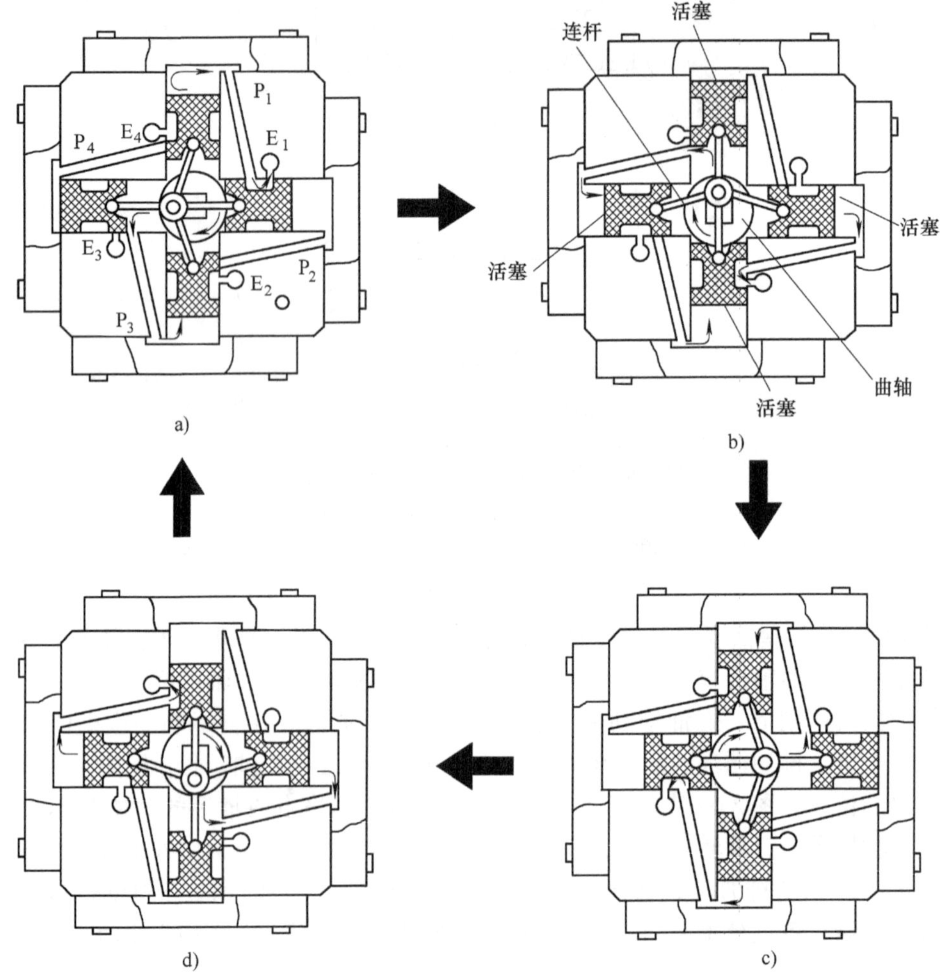

图 2-5　行星活塞式油耗传感器的流量变换机构的工作原理

P_1、P_2、P_3、P_4—油道　E_1、E_2、E_3、E_4—排油口

三、油耗仪的使用

台架试验时，汽车燃料经济性检测是由底盘测功台和油耗仪配合完成的。底盘测功台用于提供模拟路面并模拟汽车在道路上行驶时的阻力，油耗仪则用于燃油消耗量的测量。汽车燃料经济性检测结果的准确性除与油耗仪的测试精度有关外，还取决于底盘测功台对汽车行驶阻力的模拟是否准确。合理布置检测油路和排净油路中的气泡对保证检测准确性是至关重要的。

1. 油耗仪传感器在燃油管路中的安装

1）将油耗仪传感器串接在燃油系统供油管路上。化油器式汽油机应串接在汽油泵与化油器之间，如图 2-7 所示；柴油机应串接在柴油滤清器与喷油泵之间，从高压回油管和低压回油管流回的燃油应接在油耗仪传感器与喷油泵之间，以免重复计量，如图 2-8 所示；电控燃油喷射发动机应串接在燃油滤清器与燃油分配管之间，从燃油压力调节器经回油管流回燃油箱的燃油应改接在油耗仪传感器与燃油分配管之间，避免重复计量，如图 2-9 所示。串接好的传感器应放置平稳或吊挂牢固。

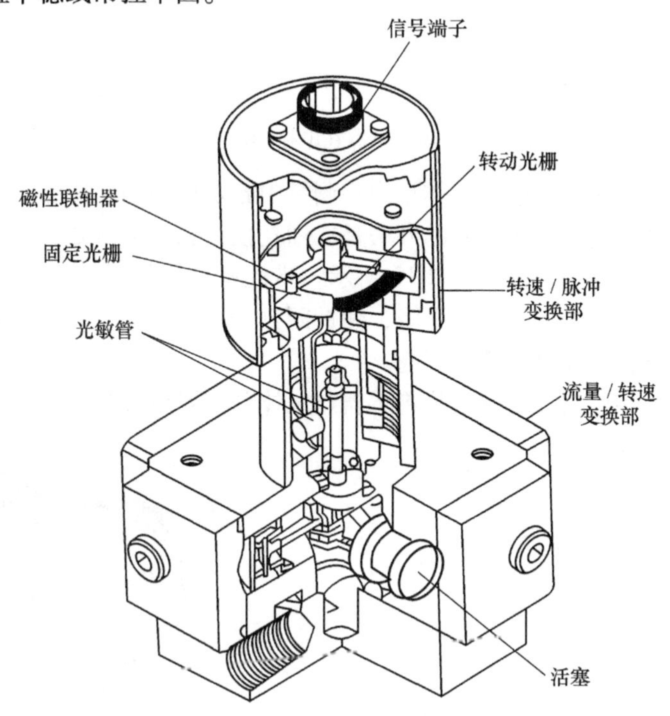

图 2-6　容积式油耗仪的信号转换装置

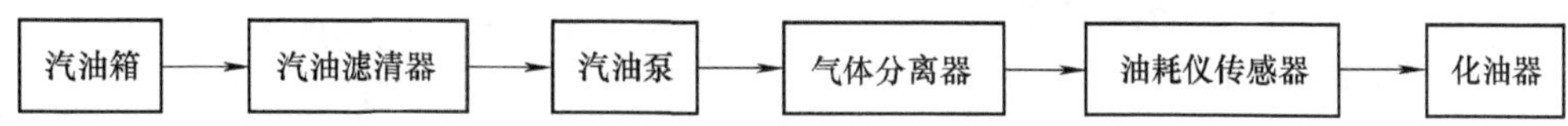

图 2-7　油耗仪传感器和气体分离器在汽油机上的安装位置

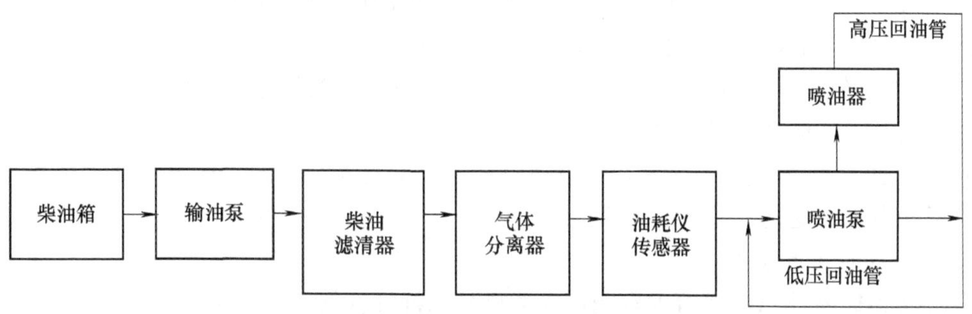

图 2-8　油耗仪传感器和气体分离器在柴油机上的安装位置

传感器的进、出油管最好为透明塑料管，以便观察燃油中有无气泡。

供油管路中有气体会导致测量误差。当发现管路不断产生气泡时，应仔细检查并消除不密封部位。汽油蒸气会形成气阻，因此油耗仪传感器和供油管路等应远离热源。

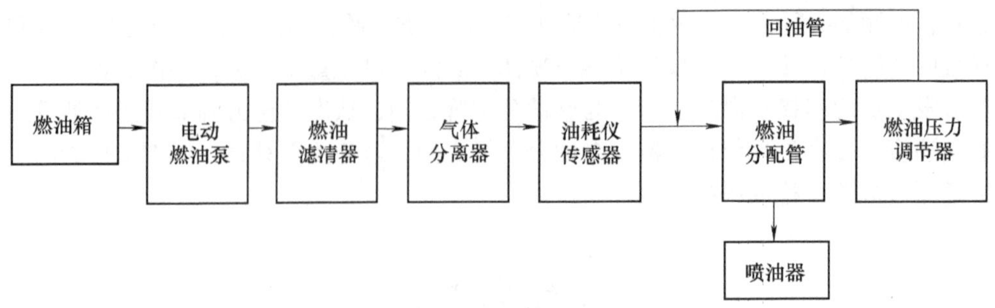

图 2-9 油耗仪传感器和气体分离器在电控燃油喷射发动机上的安装位置

测量开始前应将供油管路中的气体排净。测量中若发现油耗仪传感器出油管有气泡，则应将数据作废，重新测量。比较稳妥的办法是在油耗仪传感器进口处串接气体分离器，以保证测量精度。气体分离器的简图如图 2-10 所示。当混有气体的燃油进入气体分离器浮子室时，气体会迫使浮子室内的燃油高度下降，使针阀打开，气体排入大气，从出油管进入传感器的燃油便没有了气体，使测量精度提高。

目前生产的油耗传感器几乎都是将传感器与气体分离器组合为一体，如图 2-11 所示。

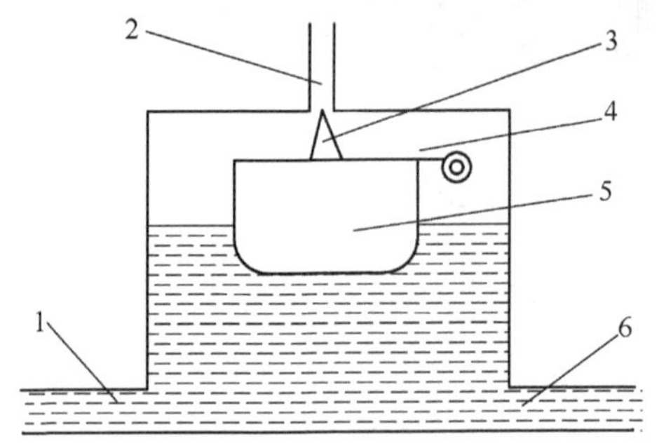

图 2-10 气体分离器的简图

1—进油管 2—排气管 3—针阀
4—浮子室 5—浮子 6—出油管

图 2-11 油耗传感器（与气体分离器一体式）

为了减少活塞式油耗仪传感器的磨损，防止活塞卡阻，被测燃油在密闭容器内应经 24h 以上沉淀，并应在油耗仪传感器入口处安装纸质燃油滤清器，以保证燃油的清洁性。

2）油耗仪传感器串接到供油管路后，传输信号的电缆线应插入油耗仪传感器的插座上，另一端插入计量显示仪表输入插座上。

3）油耗仪的电源线必须夹紧在蓄电池极柱上，不要随意就近接在电路某部位上，以免供电电压发生较大变化，影响油耗仪正常工作。

2. 油耗仪的使用方法

下面以 ZHZ14 型汽车综合参数测试仪为例介绍油耗仪的使用方法。

（1）仪器自校　接通电源，开机或按下“自校”键后仪器自动进入自检状态，可对面板、拨码盘、测温系统、测量系统和打印机等进行检查，并按给定的方法由操作人员判断仪器是否有故障、显示的参数是否正确和能否正常工作等。仪器内部还有一部分功能是靠自身程序自动检定的，无须操作人员判断。当仪器发现自身出错时将停机显示错误信息“Err ×”供操作人员处理。

错误信息如下：

Err1：微型计算机系统出错。

Err2：测温 A-D 转换器输入超量程。

Err3：测温 A-D 转换器输入欠量程。

Err4：A-D 转换器电路故障。

仪器处于以上某一状态时已停止工作，只有按下“自校”键或重新开机才可以重新进入工作状态。若仪器连续出现某种错误状态，则需停机修理。

（2）测量　按下“起动”键，仪器将自检数据清零，并进入正常测量状态。此时，按GB/T 12545. 1—2008《汽车燃料消耗量试验方法　第 1 部分：乘用车燃料消耗量试验方法》规定的试验方法，在道路条件下进行直接档全油门加速燃料消耗量试验、等速燃料消耗量试验、多工况燃料消耗量试验、限定条件下的平均使用燃料消耗量试验。通过按键，仪器可显示累计路程、累计油耗量、瞬时油耗量、累计时间、试验车速和燃油温度等参数。按下“打印”键，可打印出测量结果。

该仪器还设置了专用试验功能，可自动完成国家标准规定的等速燃料消耗量试验和多工况燃料消耗量试验，手动完成百公里燃料消耗量试验等，能省去标杆和指示人员。测量中采用哪种方式，可通过按键选择。

（3）测量结束　从汽车上拆下油耗仪，将传感器内的油液排净，并注入经过加热蒸发过水分的润滑油妥善保管。

以上以 ZHZ14 型汽车综合参数测试仪为例介绍了车用油耗仪的使用方法。当使用的车用油耗仪不同时，操作方法也不相同。重要的是要读懂车用油耗仪的使用说明书，严格按使用说明书介绍的方法操作。

（4）定期标定油耗仪系数　车用油耗仪使用一段时间后，由于油耗仪传感器技术状况变化，测量精度下降，因此需要定期重新标定油耗仪系数。标定时，按仪器使用说明书介绍的方法进行。通常的做法是先测定油耗仪传感器的实际输油量，再与计量显示仪表的指示量相比较，求出新的标定系数，则仪器的指示误差通过确定新的标定系数而得到校正。

技能学习

一、准备工作

1. 检测条件

1）环境温度：0～40℃。

2）环境湿度：小于 85%。

3）大气压力：80～110kPa。

2. 检测准备

1）被检车辆应预热至正常工作温度，轮胎气压应符合汽车制造厂的规定。

2）滚筒式底盘测功台应预热至正常工作温度，油耗仪和气体分离器的安装位置应正确，供油系统气体应排除干净。

3）如果需要，则人工测量并记录环境温度、大气压力和燃料密度。

3. 安全注意事项

1）被测车辆旁必须配备性能良好的灭火器。

2）油耗仪传感器所用油管应透明、耐油、耐压，油管接头用合格的环形夹箍，不得用铅丝缠绕，并确保无渗漏。

3）拆卸油管时，必须用沙盘接油，不允许用棉纱或其他易燃物接油，不允许燃油流到发动机排气管上。

4）测试时，发动机罩应打开，以便观察有无渗漏现象。测试完毕安装好原管路后起动发动机，在确保无任何渗漏后，才可盖上发动机盖。

5）连接油路时，油耗仪传感器底板需处于水平状态，并注意进、出油口的方向；不用时，进、出油口必须加套保护，以防异物进入而卡死传感器活塞。

6）如果传感器的滤清器被脏物堵塞，可拆下滤清器，用压力小于 500kPa 的压缩空气吹除脏物。

二、测试步骤

以等速条件下的燃料消耗量检测为例。

1）将汽车驶上滚筒式底盘测功台，落下举升器平板，逐档加速至常用档位（直接档或超速档），同时给滚筒加载，使车辆模拟道路行驶，直至达到规定的试验车速。

2）待规定的试验车速稳定后，测量等速通过 500m 行程的时间（s）和燃料消耗量（mL）。同一试验车速连续测量 2 次，等速燃料消耗量取算术平均值。

试验车速从 20km/h（最小稳定车速高于 20km/h 时，从 30km/h）开始，以车速的 10km/h 的整数倍均匀选取车速，直至达到最高车速的 90%，至少测定 5 个试验车速。

3）根据通过的行程和时间计算出实际试验车速；根据通过的行程和燃料消耗量计算出等速百公里燃料消耗量。

4）以实际试验车速为横轴、燃料消耗量为纵轴绘制等速燃料消耗量散点图，根据散点图绘制等速燃料消耗量特性曲线，并分析、判断燃油供给系统、发动机及整车的技术状况。

5）试验数据的校正。实际试验车速燃料消耗量的测量值均应按公式校正到标准状态下的数值（一般由工位微型计算机自动完成校正）。

三、检测标准

为了节约能源，国家对现生产及计划投产的货车规定了燃油消耗量限值，考核指标为比燃油消耗量 q（吨百公里燃油消耗量）。

$$q=\frac{Q_s}{G}$$

式中　Q_s——百公里的燃油消耗量（L/100km）；

G——汽车质量（t）。

被考核车型要求在满足动力性的前提下，比燃油消耗量应符合货车燃油消耗量限值的规定，见表 2-2、表 2-3 和表 2-4。

表 2-2　汽油机货车燃油消耗量限值

汽车总质量/t	比燃油消耗量/(L/100t · km)	汽车总质量/t	比燃油消耗量/(L/100t · km)
2.5 ~ 4.0	4.05 ~ 3.17	9.0 ~ 12.0	2.64 ~ 2.50
4.0 ~ 6.0	3.15 ~ 2.83	12.0 ~ 15.0	2.48 ~ 2.39
6.0 ~ 9.0	2.82 ~ 2.65		

表 2-3　柴油机货车燃油消耗量限值

汽车总质量/t	比燃油消耗量/(L/100t · km)	汽车总质量/t	比燃油消耗量/(L/100t · km)
2.5～4.0	2.82～2.16	9.0～12.0	1.68～1.55
4.0～6.0	2.14～1.88	12.0～15.0	1.53～1.43
6.0～9.0	1.86～1.76		

表 2-4　重型货车燃油消耗量限值

汽车总质量/t	比燃油消耗量/(L/100t · km)	汽车总质量/t	比燃油消耗量/(L/100t · km)
15～17	1.42～1.40	22～26	1.37～1.33
17～22	1.39～1.37	26～32	1.32～1.30

对于在用汽车，检测燃油消耗量的目的是将实际油耗与车辆标准油耗相对照，以判断发动机燃油系统的技术状况。GB 18565—2001 规定，采用等速百公里燃料消耗量作为车辆燃料经济性评价指标，并规定采用本标准规定的检验方法测得的汽车百公里燃料消耗量不得大于该车型原厂规定的相应车速等速百公里燃料消耗量的110%。

营运车辆评级时，JT/T 198—2004《营动车辆技术等级划分和评定要求》标准规定：

一级车：不大于该车型制造厂规定的相应车速等速百公里油耗的103%。

二、三级车：不大于该车型制造厂规定的相应车速等速百公里油耗的110%。

四、汽车燃料经济性检测结果分析

1. 检测报告单分析

汽车燃料经济性检测在综检报告单中的位置参见表1-4，即在实际综检报告单中，隶属于动力性、燃料经济性检测项目下的第二个小项（序号2）。

在表中的“检测结果”栏内，应该在“L/100km”前打印出实测等速百公里燃料消耗量数值，单位为L/100km；在“%”前打印出实测百公里燃料消耗量与车辆制造厂给出的相应车速等速百公里燃料消耗量的百分比。上例中“L/100km”和“%”前均没有数据，说明没有进行该项目的检测。

2. 检测结果不合格的原因分析

影响汽车燃料经济性的因素很多，就车辆本身而言，主要分为两个方面：其一是发动机、汽车结构方面的因素；其二是汽车使用方面的因素。在汽车的使用因素中，其技术状况的变化对汽车燃料经济性影响很大。

汽车的燃料经济性能否正常发挥，在很大程度上取决于汽车发动机的技术状况，其中包括发动机各组合件的技术状况。

（1）发动机的技术状况不良　可能的原因有：发动机气缸的压缩压力低；气门间隙不正确；配气相位不准确；化油器技术状况不良（或喷油泵、喷油器技术状况不良）；点火正时（或喷油正时）不准确；个别气缸工作不正常；发动机工作温度不正确；电喷发动机的各传感器、执行器及控制器有故障等。

（2）汽车底盘技术状况不良　可能的原因有底盘传动系统各配合副配合不良或润滑不良、轮胎气压过低、车轮定位参数失准等。

思考与练习

一、简答题

1. 简述四活塞式车用油耗传感器的工作原理。

2. 为什么要检测汽车的燃油消耗量?

3. 我国目前采用的汽车燃料经济性评价指标是什么?

4. 车用油耗仪的安装方法及注意事项是什么?

5. GB 18565—2001《营运车辆综合性能要求和检验方法》对汽车的燃料经济性限值是如何规定的?

6. 分析汽车燃料经济性不合格在发动机方面可能存在的故障。

二、单选题

1. 在我国和欧洲均采用（　　）指标来评价汽车的燃料经济性。

A. 每百公里油耗量（L/100km 或 kg/100km）

B. 消耗单位量燃料所经过的行程（km/L）

C. 单位运输工作的燃料消耗量（L/100t · km 或 L/1 000 人 · km）

2. 对于货车和大型客车采用（　　）指标来评价燃料经济性。

A. 每百公里油耗量（L/100km 或 kg/100km）

B. 单位运输工作的燃料消耗量（L/100t · km 或 L/1 000 人 · km）

C. 消耗单位量燃料所经过的行程（km/L）

3. 行星活塞式油耗计由（　　）和计量显示仪表两部分组成。

A. 流量检测机构　　B. 信号转换机构　　C. 流量传感器

4.（GB 18565—2001）《营运车辆综合性能要求和检验方法》规定，采用本标准规定的检验方法测得的汽车百公里燃料消耗量不得大于该车型原厂规定的相应车速等速百公里燃料消耗量的（　　）作为燃料消耗量限值指标。

A. 110%　　B. 103%　　C. 105%

三、多选题

1. 汽车燃料的消耗量是用油耗计来测量的，油耗计主要有（　　）。

A. 容积式　　B. 质量式　　C. 速度式

2. 行星活塞式油耗计由（　　）组成。

A. 流量传感器　　B. 计量显示仪表　　C. 计数器　　D. 放大器

3. 燃料消耗量的检测值均应校正到标准状态下的数值。检测数据校准的标准状态参数有（　　）。

A. 环境温度　　B. 大气压力　　C. 汽油密度　　D. 柴油密度

4. 用底盘测功机检测汽车等速百公里燃料消耗量时，其检测结果与（　　）因素有关。

A. 环境温度　　B. 环境湿度　　C. 大气压力　　D. 燃料密度

四、判断题

（　　）1. 汽车燃料经济性是指汽车以最少的燃料消耗完成单位运输工作量的能力。

（　　）2. 等速行驶燃料经济性能全面考核汽车运行燃料经济性，它可以作为一种相对比较性的指标。

(　　) 3. 在我国和欧洲，常采用每百公里油耗量（L/100km 或 kg/100km）作为汽车燃料经济性的评价指标。

(　　) 4. 对于货车和大型客车，采用单位运输工作的燃料消耗量（L/100t · km 或 L/kP · km）作为汽车燃料经济性的评价指标。

(　　) 5. 等速行驶百公里油耗试验是一种在我国广泛采用的简单道路循环试验。

(　　) 6. 行星活塞式油耗计的流量传感器由流量测量机构和信号转换机构两部分组成。

(　　) 7. 行星活塞式油耗计的流量传感器由流量测量机构和计量显示仪表两部分组成。

(　　) 8. 行星活塞式油耗计的信号转换机构由呈十字形水平对置的四个活塞及油缸组成。

(　　) 9. （GB 18565—2001）《营运车辆综合性能要求和检验方法》规定，采用该标准规定的检验方法测得的汽车百公里燃料消耗量，不得大于该车型原厂规定的相应车速等速百公里燃料消耗量的 110% 作为燃料消耗量限值指标。

(　　) 10. 用底盘测功台检测汽车等速百公里燃料消耗量时，要求测量不低于 500m 距离的燃料消耗量。

(　　) 11. 燃料经济性的台架检测时，在底盘测功台上设定检测车速：轿车为 60km/h，其他车辆为 50km/h。

(　　) 12. （GB 18565—2001）《营运车辆综合性能要求和检验方法》中规定了汽车等速百公里燃料消耗量，可用台架和路试两种方法进行检测。

(　　) 13. 对等速百公里燃料消耗量重复性差的检测结果，必须增加检测次数。

项目三 发动机技术状况检测

学习目标

1. 能够简要描述发动机综检仪的结构与工作原理。

2. 能够正确描述气缸相对压缩压力、汽油车点火电压、发动机最低稳定转速、柴油机最高转速、起动电流（电压）、充电电压（电流）、蓄电池电压、润滑油污染指数、润滑油水含量、润滑油压力、柴油机停机装置及发动机异响检测的理由。

3. 能够使用发动机综检仪等仪器，正确完成发动机相关项目的检测。

4. 能够对检测结果进行准确分析，并提出维修建议。

5. 能够注意培养安全与卫生习惯和团队协作的职业品德。

任务分析

发动机是汽车的“心脏”，它的性能好坏直接影响汽车的动力性和燃料经济性。

气缸相对压缩压力、汽油车点火电压、发动机最低稳定转速、柴油机最高转速、起动电流（电压）、充电电压（电流）、蓄电池电压、润滑油污染指数、润滑油水含量、润滑油压力、柴油机停机装置技术状况及发动机异响等均能从某一方面评价发动机（包括蓄电池）的技术状况。在现行的综合性能检测报告单上，已将上述项目列为必检项。

检测发动机技术状况通常使用发动机综检仪。

相关理论知识

一、发动机技术状况的检测项目

1. 相对气缸压缩压力

活塞到达压缩行程上止点时气缸内的压力称为气缸压缩压力，简称气缸压力。如果是检测压力值与该发动机的标准气缸压力值的比值（百分比），则称为相对气缸压力。检测气缸压缩压力的大小可以表明气缸的密封性。

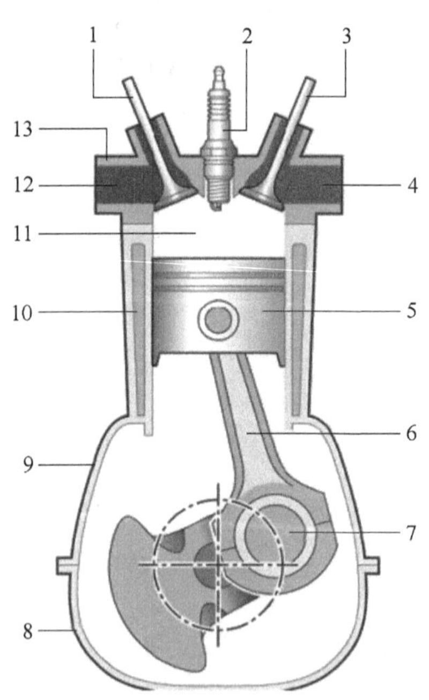

图 3-1　汽油机的结构图

1—进气门　2—火花塞　3—排气门　4—排气歧管　5—活塞　6—连杆　7—曲轴　8—油底壳　9—曲轴箱　10—气缸体　11—气缸　12—进气歧管　13—气缸盖

如图 3-1 所示，气缸的密封性与气缸体、气缸盖、气缸垫、活塞、活塞环和进、排气门等零件的技术状况有关。在发动机使用过程中，由于这些零件磨损、烧蚀、结焦或积炭，导致气缸密封性下降。气缸密封性是表征发动机技术状况的重要参数。气缸密封性不良，将使发动机功率下降，燃油消耗率增加。

需要说明一点，测得的结果如果高于原设计规定，则并不一定是气缸密封性好，要结合实际情况进行分析。这种情况有可能是燃烧室内积炭过多，或气缸衬垫过薄，或气缸体与气缸盖接合平面修理加工过甚所造成。

检测气缸压缩压力的传感器通常为应变片式，形状设计如同螺栓垫圈，需拆下火花塞（或喷油器），装用火花塞（或喷油器）时，将类似垫圈一样的传感器一同装上即可。

2. 汽油机点火电压

如图 3-2 所示，击穿火花塞间隙通常需要 10～20kV 的高压，为此需要用点火线圈与点火控制器（或分电器）配合，将电源产生的低电压（一般为 12V）变为足以击穿火花塞间隙的几十千伏的高电压，然后经中央高压线、分电器及分缸高压线将高压电通给火花塞，使火花塞跳火。

图 3-3 所示为点火示波器显示的传统点火系统单缸二次电压随时间变化而变化的标准波形。它描绘了从断电器触点打开开始，经过闭合到再次打开为止（一个完整的点火循环）的电压随时间变化而变化的过程。

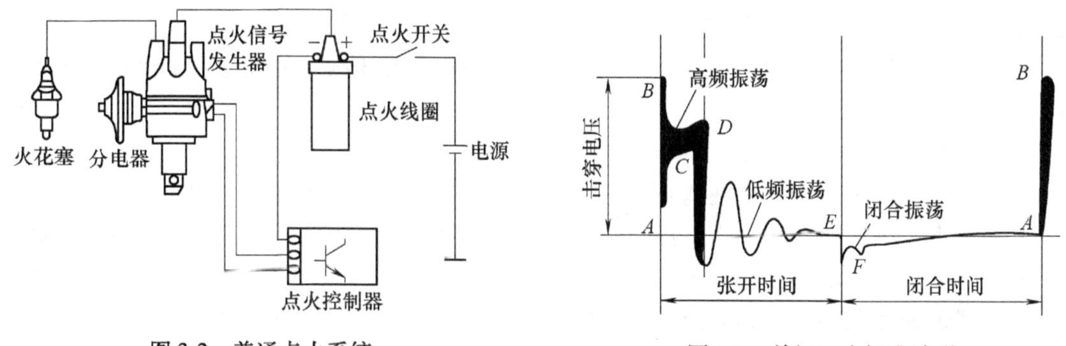

图 3-2　普通点火系统

图 3-3　单缸二次标准波形

在断电器触点打开的瞬间，由于一次电流迅速下降，点火线圈内一次线圈的磁场迅速消失，在二次线圈中感应出的高压电动势急剧上升。当二次电压还没有达到最大值时，就将火花塞间隙击穿。击穿火花塞间隙的电压称为击穿电压（点火电压），如图中的 *AB* 线所示。*AB* 线也称为点火线。*B* 点的高度表明点火系统克服火花塞间隙、分电器间隙和高压导线各电阻并将可燃混合气点燃的实际二次电压。因此，检测点火电压可以评价发动机火花塞、分电器及高压线的技术状况，另外，电源、高压线及气缸内混合气的状况对点火电压也有影响。造成点火电压检测不合格的原因如下：

1）各缸点火电压均过高。可能是由于火花塞间隙过大或烧蚀、混合气过稀、分电器中央高压线端部未插到底或分电器盖插孔脏污严重、分电器与分电器盖插孔电极间隙太大而引起的。

2）个别气缸点火电压过高。说明该气缸的火花塞可能烧蚀、该缸高压分线端部未插到底、分电器盖插孔脏污严重或分电器盖插孔电极与分电器不同心，造成分电器与该缸高压分线插孔电极间隙太大。

3）全部气缸点火电压过低。原因可能是火花塞积炭、火花塞间隙过小、混合气过浓等。

4）个别气缸点火电压过低。可能为该缸的火花塞间隙过小、积炭或绝缘体损坏。

5）拔下某缸的高压线，电压应在 20～30kV 之间，否则说明高压线、分电器盖绝缘不良或点火线圈、电容器性能不良。

6）拔下某缸的高压线，电压低于20kV，说明点火线圈性能不好或分电器和高压线有漏电故障。

7）将发动机的转速提高到2 500r/min，各缸点火电压减小，保持在5kV以上，说明点火系统能在高速时正常工作。

8）发动机转速升高后，个别气缸的电压高于其他气缸，说明该缸火花塞的间隙过大。

9）发动机转速升高后，个别气缸的电压低于其他气缸，说明该缸火花塞的间隙过小、脏污或绝缘体绝缘不良。

3. 发动机最低稳定转速

能够维持发动机稳定运转的最低转速称为发动机最低稳定转速。发动机最低稳定转速的大小取决于燃烧、点火情况以及发动机的润滑、磨损和调整情况。

如果燃烧、点火情况差，那么势必会减小发动机的功率，为维持发动机稳定运转，必须提高转速。发动机润滑不良、磨损严重及调整不良，会增加发动机的运转阻力，为维持发动机稳定运转，必须提高发动机转速。因此，检测发动机最低稳定转速可以评价发动机的燃烧、点火情况以及润滑、磨损和调整状况。

检测发动机转速的传感器也为感应式，利用卡在中央高压线上的互感钳即可检测出点火频率，进而算出发动机转速。

4. 柴油机最高转速

柴油机的喷油泵一般采用柱塞泵，其特点是当加速踏板位置不动时，如果发动机转速增加到一定程度，则调速器起作用，控制柱塞泵减少供油，从而稳定发动机转速；反之，如果发动机转速减少，则增加供油。为此，在喷油泵内设有调速器。调速器有两极式和全程式两种。两极式调速器只在低速和高速时起作用，从而保证柴油机怠速不熄火、高速不飞车；而全程式调速器则可在任一转速时都起作用，从而稳定发动机转速。

检测柴油机的最高转速，即是检查调速器的工作情况。如果最高转速过高或过低，则说明调速器工作不良。

柴油机转速的检测一般也采用应用感应式传感器，利用卡在高压油管上的感应钳感应油管中的高压发生频率，即可检测发动机的转速。

5. 起动电流（电压）

如图3-4所示，发动机起动时，由蓄电池供电给起动机，起动机通过齿轮带动发动机飞轮运转，从而带动曲轴转动，以使活塞往复运动，进行正常的工作循环，从而使发动机起动。

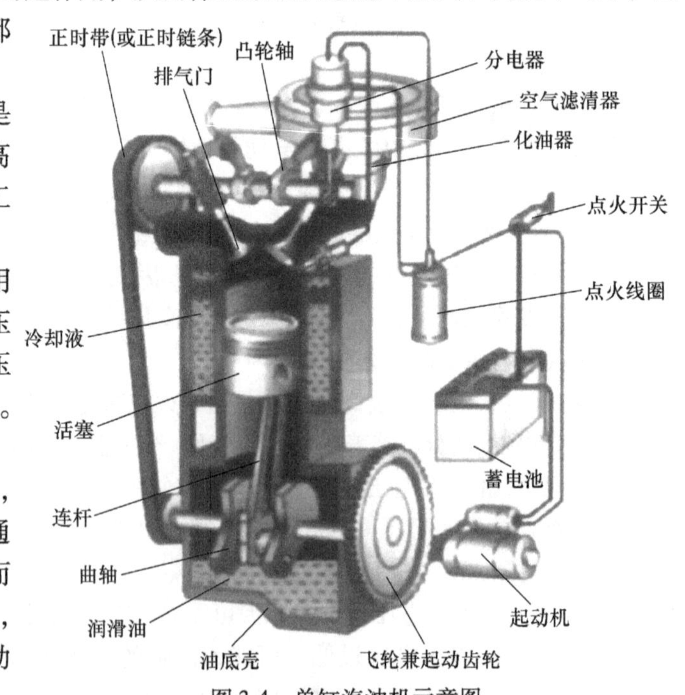

图3-4 单缸汽油机示意图

如果蓄电池电压低，则会引起动动电压低、电流小；如果起动机自身阻力大或发动机阻力大，则会引起起动机转速低，从而引起起动电压增大。因此，检测起动电流或起动电压可以判断蓄电池、起动机及发动机的技术状况。

检测起动电压（电流）一般是将电流互感钳卡在蓄电池与起动机之间的导线上即可。该传感器在发动机处于起动状态时，即检测起动电压（电流）。

6. 充电电压（电流）

如图3-5所示，发动机充电系统主要包括发电机及电压调节器、蓄电池等。充电时，由发动机曲轴带轮通过传动带带动发电机运转发电，经电压调节器调节电压后向蓄电池充电（或向用电器供电）。

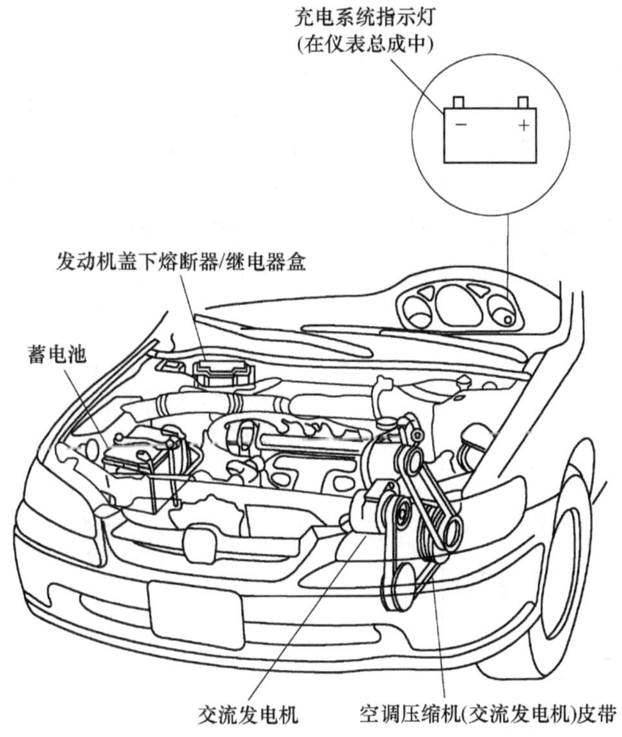

图3-5　发动机充电系统零部件布置图

如果蓄电池、发电机及电压调节器有故障或发电动机传动带松弛，则均会引起充电电压或充电电流的变化。因此，检测充电电流（电压）可以评价蓄电池、发电机、电压调节器及发电动机传动带的技术状况。

检测充电电压（电流）的方法与检测起动电压（电流）的方法相同，只是在发动机处于充电状态下读取数据而已。

7. 蓄电池电压

检测蓄电池电压，可以评价蓄电池的技术状况。

在发动机不工作时，利用卡在蓄电池两电极上的电源夹即可检测到蓄电池的电压。

8. 润滑油污染指数

润滑油污染指数是将润滑油的污染情况用一具体数值来表示，用以评价润滑油的污染情况。在用发动机的润滑油污染主要是由于机件磨损而产生的磨屑。因此检测润滑油的污染情况实际是反映发动机的技术状况。

快速测定在用发动机润滑油质量的仪器已在油质监测中使用。这类仪器一般不是直接测定油品指标，而是选择有变化规律且能反映油品质量的某一参数作为测定参数。

图3-6所示的润滑油质量测定仪的基本原理是，通过测定在用发动机润滑油的介电系数反映其污染程度。发动机润滑油是电介质，具有一定的介电系数。发动机润滑油的介电系数值取决于发动机润滑油中的添加剂或污染物含量。润滑油劣化时，过氧化物、酸和其他原子团在油粒子上形成，从而引起油粒子极性变化（一端变正，一端变负）。当一些极化了的粒子逐渐增多时，发动机润滑油的介电系数随之增大。也就是说，发动机润滑油污染越严重，介电系数越大。通过对新、旧润滑油介电系数变化的测定，来分析发动机润滑油的污染程度。

9. 润滑油水分含量

润滑油水分含量表示润滑油中水分体积百分含量或质量百分含量。润滑油中的水一方面来自曲轴箱的窜气，最主要的是发动机冷却液的渗漏。当检测发动机润滑油中水含量超标时，可说明发动机有冷却液渗漏处。因此，润滑油水含量实际是评价发动机的技术状况。

在用发动机润滑油的水分含量测定按照GB/T 260—2004《石油产品水分测定法》的规定进行，水分测定器如图3-7所示。检测原理是：烧瓶内的被测润滑油加热后，蒸馏出的水分经冷凝器冷却后收集起来，即可计算测润滑油中的水含量。

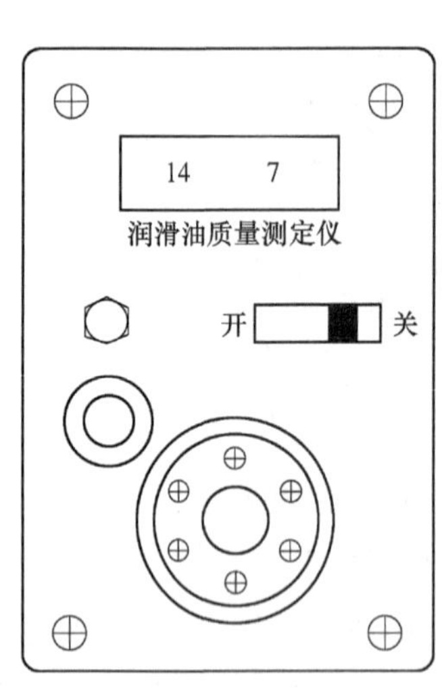

图3-6 数字式润滑油质量测定仪

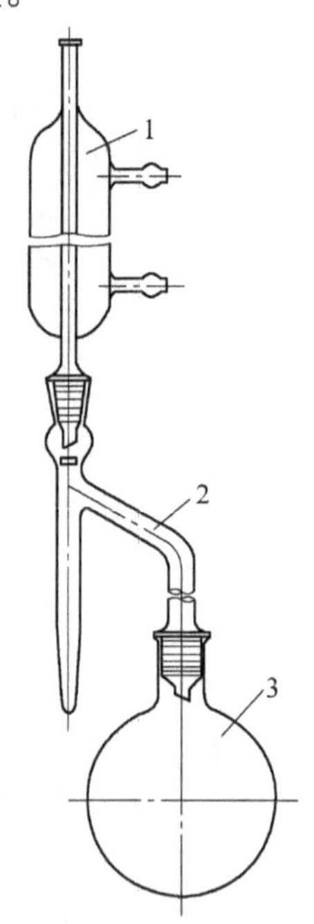

图3-7 水分测定器

1—冷凝管 2—接收器 3—圆底烧瓶

10. 润滑油压力

润滑油压力是指发动机工作时，主油道内的润滑油压力。发动机工作时，由机油泵经机油集滤器从油底壳中泵出润滑油，经滤清器过滤后供入主油道，然后分至各需要润滑的配合副。使用中，滤清器（包括集滤器）和油路堵塞、机油泵工作不良以及发动机各需要压力润滑的配合副由于装配或磨损而引起间隙增大均会导致润滑油压力出现不正常。因此，检测润滑油压力除可评价发动机润滑系统工作状况外，还可评价发动机机械部件的技术状况。

润滑油压力通常利用油压传感器，需将主油道油封（塞）拆下，然后将传感器安上即可。

11. 柴油机停机装置

柴油机由于没有点火系统，所以其停机通常采用两种方法：一种是使气缸减压（设置减压阀）；另一种是在排气管中设置蝶阀，当阀门关闭时，将排气管堵住，从而使发动机熄火。柴油机停机装置检查即评价停机装置是否工作良好。

12. 发动机异响

发动机的异响种类较多，如曲轴主轴承响、连杆轴承响、活塞敲缸响、活塞销响和气门响等。每种异响均反映某一方面存在故障。通过检测异响的大小、特点及位置，可以判断发动机的技术状况。

二、发动机综合性能检测仪

发动机综合性能检测仪是以示波器为核心的测试仪器。配合多种传感器（包括夹持器、测试探头和测针等）能实现对多种电量和非电量参数（温度、压力、真空、转速等）的检测、分析与判断。

一台配置齐全、结构先进、性能良好的发动机综合性能检测仪，一般是由信号提取系统、信息预处理系统和采控显示系统三大部分组成的。国产元征 EA-1000 型发动机综合性能检测仪外形如图 3-8 所示。

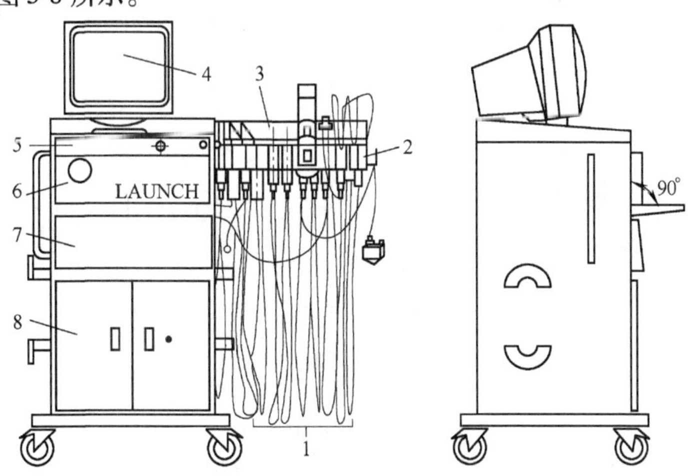

图 3-8　国产元征 EA-1000 型发动机综合性能检测仪外形

1—信号提取系统　2—传感器挂架　3—前端处理器　4—高速采集、处理与显示系统　5—热键板　6—主机柜与键盘柜　7—打印机柜　8—排放仪柜

1. 信号提取系统

信号提取系统的作用是拾取测量点的信号。因此，必须配备多种传感器（包括夹持器、测量探头和测针等），直接或间接地与被测点接触。大多数发动机综合性能检测仪的信号提取系统如图 3-9 所示。图中显示这一系统是由一些不同形状的插接器或探头组成，以它们接触的形式不同可分为直接接触式和非接触式两大类。

当接蓄电池的正、负极，接点火线圈初级的正、负极，作为万用表功能或测量各传感器时，可以利用各类结构的探针或鳄鱼夹以适应不同的测试点，如图 3-10 所示。图 3-9 中两个鳄鱼夹 10 由一个分流器引出，用以测定发电机电流，这类接头属于直接接触的一类。

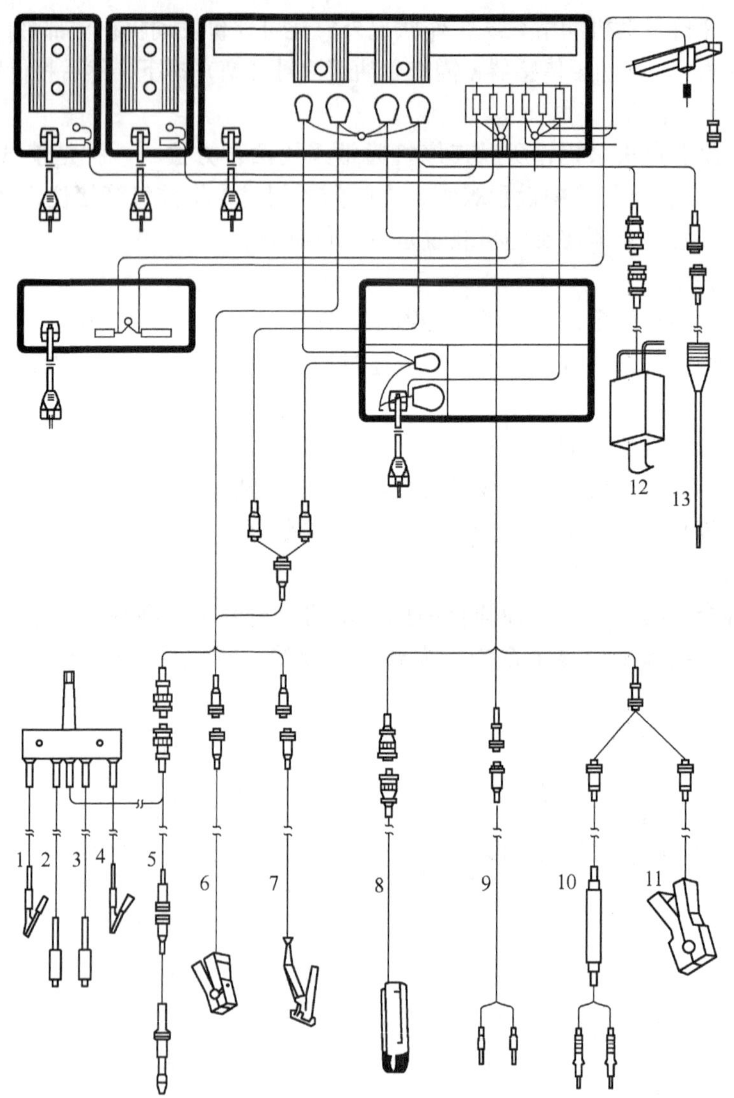

图 3-9　信号提取系统

1、4—蓄电池夹（红色为正极，黑色为负极）　2、3—点火线圈初级接线夹　5—上止点传感器　6、7—电感式或电容式夹持器　8—频闪灯　9—探针　10—鳄鱼夹　11—电流互感钳　12—压力传感器　13—温度传感器

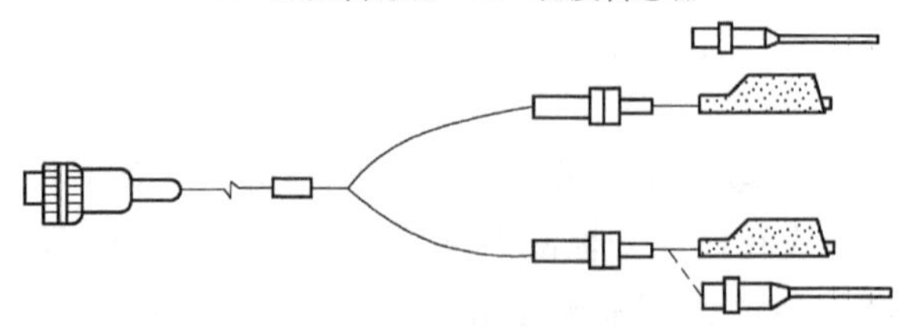

图 3-10　探针的转接头

电感式或电容式夹持器（图 3-9 中的 6 和 7）则属于非接触式。使用时，夹持器分别夹在 1 缸点火线上和点火线圈高压线上以获得点火信号，电流互感钳 11 实际上是一个电流互

感器，夹持在蓄电池线上，可感应出起动电流。

对于非电量参数的提取，必须先经过某一类型的传感器将非电量转变成电量，这就是第三类插接器（如图3-9 中的5、12 等），电磁式上止点传感器5 可提供上止点信号，频闪灯8 可测点火提前角，压力传感器12 可将进气管或喉管真空度转变成电量，而温度传感器13 为一热敏电阻，可将润滑油温度和冷却液温度等参数转换为电压值。对于电控燃油喷射发动机，因计算机喷油脉宽和自动控制过程的需要，各非电量已被植入各系统的传感器直接转换成电量，它们的提取可用插接器9 通过不同的转接头来完成。但为了不中断计算机的控制功能，必须通过T 形插头来提取信号，如图3-11 所示。

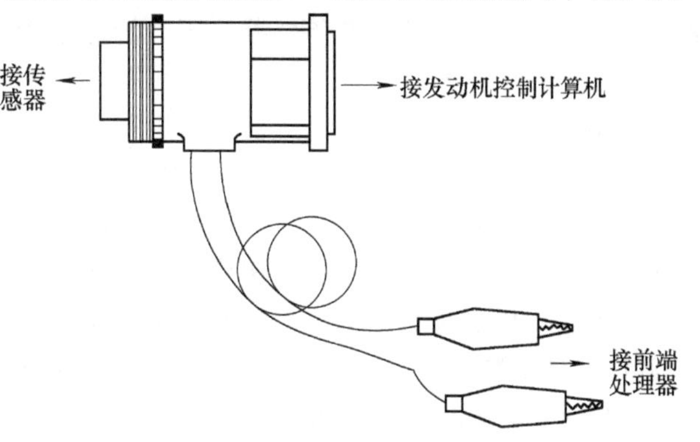

图3-11 信号提取的T 形插头

2. 信息预处理系统

信息预处理系统也称为前端处理器，如图3-12 所示。该系统能对发动机综合性能分析

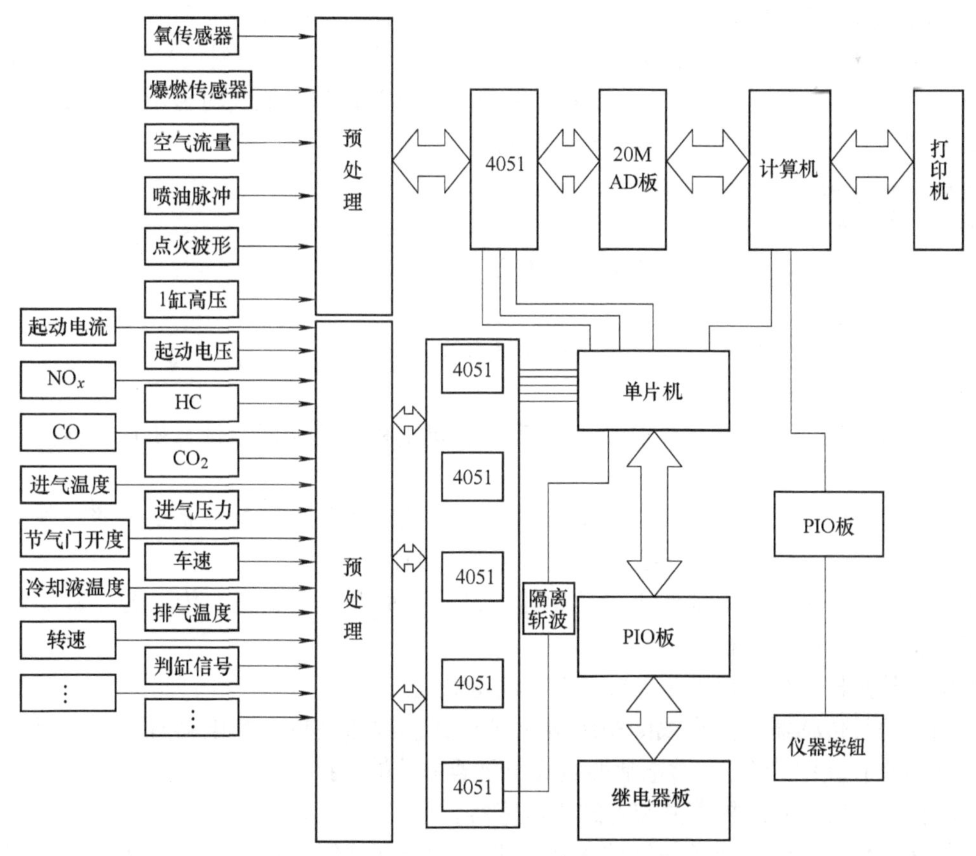

图3-12 发动机综合性能分析仪前端处理器框图

仪所有传感器信号进行衰减、滤波、放大、整形等处理，并能将所有脉冲信号和数字信号直接输入CPU的高速输入端，或经转换后变为0~5V直流模拟信号送入高速瞬变信号采集卡。从发动机采集来的信号千差万别，不能被检测仪中央控制器直接使用，必须经过预处理。例如：对于模拟信号中的温度传感器、压力传感器和节气门位置传感器等的信号，信号幅值为0~5V，频率变化比较缓慢，对这些信号进行的主要处理手段是低通滤波和信号隔离；对于幅值较小的模拟信号，如氧传感器信号为0~1V，必须对该信号进行放大处理；对于幅值较大的模拟信号，如起动电压，必须对信号衰减后再经过低通滤波和隔离后才能进行A-D转换；有些模拟信号，如爆燃信号、喷油脉冲信号等，必须进行特殊处理；对于频率信号，如发动机转速信号、判缸信号和车速信号等，必须用电压比较器或施密特触发器对信号进行整形，整形后输出标准数字脉冲。元征EA-1000型发动机综合性能检测仪的前端处理器由信号预处理、32路换线开关等组成，承担与微型计算机的并行通信。前端处理器底面有8个适配器插座、4个航插插座和1个主电缆插座，以便与信号提取系统连接。

3. 采控与显示系统

现代发动机综合性能检测仪多为微型计算机控制式，能高速采控信号。为了捕捉点火和爆燃等高频瞬变动态信号，检测仪采集卡一般都具有高速采集功能，采样速率可达10~20Msps（每秒百万次采样），采样精度不低于10bit，并行两通道，有存储功能以使波形回放或锁定，供观察、分析或输出、打印之用。例如，元征EA-1000型发动机综合性能检测仪，内装PC586微型计算机，10/20Msps、10bit高速采集卡，并行通信卡和RS-232输出接口。检测仪显示系统（不管是台式移动式检测仪，还是手提便携式检测仪）的显示装置多为14in彩色CRT显示器或液晶LCD显示器，采用多级菜单操作，能实时显示被测发动机的动态参数和波形，使用十分方便，观察非常醒目。

技能学习

一、用发动机综检仪检测发动机技术状况

1. 准备工作

以元征EA-1000型发动机综合性能检测仪为例。

（1）检测仪准备

1）接通电源，打开检测仪总开关、微型计算机主机开关和微型计算机显示器开关，暖机20min。

2）在发动机不工作和点火系统关闭的情况下，将检测仪信号提取系统连接到被测发动机上。图3-13所示为信号提取系统在传统汽油机上的连接示例。

①电流传感器夹在蓄电池线上，传感器的箭头指向蓄电池负极，传感器夹紧要紧密合缝，否则将严重影响测量精度。

②电流传感器上的红色鳄鱼夹夹在蓄电池正极上。

③铂金信号传感器（点火线圈初级接线夹）红色鳄鱼夹夹在断电器触头上，黑色鳄鱼夹搭铁（可夹在真空管上），蓄电池的负极与仪器搭铁端连接。

④将任意一缸火花塞拆下并装上缸压传感器。

⑤将转速传感器装在任意一缸的火花塞上（对于互感钳式传感器，卡在任意一缸分缸高压线上）。

3）检测仪电源线必须可靠搭铁。

4）在测试电控燃油喷射发动机电子控制器（ECU）时，除检测仪电源搭铁外，检测仪搭铁线还必须与发动机共地，测试人员必须随时与汽车车身接触。

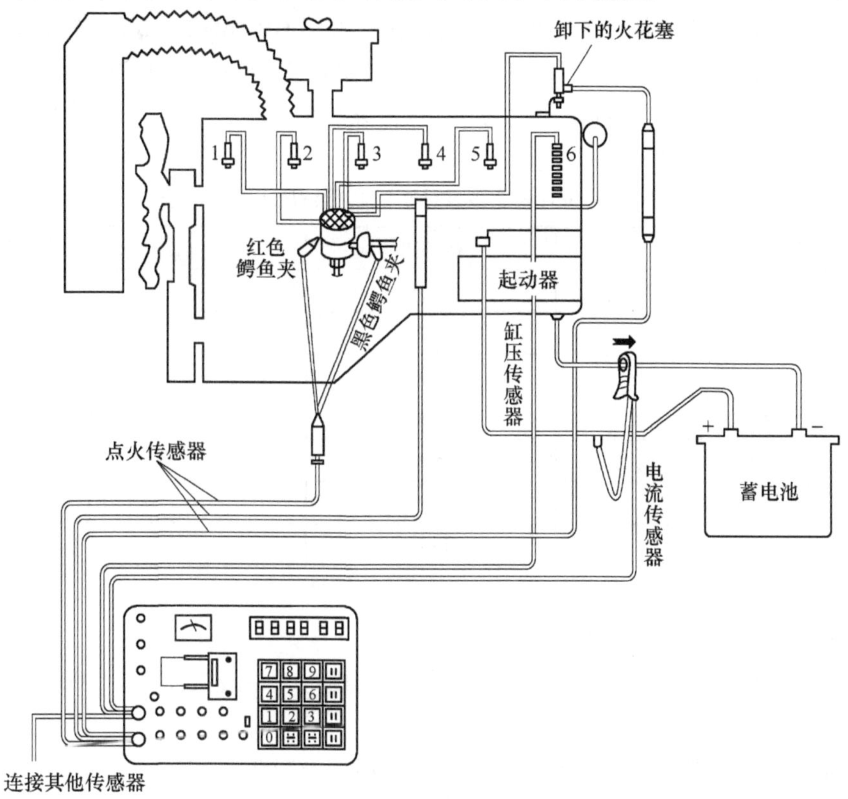

图 3-13　传统汽油机检测时信号提取系统连接图

（2）发动机准备

1）发动机应预热至正常工作温度。

2）发动机怠速转速应在规定范围之内。

3）发动机在运转中。

2. 测试步骤

按检验程序指示器提示进行起动、怠速、加速、减速等相关操作，直至提示检测结束，拆离与发动机综检仪的连接。

二、在用发动机润滑油水分含量的测定

1）将 100g 在用发动机润滑油与 100mL 脱水并滤清的溶剂汽油或直馏汽油在水分测定器的干燥烧瓶中混合均匀。

2）接上水分测定器的接收器和冷凝器。

3）按照规定的蒸馏速度加热蒸馏，水和汽油蒸气冷凝后流入接收器。

4）从接收器底部水分的体积计算出试样的水分体积百分含量或质量百分含量。

三、润滑油污染指数的测定

1）取一定量的在用发动机润滑油滴于检测仪电容器极板上。

2）将仪器测量开关置于“开”位置。

3）从显示窗口中读取检测数据。

四、检测标准

1）气缸压缩压力标准值一般由汽车厂商提供。按照GB 18565—2001《营运车辆综合性能要求和检验方法》的规定，在用汽车发动机各气缸压力应不小于原设计值的85%，每缸压力与各缸平均压力的差：汽油机应不大于8%，柴油机应不大于10%。常见几种车型发动机气缸压缩压力的标准值见表3-1。

表3-1 常见几种车型发动机气缸压缩压力的标准值

发动机型号	压缩比	气缸压缩压力标准值/kPa
奥迪100 1.8L	8.5	800～1 000
捷达EA827	8.5	900～1 100
桑塔纳AJR1.8L	9.3	1 000～1 350
富康TU3	8.8	1 200
解放CA6102	7.4	930
东风EQ6100	6.75	833
五十铃4JR1	18.2	3 100

2）汽油机的点火电压一般在10～20kV之间。

3）发动机最低稳定转速应符合汽车生产厂商的规定，一般汽油机在800±50r/min范围内，柴油机在520～560r/min范围内。

4）柴油机最高转速应符合汽车生产厂商的规定，一般在2 500r/min左右。

5）起动电压、起动电流、充电电压、充电电流、蓄电池电压及润滑油压力均应符合汽车生产厂商的规定。

6）根据润滑油污染指数标准，使用重型发动机润滑油质量测定仪，污染指数应小于23；使用轻型发动机润滑油质量测定仪，污染指数应小于4.7。

7）润滑油水含量。按照在用汽油机和柴油机换油指标标准，应不大于0.2%。

五、检测结果分析

汽车发动机技术状况的检测报告单式样参见表1-4。即在实际综检报告单中，隶属于动力性、燃料经济性检测项目下的第3个小项，其中又包括16个具体参数（序号3～10）。

表中“相对气缸压力”栏内，显示4个气缸的相对缸压均在100%左右，表明数据有较大的误差。有两种可能性：第一，发动机气缸内确实积炭较多或大修时对气缸盖和气缸体表面磨削过多，致使相对缸压过高；第二，该项目根本没有实际检测，是计算机程序设计而打印上去的，而设计打印的数据又不符合常规。因此，如果打印了上述数据，则应判定为不合格。

表中“点火电压（汽油）”项目是针对汽油机而设的项目，由于样表的实测车型为柴油车，故此项目不检测。

表中“最低稳定转速”栏内，实测数据为“532r/min”，通常汽车的最低稳定转速在800r/min左右，实测值低于标准值，故判定为合格。但实测数据有些偏低，可能有人为因素存在。

表中“最高转速（柴油）”栏内，没有检测数据，说明此项目没有检测。

表中蓄电池电压 11.7V 为正常，但起动电压值低，说明蓄电池内部有故障。

思考与练习

一、简答题

1. 什么是汽车的相对气缸压力？检测气缸压力的目的是什么？

2. 什么是汽车的点火电压？该电压过高的原因有哪些？

3. 发动机的最低稳定转速和柴油机的最高稳定转速用于评价发动机哪些方面的技术状况？

4. 起动电流过大，可能的原因有哪些？

5. 润滑油的污染指数和水含量用于评价发动机哪些方面的技术状况？

6. 检测发动机润滑油压力可评价发动机哪些方面的技术状况？

二、单选题

1. 下列（　　）不是发动机综合检测分析仪的主要组成部分。

A. 信号提取系统　B. 传感器系统　C. 信息处理系统　D. 采控显示系统

2. 下列（　　）叙述不正确。

A. 相对气缸压缩压力用来评价气缸密封性

B. 汽油机点火电压用来评价蓄电池技术状况

C. 柴油机的最高转速用来评价调速器的技术状况

D. 起动电压可评价蓄电池的技术状况

3. 能够评价柴油机高压泵技术状况的指标是（　　）。

A. 发动机最低稳定转速　B. 发动机润滑系统油压

C. 柴油机的停机装置性能　D. 柴油机的最高稳定转速

4. 能反映发动机是否漏水的指标是（　　）。

A. 润滑油水分含量（质量分数）　B. 发动机润滑系统油压

C. 发动机冷却液储量　D. 发动机冷却液质量

三、多选题

1. 相对气缸压力低，可能是（　　）造成的。

A. 活塞磨损过度　B. 气缸磨损严重　C. 曲轴轴颈磨损严重　D. 气门不密封

2. 起动电压和起动电流可评价（　　）。

A. 蓄电池技术状况　B. 发电机技术状况

C. 空调系统技术状况　D. 发动机技术状况

3. 充电电压和充电电流可评价（　　）。

A. 蓄电池技术状况　B. 发电机技术状况

C. 空调系统技术状况　D. 发动机技术状况

4. 能够评价发动机技术状况的指标有（　　）。

A. 润滑油污染指数　B. 发动机润滑系统油压

C. 相对气缸压力　D. 起动电压

四、判断题

(　　) 1. 充电电压可评价发电机技术状况。

(　　) 2. 蓄电池电压可评价蓄电池技术状况。

(　　) 3. 润滑油污染指数可评价发动机技术状况。

(　　) 4. 润滑油水分含量（质量分数）可评价冷却系统技术状况。

(　　) 5. 停机装置用来评价汽油车点火开关（钥匙门开关）的技术状况。

(　　) 6. （GB 18565—2001）《营运车辆综合性能要求和检验方法》规定，环境温度在15～30℃范围内，海拔变化后，检测所得发动机额定功率可按公式 $P_{修正}=P_{实测}/k$ 进行修正。

(　　) 7. 对运转中的汽油机，进行单缸断火后，发动机转速必然会下降。

(　　) 8. 大修后发动机功率不得低于原额定功率的90%。

(　　) 9. 相对气缸压力越高越好。

(　　) 10. 点火电压低，说明发动机容易起动。

(　　) 11. 点火电压过高，说明点火系统可能存在较大的间隙。

(　　) 12. 发动机的最低稳定转速可用于评价发动机的技术状况。

项目四 转向操纵性检测

汽车综检报告单上的转向操纵性实际上是指汽车的操纵稳定性。汽车的操纵稳定性包含着互相联系的两部分内容，一个是操纵性，一个是稳定性。

操纵性：汽车能够及时而准确地执行驾驶人的转向指令的能力。实际检测转向盘自由行程、最大转向角及转向操纵力来评价。

稳定性：汽车受到外界扰动（路面扰动或突然阵风扰动）后，能自行尽快地恢复正常行驶状态和方向，而不发生失控的能力（实测四轮定位），以及抵抗倾覆、侧滑的能力（实测纵、横向稳定角及侧滑量）。

综检线的转向参数检测工位一般为第 3 个工位。在该工位一般设置转角仪，同时配备四轮定位仪、车轮平衡仪等可进行转向轮最大偏摆角、车轮定位参数和车轮平衡度等相关项目的检测。有的检测线在该工位还配备转向参数测试仪，用以检测转向盘自由行程及转向力。考虑该工位检测项目较多，大多数检测线将侧滑量检测置于其他工位。

学习任务 1　车轮平衡度的检测

学习目标

1. 能够正确解释车轮动平衡检测的理由。
2. 能够正确描述就车式车轮平衡仪的结构与工作原理。
3. 能够正确操作就车式车轮平衡仪检测车轮的动平衡。
4. 能够根据检测结果对车轮的平衡状况给出正确评价。
5. 能够培养良好的安全与卫生习惯和团队协作意识。

任务分析

随着道路质量的提高和高速公路的出现，汽车行驶速度越来越高，因此对车轮平衡度的要求也越来越高。如果车轮不平衡，则在其高速旋转时不平衡质量将引起车轮上下跳动和横向振摆。这不仅影响汽车的行驶平顺性、乘坐舒适性和操纵稳定性，使车辆难以控制，而且也影响汽车行驶的安全性。此外，还因加剧了轮胎及有关机件的磨损和冲击，缩短了汽车使用寿命，增加了汽车运输成本。因此，车轮平衡问题越来越引起人们的重视，车轮平衡度已成为汽车检测项目之一。

在汽车检测线上，用离车式车轮平衡仪检测车轮的平衡度比较麻烦，需拆卸车轮，会严重影响检测进度。而就车式车轮平衡仪因无须拆卸车轮即可完成车轮平衡度的检测，所以更适合用于检测线。

相关理论知识

一、汽车的转向操纵性评价指标

汽车转向操纵系统技术状况的好坏对汽车的行驶安全有着十分重要的影响，因此必须给予足够的重视。汽车转向操纵系统性能的检测参数一般包括转向盘最大自由转动量、最小转弯直径和内外轮转向角、适度的不足转向特性、转向盘最大转向力、转向轮横向滑移量和车轮定位值等。

1. 转向盘最大自由转动量

转向盘的最大自由转动量是指汽车转向轮在保持直线行驶位置静止不动时，轻轻转动转向盘，使转向盘从一侧刚好能带动转向轮，转到另一侧刚好能带动转向轮时转向盘所转过的角度（空转的角度）。该参数反映了转向盘转动至带动车轮转动之间全部传动部件的配合状况。

转向盘的自由转动量不能过大，过大会使操纵系统反应迟缓；但也不能过小，过小会使路面的反冲作用过大，造成驾驶人驾驶操纵不柔和，容易产生疲劳。因此，应定期对转向盘的最大自由转动量进行检测、调整和维护，使转向盘的最大自由转动量保持在合适的范围之内。

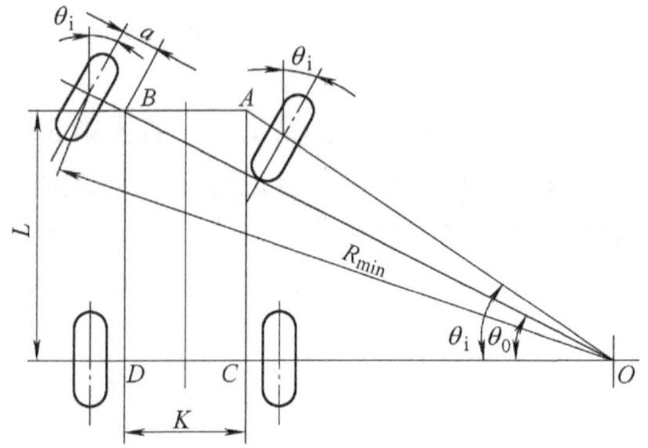

图4-1　理想的内、外轮转角关系

2. 最小转弯直径和内、外轮转角

大部分车辆都是前轮转向，在转向的每一时刻所有的车轮都应围绕一个中心点做圆弧行驶，这个延长线的中心点称为瞬时转向中心。它的位置在与各车轮速度方向垂直的延长线的交点上。车辆转向时，从瞬时转向中心到前外轮轮辙中心线的距离即转弯半径，通常用 R 来表示。两倍转弯半径即转弯直径，以 D 表示。从图4-1可知，转弯半径可用下列公式计算

$$R = \frac{L}{\sin\theta_0} + a$$

车辆的转弯直径越小，车辆转向时所需场地面积就越小，车辆的机动性能就越好。在转向时，外轮转角越大或轴距 L 值越小时，转弯直径 D 就越小。若转向外轮转角相同，则轴距较短的汽车转弯直径也较小。对某定型汽车而言，轴距 L 是一个不变的值。因此，在外轮转角达到最大值时，转弯半径最小，此时最小转弯半径的公式可表示为

$$R_{\min} = \frac{L}{\sin\theta_{0\max}} + a$$

实际上，车辆在转向过程中，不是绕一个固定的圆心转动。这是由于车辆从直线行驶进入转弯行驶状态时，转向轮的转角开始由零变大，以后又从大变小，直到车辆恢复直线行驶为止。从整个转向过程来看，转向轮的转角是随时都在变动的，导致所有车轮速度方向垂线的交点也在不断地变动。

车辆的转弯直径 D 对车辆的机动性有直接影响。车辆的机动性就是指车辆在最小面积

内活动的能力。它决定了驾驶人为装卸货物而移动车辆，或者在停车场地及维修车间内调动车辆时所需要的场地面积、车道宽度及驾驶人的劳动强度。机动性还影响着车辆能够通过狭窄弯曲地带或绕开不可越过的障碍物的能力。

由上述分析可知，转向轮的最大转向角直接影响到汽车转弯直径的大小，是转向系统的重要参数之一。在汽车设计时，对转向轮的最大转向角都明确作出了规定。一般在车辆的使用说明书或有关技术文件中，均可查到原厂规定的转向轮最大转向角。

无论是二轴汽车还是多轴汽车，在转向过程中，为了使所有车轮都处于纯滚动而无滑动状态，或只有极小的滑移，要求全部车轮都围绕一个瞬时转向中心作圆周运动。在一般转向条件下，每个车轮的转向半径是不同的，它们应该符合按理论计算出来的比例关系，并据此作为转向梯形机构的设计基础。

3. 车辆不足转向特性

由输入引起的汽车运动状况可分为不随时间变化而变化的稳态与随时间变化而变化的瞬态两种。相应的车辆响应称为稳态响应与瞬态响应。例如，给等速直线行驶的汽车以前轮角阶跃输入（急速转动前轮，然后维持前轮转角不变），一般的汽车经过短暂时间后，将进行等速圆周行驶。一定前轮转角下的等速圆周行驶状态便是一种稳态。而等速直线行驶与等速圆周行驶间的过渡过程便是瞬态，相应的响应称为前轮角阶跃输入引起的汽车瞬态响应。

经过长期实践，现在人们已经认识到这种稳态响应是评价汽车操纵稳定性的重要特性之一。一般称它为汽车的“稳态转向特性”。汽车的稳态转向特性分成三种类型：不足转向、中性转向和过多转向，如图 4-2 所示。

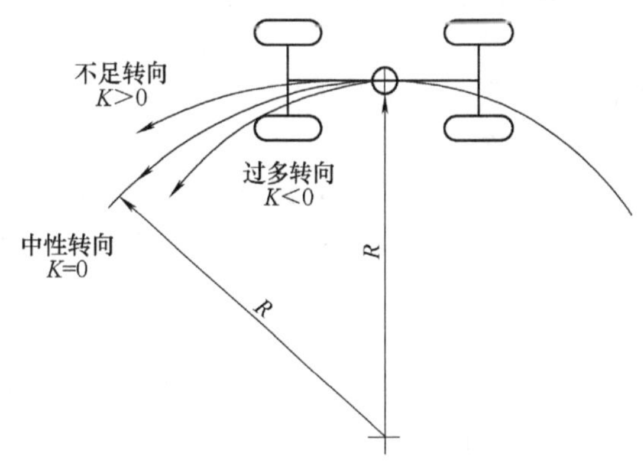

图 4-2　汽车的三种稳态转向特性

如图 4-3 所示，具有过多转向的车辆转弯时，由于转向的加剧，会使离心力增大而引起后轴的向外滑移，而后轴的向外滑移又进一步加剧车辆转弯。这种恶性循环的结果很可能造成车辆甩尾或激转，是一种非常危险的情况。而具有不足转向的车辆，由于转向的不足，则不会出现上述情况。因此，具有适度不足转向特性的汽车才具有良好的操纵稳定性。汽车不能具有过多转向特性。具有中性转向特性的汽车也不好，因为汽车本身或外界使用条件的某些变化，中性转向特性的汽车会转变为过多转向特性。人们已经习惯于驾驶具有不足转向特性的汽车，知道如何通过操纵转向机构使汽车遵循期望的路径行驶。若汽车的转向特性突然改变（如轿车的行李箱内载重过多，会使汽车变为过多转向），驾驶人的经验不能适应新的、不良的转向特性，在突然出现危险情况时，汽车可能失去控制而造成事故。

4. 转向盘最大转向力

转向盘的最大转向力是指车辆在一定的行驶条件下，为维持转向角度不变的行驶而作用在转向盘外缘上的最大切向力。这个检测参数主要是用来检查转向系统中各零部件的配合状况。车辆在使用过程中，由于转向装置在装配时调整不当或使用中有关零部件的磨损、变形等原因会引起转向沉重。转向沉重的车辆，容易使驾驶人产生疲劳或使车辆的操纵失控而导致交通事故发生。因此，为了保持车辆转向操纵的轻便性，对车辆的转向盘最大转向力进行检测是很有必要的。

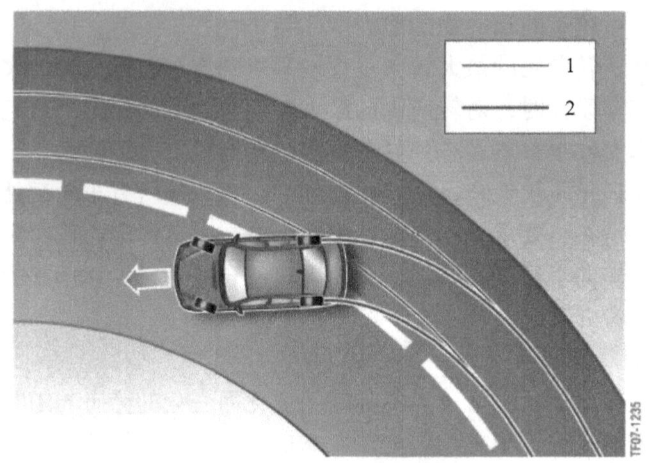

图4-3　汽车的过多转向

1—目标行驶路线　2—实际行驶轨迹

5. 转向轮侧滑量

汽车直线行驶时，单位行驶里程转向轮横向滑移量称为转向轮侧滑量。为保证汽车的车轮在直线行驶中无横向滑移，要求车轮的外倾角和前束角要匹配适当。当车轮外倾角与前束角匹配不当时，汽车的车轮就有可能在直线行驶过程中不做纯滚动而产生横向滑移现象。当这种横向滑移现象过于严重时，会降低车轮的附着能力，减弱汽车定向行驶能力，导致轮胎异常磨损，严重时还可能引发交通事故。

6. 车轮定位参数

正确的车轮定位参数是车辆具有良好的转向操纵性能，保持直线行驶能力及避免车身振动、减少机械磨损的保证。车轮定位参数一般包括前轮外倾角、主销内倾角、主销后倾角、前轮前束角、转向轮最大转向角、前展角（前张角）、车轴偏角（轴距偏差）、推力角（推进线）、后轮前束角和后轮外倾角等。定期对车轮定位参数进行检测，通过维护、调修以维持正确的车轮定位参数，可及时消除这些车辆在行驶中（特别是在高速行驶中）的不安全因素，从而提高汽车在行驶过程中的操纵稳定性和驾驶安全性，同时，可以减少轮胎磨损和悬架系统磨损，降低燃油消耗。

二、转向操纵系统的其他要求

1）动力转向（或助力转向）的车辆卸载阀的工作时刻应符合原厂规定的该车的有关技术条件。

2）转向轮转向后应能自动回正，在平坦、硬实、干燥和清洁的道路上行驶，不得跑偏，其转向盘不得有摆振或其他异常现象。

3）转向盘应转动灵活，操纵轻便，无阻滞现象。在车轮转向过程中，不得与其他部件有干涉现象。

4）转向节及臂、转向横拉杆、转向直拉杆及球头销应无裂纹和损伤，并且球头销不得松旷。对车辆进行改装或修理时，转向横、直拉杆不得拼焊。

转向节及臂、转向横拉杆、转向直拉杆及球头销是转向机构的重要部件，一旦损坏，将使转向操纵失灵而导致重大恶性事故。因此，必须经常检查，除检查这些部件外观是否有裂纹或损坏、装配是否松旷外，还应用探伤仪检查各部件内部是否有砂眼、气泡或其他损伤。发现故障，要及时排除，以确保车辆运行安全。

三、车轮静不平衡

支起车轴，调整好轮毂轴承松紧度，用手轻转车轮，使车轮自然停转。在停转的车轮离地最近处做一标记，然后重复上述试验多次。如果每次试验结束时标记都停在离地最近处，则车轮静不平衡。这个车轮上所做的标记点称为不平衡点或垂点。反之，若车轮经几次转动自然停转后，所做标记的位置各不一样，或强迫停转消除外力后车轮也不再转动，则车轮是静平衡的。

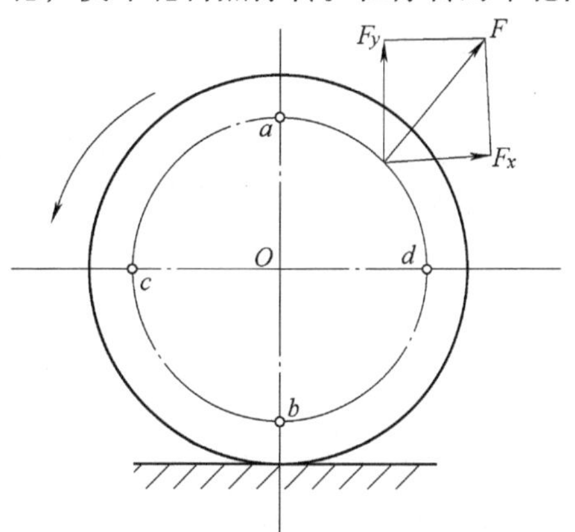

图 4-4　车轮静不平衡产生的离心力

对于静平衡的车轮，其重心与旋转中心重合；对于静不平衡的车轮，其重心与旋转中心不重合，在旋转时产生离心力，如图 4-4 所示。图中

$$F = mr\omega^2$$

式中　m——不平衡点质量；

ω——车轮旋转角速度，$\omega = 2\pi n$；

n——车轮转速；

r——不平衡点质量离车轮旋转中心的距离。

从上式中可以看出，车轮转速 n 越高、不平衡点质量 m 越大、不平衡点质量离车轮旋转中心的距离越远，则离心力 F 越大。

离心力 F 可分解为水平分力 F_x 和垂直分力 F_y。在车轮转动一圈的过程中，垂直分力 F_y 有两次落在通过车轮中心的垂线上，一次在 a 点，一次在 b 点，方向相反，均达到最大值，使车轮上下跳动，并由于陀螺效应而引起前轮摆振。水平分力 F_x 有两次落在通过车轮中心的水平线上，一次在 c 点，一次在 d 点，方向相反，均达到最大值，使车轮前后窜动，并形成绕主销来回摆动的力矩，造成前轮摆振。当左、右前轮的不平衡质量相互处于 180°位置时，前轮摆振最为严重。

四、车轮动不平衡

即使是静平衡的车轮，即重心与旋转中心重合的车轮，也可能是动不平衡的。这是由于车轮的质量分布相对于车轮纵向中心面不对称而造成的。在图 4-5a 中，车轮是静平衡的。在该车轮旋转轴线的径向相反位置上，各有一作用半径相同、质量也相同的不平衡点 m_1 与 m_2，且不处于同一平面内。对于这样的车轮，其不平衡点的离心力合力为零，而离心力的合力矩不为零，转动中产生方向反复变动的力偶 M，使车轮处于动不平衡中。动不平衡的前轮绕主销摆振。如果 m_1 与 m_2 在同一作用半径的相反方向上配置相同质量 m_1' 与 m_2'，则车轮处于动平衡，如图 4-5b 所示。动平衡的车轮肯定是静平衡的，因此对车轮主要应进行动平衡检验。

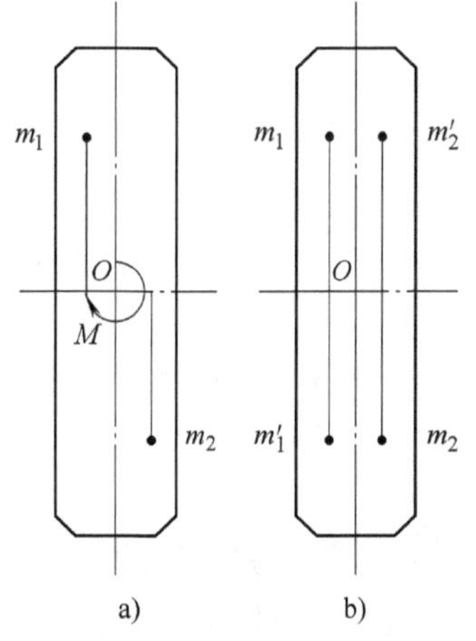

图 4-5　车轮平衡示意图

a）车辆静平衡但动不平衡

b）车轮动平衡

五、车轮平衡仪类型

车轮平衡度应使用车轮平衡仪检测。车轮平衡仪也称为车轮平衡机。车轮平衡仪有以下类型：按功能分，车轮平衡仪可分为车轮静平衡仪和车轮动平衡仪两类；按测量方式分，车轮平衡仪可分为离车式车轮平衡仪和就车式车轮平衡仪两类；按车轮平衡仪转轴的形式分，车轮平衡仪可分为软式车轮平衡仪和硬式车轮平衡仪两类。

使用离车式车轮平衡仪时，要把车轮从车上拆下安装到车轮平衡仪的转轴上检测车轮平衡状况。而使用就车式车轮平衡仪时，无须从车上拆下车轮即可测得车轮的平衡状况。

软式车轮平衡仪安装车轮的转轴由弹性元件支承。当被测车轮不平衡时，该轴与轴上的车轮一起振动，测得该振动即可获得车轮的不平衡量。硬式车轮平衡仪的转轴由刚性元件支承，工作中转轴不产生振动，它是通过直接测量车轮旋转时不平衡点产生的离心力来确定不平衡量的。

凡是可以同时测定车轮左、右两侧不平衡量及其相位的，都可以称为两面测定式车轮平衡仪。

就车式车轮平衡仪既可以进行静平衡检测，又可以进行动平衡检测。

六、车轮不平衡检测原理

在检测线上，通常只用就车式车轮平衡仪检测车轮的平衡情况，因此，本节仅介绍就车式车轮平衡仪。

1. 静不平衡

就车式车轮平衡仪检测车轮静不平衡的原理如图4-6所示。支离地面的车轮如果不平衡，则转动时产生的上下振动通过转向节或悬架传给检测装置的传感磁头并通过可调支杆传递到底座内的传感器。传感器变换的电信号控制频闪灯闪光，以指示车轮不平衡点的位置，并输入指示装置指示不平衡度（量）。从图中可以看出，当传感磁头传递向下的力时，频闪灯就发亮，所照射到的车轮最下部的点即不平衡点。不平衡点的质量越大时，传感器的受力越大，变换的电量就越大，指示装置指示的数值也越大。

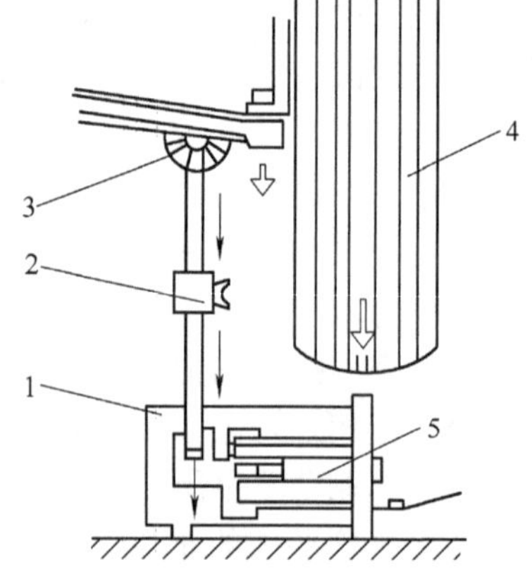

图4-6　就车式车轮平衡仪检测车轮静不平衡的原理
1—底座　2—可调支杆　3—传感磁头　4—车轮　5—传感器

2. 动不平衡

就车式动不平衡检测原理与图4-6所示的静不平衡检测原理相同，只不过传感磁头固定在制动底板上，检测的是横向振动。横向振动通过传感磁头、可调支杆传至底座内的传感器，传感器转换成的电信号控制频闪灯闪光，以指示车轮不平衡点的位置，并输入到指示装置指示车轮不平衡量。

七、就车式车轮动平衡仪的结构原理

就车式车轮动平衡仪一般由驱动装置、测量装置、指示与控制装置、制动装置和小车等组成，示意图如图4-7所示，测量图如图4-8所示。驱动装置由电动机和转轮等组成，能带动支离地面的车轮转动。测量装置由传感磁头、可调支杆、底座和传感器等组成，它能将车轮不平衡量产生的振动变成电信号，送至指示与控制装置。指示与控制装置由频闪灯、不平衡度表或数字显示屏等组成。频闪灯用来指示车轮不平衡点位置，不平衡度表或数字显示屏用来指示车轮的不平衡量，一般有两个档位。第一档一般用于初查时的指示，第二档一般用于装上平衡块后复查时的指示。制动装置用于使车轮停转。除测量装置外，车轮动平衡仪的其余装置都装在小车上，可方便地移动。

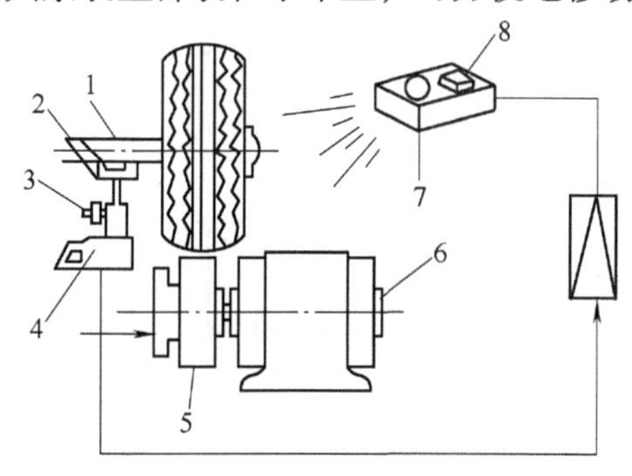

图 4-7　就车式车轮动平衡仪示意图

1—转向节　2—传感磁头　3—可调支杆　4—底座　5—转轮　6—电动机　7—频闪灯　8—不平衡度表

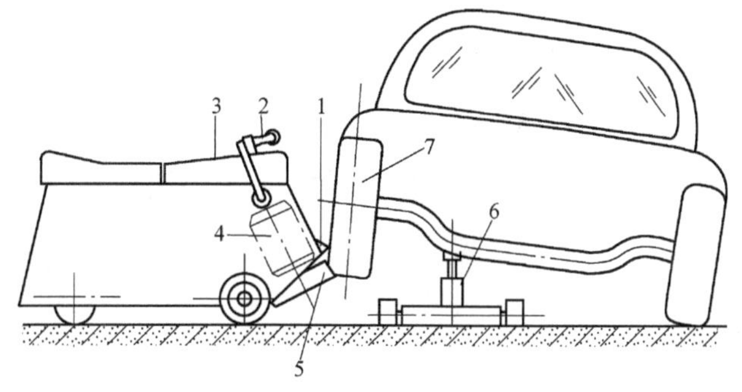

图 4-8　就车式车轮动平衡仪测量图

1—光电传感器　2—手柄　3—仪表板　4—驱动电动机　5—摩擦轮　6—传感器支架　7—被测车轮

传感器支架是一个复杂的力传感器，如图 4-9 所示。它有两种形式，一种供轻型小客车使用，另一种是为中型汽车设计的。

支架高度可由顶杆 2 和销钉 3 来调整以适应不同车型的要求，支架在车桥下就位，车桥压下后，小轮弹簧 4 即被压缩，底板 7 直接接触地面，以增加支架的承载能力。车体重量和不平衡振动力的主要部分由应变梁 9 通过支柱 8 和底板 7 传向地面，小部分力由传感器 6 感知，从而达到对不平衡力采样的目的。应变梁 9 不仅可以减小传感器受力以避免压损，更重要的是应变梁必须正比地将不平衡力传递给传感器 6。因此，应变梁应由应变线性良好的材料制成，使用中严格避免锤击和加热，因为任何改变应变梁弹性模量的操作都将危及应变梁的线性，从而完全破坏了电测系统软件所预设的标定系数。

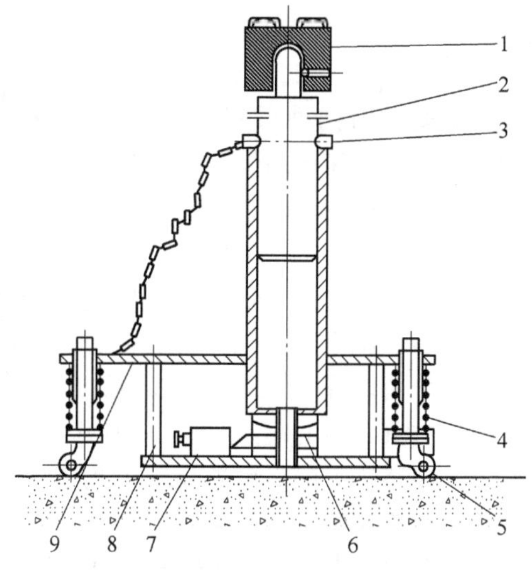

图 4-9　传感器支架

1—顶块　2—顶杆　3—销钉　4—弹簧　5—脚轮　6—传感器　7—底板　8—支柱　9—应变梁

传感器支架的安装位置随被测车型和操作人员的习惯及现场条件而定，完全是随机的，因此就车式平衡仪电测系统的计算机软件必须具有自标定功能。这一功能是智能化的，它能根据事先设定的已知不平衡量值（一般为 30g）反算出支架支点与车轮的悬臂和轮毂直径等参数，这是就车平衡仪的一大特点。

驱动小车前下部靠近被测轮胎处有一光电传感器组，它包括一个强光源和两个光敏二极管 3 和 5，如图 4-10 所示。强光用以照射轮胎上的反光标志，为光敏二极管提供相位信号以供计算机识别。计算机同时根据两个光敏二极管接收反光信号的前后来判断车轮的旋转方向。

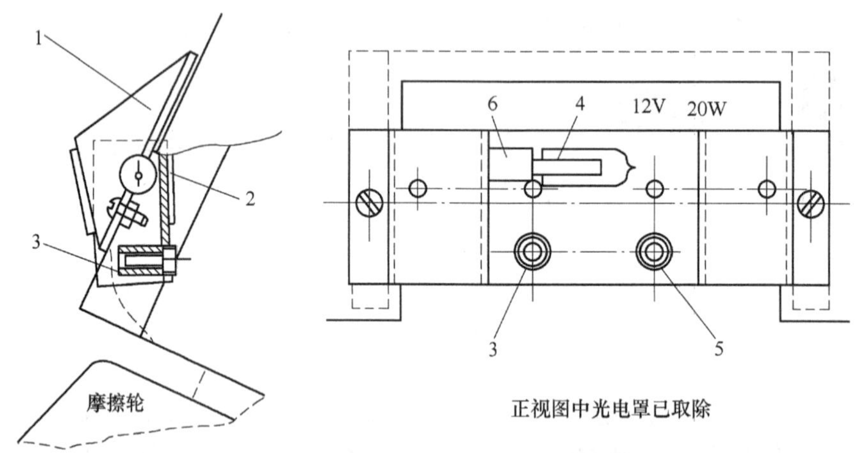

图 4-10 就车式平衡仪光电传感器组

1—光电罩 2—光电电路板 3、5—光敏二极管 4—指形灯 6—灯座

车轮动平衡仪的平衡重也称为配重，通常有卡夹式和粘贴式两种类型。图 4-11 所示为卡夹式配重，适用于轮辋有卷边的车轮。对于铝镁合金轮辋，因无卷边可夹，可使用图 4-12 所示的粘贴式配重。粘贴式配重的外弯面有不干胶，粘贴于轮辋内表面。标准的平衡重有两种系列。一种系列以盎司（oz）为基础单位，分为 9 档。其中，最小为 0.5oz（14.2g），最大为 6oz（170.1g）。另一种以克（g）为基础单位，分 14 档。其中，最小为 5g，最大为 80g，配重的最小间隔为 5g。因此，过分苛求车轮动平衡仪的精度和灵敏度并无太大的实际意义。特殊情况下，如高速小轿车和赛车，可使用特制的平衡重块。

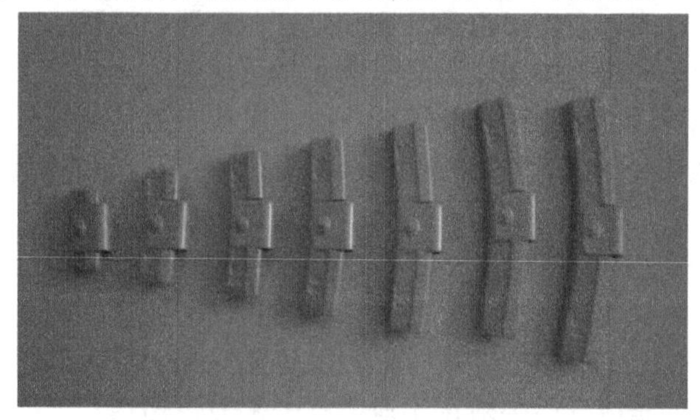

图 4-11 卡夹式配重

八、就车式车轮平衡仪的使用

被测车轮事先由举升器举离地面，并将车桥置在传感器支架上。操作人员骑在车上推动手把，使摩擦轮紧压在被测车轮上，起动电动机带动摩擦轮拖动车轮以相当于 110km/h 的车速旋转。这时车轮的不平衡质量产生的不平衡力随即被力传感器感知并转换成电量，这一电信号由电缆传入驱动小车内的电测系统予以计量和处理。光电传感器拾取车轮的初相位信号和转速信号，经电测电路处理后得到不平衡质量的量值和相位值，显示于仪表板的两组数码管上，如图 4-13 所示。测试前需在被测轮胎侧面任意处贴装白色反光标志，为使光电元件正常工作，胎侧距光敏二极管不得超过 5cm，检测程序分 3 次进行。

图 4-12　粘贴式配重

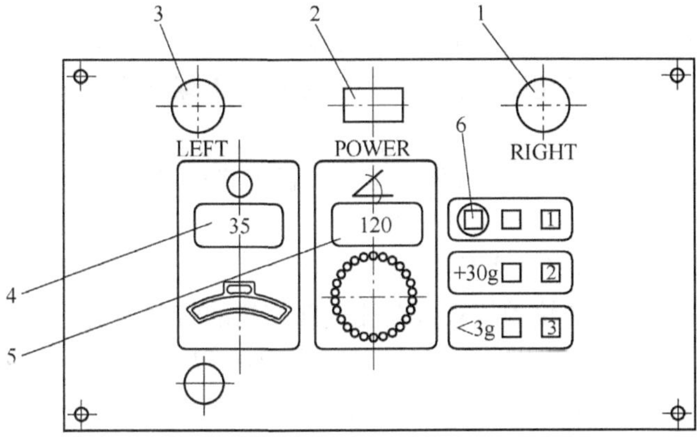

图 4-13　就车平衡仪显示面板

1—右转按钮　2—电源开关　3—左转按钮　4—质量显示　5—相位显示　6—显示灯

第一次：待摩擦轮与轮胎压紧后按下右按钮（左按钮也可），同时按压第一次试验按钮驱动车轮旋转，待转速上升到适当转速时，立即分离摩擦轮，同时释放按钮，电路立即记录与不平衡力及其相位有关的原始量并存入 CPU，仪表的闪烁显示这组未经标定的不平衡数值和相位。

第二次：在反光标志处加装计算机预设的标定质量（如有的规定小客车为 30g，大货车为 300g），按下第二次试验按钮，重复上述操作，即用这已知预设质量对振动系统的刚性和结构参数进行计算。当转速上升到设定值时，显示灯立即被点亮，计算机立即将第一次所测得的变量自动处理成常量显示在仪表板上，这就是就车式平衡仪的自标定功能。这时将显示的质量加装在所显示的相位处，然后除去标定重块。

第三次：进行剩余不平衡量检测，以检查剩余不平衡量是否满足有关法规的要求。如果达不到要求，则可进行第二次复试。如果仍达不到标准要求，则只能拆下轮胎使用较高精度的离车式车轮平衡仪进行平衡。

如果是驱动桥，则可用发动机拖动车轮旋转，其他操作如同前述。对于平衡要求较高的车辆，为了消除阻尼造成的相位误差，平衡时可令车轮左右各转一次，取两次的平均值为最后测定值。

这里必须着重指出，所有平衡仪都有最大不平衡量限值，严重失衡的车轮是不能上平衡仪平衡的。

技能学习

一、准备工作

1）用千斤顶支起车轴，两边车轮离地间隙要相等。

2）清除被测车轮上的泥土、石子和旧平衡块。

3）检查轮胎气压，视情况充至汽车制造厂的规定值。

4）检查轮毂轴承是否松旷，视情况调整至规定松紧度。

5）在轮胎外侧面任意位置上用白粉笔或白胶布做上标记。

二、测试步骤

因检测线流水作业的特点，在线上基本不做调修，对于车轮平衡情况的检测也只是给出检测结果及作出是否合格的判定即可，所以，实际检测步骤也不涉及校正操作。

1. 从动前轮静平衡

1）用三角垫木塞紧对面车轮和后轴车轮，将就车式车轮动平衡仪的测量装置推至被测前轮一端的前轴下，传感磁头吸附在悬架下或转向节下，调节可调支杆的高度并锁紧。

2）推就车式车轮动平衡仪至车轮侧面或前面（视车轮平衡仪形式的不同而异），检查频闪灯工作是否正常，检查转轮的旋转方向能否使车轮的转动与前进行驶时方向一致。

3）操纵车轮动平衡仪转轮与轮胎接触，起动驱动电动机带动车轮旋转至规定转速。

4）观察频闪灯照射下的轮胎标记位置，并从指示装置（第一档）上读取不平衡量数值。

5）操纵就车式车轮动平衡仪上的制动装置，使车轮停止转动。

2. 从动前轮动平衡

1）将传感磁头吸附在经过擦拭的制动底板边缘平整之处。

2）操纵就车式车轮动平衡仪转轮以驱动车轮旋转至规定转速，观察轮胎标记位置，读取不平衡量数值。

3. 驱动轮平衡

1）对面车轮不必用三角垫木塞紧。

2）用发动机和传动系统驱动车轮，加速至50~70km/h的某一转速下稳定运转。

3）测试结束后，用汽车制动器使车轮停转。

4）其他方法同从动轮动、静平衡测试。

三、检测标准

通常车轮动不平衡量不超过5g即为合格，这一标准已存储于车轮平衡仪计算机中，故车轮平衡度的检测只要平衡仪显示合格即可。

四、检测结果分析

如果检测结果显示不合格，则可能的主要原因有：

1）前轮定位不当，尤其是前束和主销后倾角，不仅影响汽车的操纵性和行驶稳定性，而且会造成轮胎偏磨。这种胎冠的不均匀磨损与轮胎不平衡形成恶性循环，因而使用中出现车轮不平衡，也是车轮定位角失准的信号。

2）轮胎和轮辋以及挡圈等因几何形状失准或密度不均匀而先天形成的重心偏离。

3）因轮毂和轮辋定位误差使安装中心与旋转中心难以重合。

4）维修过程中的拆装破坏了原有的整车综合重心。

5）轮辋直径过小，运行中轮胎相对于轮辋在圆周方向滑移，从而发生波状不均匀磨损。

6）车轮碰撞造成的变形引起的质心位移。

7）轮胎翻新中，因定位精度不高造成新胎冠厚度不均匀而使重心改变。

8）高速行驶中，制动抱死而引起的纵向和横向滑移造成的局部不均匀磨损。

学习任务2　汽车侧滑量的检测

学习目标

1. 能够正确解释汽车转向轮侧滑量检测的理由。
2. 能够正确描述侧滑检验台的结构与工作原理。
3. 能够正确使用侧滑检验台检测汽车的转向轮侧滑量。
4. 能够对检测结果进行准确的分析，对车辆的前轴前束与车轮外倾角的匹配状况给出准确评价，并提出维修建议。
5. 能够培养良好的安全与卫生习惯和团队协作意识。

任务分析

检测前轮侧滑量的目的是确知前轮前束与前轮外倾的配合是否恰当。当两者配合恰到好处时，汽车前轮保持稳定的直线行驶状态。有些汽车（如上海桑塔纳等）的后轮也有前束和外倾，因此也应进行后轮侧滑量检测。然而，相当一部分汽车的后轮是没有车轮定位的。当检查这部分汽车的后轮侧滑量时，可以确知后轴是否弯曲变形和轮毂轴承是否松旷。

车轮侧滑量检测需采用侧滑检验台。侧滑检验台是测量汽车车轮横向滑动量并判断是否合格的一种检测设备，有滑板式和滚筒式之分。其中，滑板式侧滑检验台（以下简称侧滑检验台）在我国得到了广泛应用。

汽车侧滑量检测工位一般为安检线的第3工位，主要完成汽车侧滑量、前照灯技术状况、喇叭声级等项目的检测。在全能综合性能检测线上，这些相关项目的检测一般也结合于一个工位，大多都位于检测线的第3工位。

相关理论知识

一、转向轮定位值引起的侧滑

经分析汽车转向轮的前束值与外倾角对其侧滑的影响比较大。

1. 车轮外倾角引起的侧滑

为了保证重载后轮胎胎面能与具有横向拱形的路面平面接触，以减小轮胎磨损，汽车设计有车轮外倾角，如图4-14所示。

由于车轮正外倾角的存在，在滚动过程中车轮将力图向外张开，只是由于车桥（或车身）不可能伸长，因此，在实际滚动过程中才不至于真正向外滚开。但由此而形成的这种外张力势必成为加剧轮胎磨损的隐患。

假设让两个只有正外倾角而没有前束的车轮同时向前驶过两块相对于地面可以左右滑动的滑动板，那么就可以看到左、右车轮下的滑动板在车轮外张力的作用下，将分别向内侧滑移如图 4-15 中双点画线所示。其单边车轮的内侧滑量 S_c 为

$$S_c = \frac{L' - L}{2}$$

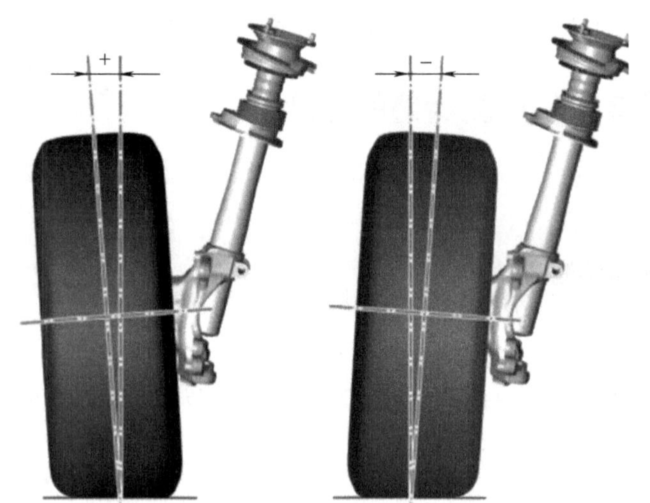

图 4-14　车轮外倾角

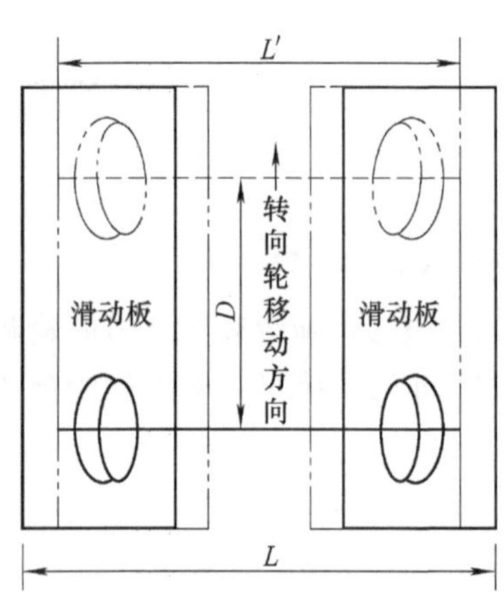

图 4-15　由车轮外倾角引起滑板的侧滑

2. 车轮前束引起的侧滑

为了弥补车轮外倾角产生的不良作用，对于设有车轮外倾角的车轮，均设有车轮前束，如图 4-16 所示。总前束值 $c + d = a - b$。通常正外倾车轮配合正前束（图 4-16 中的 $b < a$）；而负外倾车轮配合负前束（图 4-16 中的 $b > a$）。

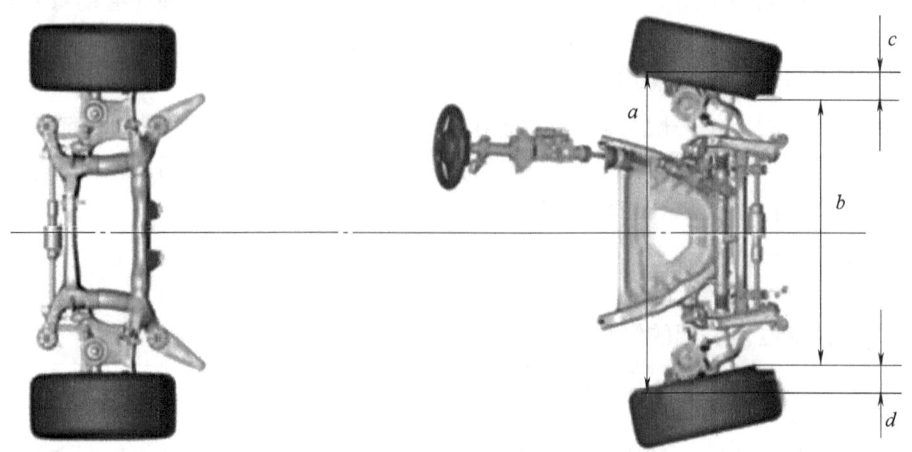

图 4-16　车轮前束

车轮有了正前束后，在滚动过程中力图向内收拢，只是由于车桥（或车身）不可能缩短，因此在实际滚动过程中才不至于真正向内滚拢。但由此而形成的这种内向力势必成为加剧轮胎磨损的隐患。

假设让两个只有前束而没有外倾角的车轮向前驶过如图 4-17 所示的滑动板，可以看到左、右车轮下的滑动板在车轮作用力的推动下，出现图中双点画线所示的分别向外侧滑移的现象。其单边转向轮的外侧滑量 S_t 为

$$S_t=\frac{L'-L}{2}$$

如果此前束与车轮外倾角配合恰当，则车轮就不会产生向内收拢和向外张开的趋势，因而可保证轮胎只做纯滚动而不产生横向滑移。

侧滑检验台就是应用上述滑板原理来检测出车轮的侧滑量。

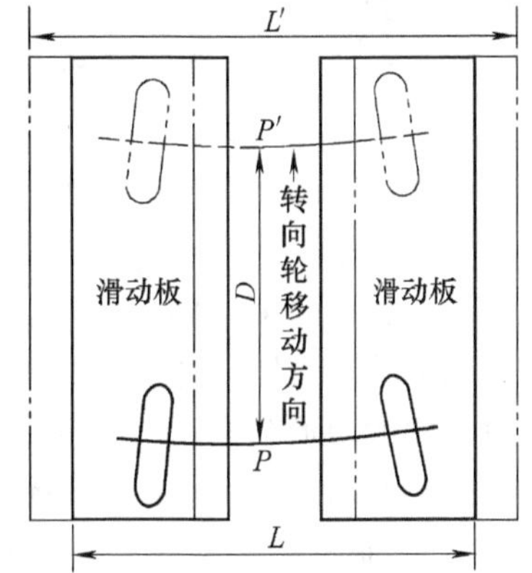

图 4-17　由车轮前束引起滑动板的侧滑

二、滑板式侧滑检验台的结构与工作原理

汽车侧滑检验设备按测量参数可以分为两类：一类是测量车轮侧滑量的滑板式侧滑检验台，另一类是测量车轮侧向力的侧滑检验台。这两种检验台都属于动态侧滑检验台。

滑板式侧滑检验台按照结构的不同可分为单板式侧滑检验台和双板式侧滑检验台两种。单板式侧滑检验台只有一块侧滑板，检验时汽车只有一侧车轮从检验台上通过，双板式侧滑检验台有左、右两块侧滑板，检验时汽车左、右车轮同时从侧滑板上通过。它们一般由测量装置、指示装置和报警装置等组成。

1. 双板联动式侧滑检验台

双板联动式侧滑检验台的结构如图 4-18 所示，由机械部分、测量装置和指示装置等组成。

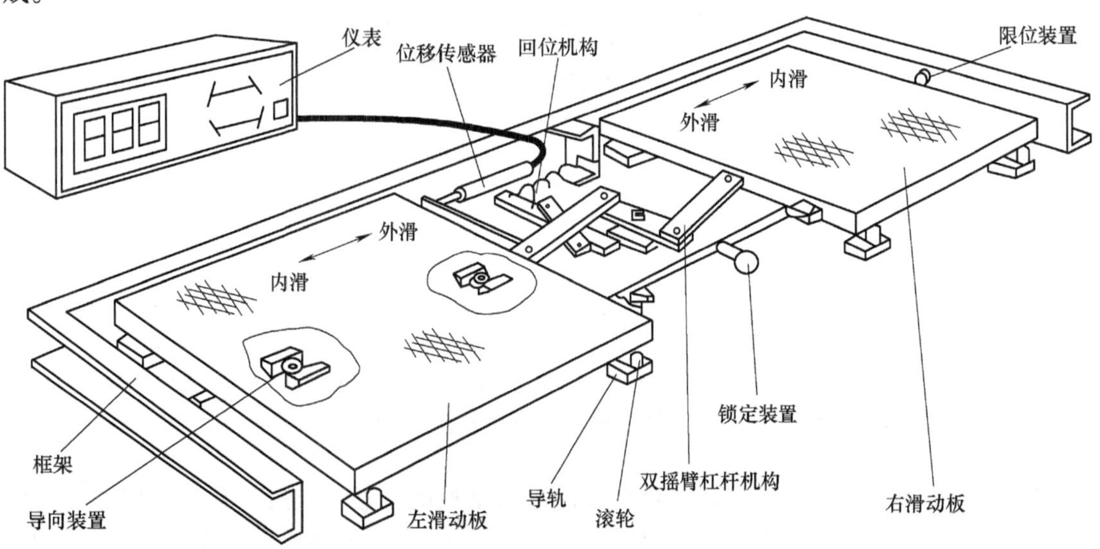

图 4-18　双板联动式侧滑检验台的结构

（1）测量装置　测量装置由框架、左右两块滑动板、杠杆机构、回位装置、滚轮装置、导向装置、锁止装置、位移传感器及信号传递装置等组成。该装置能测出前轮侧滑量并传递给指示装置。

滑动板的长度一般有500mm、800mm和1 000mm三种。滑动板的上表面制有“T”形纹或“+”形纹，以增加与轮胎之间的附着力。滑动板的下部装有滚轮装置和导向装置，两滑动板之间连接有曲柄机构、回位装置和锁止装置。在侧向力的作用下，两滑动板只能在左右方向上作等量同向位移，在前后方向上不能位移。

当车轮正前束（IN）大时，滑动板向外侧滑动；当车轮负前束（OUT）大时，滑动板向内侧滑动；当侧向力消失时，在回位装置的作用下两滑动板回到零点位置；当关闭锁止装置时，两滑动板被锁止，不再左右滑动。

按照滑动板位移量传递给指示装置方式的不同，测量装置可分为机械式和电气式两种。

1）机械式测量装置。机械式测量装置是把滑动板与指示装置机械地连接在一起，通过连杆和L形杠杆等零件把滑动板位移量直接传递给指示装置的，如图4-19所示。具有机械式测量装置的侧滑检验台一般称为机械式侧滑检验台，它的指示装置设立在测量装置的一端，二者必须靠得很近，现在已逐渐不用。

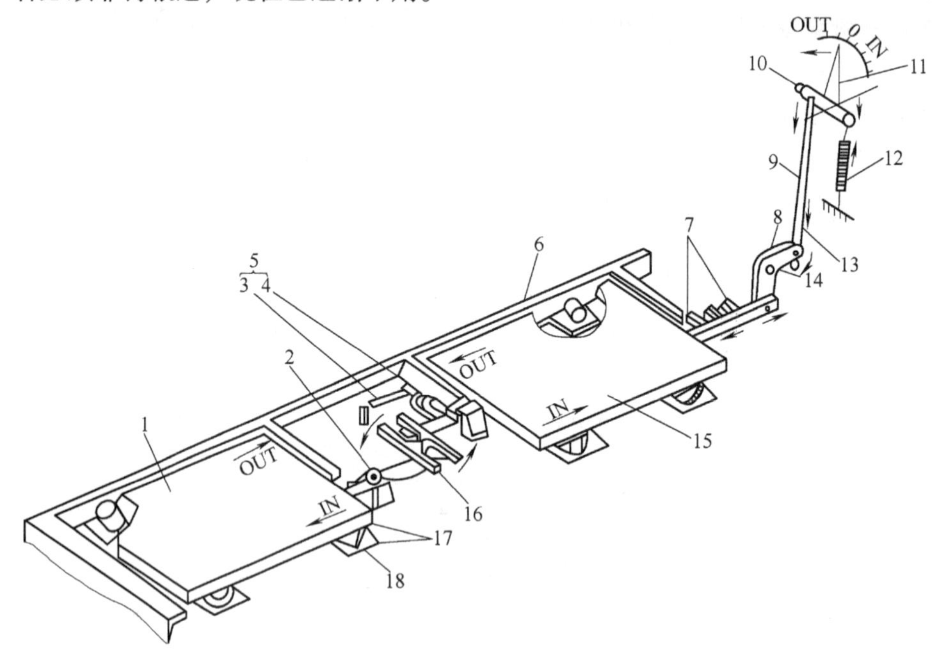

图4-19　侧滑检验台机械式测量装置

1—左滑动板　2—导向滚轮　3—回位弹簧　4—摆臂　5—回位装置　6—框架　7—限位开关　8—L形杠杆　9—连杆　10—刻度放大倍数调整器　11—指示机构　12—调整弹簧　13—零位调整装置　14—支点　15—右滑动板　16—双销叉式曲柄　17—轨道　18—滚轮

2）电气式测量装置。电气式测量装置是把滑动板的位移量通过位移传感器变成电信号，再经过放大与处理而传输给指示装置的。位移传感器有自整角电动机式、电位计式和差动变压器式等多种类型。

以自整角电动机作为位移传感器的测量装置如图4-20所示。测量装置上的自整角电动机7通过齿轮齿条机构、杠杆和连杆等与滑动板连接在一起。指示装置中也装备有同一规格的自整角电动机9。当滑动板位移时，自整角电动机7回转一定角度并产生电信号传输给自整角电动机9，自整角电动机9接到电信号后回转同一角度并通过指针指示出滑动板位移量的大小和方向。以电位计作为位移传感器的测量装置如图4-21所示。从图中可以看出，当滑动板位移时，能变为电位计触点在电阻线圈上的移动，致使电路阻值发生变化，进而使电路电压发生变化。把这一变化电压传输给指示装置（电压表），就可以将滑动板位移量的大小和方向指示出来。

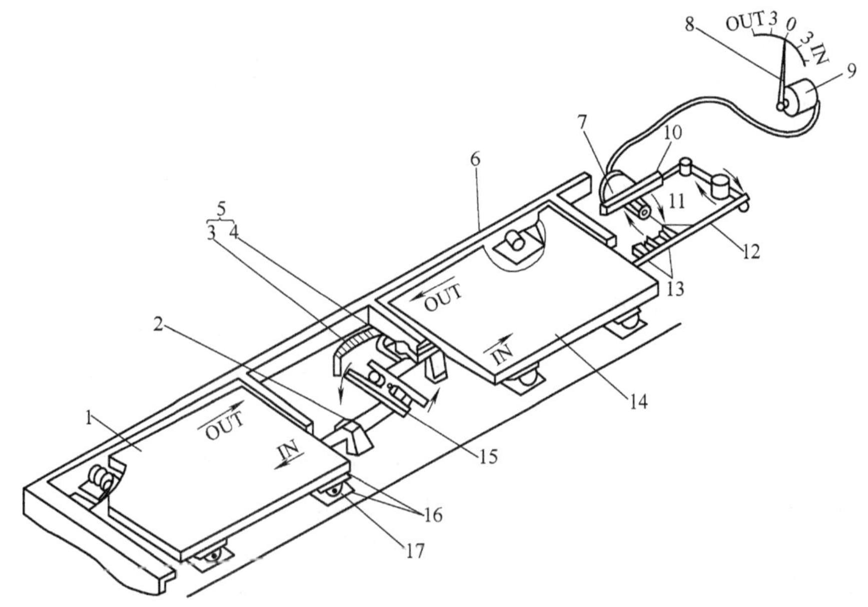

图4-20　以自整角电动机作为位移传感器的测量装置

1—左滑动板　2—导向滚轮　3—回位弹簧　4—摆臂　5—回位装置　6—框架　7—产生电信号的自整角电动机　8—指针　9—接收电信号的自整角电动机　10—齿条　11—齿轮　12—连杆　13—限位开关　14—右滑动板　15—双销叉式曲柄　16—轨道　17—滚轮

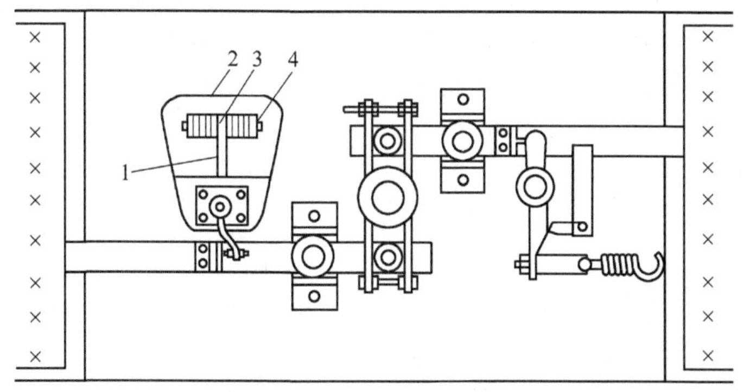

图4-21　以电位计作为位移传感器的测量装置

1—滑动片　2—电位计　3—触点　4—线圈

以差动变压器为位移传感器的测量装置如图4-22所示。当滑动板位移时，通过触头带动变压器线圈内的铁心移动，使电路电压发生变化。将这一变化电压传输给指示装置（电压表），就可以将滑动板位移量的大小和方向指示出来。

差动变压器式位移传感器的结构及工作原理如图4-23所示。差动变压器是将被测信号的变化转换成线圈互感系数变化的传感器。它的结构如同一个变压器，由初级线圈、次级线圈和铁心等几部分组成。

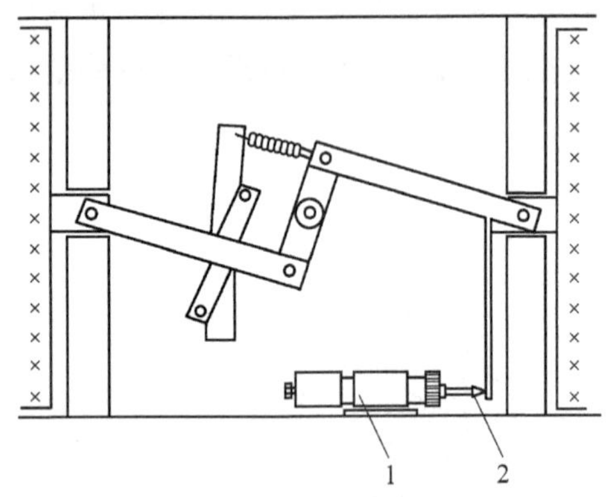

图4-22　以差动变压器为位移传感器的测量装置

1—差动变压器　2—触头

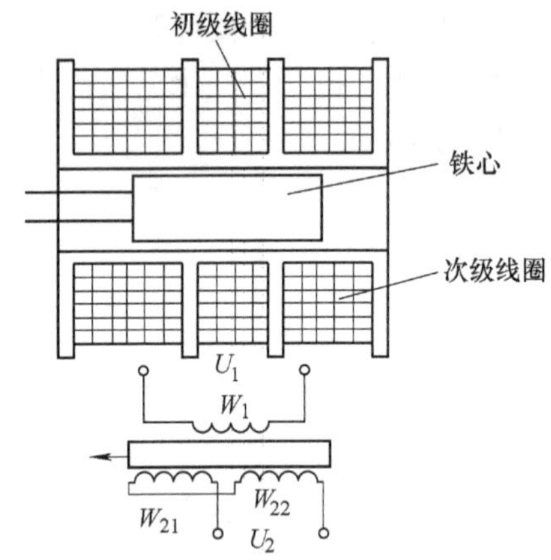

图4-23　差动变压器式位移传感器的结构及工作原理

在初级线圈接入电源 U_1 后，次级线圈即感应输出电压 U_2，滑动板移动时引起铁心的移动，从而引起线圈互感系数的变化，此时的输出电压随之做相应的变化。差动变压器式位移传感器的特点是结构简单、灵敏度高、测量范围大及使用寿命长。

（2）指示装置　指示装置也分为机械式和电气式两种，有的用指针指示，有的用数码管指示。电气式指示装置（指针式）如图4-24所示。指示装置能把测量装置传递来的滑动板侧滑量，按汽车每行驶1km侧滑1m定为一格刻度。车轮正前束（IN）和车轮负前束（OUT）都分别刻有10格的刻度。因此，当滑动板长度为1 000mm、侧滑1mm时，指示装置指示1格刻度，代表汽车每行驶1km侧滑1m。同样，当滑动板长度为800mm、侧滑0.8mm和当滑动板长度为500mm、侧滑0.5mm时，指示装置也都能指示1格刻度。这样，检测人员从指示装置上就可获得车轮侧滑量的具体数值，并根据指针偏向IN或OUT的方向确定出侧滑方向。

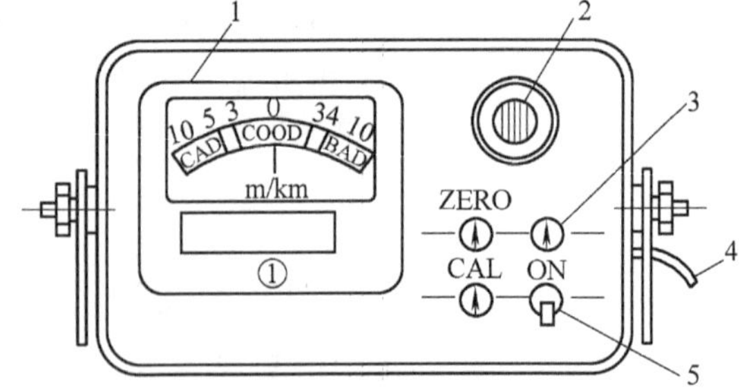

图4-24　电气式（指针式）指示装置

1—指针式表头　2—报警用蜂鸣器或信号灯　3—电源指示灯　4—导线　5—电源开关

指示装置的刻度盘上除用数字和符号标明侧滑量和侧滑方向外，有的还用颜色和文字划为三个区域。即侧滑量0～3mm为绿色，表示为良好（GOOD）区域；侧滑量3～5mm为黄色，表示为可用区域；侧滑量5mm以上为红色，表示为不良（BAD）区域。

近年来，国内各厂家生产的侧滑检验台采用数字式指示装置，多以单片机进行数据采集和处理，因而具有操作方便、运行可靠和抗干扰性强等优点，同时还能对检测结果进行分析、判断、存储、打印和数字显示等功能。如图 4-25 所示，当滑动板侧滑时，侧滑量被位移传感器转变成电信号，经过放大与信号处理后成为 0 ~ 5V 的模拟量，再经 A-D 转换器转变成数字量输入计算机运算处理，然后显示或打印出检测结果。数字式指示装置如图 4-26 所示。

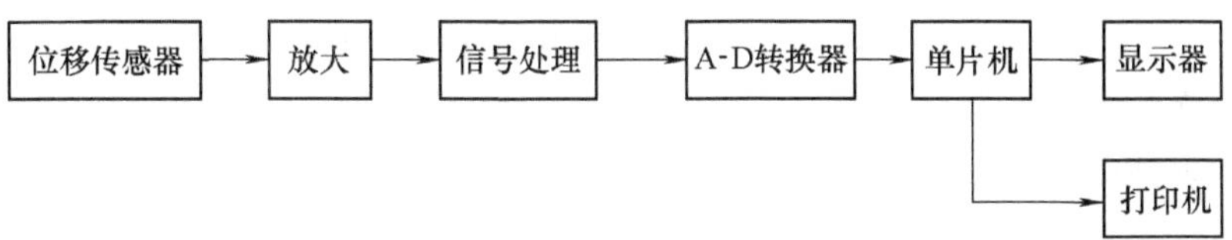

图 4-25　侧滑检验台电气部分的原理框图

(3) 报警装置　在检测车轮侧滑量时，为了便于快速表示检测结果是否合格，当车轮侧滑量超过规定值（5 格刻度）后，侧滑检验台的报警装置能根据测量装置的限位开关发出的信号用蜂鸣器或信号灯报警，因而无须再读取指示仪表上的具体数值，为检测工作节约了时间。

2. 单板式侧滑检验台

便携式单板侧滑检验台的结构如图 4-27 所示。

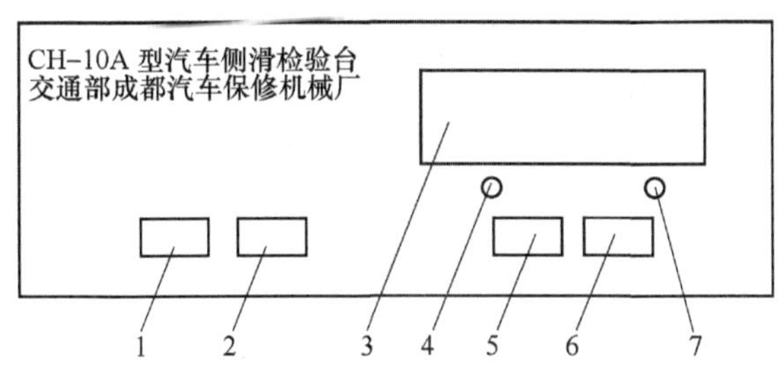

图 4-26　数字式指示装置

1—电源接通键　2—电源断开键　3—数码显示器
4—电源指示灯　5—打印键　6—复位键　7—警告灯

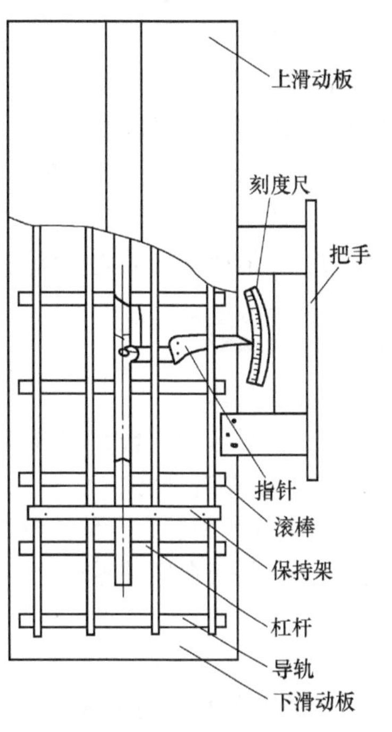

图 4-27　便携式单板侧滑检验台的结构

在上、下滑动板之间装有滚棒，从而可以使上滑动板沿横向（左右方向）自由滑动，但纵向不能移动。当被测车轮从上滑动板通过时，车轮的侧滑通过轮胎与上滑动板间的附着作用传递给上滑动板，使上滑动板左右横向滑动，通过杠杆机械带动指针偏转，从而在刻度尺上显示出侧滑量的大小和方向。为了防止滚棒滑出上、下滑动板之外，在两板间设有滚棒保持架和导轨。当车轮通过上滑动板后，在回位弹簧的作用下，上滑动板重新回位。

另外一种单板式侧滑检验台是固定在地面上使用的，它的主要结构特点是在上、下滑动板之间装有位移传感器，工作原理同前述双板联动式侧滑检验台一致。由于这种试验台结构简单、磨损件少、工作可靠，在欧洲得到了较普遍的应用。

3. 侧向力与侧滑量双功能侧滑检验台

侧滑检验台是用来检测车轮外倾角和车轮前束值匹配状况是否良好的一种检测设备。但由于滑动板的横向移动会释放积蓄在左、右轮胎与地面间的横向作用力和能量，与实际行车状况不符。为更准确地测出轮胎与地面间的侧向力的大小和方向，可在原有侧滑台的基础上加装两个测力传感器，以测量车轮与地面间的侧向力。

如图4-28所示，在左、右滑动板旁安装了两个测力传感器，两传感器通过插接器与两滑动板相连。它们的连接与松开只要轻扳手柄就可以完成。插接器松开时，滑动板可以移动，恢复原有侧滑台的功能，此时的侧滑量由位移传感器测出；插接器连接时，两侧滑动板被测力传感器刚性地连接在一起，如同地面一样稳固不动，此时所测得的力就是汽车行驶时所受到的车轮侧向力。因而采用两个力传感器可以同时测出左、右车轮所受到的侧向力的大小。这里为了便于分析比较，做出如下规定：侧滑板受到向外的作用力记为负的侧向力，侧滑板受到向内的作用力记为正的侧向力。

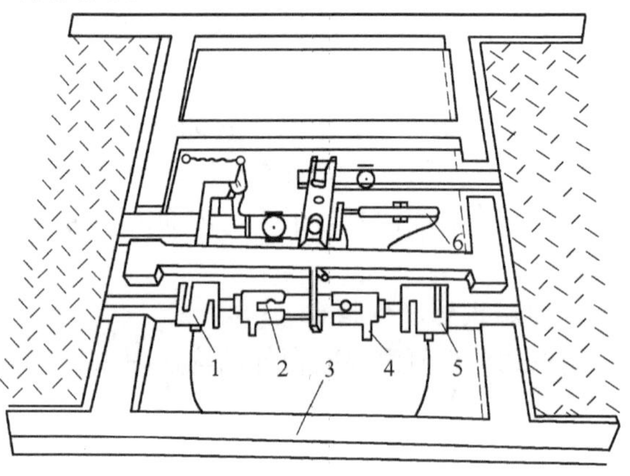

图4-28　加装两个测力传感器的侧滑检验台
1—左侧向力传感器　2—左插接器　3—框架
4—右插接器　5—右侧向力传感器　6—位移传感器

技能学习

一、准备工作

1）轮胎气压应符合汽车制造厂的规定。

2）轮胎上粘有油污、泥土、水或花纹沟槽内嵌有石子时，应清理干净。

3）检查侧滑检验台导线连接情况，在导线连接良好的情况下打开电源开关，察看指针式仪表的指针是否在机械零点上，并视情况进行调整；或察看数码管是否亮度正常并都在零位上。

4）检查报警装置在规定值时能否发出报警信号，并视需要进行调整或修理。

5）检查侧滑检验台上表面及其周围的清洁情况，如果有油污、泥土、砂石及水等，则应予以清除。

6）打开侧滑检验台的锁止装置，检查滑动板能否在外力作用下左右滑动自如，外力消失后回到原始位置，且指示装置指在零点。

二、测试步骤

1）汽车以3～5km/h的速度垂直侧滑板驶向侧滑检验台，使前轮（或后轮）平稳地通过滑动板。

2）当前轮（或后轮）完全通过滑动板后，从指示装置上观察侧滑方向并读取、打印最大侧滑量。

3）检测结束后，切断电源并锁止滑动板。

三、注意事项

1）不能让超过试验台允许轴荷的车辆通过侧滑检验台。

2）不能使车辆在侧滑检验台上转向或制动。

3）保持侧滑检验台内、外及周围环境清洁。

4）其他注意事项见侧滑检验台使用说明书。

四、检测标准

按照 GB 7258—2012《机动车运行安全技术条件》的规定，用侧滑检验台检测前轮侧滑量，其值应在 ±5m/km 范围内。

按照 GB 18565—2001《营运车辆综合性能要求和检验方法》的规定，用侧滑检验台检测前轮侧滑量，其值不超过 5m/km。

营运车辆等级评定检测时，该项目为不分级项，各级车辆均应符合上述合格标准。

五、检测结果分析

1. 检测误差分析

在检测车轮侧滑量时，除了车辆本身的原因而导致侧滑的存在外，引车员的操作水平和试验台本身的缺陷是造成检测结果不准确的三大因素。

（1）由引车员的操作不正确而引起的测量误差

1）车辆未按直线方向正直驶向侧滑板时，导致车轮产生一个额外的侧向力作用在滑板上而产生侧滑。有的检测站在侧滑试验台前安装对正机，以消除这种现象。

2）在侧滑板上转动转向盘而使滑板移动。

3）检验时车速过高或车速时高时低从而对滑板产生惯性力冲击，而影响检测结果。

（2）由侧滑试验台本身引起的测量误差

1）侧滑板表面有油污、水渍、砂石等，使车轮与滑板之间产生相对滑动，影响检测精度。

2）侧滑试验台本身的准确度超标，使测量结果失真。

（3）由被测车辆本身引起的测量误差

1）被测车辆轮辋变形，使车轮直线行驶时，其行驶轨迹不是一条直线，而呈 S 形轨迹。而侧滑试验台的滑动板长度最长只有 1m，其长度小于车轮的周长，仅是轮胎圆周的一部分。当该车重复检测时，轮胎进入滑动板不是同一个始点，将有可能出现二次测量结果不同。

2）如果该车转向系统存在故障，那么也会造成检测数据失真。

2. 检测结果分析

如果侧滑量检测不合格，则说明前束与车轮外倾角配合不当。

如果检测值正向偏大（向内），则一般说明前束小，可调大前束。但个别情况下也可能是由于车轮外倾角过大而引起的。因此，最后应再做车轮定位。

同理，如果检测值负向偏小（向外），则一般说明前束过大，但也可能是由于车轮外倾角过小而引起的。

学习任务3　车轮定位的检测

学习目标

1. 能够正确解释汽车车轮定位参数及其作用。
2. 能够正确描述车轮定位参数检测的理由。
3. 能够正确使用四轮定位仪进行汽车车轮定位参数的检测。
4. 能够根据检测结果给出车辆车轮定位状况的技术评价，并提出维修建议。
5. 能够培养良好的安全与卫生习惯和团队协作意识。

任务分析

由于汽车行驶速度越来越高，汽车的操纵稳定性对汽车行驶安全越来越重要。汽车不仅具有前轮定位参数，有些高速客车和高级轿车还具有后轮外倾角和后轮前束等参数。这些定位参数的变化会使汽车操纵稳定性恶化，例如，主销后倾角过大时，转向沉重，驾驶人容易疲劳；若主销后倾角过小，则在汽车直线行驶时，容易发生前轮摆振、转向盘摇摆不定、转向后转向盘自动回正能力变弱，驾驶人会失去路感；当左、右车轮的主销后倾角不相等时，车辆直线行驶时会引起跑偏，驾驶人不敢放松转向盘，难于操纵或极易引起驾驶人疲劳；后轮前束角失准会引起跑偏和轮胎异常磨损等故障。因此，适时检测这些定位参数是非常有必要的。通过四轮定位仪对车轮定位参数进行检测，可增加车辆直线行驶时的安全性，同时能维持车辆的直线行驶，转向后转向盘能自动回正，从而增加驾驶操控性。当全部定位参数检测与调整合格后，能够减少轮胎、悬架系统磨损和降低燃油消耗量等。

四轮定位仪是专门用来测量车轮定位参数的设备。四轮定位仪可检测的项目包括前轮前束值/角（前轮前束角/前张角）、前轮外倾角、主销后倾角、主销内倾角、后轮前束值/角（后轮前束角/前张角）、后轮外倾角、车辆轮距、车辆轴距、转向20°时的前张角、推力角和左右轴距差等。

相关理论知识

一、四轮定位仪的类型

1. 按照系统的基本组成方式分类

四轮定位仪的基本组成方式有两种：地沟式和举升器式。

（1）地沟式　地沟式四轮定位仪如图4-29所示。该系统结构简单、造价低，特别适用于高度较低、不能使用举升器的车间；但需挖掘地沟，准备时间长；由于经济上的原因，用户会选用不同品牌的转盘、滑板和二次举升器。

（2）举升器式　举升器式四轮定位仪如图4-30所示。该系统造价较高，要求车间有相应的高度；但准备时间短，操作人员使用方便，工作效率高。

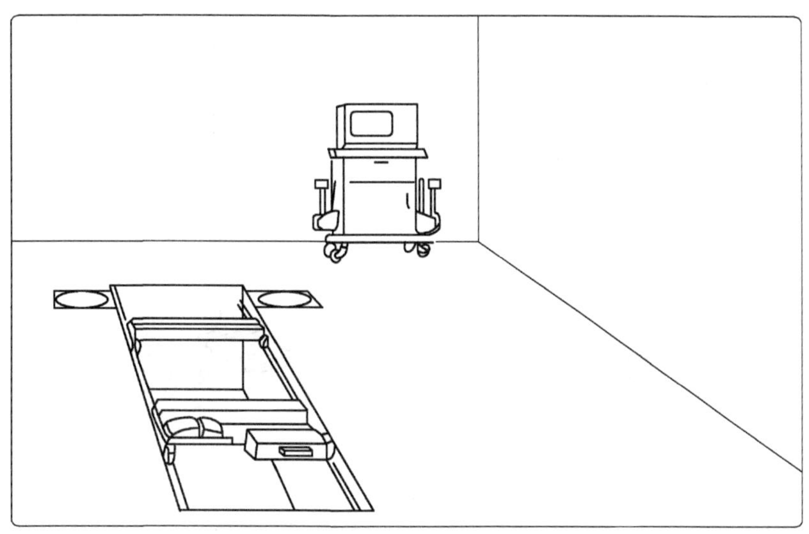

图 4-29　地沟式四轮定位仪

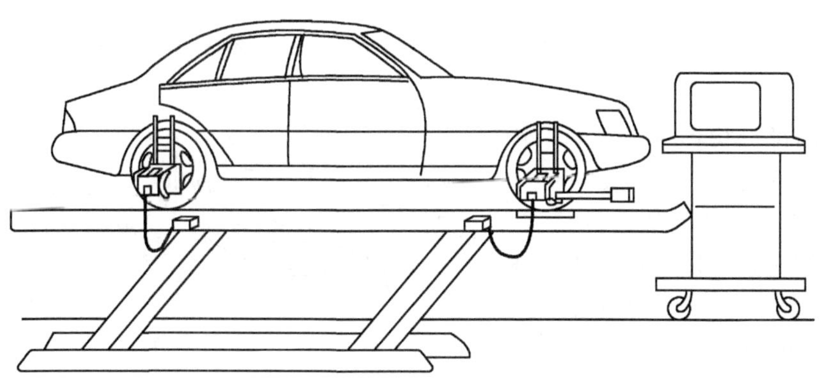

图 4-30　举升器式四轮定位仪

2. 按测量方法分类

目前，常用的四轮定位仪按测量方法分有拉线式、光学式、电脑拉线式和电脑激光式 4 种。它们的测量原理是一致的，只是采用的测量方法（或使用的传感器的类型）及数据记录与传输的方式有所不同。

二、四轮定位仪的构造

1. 光学式四轮定位仪的构造

（1）测试投影仪　测试投影仪的结构如图 4-31 所示。它的功能是投射十字刻度线和作为屏幕接收从轮镜上反射回来的十字刻度线。根据基准线与十字刻度线相交的刻度，可读出车轮前束角、外倾角和主销后倾角等。

（2）导轨　导轨的结构如图 4-32 中的 4 所示。它是用来支承测试投影仪的，位于后轮处的导轨较长，可保证投影仪能在导轨上来回滑动，以适应不同轴距车辆的检测要求。

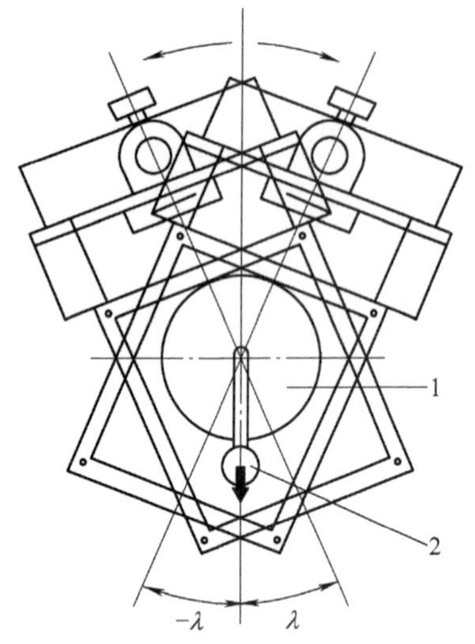

图4-31　测试投影仪的结构

1—倾角测量电位计　2—重锤

λ—车轮外倾角、主销内倾角的测量角

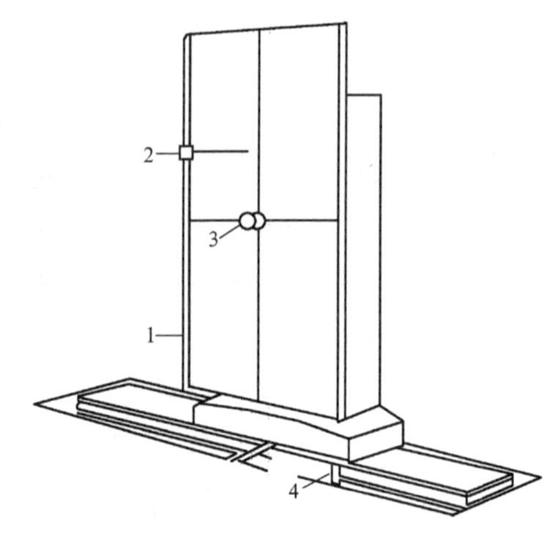

图4-32　导轨的结构

1—带十字刻度线的屏幕　2—主销后倾角指针　3—投光镜　4—导轨

（3）转盘　转盘如图4-33所示。转盘置于前轮下，以确保车轮在转盘上能灵活、轻便地转动。

转盘的内部结构参见图4-34。转盘下面是一个固定盘，上面是一个活动盘，两盘之间有钢球及其保持架，以确保上面的转盘可以转动自如，在下转盘内装有十字导轨，以支撑指示车轮转角的刻度指针。

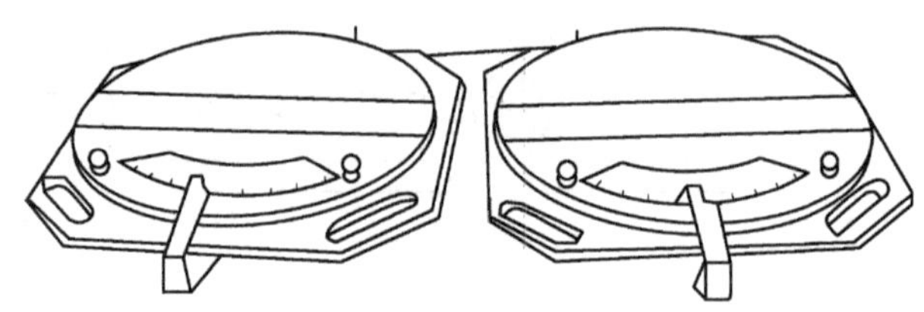

图4-33　转盘

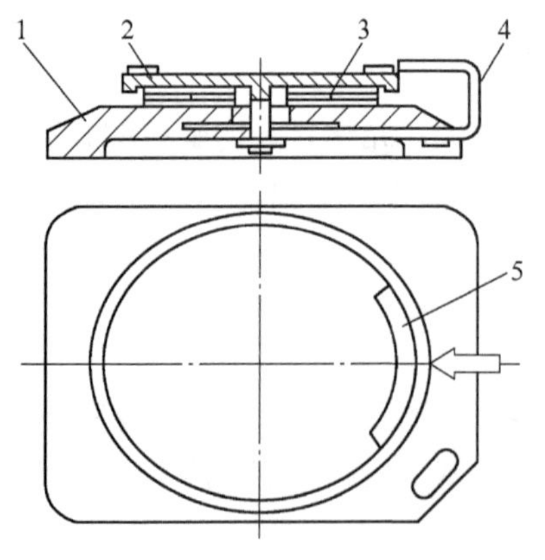

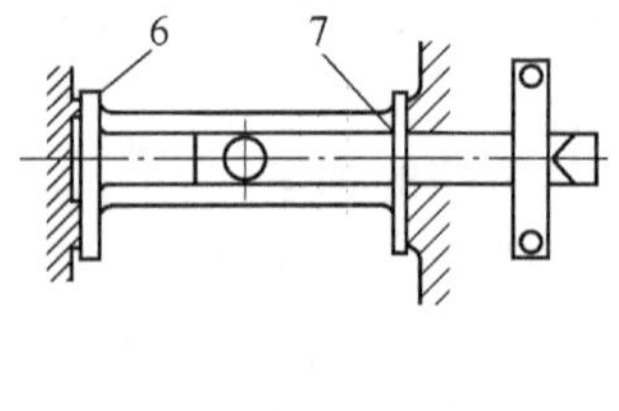

图4-34　转盘的内部结构

1—底盘　2—上转盘　3—钢球　4—指针　5—刻度尺　6—横向导轨　7—纵向导轨

（4）万能轮镜安装架　万能轮镜安装架如图 4-35 所示。安装架的 3 个卡爪分别固定在轮辋边沿，卡爪可依据轮辋尺寸的大小进行调节，并可通过卡爪上的偏心手柄锁紧。

（5）轮镜　轮镜如图 4-36 所示。轮镜有 3 个镜面，左、右两镜面与中间镜面之间的夹角为 20′，用于接收并反射由投影仪投射出来的光线。轮镜通过锁紧套夹紧在调整盘上，调整盘又通过三角形布置的螺栓固定在万能轮镜安装架上。

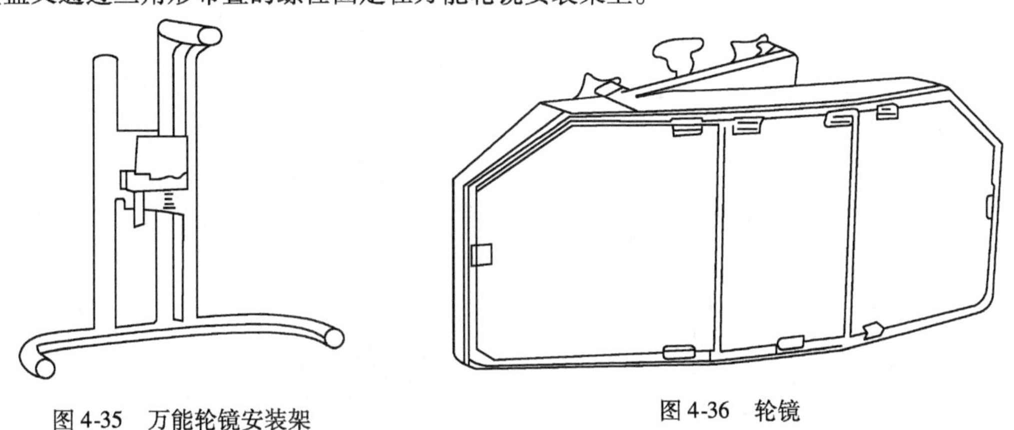

图 4-35　万能轮镜安装架

图 4-36　轮镜

（6）定位测量卷尺　定位测量卷尺如图 4-37 所示。定位测量卷尺包括一把卷尺和一个磁性座，是用来测量汽车摆正情况的。

（7）后轮摆正滑板　后轮摆正滑板如图 4-38 所示。后轮摆正滑板置于后轮下面，可以左右摆正汽车。

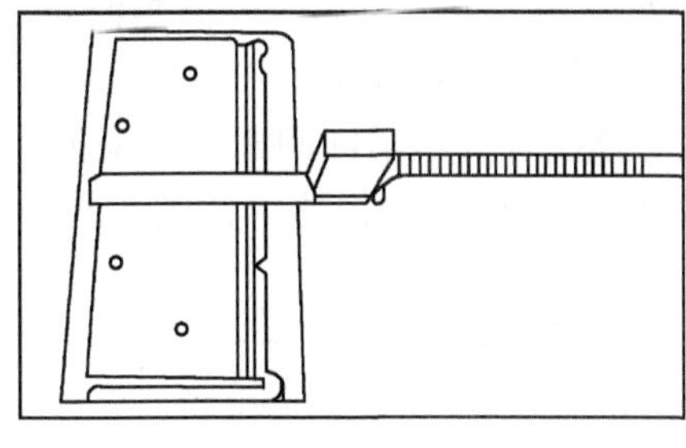

图 4-37　定位测量卷尺

图 4-38　后轮摆正滑板

（8）主销内倾角测试仪　主销内倾角测试仪如图 4-39 所示。它安装在轮镜调整盘上，是专门用来测试主销内倾角的。

2. 电脑拉线式四轮定位仪

电脑拉线式四轮定位仪如图 4-40 所示，它主要由带微处理器的主机柜及彩色显示器、键盘、80 系列 A4 打印机、红外电子测量尺（用来检测轮距）、红外遥控器、标准转盘或电子转盘、自定心卡盘、传感器、接线盒、电缆、传感器拉线、转向盘锁定杆和制动杆等组成。

3. 电脑激光式四轮定位仪

这里着重介绍美国 JBC“战车”牌电脑激光式四轮定位仪。

美国 JBC 战车四轮定位仪主要由 1 台电子计算机和 4 个光学机头组成。微型计算机把机头检测来的信息进行处理，用数字显示出来。微型计算机能把存储的原厂技术标准同测量值进行比较，从而判断故障原因；还能用动画显示调整办法，并可存储检测调整后的数据。

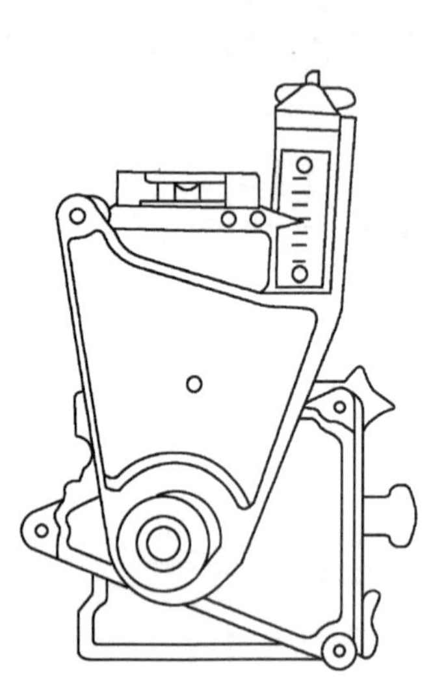

图 4-39　主销内倾角测试仪

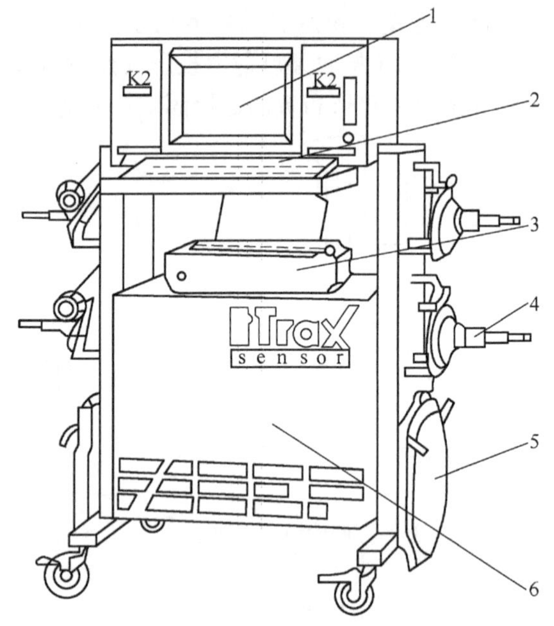

图 4-40　电脑拉线式四轮定位仪
1—彩色显示器　2—键盘　3—打印机
4—自定心卡盘　5—转盘　6—主机柜

美国 JBC 战车四轮定位仪具有红外线光电前束测量系统、电子倾斜仪外倾角测量系统，可以微型计算机自动校正跑台前后左右的不平、在前角零度时测量外倾角和后倾角。它有独立、快速进行轮辋圆度和平面度偏差的补偿功能，又有微型计算机辅助调整的特殊功能，能同时测量后倾角和主销内倾角。因此，使用该四轮定位仪可以做到快速、方便和准确地测量。

四轮定位仪的主要检测件是 4 个光学机头。光学机头里都有一套红外线发射和接收的电子光学系统，如图 4-41 所示。

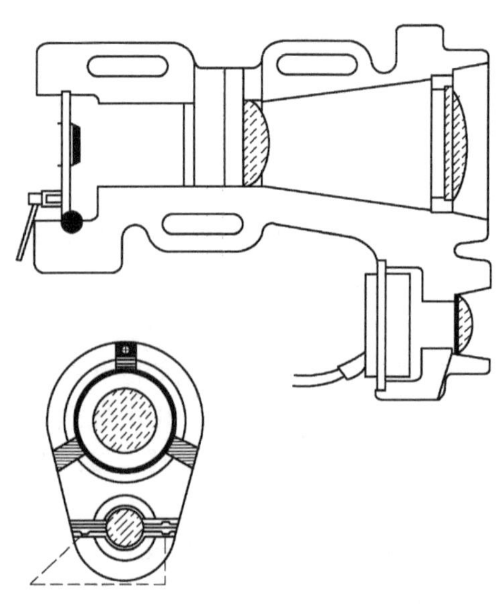

图 4-41　定位仪机头的光学镜头

每个机头里都有一个外倾角传感器和一个内倾角传感器，如图 4-42 所示。传感器把采集到的前束和倾斜度的信号通过电缆传给微型计算机进行处理。

机头里的内倾角传感器和外倾角传感器成 90°放置，分别测量机头在互相垂直的两个上平面内的倾斜度，如图 4-43 所示。这种电子倾角传感器的主要元件是两个光测器和一个转矩计，如图 4-44 所示。转矩计像一个钟摆，在摆转时会发出脉冲。在不垂直的情况下，转矩计臂处于两个光测器之间会产生脉冲。在通常垂直的情况下，转矩计的臂处于两个光测器中间，没有电流输出。当机头倾斜时，光测器随机头倾斜而产生高度差，转矩计臂像钟摆一样摆转，机头转过一定角度，但其仍保持垂直，就靠在低侧的光测器上。机头倾斜度越大，转矩计臂摆转的角度越大。转矩计臂每偏转1°，就会输出0.5V电压。这样，两个倾角传感器就能分别测出外倾角和主销内倾角。

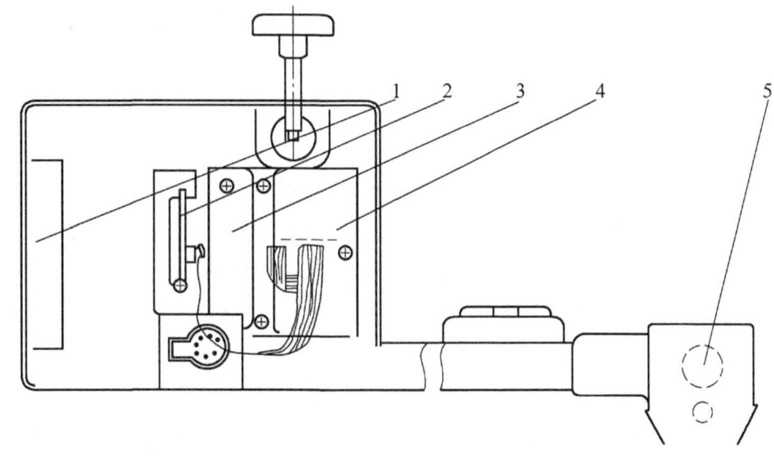

图4-42　定位仪机头结构

1—前束光学系统　2—LED发光体　3—外倾角传感器　4—内倾角传感器　5—横角光学系统

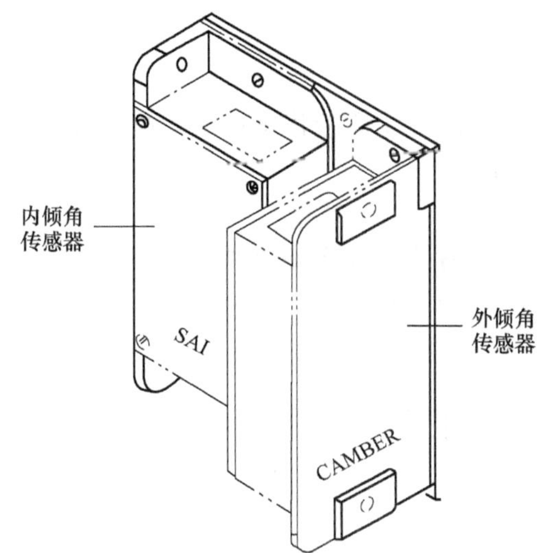

图4-43　内倾角传感器和外倾角传感器

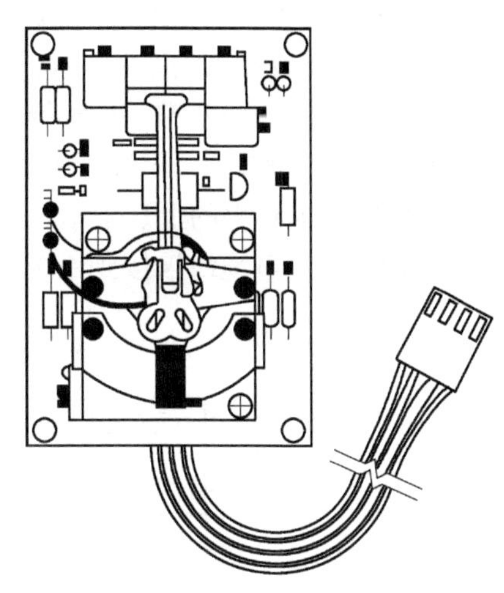

图4-44　倾角传感器的构造

每个机头里都有一个发光二极管印制电路板，能发出一组圆柱形的红外线光束。它们的前面有一个瞄准镜头，它能把圆柱形光束转换成箭头状，变成一个个扇形光，经过聚焦后射出。在检测时，由对应的机头接收镜头接收到就能进行前束角度的测量了。

每个机头都装着接收红外线的光电管。光电管接收器捕捉到对面机头发出的红外线信号并将其放大。每个机头接收器的集成电路板就像一个放大器，它把信号送到前束集成电路之前能增大信号信噪比，最大限度地降低器械音振幅。在前束集成电路板上，这个信号被射入高通滤波器进行放大，又送入峰值探测器，这个波形再反馈回增压和钳压电路，然后转到计算机中央处理器，前束值就计算出来了。机头的安装是非常重要的。机头上的孔往夹板上的轴销套装时一定要到位，以便导正，保证机头与夹板垂直。注意要锁紧螺栓，不能松，避免机头倾斜，机头稍微倾斜就会造成外倾角和内倾角数据失准。因为机头壳是塑料制品，所以锁紧时不能过度用力，以免使机壳上的螺孔出现裂缝，导致测出的数据不准。

机头要轻拿轻放，千万不能摔在地上，否则仪器将失去准确性。

技能学习

一、准备工作

以KD-120型四轮定位仪为例，介绍准备工作及事故预防。

1）把汽车驶上举升平台，托住车轮，把汽车举升0.5m（第一次举升）。

2）托住车身，把汽车举升至车轮能自由转动（第二次举升）。

3）检查轮胎磨损情况，要求各轮胎磨损基本一致。

4）检查轮胎气压，使轮胎气压符合标准。

5）进行车轮动平衡检测，动平衡完成后将车轮装回车上。

6）检测车身高度，检测车身4个角的高度和减振器技术状况，如果车身不平，则应先调好，同时检查转向系统和悬架是否松旷，如果松旷，则应先紧固或更换零件。

7）降下二次举升。

8）接入AC 220V电源，但先不要打开四轮定位仪主机柜后面板开关。

9）将传感器安装在被测车的4个车轮上，并注意以下事项：

①以驾驶人方向感为基准，1号传感器安装在右前轮上，2号传感器安装在右后轮上，3号传感器安装在左前轮上，4号传感器安装在左后轮上。

②旋转传感器卡具上的上、下卡爪，使传感器在车轮上固定牢固。

10）分别将4根电缆线连接到4个传感器的接线插座上，如图4-45所示。

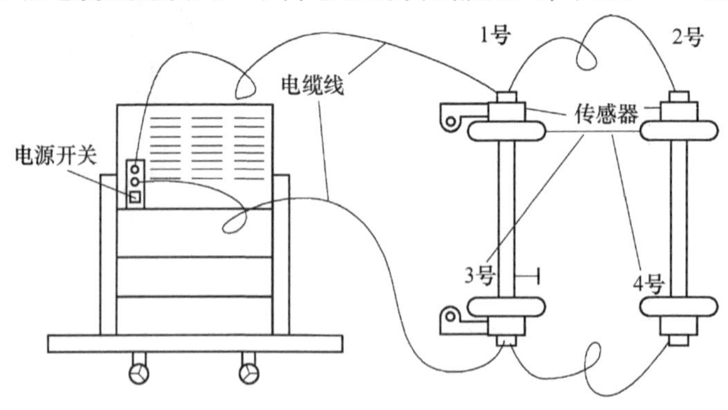

图4-45　电缆线连接图

11）调整传感器使其处于水平状态，使面板上的水准仪气泡居于中间位置。

12）操纵举升器二次举升被测车辆，使车轮离开一次平台50mm的高度。

13）松开驻车制动器，使前、后车轮转动自如。

二、测试步骤

1）打开主机柜后面板上的电源开关，系统启动，30s后进入四轮定位测试系统。

2）显示器显示检测界面。界面下方显示“F1：测定 F2：修整 F3：输入”的提示，使用主机微型计算机键盘或遥控器即可进行操作。

3）选择汽车生产国家。当单击 F1 键时，提示“请选择汽车生产国家”的界面出现，如图 4-46 所示。

4）通过“↑”“↓”方向键选择被检汽车的生产国家，然后按“ENTER”键，出现“请选择汽车公司”的界面，如图 4-47 所示。

WHEEL ALIGNMENT上:↑下:↓ESC:退回ENTER确认
请选择汽车生产国家! 国产 韩国 美国 德国 意大利 日本 其他

图 4-46　选择汽车生产国家界面

WHEEL ALIGNMENT上:↑下:↓ESC:退回ENTER确认
请选择汽车公司! 现代汽车公司(HYUNDAI) 大宇汽车公司(DAEWOO) 起亚汽车公司(KIA) 三星汽车公司(SAMSUNG) 其他汽车公司

图 4-47　选择汽车公司界面

5）选择汽车公司后，提示“请选择车型”的界面出现，如图 4-48 所示。根据被检汽车厂牌、型号和年代等参数，通过“↑”“↓”方向键和“ENTER”键进行选择。

注：上述 2）~5）步骤是针对手动操作，在全自动控制检测线上，由于在登录工位已经将车辆的相关信息录入计算机系统，故当检测员单击“测定”时，将直接进行下述步骤 6）。

WHEEL ALIGNMNT上:↑下:↓ESC:退回ENTER确认
请选择车型! 蓝雀(lantra)1.5(91–92) 蓝雀(lantra)1.5(93–96) 蓝雀(lantra)1.6(91–92) 包房(scoupe)PAS(91–92) 包房(scoupe)(92–95) 包房PAS(scoupe)(92–95) 索纳塔(sonata)(88–91) 索纳塔(sonata)(92–93)

图 4-48　选择车型界面

6）按仪器使用说明书的要求，对固定在车轮上的传感器按 1 号→4 号→3 号→2 号的顺序进行轮缘动态补偿操作，以消除轮辋变形对检测的影响。

7）降下第二次举升量，使车轮落到平台上；把汽车前部和后部向下压动 4～5 次，使各部位落到实处。

8）用制动锁压下制动踏板，使汽车处于制动状态。

9）将转向盘左转至微型计算机显示“OK”，输入左转角度数；然后将转向盘右转至微型计算机显示“OK”，输入右转角度数。

10）将转向盘回正，微型计算机显示出车轮的前束及外倾角数值。

11）调整转向盘，使汽车处于直线前进位置，并用转向盘锁锁止转向盘，使转向盘不能转动。

12）将安装在四个车轮上的定位校正头的水平仪调到水平线上，此时计算机显示出转向轮的主销后倾角、主销内倾角、转向轮外倾角和前束的数值。计算机将比较各测量数值，得出“无偏差”“在允许范围内”或“超出允许范围”的结论。

三、检测标准

不同车辆的车轮定位参数值是不同的。四轮定位仪的计算机内存储有很多车型的车轮定位标准值，可以人工调取，与实测值相比较，对被检车辆的车轮定位状况给出正确的评价。另外，计算机本身也具有自动比较功能，当一个数据测量结束，计算机自动比较，并给出“合格（或显示绿色）”“不合格（或显示红色）”“符合标准”“超出允许范围”等提示。

学习任务 4　转向盘最大自由行程与转向操纵力的检测

学习目标

1. 能够正确解释转向盘最大自由行程及操纵力检测的理由。
2. 能够正确描述转向参数测量仪及转角仪的结构与工作原理。
3. 能够正确使用转向参数测量仪进行汽车转向盘最大自由行程及转向操纵力的检测。
4. 能够根据检测结果对车辆转向系统的技术状况给出正确的评价，并提出维修建议。
5. 能够培养良好的安全与卫生习惯和团队协作意识。

任务分析

汽车的转向盘最大自由行程也称为转向盘最大自由转动量，其数值的大小反映了整个转向系统的间隙大小，设计该参数的目的是使驾驶人减轻驾驶疲劳，该数值的大小与最大设计车速相关，通常设计车速越高，自由行程越小。汽车转向操纵力的大小直接影响驾驶人操纵汽车转向的轻便程度。检测转向盘最大自由行程及转向操纵力需使用转向参数测量仪。

相关理论知识

一、简易转向盘自由行程检测仪

简易的转向盘自由行程检测仪如图 4-49 所示，主要由刻度盘和指针组成。刻度盘和指针分别固定在转向盘轴管和转向盘边缘上。固定方式有机械式和磁力式两种。

工作原理：置汽车于平坦、干燥和清洁的硬质路面上，汽车的两个转向轮保持直线向前行驶位置不动；将专用检测仪安装于转向盘上；轻轻向左（或向右）转动转向盘，使转向盘一侧刚好能带动转向轮而转向轮又未转动（有阻力）时，调整检测仪的指针指向刻度盘的零度位置；然后向另一侧转动转向盘到刚好能带动转向轮而转向轮还没转动（有阻力）时止。此时读取指针指向刻度盘的角度值，即该车转向盘的最大自由转动量。

二、转向参数测量仪

转向参数测量仪用来检测转向盘最大自由转动量及转向操纵力。在转角仪上检测转向轮最大转向角时，使用转向参数测量仪即可同时检测原地转向操纵力。

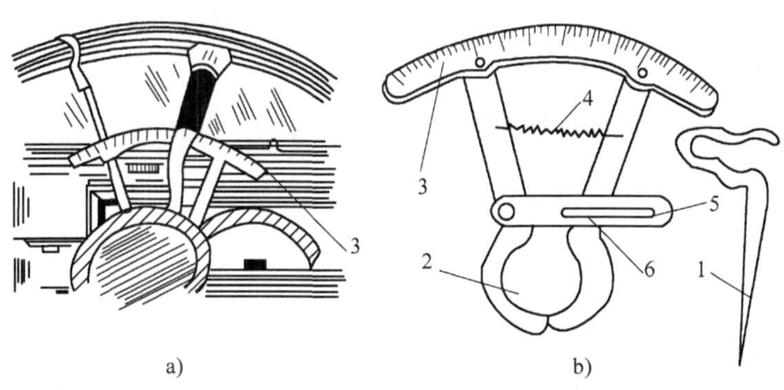

图 4-49　简易的转向盘自由行程检测仪
1—指针　2—夹盘　3—刻度盘　4—弹簧　5—连接板　6—固定螺钉

国产 ZC—2 型转向参数测量仪如图 4-50 所示。该仪器可同时测得转向盘自由转向量和转向力。该仪器由操纵盘、主机箱、连接叉和定位杆四部分组成。操纵盘由螺钉固定在三爪底板上，底板经力矩传感器与三个连接叉相连，每个连接叉上都有一只可伸缩长度的活动卡爪，以便与被测转向盘相连接。主机箱为一圆形结构，固定在底板中央，其内装有接口板、计算机板、转角编码器、打印机、力矩传感器和电池等。定位杆从底板下伸出，经磁力座吸附在驾驶室内的仪表板上。定位杆的内端连接有光电装置，光电装置装在主机箱内的下部。

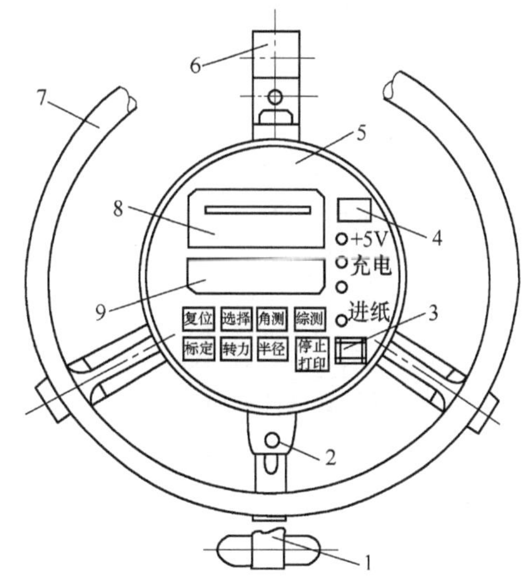

图 4-50　国产 ZC—2 型转向参数测量仪
1—定位杆　2—固定螺钉　3—电源开关
4—电压表　5—主机箱　6—连接叉
7—操纵盘　8—打印机　9—显示器

检测原理：将转向参数测量仪的中心对准被测车辆的转向盘中心，调整好三只伸缩爪长度，与转向盘连接牢固，然后转动仪器的操纵盘，此时施加于操纵盘上的转向力便通过底板、力矩传感器、连接叉传递到被测的转向盘上，使转向盘带动汽车的转向系统。同时，微型计算机处理器读取测力传感器及角度传感器输出的电信号，并根据转向盘的直径换算成圆周上的转向操纵力显示在主机箱的窗口上，角度值直接根据电信号的大小以角度方式显示。

根据上述检测原理制成的仪器有多种形式，国产 ZL-C 型转向力-角仪外形如图 4-51 所示。

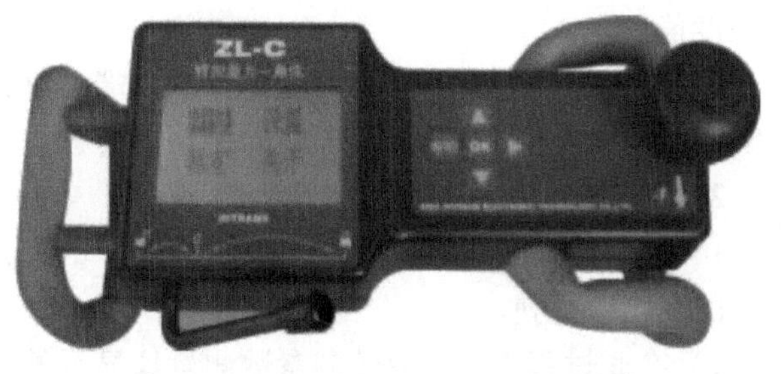

图 4-51　国产 ZL-C 型转向力-角仪外形

技能学习

以国产 ZC-2 型转向参数测量仪为例。

一、准备工作

1. 车辆准备

车辆的转向轮气压符合标准规定，轮胎表面清洁。

2. 仪器准备

1）使汽车的两转向轮处于直线行驶位置。

2）把转向参数测量仪对准被测转向盘中心，调整好三个连接叉上伸缩卡爪的长度，与转向盘连接并固定好。

3）将定位杆磁力座吸附在驾驶室仪表板上。

3. 场地准备

检测场地应选择在平坦、硬实、干燥和清洁的水泥或沥青道路上，并按图 4-52 所示在试验场地上划出行驶路线来。

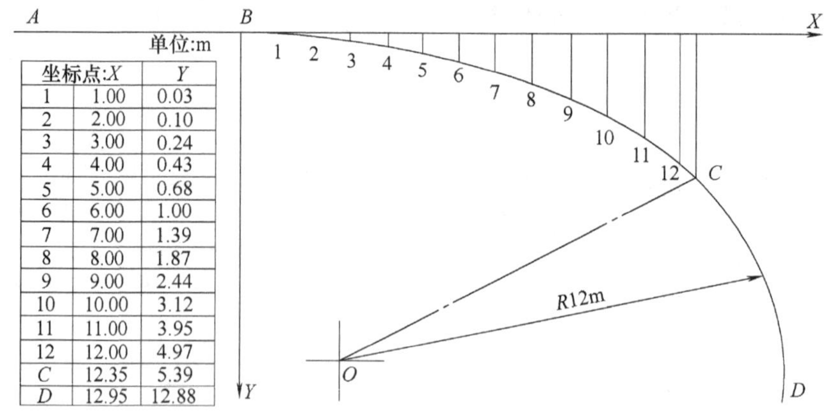

坐标点:X		Y
1	1.00	0.03
2	2.00	0.10
3	3.00	0.24
4	4.00	0.43
5	5.00	0.68
6	6.00	1.00
7	7.00	1.39
8	8.00	1.87
9	9.00	2.44
10	10.00	3.12
11	11.00	3.95
12	12.00	4.97
C	12.35	5.39
D	12.95	12.88

图 4-52　转向盘操纵力的测试路线

二、测试步骤

1. 转向盘最大自由行程的检测

1）轻轻向左（或向右）转动转向盘至空行程一侧的极端位置（感到有阻力），读取一个角度值。

2）轻轻转动转向盘至另一侧空行程极端位置，读取另一个角度值。

3）将两个角度值相加，即转向盘自由行程。

2. 转向操纵力的检测（路试检测）

1）引车员驾驶车辆，从起点以 10km/h 的速度在 5s 内从直线沿螺旋线过渡到直径为 24m 的圆周上行驶。

2）在此过程中，读取转向参数测量仪显示的最大操纵力（或力矩）。

3）反方向驶过该测试路段，读取测量仪显示数值。

4）取正、反两个方向的最大值为检测结果，通过下式计算出该车转向盘外缘的最大切向力

$$F_{车}=\frac{D_{仪}}{D_{车}}\cdot F_{仪}$$

式中　$D_{仪}$——测量仪操纵盘直径（mm）；

$D_{车}$——转车转向盘直径（mm）；

$F_{仪}$——测量仪显示值（N）；

$F_{车}$——车辆转向盘外缘转向力值（N）。

三、检测标准

1. GB 7258—2012 规定

（1）转向盘的最大自由转动量　机动车转向盘的最大自由转动量不允许大于：

1）最大设计车速不小于 100km/h 的机动车 15°。

2）三轮车 35°。

3）其他机动车 25°。

（2）路试转向操纵力　机动车在平坦、硬实、干燥和清洁的水泥或沥青道路上行驶，以 10km/h 的速度在 5s 内沿螺旋线从直线行驶过渡到直径为 24m 的圆周上行驶，施加于转向盘外缘的最大切向力应不大于 254N。

2. GB 18565—2001 规定

（1）转向盘的最大自由转动量　最大设计车速不小于 100km/h 的机动车，其转向盘自由行程的最大转动量不允许大于 20°；其他机动车不允许大于 30°。

（2）转向操纵力　机动车在平坦、硬实、干燥和清洁的水泥或沥青道路上行驶，以 10km/h 的速度在 5s 内沿螺旋线从直线行驶过渡到直径为 24m 的圆周上行驶，施加于转向盘外缘的最大切向力应不大于 150N。

3. JT/T 198—2004 规定

最高设计车速不小于 100km/h 的机动车，其转向盘自由行程的最大转动量一级车不允许大于 15°，二、三级车不允许大于 20°；其他机动车一级车不允许大于 20°，二、三级车不允许大于 30°。

四、检测结果分析

转向盘自由行程过大的故障现象是转向轮保持直线行驶位置静止不动时，转向盘左右转动的游动角度过大。

转向盘自由转动量过大的故障原因是转向系统的齿轮啮合间隙调整不当、转向器齿轮箱安装不良、转向器齿轮磨损、转向轴万向节磨损、横拉杆连接处磨损等。

转向盘自由转动量过大的诊断与排除方法是，首先判明故障是由转向器还是由拉杆球节磨损的原因造成的。检查故障时，架起汽车转向轮，左、右转动转向盘，当用力转动时，拉杆才同步运动，说明拉杆球节连接处松旷量过大；若拉杆不动，则说明转向器齿轮的磨损过大。

转向操纵力过大，说明转向系统调整不当、系统润滑不良或是由使用中有关零部件磨损、变形而引起的，也可能是由于车轮定位失准造成的。

学习任务5　转向轮最大转向角与转向操纵力的检测

学习目标

1. 能够正确解释转向轮最大转向角检测的理由。
2. 能够正确描述转角台的结构与工作原理。
3. 能够正确使用转角台进行转向轮最大转向角的检测，同时借助转向参数测量仪进行转向操纵力的检测。
4. 能够根据检测结果对车辆转向系统的技术状况给出正确的评价，并提出维修建议。
5. 能够培养良好的安全与卫生习惯和团队协作意识。

任务分析

汽车的转向轮最大转向角直接影响到汽车转弯直径的大小，而汽车的转弯直径反映了汽车的机动性，进而影响汽车的转向操纵性能。因此，可通过检测转向轮的最大转向角来评价汽车的转向操纵性。原地检测转向操纵力及转向轮最大转角需使用转向参数测试仪和转角台。

相关理论知识

一、转向轮转向角检测台的结构

汽车转向轮转向角检测台俗称转角台，按照检测方法的不同分为人工检测转角台和全自动控制检测转角台两种。人工检测用转角台与四轮定位仪用转角台相似。

全自动控制检测转角台的结构如图4-53所示，该设备由机械台架和控制系统两大部分组成。

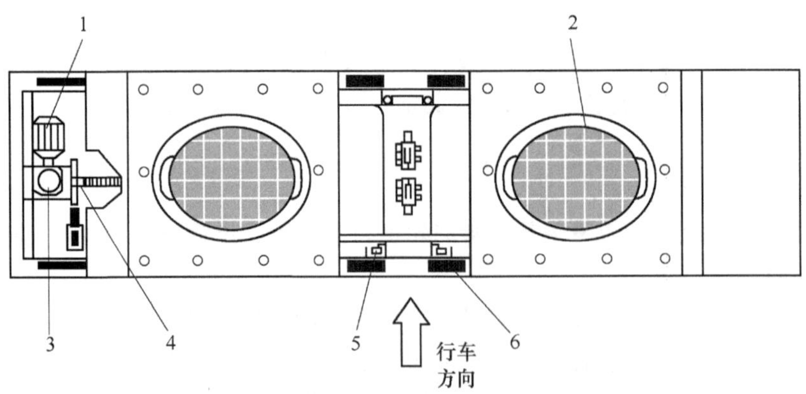

图4-53　全自动控制检测转角台的结构

1—驱动电动机　2—圆盘　3—减速器　4—丝杠　5—限位开关　6—轨道

机械台架分左、右两个基本测试单元，每个测试单元都能在台架的轨道上借助电动机的正、反向转动或气动气缸的正、反向运动而独立地左右移动，以适应不同的汽车轮距和不同的停车位置。每个测试单元上都有一个可以转动的圆盘，该圆盘可以绕圆心转动，还可以实现局部的前、后、左、右移动，以适应车轮的偏位转动。圆盘的下方连接有一个角度传感器，用来记录车轮转向的角度，从而实现对转向轮转角的检测。

控制系统由计算机、显示器、传感器、信号处理部分及打印机等组成。主要作用是引导车辆将转向轮停在转向圆盘上，提示向左（或向右）转动盘，同时自动采集车轮转动的角度，并可根据需要打印检测结果。

二、转向轮转向角检测台的工作原理

当汽车的前轮缓慢接近设备时，车轮会挡住设备前的停车定位开关，引导屏提示汽车停止前进，车轮停住。同时控制程序启动左、右测试单元自动移动，分别寻找左、右车轮的停止位置，并将转角圆盘分别对准左、右车轮。然后，在引导屏指引下，引车员将车轮前移并停在转角上。接着，先向左转动转向盘到底，再向右转动转向盘到底，最后回正转向盘。在转动转向盘的过程中，计算机自动采集左、右轮最大转向角数据，并显示检测结果和保存数据。

技能学习

不同型号的转角台检测时的操作方法各不相同，因此在使用前一定要认真阅读产品的使用说明书，下面以全自动转角台为例加以说明。

一、检测前的准备

1. 设备准备

打开设备控制系统的电源，预热至规定时间。

2. 车辆准备

1）轮胎气压符合规定。

2）轮胎表面清洁。

二、检测步骤

1）使汽车的两转向轮处于直线行驶位置。

2）把转向参数测量仪对准被测转向盘中心，调整好三个连接叉上伸缩卡爪的长度，与转向盘连接并固定好。

3）车辆沿转角台的中心线，按照提示驶向左、右测试单元车轮的预停位置，等待控制系统自动起动电动机或气动元件，移动测试单元并将转角盘对准当前的车轮位置。

4）移动停止后，按提示将车辆直线前进驶上转角台，停在转角仪的圆盘上并尽量使车轮位于转盘中间。工位检测员此时拔下转盘的锁销。

5）根据显示屏提示，向一侧转动转向盘到极限位置，等待系统采样测取左、右车轮的转向角数值。如果显示的左、右轮转向角值符合原厂设计值，则引车员从转向参数测量仪上读取最大转向操纵力值。如果显示的左、右轮转向角值不符合原厂设计规定，则转向参数测量仪显示的数据无效。

6）根据提示向另一侧转动转向盘到极限位置，等待系统采样测取左、右车轮的内、外转向角数值。如果显示的左、右轮转向角值符合原厂设计值，则引车员从转向参数测量仪上读取最大转向操纵力值。如果显示的左、右轮转向角值不符合原厂设计规定，则转向参数测量仪显示的数据无效。

7）两次转向过程中测得的转向操纵力的最大值作为实测数据，由工位检测员录入工位测控计算机（或由工位计算机自动采集）。

8）根据提示，将转向盘转回到中间位置，将车辆开离转角台，测试完毕。

三、使用注意事项

1）使用中注意清洁，不应让油污、泥沙等进入检测台内。

2）严禁用腐蚀性液体擦拭台架表面。

3）严禁检测台内进水，保持传感器干燥。

4）轴重大于检测台额定载荷的车辆，严禁驶上检测台。

5）车辆驶上和驶离检测台过程中，测试转盘必须处于锁定状态。

6）严禁车辆在检测台上紧急制动。

7）不要在检测台上进行车辆维修作业或长时间停留。

四、检测标准

转向轮最大转向角应符合原厂设计的规定值。

GB 18565—2001 规定，原地检测转向盘操纵力，在转角台上转动转向盘使车轮达到原厂规定的最大转角时，在全过程中测得的转向力不得大于120N。

五、检测结果分析

如果转向轮最大转向角不符合要求，则需要查明故障原因并予以排除，否则将影响车辆在转向时的机动性能，危及行车安全。

转向轮最大转向角过大或过小，一般是转向轮限位螺钉调整不正确造成的，也可能由于碰撞原因引起转向节、前桥及车身变形造成的。转向轮的最大转向角应在车辆二级维护时予以检查、调整。

六、检测报告单分析

1. 综检报告单分析

综检报告单中，转向操纵性检测部分式样见表4-1。

表4-1　转向操纵性检测部分式样

	序号	检　测　项　目		检测结果	评价
转向操纵性	17*	前轴转向轮侧滑量		内0.8m/km	○
	18*	前束		-0.49mm	
	19	车轮外倾角 L/R		-0.00°　-0.01°	
	20*	转向盘最大自由转动量		12°	壹
	21	转向盘操纵力		96N	○
	22*	前轴转向轮最大转角	左转内/外	40.6°/36°	
			右转内/外	39°/36°	

注：○为合格。

表中：

前轴转向轮侧滑量实测数据为“内0.8m/km”，在标准规定的±5m/km之间，故判定合格。

前束实测值为-0.49mm，说明该车为负前束。但对于所检测车型（小型货车）应该是正前束，说明检测结果有误，可能根本没有检测，而程序自动打印的数据与标准值又相差太大。

左车轮外倾角实测值为 -0.00°，右车轮外倾角实测值为 -0.01°mm，说明两个车轮均为负外倾，而且角度太小，不符合实际情况。况且对于所检测车型，应该为正外倾。可能是根本没有检测，而程序自动打印的数据与标准值又相差太大。

从表中可以看出，在前束值和车轮外倾角栏目的“评价”栏内没有给出判定，说明软件系统内没有该车型的检测标准。

转向盘最大自由转动量实测值为12°，该项目为营运车辆技术等级评定的分级项目，检测值符合一级车的标准（不大于15°），所以评定为一级。

转向盘操纵力检测（原地检测）为96N，符合标准（不大于120N），故评定为合格。

转向轮最大转向角实测数据没有给出评价，说明软件系统内没有该车型的标准。

2. 安检报告单分析

安检报告单中，涉及转向操纵性的检测项目有侧滑和轮偏两个。“侧滑”即前述的侧滑量；“轮偏”为摩托车（两轮或边三轮）前、后轮中心平面的偏差。

思考与练习

一、简答题

1. 什么是车轮的静不平衡和动不平衡？
2. 正确描述车轮不平衡的原因及检测原理。
3. 什么是转向轮侧滑量？为什么要检测转向轮侧滑量？
4. 正确描述侧滑检测台的结构与工作原理
5. 车轮定位参数有哪些？为什么要检测车轮定位？
6. 什么是转向盘的自由行程？其数值的大小由什么确定？其值过大或过小有哪些危害？
7. 什么是转向操纵力？其值过大或过小有哪些危害？
8. 什么是转向轮最大转向角？其值大小影响车辆哪方面的性能？

二、单选题

1. 要使汽车具有正常的操纵稳定性，车辆的转向系统应具有适度的（　　）。

A. 过度转向特性　　B. 中性转向特性　　C. 不足转向特性

2. （GB 18565—2001）《营运车辆综合性能要求和检验方法》规定，汽车转向轮置于转角盘上，转动转向盘使转向轮达到原厂规定的最大转角，在全过程中用转向力测试仪测得的转动转向盘的操纵力不得大于（　　）N。

A. 120　　B. 150　　C. 245

3. 某汽车最高车速为160km/h，按GB 18565—2001规定，其转向盘最大自由转动量的允许值为（　　）。

A. 30°　　B. 15°　　C. 20°

4. 某汽车最高车速为90km/h，按GB 18565—2001规定，其转向盘最大自由转动量的允许值为（　　）。

A. 30°　　B. 15°　　C. 20°

5. 转向节及臂、转向横拉杆、转向直拉杆及球销在进行修理时，（　　）。

A. 可以拼焊，球销不得过松　　B. 不得拼焊，球销可以稍松
C. 不得拼焊，球销不得松旷

6. 前轴采用非独立悬架的汽车，其转向轮横向侧滑量的限值为±（　　）m/km。
A. 5　　B. 3　　C. 2

7. 前轴采用独立悬架的汽车，其转向轮横向侧滑量的限值为（　　）。
A. ±5m/km　　B. ±3m/km　　C. 不能确定

8. 当（　　）匹配不当时，车轮在直线行驶过程中就会产生侧向滑移现象。
A. 车轮前束值与车轮外倾角　　B. 车轮倾角与主销倾角
C. 主销后倾角与主销内倾角

9. 当车轮侧滑量值大于+5mm/m 时，是下列哪种原因造成的。（　　）
A. 车轮前束角过大或车轮外倾角过小
B. 车轮前束角过小或车轮外倾角过大
C. 主销后倾角或主销内倾角变化

10. 当车轮侧滑量值小于-5mm/m 时，是下列哪种原因造成的。（　　）
A. 车轮前束角过大或车轮外倾角过小
B. 车轮前束角过小或车轮外倾角过大
C. 主销后倾角或主销内倾角变化

11. 已知车轮的侧滑量大于零，则车轮通过侧滑检验台时，滑动板会向（　　）移动。
A. 外　　B. 内　　C. 不能确定

三、多选题

1. 汽车的转向操纵系统应具备（　　）。
A. 转向无阻滞、转动灵活　　B. 保证稳定的直线行驶能力
C. 转向后能自动回正　　D. 转向过程中不得与其他部件有干涉现象

2. 汽车的转向操纵系统应具备（　　）。
A. 具有适度的不足转向特性　　B. 保证稳定的直线行驶能力
C. 转向后能自动回正　　D. 具有正常的中性转向特性

3. 有关侧滑检测，下列叙述正确的是（　　）。
A. 比较而言，侧滑板的长度越长，测试精度越高
B. 侧滑量主要反映车轮外倾角与车轮前束匹配的情况
C. 单板式侧滑检验台测得的侧滑量是单轮的侧滑量
D. 可用两台单板式侧滑板代替双板联动式侧滑板

4. 对转向盘自由转动量的检测，下列说法正确的是（　　）。
A. 转向轮应保持直线向前状态，置于平坦、干燥和清洁的硬质路面上
B. 将转向力-角仪安装在转向盘上
C. 转动转向盘至中间位置
D. 转动转向盘至一侧有阻力，再转至另一侧有阻力为止

5. 对转向盘自由转动量的检测，下列说法不正确的是（　　）。
A. 转轮应保持直线向前状态，置于平坦、干燥和清洁的硬质路面上
B. 将转向轮置于转角盘上

C. 转动转向盘至中间位置开始测量

D. 转动转向盘至一侧最大转向角，再转至另一侧最大转向角为止

6. 关于转向轻便性的原地检验，下列说法正确的是（　　）。

A. 汽车转向轮置于转角盘上，转动转向盘使转向轮达到该车实际最大转角

B. 汽车转向轮置于转角盘上，转动转向盘使转向轮达到原厂规定的最大转角

C. 测得的转动转向盘的操纵力不得大于150N

D. 测得的转动转向盘的操纵力不得大于120N

7. 关于转向轻便性的原地检验，下列说法正确的是（　　）。

A. 该项目检测的适用标准，应是（GB 7258—2012）《机动车运行安全技术条件》

B. 该项目检测的适用标准，应是(GB 18565—2001)《营运车辆综合性能要求和检验方法》

C. 测得的转动转向盘的操纵力不得大于150N

D. 测得的转动转向盘的操纵力不得大于120N

8. 关于转向轮横向侧滑量的检测方法，下列描述不正确的有（　　）。

A. 汽车对正侧滑检验台，以3～5km/h速度驶过

B. 驶向侧滑检验台时，如果车辆跑偏，则允许轻微带动转向盘

C. 前轴采用独立悬架的汽车，侧滑量值应不大于5m/km

D. 前轴采用非独立悬架的汽车，侧滑量值应符合原厂规定的该车有关技术条件

9. 转向盘应转动灵活，操纵方便，无阻滞现象，并具有（　　）。

A. 允许车轮横滑的能力　　B. 保证直线行驶的能力

C. 能自动回正的能力　　D. 克服与其他部件干涉的能力

四、判断题

（　　）1. 汽车转向时，转向轮的内轮转角应大于外轮转角。

（　　）2. 检验转向盘自由转动量必须将车辆置于平坦、干燥、清洁的硬质路面上，且保持车辆直线向前状态。

（　　）3. 仅有正外倾角的车轮向前通过侧滑台时，侧滑板会向外移动。

（　　）4. 仅有正前束角的车轮向前通过侧滑台时，侧滑板会向内移动。

（　　）5. 汽车转向轮的横向滑移量不合格，是前轮前束角和主销外倾角不匹配造成的。

（　　）6. 检测转向盘自由转动量时，应使转向轮保持直线行驶状态不变。

（　　）7. 测得独立悬架汽车的转向轮横向侧滑量值大于5m/km，则判定该车不合格。

（　　）8. 测得非独立悬架汽车的转向轮横向侧滑量值大于5m/km，则判定该车不合格。

（　　）9. 汽车应具有适度的不足转向特性，以使车辆具有正常的操纵稳定性。

（　　）10. 汽车应具有中性的转向特性，以使车辆具有正常的操纵稳定性。

（　　）11. 机动车同一轴上的轮胎型号和花纹应相同，转向轮不得装用翻新胎。

（　　）12. 转向系统的横、直拉杆发现裂纹后，必须要求修理厂进行焊接修复。

（　　）13. 转向轮转向后应能自动回正，行驶中允许转向盘有轻微摆振。

（　　）14. 车辆在行驶中的轻微跑偏，可以用转向盘进行修正。

（　　）15. 检测的转向盘最大自由转动量，是指在转向轮保持直线行驶位置不动时，转向盘从一侧转到另一侧时转过的角度。

（　　）16. 对于前轴采用非独立悬架的汽车，其转向轮的横向侧滑量应在 ±5m/km 之间。

（　　）17.（GB 18565—2001）《营运车辆综合性能要求和检验方法》规定，原地检测转向轻便性时，用转向测力仪测得转向盘的转向操纵力不得大于 150N。

（　　）18. 汽车驶过侧滑检验台滑板时切忌加速、转向或制动。

（　　）19. 禁止汽车的驱动轮在侧滑检验台的滑动板上停留及起步。

项目五

悬架装置特性检测

学习目标

1. 能够正确解释悬架性能检测的理由。
2. 能够正确解释汽车悬架特性的评价指标。
3. 能够正确描述谐振式和平板式悬架装置检测台的结构与工作原理。
4. 能够用谐振式和平板式悬架装置检测台检测悬架特性。
5. 能够根据检测结果对汽车悬架系统的技术状况给出正确的评价，并提出维修建议。
6. 能够培养良好的安全与卫生习惯和团队协作意识。

任务分析

汽车悬架装置最易发生故障的部件是减振器。减振器对汽车行驶平顺性、乘坐舒适性、操纵稳定性和行驶安全性的影响很大。研究表明，大约有1/4的在用汽车上至少有一个减振器工作不正常。当悬架装置减振器工作不正常时，出现汽车行驶中跳跃严重、车轮轮胎有30%的路程接地力减小、汽车转向盘发飘、弯道行驶时车身晃动加剧、制动时易发生跑偏或侧滑、轮胎磨损异常、乘坐舒适性降低、有关机件磨损速度加快等不良后果。

随着道路条件的改善，尤其是高速公路的发展，不仅是小轿车的行驶速度已大大提高，就是货车和大客车以100km/h车速行驶的情况也很常见。在高速行驶状态下，汽车的操纵稳定性和行驶安全性尤为重要，并与悬架装置有着直接的关系，因此，悬架装置工作性能的检测是十分重要的。目前，GB 18565—2001《营运车辆综合性能要求和检验方法》只对于最大设计车速大于或等于100km/h、轴载质量小于或等于1 500kg的载客汽车提出悬架特性要求。

在综检线上，悬架装置检测通常设置在第2工位，由于此工位属于检测线的中间部位，往往可以留出较宽大的场地，所以通常将发动机综检项目也置于本工位。一些检测线的第2工位为制动工位，也结合发动机综检。

相关理论知识

一、悬架特性评价指标

汽车悬架特性可通过谐振式悬架装置检测台或平板式检测台测得。

1. 谐振式悬架装置检测台的评价指标

由汽车理论可知，汽车悬架装置的弹性元件或减振器损坏后，会使悬架装置的角刚度减少，增加了高频非悬挂质量的振动位移，使车轮和道路的接触状态变坏。车轮作用在地面上的接地力减小，大振幅的车轮振动甚至会使车轮跳离地面。因此，悬架装置有故障不仅影响汽车行驶的平顺性，也会使汽车的操纵稳定性恶化，使汽车的行驶安全性变坏。

为了评价悬架的性能，引入了车轮与道路接触状态的新概念。车轮与道路的接触状态可以用车轮对地面的作用力来表征，这个作用力称为接地力。但在实际路面上时，汽车的各个车轮与地面的作用状况是不一样的。这是由于各车轮悬架装置的性能不一样，或承受负荷不一样，或轮胎气压不一样，或路面冲击不一样等原因造成的。如果在检测台上人为使各车轮的轮胎气压、承受的负荷和台面冲击做到一致，那么车轮与地面的作用状态就主要取决于悬架装置的工作性能。因此，用被测汽车在检测台上车轮与台面接地力的大小和变化来评价汽车悬架装置的品质和性能是完全可行的。

目前，设计生产的谐振式悬架装置检测台都是利用检测车轮与道路接地力的原理来快速评价汽车悬架性能的，其评价指标为吸收率。吸收率是指在悬架装置检测台上，受检车辆的车轮在受外界激励振动过程中，产生共振时的车轮最小垂直接地力与静止状态下车轮垂直接地力的百分比值，即

$$P = \frac{F_{动}}{F_{静}} \times 100\%$$

式中 $F_{动}$——最小动态接地力（N）；

$F_{静}$——静态接地力（N）；

P——吸收率（%）。

其实，汽车悬架性能属于汽车行驶平顺性检测项目，所以该装置一直采用平顺性评价指标，是以汽车车身振动固有频率或汽车振动的加速度均方根值来评价的，这种评价方法不适宜对在用车的快速检测分析评价。另外，悬架装置的性能也影响到汽车的操纵稳定性，直接影响到汽车的安全行驶。采用吸收率来评价，不仅考虑了悬架装置对汽车平顺性的影响，更主要的是考虑了对汽车操纵稳定性和行驶安全性的影响。它考查的是汽车在最差工作条件下的情况，即地面激振使悬架达到共振时，车轮与地面的接触状态。这是一个比较直观的评价指标，既能快速检测，又能综合评价汽车悬架装置的弹簧与减振器的匹配性能及品质。当然，随着汽车检测技术的发展，这种检测方法还会不断地修改和完善。

2. 平板式检测台的评价指标

平板式检测台的测试采样过程：利用车辆制动→引起车身振动→测量车轮动态载荷的变化→悬架吸收、衰减振动→得出悬架效率。在对其过程的数据进行分析、计算和处理时，引出悬架效率这一评价参数。悬架效率的定义为

$$\eta = 1 - \left|\frac{G_B - G_0}{G_A - G_0}\right|$$

式中 η——悬架效率；

G_0——各车轮处静态负荷值（kg）；

G_A——车轮处负荷变化曲线上 A 点的绝对坐标值(见图 5-1)(kN)。

G_B——车轮处负荷变化曲线上 B 点的绝对坐标值（kN）。

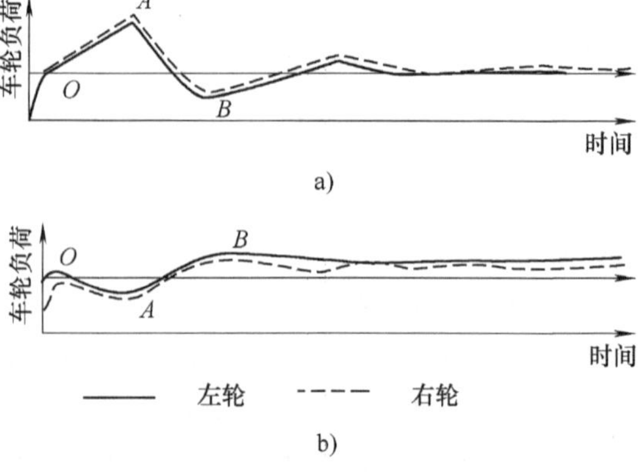

图 5-1 车轮处负荷的变化曲线

a）前轮 b）后轮

$\left|\frac{G_B - G_0}{G_A - G_0}\right|$表示车身有阻尼自由振动的振幅在第一半周期内的减小程度；$1 - \left|\frac{G_B - G_0}{G_A - G_0}\right|$表示车身振动阻尼衰减、吸收的程度，即反映了悬架的减振能力。

从上面公式中可以分析出，G_B值越大，则该轮悬架装置的吸振性能越好。

平板式检测台检测汽车悬架效率时，测试过程接近于路试，可以真实地反映车辆悬架的减振性能。而且试验数据全部由计算机自动处理，操作方便，试验瞬间即可得出测试结果。因此，该检测台适合于车辆检测和维修单位使用。

同样，为了防止因同轴左、右轮悬架效率的差异过大而引起操纵稳定性和制动稳定性恶化，需要将同轴左、右轮悬架效率差控制在一定的范围之内。

二、悬架装置检测台的结构与工作原理

汽车悬架装置工作性能的检验方法有经验法、按压车体法和台架检测法三种类型。本任务只介绍台架检测悬架系统性能的原理与方法。

1. 谐振式悬架装置检测台

谐振式悬架装置检测台如图 5-2 所示，一般由机械部分和微型计算机控制部分组成。检测时，先通过检测台中电动机、偏心轮、蓄能飞轮和弹簧组成的激振器，迫使检测台台面及台面上的被检汽车悬架装置产生振动，然后在开机数秒后断开电动机电源，从而由蓄能飞轮产生扫频激振。由于电动机的频率比车身固有频率高，因此蓄能飞轮逐渐降速的扫频激振过程总可以扫到车身固有振动频率处，从而使台面-汽车系统产生共振。通过检测激振后振动衰减过程中力或位移的振动曲线，求出频率和衰减特性，便可判断悬架装置主要是减振器的工作性能。

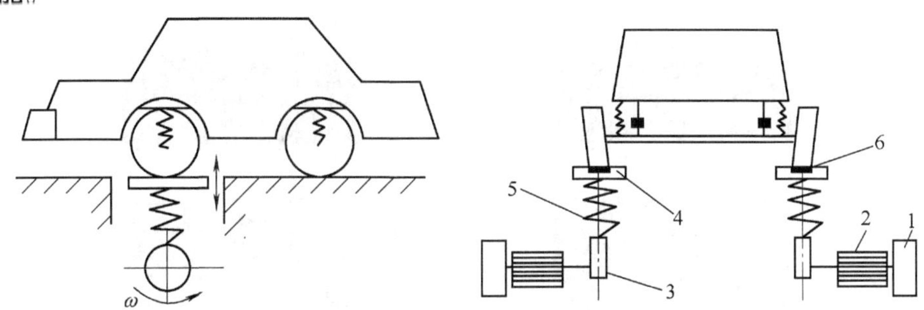

图 5-2　谐振式悬架装置检测台

1—蓄能飞轮　2—电动机　3—偏心轮　4—台面　5—激振弹簧　6—测量装置

测力式悬架装置检测台和测位移式悬架装置检测台，一个是测振动衰减过程中的力，另一个是测振动衰减过程中的位移量，它们的结构简图如图 5-3 所示。由于谐振式悬架装置检测台性能稳定、数据可靠，因此应用广泛。

检测时，将汽车驶上支承平台，启动测试程序，驱动电动机带动偏心机构使整个汽车-台面系统振动。激振数秒达到角频率为 ω_0 的稳定强迫振动后，断开驱动电动机电源，接着由蓄能飞轮以起始频率为 ω_0 的角频率进行扫频激振。由于停在台面上的汽车车身的固有频率处于 ω_0 和 0 之间，因此蓄能飞轮的扫频激振总能使汽车-台面系统产生共振。断开驱动电动机电源的同时，启动采样测试装置，记录数据和波形，然后进行分析、处理和评价。

2. 平板式悬架装置检测台

平板式悬架装置检测台是近年来研制出的一种集制动力、轮重、侧滑、悬架效率等检测功能于一体的汽车检测设备。根据设备配置的不同，可以一次完成轮（轴）重称量、车轮最大制动力、左右轮制动力平衡、制动协调时间、前后制动力分配比、整车制动减速度、车轮横向侧滑量和悬架效率等多种项目的检测。平板式汽车检测设备的最大特点是汽车在运动过程中测试能够比较真实地反映汽车在道路上行驶时的实际性能。平板式汽车检测设备的检测方法简便，检测时间短，且具有耗电少、安装方便、费用低等优点。目前，这种平板式悬架装置检测台正越来越多地被汽车检验机构采用。

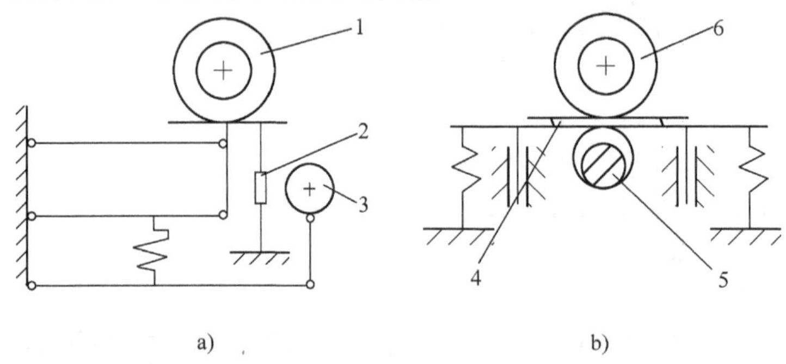

图 5-3　测位移式和测力式悬架装置检测台结构简图

a）测位移式　b）测力式

1、6—车轮　2—位移传感器　3—偏心轮　4—力传感器　5—偏心轴

平板式悬架装置检测台的结构示意图如图 5-4 所示。它主要由机架、制动平板、轴重传感器、制动传感器、力臂、信号处理器和计算机、检测控制系统软件、控制柜等组成。

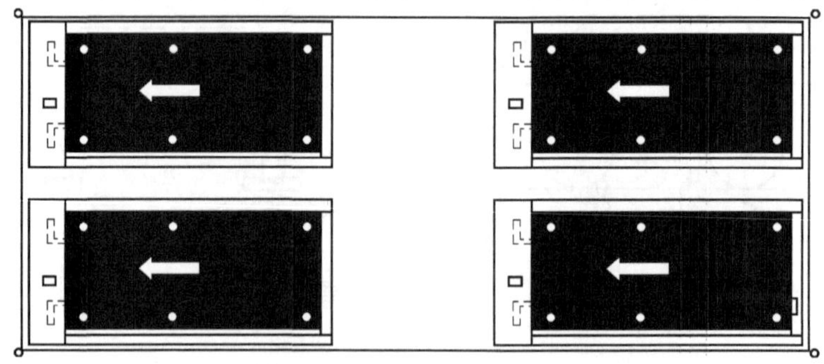

图 5-4　平板式悬架装置检测台的结构示意图

用于小型车辆检测的平板式悬架装置检测台一般有四块制动平板，用于重型车辆检测的检测台有的只有两块平板，每块平板在检测时承担一个车轮的重量。在每块平板的下面，有起支撑作用的轴重传感器，前端装有制动力传感器和力臂，还有一个信号采集、前置处理的处理器。

控制柜用来放置计算机、显示器和打印机等操作用件。检测控制软件用来引导车辆检测，采集信号数据，计算评价结果，并打印出检测报告和振动衰减曲线等。

平板式悬架装置检测台检测悬架性能时，测试过程接近于道路试验。检测时，车辆以 5～10km/h 的速度驶上平板，当 4 个车轮都驶在平板上时，驾驶人进行紧急制动，迅速将制动踏板踩到底，使车轮都停止在平板面上。此时，前、后车轮处的负重情况将发生变化，主要是由于制动时前、后车轮之间的负荷发生转移及车身通过悬架在车轮上的振动而引起的。车身在加速向下时，车轮处负重增加；车身加速向上时，车轮处负重减少。

图 5-1 所示的曲线是平板式悬架装置检测台在显示悬架性能测试结果时给出的前、后车轮处的负重随时间变化而变化的曲线。从图 5-1a 中可以看出，前轮处的动态负重先从静态负重值附近（O 点）上升到最大值（A 点），再从最大值下降到最小值（B 点）。显然，图 5-1a 所反映的是制动时前部车身先加速向下，再加速回升向上的“制动点头”现象。图 5-1b 反映了后部车身的振动，它与图 5-1a 反相位，即前部车身向下运动时后部车身向上抬起（在减速度较大时后轮可能会离地）；前部车身回升时，后部车身向下运动。因此，图 5-1b 反映了车辆制动时引起的后部车身纵向俯仰振动的现象。由于车辆的悬架系统能够衰减、吸收车身的振动，所以，车身的振动经过一段时间后就会消失，故图 5-1 中曲线的后段部分逐渐平直并接近 O 点的高度（车轮处于静态负重值）。图 5-1 中曲线反映了车辆制动时引起的车身振动被悬架系统逐渐衰减的过程。这说明平板式检测台是按照“车轮处动态负重的变化—车身振动—悬架衰减振动—悬架效率”这一原理测试汽车悬架性能的。

技能学习

一、准备工作

1）按照检测台的说明要求进行检测台的起动、预热等相关准备。

2）轮胎规格、气压应符合规定值，车辆空载，不乘人（无驾驶人）。

3）平板式检测台的平板表面应保持干燥，不能有松散物质或油污。

二、测试步骤

1. 谐振式悬架装置检测台检验方法

1）将车辆每轴的车轮依次驶上检测台的台面，使轮胎位于台面的中央位置。

2）启动检测程序，激振器工作，带动汽车悬架产生振动，使振动频率上升超过系统的共振频率。

3）当振动频率超过共振点后，关闭激振源电源，系统振动频率自然衰减（降低），并通过系统共振点。

4）记录衰减振动的过程数据及曲线变化，设纵坐标为车轮动态载荷变化值，横坐标为时间。计算并显示车轮动态载荷与静态载荷的百分比，计算同轴左、右轮百分比的差值。

5）打印检测报告及车轮振动衰减曲线图。

2. 平板式检测台检验方法

1）驾驶人将车辆对正平板台，以 5～10km/h 的速度驶上平板，将变速器置于空档，急踩制动踏板，使车辆停止在平板上。

2）连续测量并记录车辆制动时的车轮动态载荷的变化。

3）计算并显示悬架效率和同轴左、右轮悬架效率的差值。

4）打印检测报告及车轮振动衰减曲线图。

三、检测标准

GB 18565—2001《营运车辆综合性能要求和检验方法》中规定，用悬架装置检测台检测时，受检车辆的车轮在受外界激励振动下测得的吸收率（被测汽车共振时的最小动态车轮垂直载荷与静态车轮垂直载荷的百分比值）应不小于 40%，同轴左、右轮吸收率之差不得大于 15%；用平板式检测台检测时，受检车辆制动时测得的悬架效率应不小于 45%，同轴左右轮悬架效率之差不得大于 20%。

在营运车辆技术等级评定中，悬架特性为不分级项目，检测结果符合上述要求即合格。

四、检测结果分析

1. 影响悬架装置性能的因素分析

在悬架系统中，起主要作用的部件是减振器。对于在悬架装置检测中不合格的车辆，其可能的故障原因有：

①减振器内部的轴磨损，内部阀片损坏，各密封处漏油，导致减振功能失效。

②减振器外部的紧固螺栓磨损、松动、脱落。

③弹簧弹性降低、疲劳或折断，造成早期损坏。

④悬架系统各连接部件磨损、松动。

2. 检测报告单分析

在综检报告单中，汽车悬架特性的检测部分报告单式样见表 5-1。

表 5-1　汽车悬架特性的检测部分报告单式样

	序号	检测项目		检测结果	评价
悬架特性	23	悬架吸收率	前左	%	—
			前右	%	—
			差值	%	—
			后左	%	—
			后右	%	—
			差值	%	—

表中“前左、前右、后左、后右”分别表示左前轮、右前轮、左后轮和右后轮，其后的“检测结果”栏内，分别为实测悬架的吸收率值，单位为%。“差值”表示同轴左、右轮悬架吸收率的差，单位为%。

思考与练习

一、简答题

1. 为什么要进行汽车悬架特性的检测？
2. 悬架装置性能的评价指标有哪些？各评价指标的含义是什么？
3. 说明谐振式悬架装置检测台的工作原理。
4. 分析影响汽车悬架装置性能的因素。

二、单选题

1. 用平板式检测台检测悬架特性时，驾驶人应将车辆以（　　）km/h 的速度驶上平板。

A. 3 ~5　　B. 10 ~20　　C. 5 ~10

2. 用谐振式检测台检测悬架特性时，车辆应（　　）。

A. 空载　　B. 满载　　C. 空载或满载都可以

3. 汽车悬架装置检测台主要用于测试汽车（　　）的性能。

A. 弹性元件　　B. 减振器　　C. 车架

4. 车辆悬架特性的“吸收率”是指在检测过程中（　　）。

A. 最小动态车轮垂直载荷与静态车轮垂直载荷的百分比值

B. 最大动态车轮垂直载荷与静态车轮垂直载荷的百分比值

C. 静态车轮垂直载荷与最大动态车轮垂直载荷的百分比值

三、多选题

1. 对于在悬架装置检测中不合格的车辆，其可能的故障原因有（　　）。

A. 减振器内部零件功能失效

B. 减振器外部的紧固螺栓磨损、松动、脱落

C. 车架疲劳损坏

D. 发动机动力变小

2. 汽车是否需要进行悬架特性检测，应从（　　）这几个方面来考虑。

A. 车辆结构　　B. 轴载质量　　C. 车辆类型　　D. 设计车速

3. 汽车悬架特性检测台的结构主要有（　　）等类型。

A. 跌落式　　B. 平板式　　C. 谐振式　　D. 滚筒式

4. 车辆悬架性能的好坏直接影响到车辆的（　　）。

A. 平顺性　　B. 经济性　　C. 操纵稳定性　　D. 动力性

5. 对于在悬架装置检测中不合格的车辆，其可能的故障原因有（　　）。

A. 车架疲劳损坏

B. 减振用螺旋弹簧弹性降低、疲劳或折断，造成早期损坏

C. 发动机动力变小

D. 悬架系统各连接部件磨损、松动

四、判断题

（　　）1. 最大设计车速不小于100km/h的车辆，应检测其悬架特性。

（　　）2. 最大轴载质量不大于1 500kg的车辆，应检测其悬架特性。

（　　）3. 最大设计车速不小于100km/h、轴载质量不大于1 500kg的载客汽车，应检测其悬架特性。

（　　）4. 汽车悬架装置的性能可通过车轮在道路上接地力的变化来评价。

（　　）5. 汽车行驶中，车轮作用在地面上的接地力越小越安全。

（　　）6. 汽车行驶中，车轮作用在地面上的接地力越小操纵性越不稳定。

（　　）7. 悬架振动检测台主要是检测减振器性能的好坏。

（　　）8. 轮胎气压对汽车悬架性能的检测结果有影响。

（　　）9. 车轮作用在地面上的接地力越小，悬架系统的吸收率越小。

（　　）10. 汽车悬架装置通常由弹性元件、导向装置和减振器三部分组成，在用汽车悬架装置的检测主要是测试弹性元件的性能。

（　　）11. （GB 18565—2001）《营运车辆综合性能要求和检验方法》规定，对最大设计车速不小于100km/h、轴载质量不大于1 500kg的乘用车提出悬架特性要求。

项目六

汽车制动性能检测

学习任务1　台试检测制动性能

学习目标

1. 能够正确解释汽车制动性检测的理由。
2. 能够正确解释汽车制动性的评价指标。
3. 能够正确描述反力滚筒式和平板式制动检测台的结构与工作原理。
4. 能够正确使用反力滚筒式和平板式制动检测台检测汽车的制动性能。
5. 能够对检测结果进行准确的分析，对车辆的制动性能给出准确的评价，并提出维修建议。
6. 能够培养良好的安全与卫生习惯和团队协作意识。

任务分析

汽车的制动性能是汽车重要的使用性能之一。制动性能的好坏直接关系到行车安全，性能良好和可靠的制动系统可保证行车安全，避免交通事故。反之，很容易造成车毁人亡的恶性事故，同时，制动性能的好坏还影响到汽车动力性的发挥。由此，汽车制动装置的齐全、可靠及符合国家制动标准的良好制动性能是非常重要的。制动性能检测是安全性检测的重点项目之一。

台试检测制动性能通常使用反力滚筒式制动检测台或平板式制动检测台。主要检测参数为制动力。制动性能检测通常位于安检线的第 2 工位。在综检线上往往也设置制动检测台，不管是反力滚筒式制动检测台还是平板式制动检测台，通常都布置在检测线的第 2 工位。

相关理论知识

一、汽车制动性能评价指标

汽车行驶时，能在短距离内迅速停车且维持行驶方向稳定性和在下长坡时能维持一定的安全车速，以及在坡道上长时间保持停驻的能力，称为汽车的制动性能。汽车制动性能直接关系着汽车的行车安全。只有在保证行车安全的前提下，才能充分发挥汽车的其他使用性能，诸如提高汽车车速和汽车的机动性能等。汽车制动性能主要由制动效能、制动抗热衰退性和制动时汽车的方向稳定性三个方面来评价。

检验车辆制动性能可在制动器“冷态”和“热态”等不同的情况下进行。“冷态”试验一般是指制动器温度不超过100℃时进行的车辆制动试验。车辆在高速制动、短时间重复制动或下长坡连续制动时，制动器的温度很高，出现热衰退现象，此时测量车辆的制动性能（即制动抗热衰退性），视为“热态”试验。一般抗热衰退性试验在汽车定型试验时进行，而对一般在用车辆则采用“冷态”试验检验车辆的制动性能。这里讨论的汽车制动性能是指冷态下的制动效能和制动时的方向稳定性。

1. 制动效能的评价指标

车辆的制动效能是指车辆在行驶中能强制地减速以致停车，或下长坡时维持一定速度的能力。评价制动效能的指标有制动距离、制动减速度、制动力和制动时间。

为了更好地理解制动效能的评价指标，需对车辆的制动过程进行分析。

图6-1是根据实测的汽车制动过程中的制动减速度随时间变化的关系而绘制的理想的制动减速度随制动时间变化的曲线。

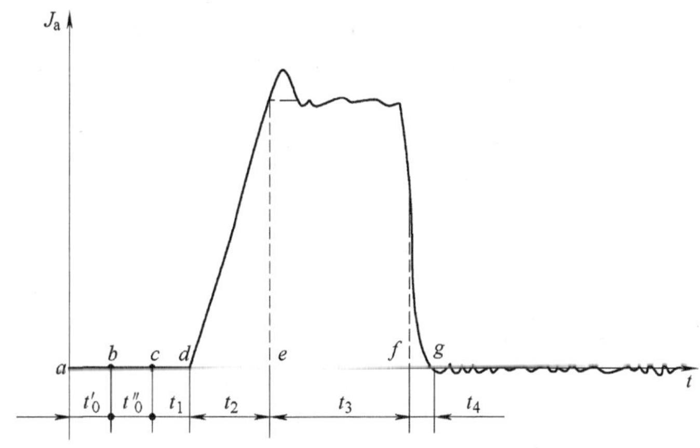

图6-1　理想的制动减速度随时间变化的曲线

当驾驶人接收到需进行紧急制动的信号时（即图中的 a 点），并没有立即采取行动，而要经过 t'_0s 后才意识到应进行紧急制动，从 b 点移动右脚，经过 t''_0s 后到 c 点，开始踩制动踏板。从 a 点到 c 点的时间称为驾驶人的反应时间。

到 c 点后，驾驶人踩下制动踏板，踏板力迅速增加以致达到最大值。但由于制动踏板有一定的自由行程，而且要克服蹄片回位弹簧的拉力，所以要经过 t_1s 后到达 d 点，这时制动器才开始产生制动作用，使汽车开始减速。这段时间称为制动系统的反应时间。

由 d 点到 e 点是制动器制动力的增长过程，车辆从开始产生减速度到最大稳定减速度所需要的时间 t_2 一般称为制动减速度（或制动力）上升时间。

从 e 点到 f 点为持续制动时间 t_3，此段时间制动减速度基本不变。

到 f 点时制动减速度开始削减，但制动解除还需要一段时间 t_4，这段时间称为制动释放时间。

综上所述，制动的全过程包括驾驶人发现信号后做出反应、制动器开始起作用、持续制动和制动释放四个阶段。驾驶人的反应时间只与驾驶人自身有关，与车辆无关，在检验车辆时，可暂不考虑。驾驶人松开制动踏板后，制动释放时间对下次起步行车会带来影响，而对本次制动过程没有影响。所以，在研究制动性能时，着重研究从驾驶人踩着制动踏板开始到车辆停住这段时间（$t_1+t_2+t_3$）内车辆的制动过程。

不过，制动释放时间 t_4 对正常高速运行的汽车在点制动时带来的影响不可忽视，特别是同一轴上左、右车轮的制动释放时间不一致，会造成高速运行的汽车在点制动时出现跑偏现象，影响汽车的安全运行。

（1）制动距离　制动距离是反映车辆制动效能比较简单而又直观的指标。

制动距离是指车辆在一定的速度下制动，从脚接触制动踏板（或手触动制动手柄）时起至车辆停住时止，车辆驶过的距离。它包括了制动系统反应时间、制动减速度上升时间和以最大稳定减速度持续制动的时间内的车辆行驶的全部距离。

车辆制动系统调整的好坏、制动系统反应时间的长短、制动力上升的快慢及制动力使车辆产生减速度的大小等，均包含在制动距离指标中。它是较为综合的制动性能指标，为大多数国家评价制动性能所采用。

制动距离是评价汽车制动性能最直观的指标。从行车安全的角度来看，在行车中，如果遇到需要减速或采取紧急制动措施时汽车能在较短的距离内停下来，可以认为该车的制动性能良好。

用制动距离检验车辆的制动性能具有一定的准确性。当用仪器测取车辆的制动距离时，对同一辆车在相同的车速和气压（或踏板力）下，在同一路段试验多次，测得的结果相同或很接近，试验的重复性较好，说明了用制动距离来评价车辆的制动性能可达到一定的准确度。

制动距离是一个反映整车制动性能的指标，而不能反映出各个车轮的制动状况及制动力的分配情况。当制动距离延长时，也反映不出具体的故障。

（2）制动减速度　制动减速度按照测试、取值和计算方法的不同可分为制动稳定减速度、平均减速度和充分发出的平均减速度。

1）制动稳定减速度 j_a。用制动减速仪测取的制动减速度随时间变化的曲线上，取其最大稳定值（图6-1所示的 t_3 范围对应的稳定减速度值）为制动稳定减速度，以 j_a 表示。

假设脱开发动机进行制动，并且车辆的各轮同时制动到全滑移状态，根据制动平衡方程式，得出如下结果：

$$j_a=\phi\frac{G_a}{g}$$

式中　j_a——车辆的制动稳定减速度（m/s^2）；

ϕ——轮胎与路面间的附着系数；

G_a——车重（N）。

这就是说，当汽车制动到全滑移状态时，制动稳定减速度等于路面的附着系数和重力加速度的乘积。

制动稳定减速度是评价车辆制动性能的指标之一。用制动减速度仪来检验车辆的制动减速度时，从理论上讲，制动初速度的大小对测量值没有影响；测试时，受路面不平整度的影响较小。测量仪器本身结构简单，使用方便。但当使用滑块式制动减速仪或摆锤式制动减速仪测取这一参数时，还存在以下几个问题：

①受车辆制动时倾角的影响而使测量精度降低。

②试验的重复性较差。同一辆汽车在相同的车速和气压（或踏板力）下，各次测得的

结果有时相差较大。特别是在车辆空载情况下试验时，这个问题更加突出。

③测试时受路面附着系数的影响较大。如果路面的附着系数较小，车辆达到附着极限，制动稳定减速度就不会再升高。

④由于它测得的减速度是一个整车性能指标，所以不能反映各轮的制动力及其分配情况。

2）平均减速度 d_0。平均减速度 d_0是指在制动效能试验中，按图 6-2 所示方法取值的平均减速度。平均减速度的取值按下式计算：

$$d_0 = \frac{1}{t_3 - t_2}\int_{t_2}^{t_3} d\mathrm{d}t$$

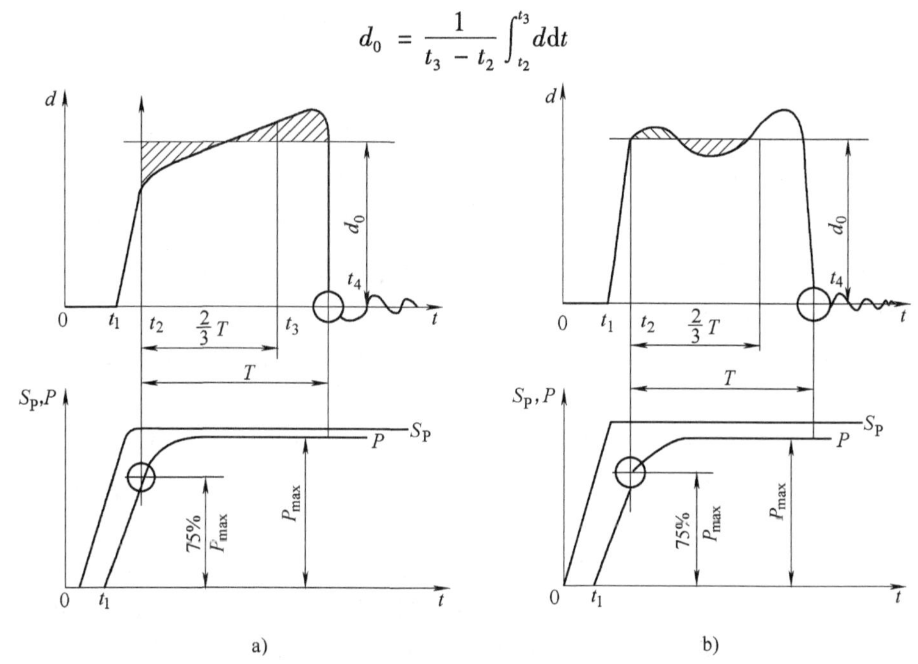

图 6-2　平均减速度取值方法

a）渐增型制动减速度曲线　b）马鞍形制动减速度曲线

d—汽车制动减速度　S_P—制动踏板行程　P—管路压力　t—时间

3）充分发出的平均减速度。充分发出的平均减速度是车辆制动试验中用速度计测得在制动过程中车辆的速度和驶过的距离的情况下，用 v_b到 v_e速度间隔车辆驶过的距离，根据以下公式计算的平均减速度：

$$MFDD = \frac{v_b^2 - v_e^2}{25.92(S_e - S_b)}$$

式中　v_b——车辆的速度，为 $0.8v_o$（制动初速度，单位为 km/h）(km/h)；

v_e——车辆的速度，为 $0.1v_o$（km/h）；

S_b——在速度 v_o和 v_b之间车辆驶过的距离（m）；

S_e——在速度 v_o和 v_e之间车辆驶过的距离（m）。

当制动过程比较平稳、制动减速度比较稳定时，也可以认为充分发出的平均减速度 *MFDD* 是采样时段的平均减速度，即

$$MFDD = \frac{v_b - v_e}{3.6t_{be}}$$

式中　t_{be}——汽车速度由 v_b降低至 v_e所用的时间。

上式中的速度和距离应采用速度精度为 ±1% 的仪器进行测量。充分发出的平均减速度也可用其他方法来确定。无论用哪种方法，*MFDD* 的精度应在 ±3% 以内。

这个充分发出的平均减速度不受测试时车辆倾角的影响，能较准确地反映车辆的制动减速特性。

（3）制动力　车辆在行驶中能强制地减速以致停车，最本质的因素是制动器所产生的摩擦阻力，这就是制动力。因此，制动力这个参数是从本质上评价制动性能的指标。

当车轮同时制动到全滑移状态时，制动力 P_T 与制动减速度的关系如下式所示：

$$P_T = mj_a = \frac{G_a}{g}j_a$$

式中各符号代表的意义同前。

从上式可以看出，制动减速度是随制动力的增加而增大的。

用制动力这一指标来评价车辆的制动性能，不仅可以规定整车制动力的大小，而且还可以对前、后轴制动力的合理分配及每轴两轮制动力差提出要求，从而保证车辆各轮制动效能良好，并使各轮的附着重量得到合理的发挥。

为了较全面地检验车辆的制动性能，用制动力作为评价指标时，在规定了制动力的大小、制动力的合理分配及制动力差的同时，还要规定制动协调时间。

用制动检测台检测制动力来评价车辆的制动性能，主要反映制动系统对整车制动性能的影响，而反映不出制动系统以外的因素（如悬架弹簧的刚度不同等）对整车制动性能的影响。

（4）制动时间　从图 6-1 可以看出，用测量制动系统反应时间 t_1、制动减速度上升时间 t_2、在最大减速度下持续制动时间 t_3、制动释放时间 t_4的方法，也可以评价车辆制动性能的好坏，其中主要是持续制动时间 t_3，但制动系统反应时间 t_1和制动减速度上升时间 t_2，也就是制动协调时间（t_1+t_2）对制动距离的影响也是不可忽视的。制动系统反应时间的长短可反映出制动系统调整的状况，特别是制动踏板自由行程的调整是否合适。制动力（或制动减速度）上升时间 t_2的长短可以反映出制动力（或制动减速度）上升的快慢，从而间接地反映出制动性能的优劣。制动释放时间 t_4可以反映出从松开制动踏板到制动完全消除所需要的时间，从而看出制动释放是否满足使用要求。

制动时间是一个间接评价制动性能的指标，一般很少将它作为一个单独的参数来评价车辆的制动性能，但是，它作为一个辅助的评价指标有时是不可缺少的。

2. 制动稳定性的评价

汽车在制动过程中有时出现制动跑偏、侧滑，使汽车失去控制而偏离原来的行驶方向，甚至发生驶入对向车辆行驶轨道、下沟或滑下山坡等的危险情况。汽车在制动过程中维持直线行驶的能力或按预定弯道行驶的能力，称为制动时汽车的方向稳定性，也就是这里所说的制动稳定性。

制动稳定性通常用制动时按给定轨迹行驶的能力来评价，即按汽车制动时维持直线行驶或预定弯道行驶的能力来评价。在国际上，制动稳定性通常是用汽车直线行驶并在一定的速度下制动时不偏离规定的试车通道来评价。CB 7258—2012 也采用这种方法来评价制动稳定性。

在台试检验汽车制动性能时，通常用汽车各轴左、右轮制动力的平衡情况来评价汽车的制动稳定性。

车辆的制动稳定性差主要表现为制动跑偏和车轮侧滑。

制动跑偏是指车辆制动时不能按直线方向减速或停车而无控制地向左或向右偏驶的现象。

影响制动跑偏的因素很多。产生跑偏的主要原因是汽车左、右轮制动器制动力不相等或制动力增长的快慢不一致。特别是转向轮左、右车轮制动器的制动力不相等，更容易引起跑偏。悬架系统的结构与刚度、车轮定位角度、轮胎的机械特性、道路状况和轮荷的分配状态等，都对跑偏有影响。此外，制动时悬架导向杆系在运动学上的不协调也会引起车辆跑偏。

在汽车制动过程中，当车轮未抱死制动时，车轮具有承受一定侧向力的能力，在一般横向干扰力的作用下不会发生制动侧滑现象。但当车轮抱死制动时，车轮承受侧向力的能力几乎全部丧失，此时汽车在横向干扰力的作用下极易发生侧滑。

侧滑对汽车制动稳定性的影响将取决于车轮发生抱死滑移的位置，一般制动时前轮先抱死滑移，车辆能维持直线减速停车，汽车处于稳定状态。但此时车辆将丧失转向能力，对在弯道上行驶的车辆是十分危险的。若后轮比前轮提前一定的时间先抱死，则车辆在侧向干扰力的作用下将发生急剧甩尾或旋转，使车辆丧失制动稳定性。高速行驶的车辆出现这种制动不稳定现象就更加危险。

汽车制动跑偏与制动时车轮测滑是有联系的。严重的跑偏常会引起后轮的侧滑。制动时易于发生后轮侧滑的汽车也有加剧跑偏的倾向。

为了提高车辆的制动稳定性，在设计时就应保证各轮制动力适当并在各轴间应合理分配，有的在汽车上装有制动力分配调节装置，如限压阀、比例阀和感载阀等，这些年已发展到采用计算机控制的汽车电子防抱死制动装置等；在车辆投入使用后，应经常进行检查与调整，以保持左、右轮制动力平衡，提高制动稳定性。

当车辆抱死产生侧滑时，应立即放松制动踏板，停止制动，降低车速，把转向盘朝着侧滑的方向转动。当车辆的位置调整后，要平稳地把转向盘转到原来的位置。

前面讨论的评价指标主要是评价汽车制动时制动性能的好坏。然而，一旦需要解除制动时，制动装置能否迅速而彻底地解除制动，也会影响行车安全。

在行车中，踩下制动踏板后再抬起踏板时，若不能迅速解除制动而仍有制动作用，则这种现象称为制动拖滞。

车辆制动拖滞现象虽然不能立即引起行车事故，但如果不及时排除故障，则将导致制动系统损坏，特别是会使制动器过热、制动蹄片烧蚀，从而降低车辆的制动性能。因此，控制车辆阻滞力也列入了制动性能的检测项目。

二、制动装置的基本要求

机动车应设置足以使其减速、停车和驻车的制动系统，应具有行车制动、应急制动和驻车制动功能。应急制动可以是行车制动系统具有应急特性或是与行车制动分开的系统。行车制动的控制装置与驻车制动的控制装置应相互独立。

1. 行车制动装置的主要技术要求

1）行车制动必须保证驾驶人在行车过程中能控制汽车安全、有效地减速和停车。行车制动必须是可控制的，而且必须保证驾驶人在其座位上双手无须离开转向盘就能实现制动。

2）行车制动系统制动踏板的自由行程应符合汽车制造厂规定的有关技术条件。

3）行车制动在产生最大制动作用时的踏板力，对于乘用车应不大于 500N，对于其他车辆应不大于 700N。

4）液压行车制动在达到规定的制动效能时，踏板行程（包括空行程，下同）不得超过全行程的 3/4；制动器装有自动调节间隙装置的车辆的踏板行程不得超过全行程的 4/5，而且对于乘用车踏板行程不得超过 120mm，其他类型车辆不得超过 150mm。

5）气压制动系统必须装有限压装置，确保储气筒内气压不超过允许的最高气压。

6）装备储气筒或真空罐的汽车，均应采用单向阀或相应的保护装置，以保证在筒（罐）与压缩空气源（真空源）连接失效或漏损的情况下，由筒（罐）提供的压缩空气（真空度）不致全部丧失。

7）储气筒的容量应保证在调压阀调定的最高气压且不继续充气的情况下，汽车在连续 5 次将制动踏板踩到底的全行程制动后，气压不低于起步气压（未标明起步气压者，按 400kPa 计）。

8）采用气压制动系统的车辆，发动机在 75% 的额定功率转速下，4min（汽车列车为 6min，城市铰接公共汽车和无轨电车为 8min）内，气压表的指示气压应从零开始上升至起步气压（未标明起步气压者，按 400kPa 计）。

9）车辆的行车制动必须采用双回路或多回路。

10）采用真空助力的行车制动系统，当真空助力器失效后，制动系统应仍能保持规定的应急制动性能。

11）车辆在运行过程中不应有自行制动现象。当挂车与牵引车意外脱离后，挂车能自行制动，牵引车的制动仍然有效。

12）汽车防抱死制动装置是改善汽车制动稳定性较好的制动装置，是汽车重要的制动安全结构。自 2003 年 10 月 1 日起投入运营的最大总质量大于 12 000kg 的旅游客车，最大总质量超过 16 000kg、允许挂接总质量大于 10 000kg 的挂车的货车，总质量大于 10 000kg 的挂车，必须安装符合 GB/T 13594—2003《机动车和挂车防抱死制动性能和试验方法》规定的防抱死制动装置。

13）采用液压行车制动的汽车，制动液储液器的加注口必须易于接近；从结构设计上，必须保证在不打开容器的条件下就能很容易地检查液面。若不能满足此条件，则必须安装制动液面过低报警装置。采用气压行车制动的汽车，当制动系统的气压低于起步气压时，报警装置应能连续不断地向驾驶人发出容易听到或看到的报警信号。安装具有防抱死制动装置的汽车，当防抱死制动装置失效时，报警装置应能连续不断地向驾驶人发出容易听到或看到的报警信号。

2. 应急制动的主要技术要求

1）应急制动如果不是独立系统的话，则行车制动必须具有应急制动特性，驻车制动不能单独作为应急制动。事实上，小型汽车只有行车制动系统，制动管路对角线布置时才能达到规定的应急制动性能要求；大、中型车辆则必须装备独立的应急制动装置。

2）应急制动应是可以控制的，应急制动系统的布置应使驾驶人容易操作，使驾驶人在座位上用一只手握住转向盘的情况下就可以实现制动。它的操作机构可以与行车制动系统的操纵机构结合，也可以与驻车制动系统的操纵机构结合，但三个操纵机构不得结合在一起。

3. 驻车制动的主要技术要求

1）驻车制动应能使车辆在没有驾驶人的情况下也能停在上、下坡道上，驾驶人在座位上就可以实现驻车制动。对于汽车列车来说，在制动管路连接上要做到驾驶人在牵引车驾驶室里就可以实现列车的制动操作。

2）挂车的驻车制动装置应能够由站在地面上的人实施操作。

3）施加于驻车制动操纵装置的力：手操纵时，座位数小于或等于9座的载客汽车应不大于400N，其他车辆应不大于600N；脚操纵时，座位数小于或等于9座的载客汽车应不大于500N，其他车辆应不大于700N。

4）驻车制动控制装置的安装位置应适当，操纵装置应有足够的储备行程（开关类操作装置除外），一般应在操纵装置全行程的2/3以内产生规定的制动效能；驻车制动机构装有自动间隙调节装置时，允许在全行程的3/4以内达到规定的制动效能。棘轮式制动操纵装置应保证在达到规定的驻车制动效能时，操纵杆往复拉动次数不超过3次。

5）驻车制动应通过纯机械装置把工作部件锁止。采用弹簧储能制动装置进行驻车制动时，应保证在失效状态下能快速解除驻车状态；如果需要使用专用工具，则这种工具应作为随车工具。

三、制动检测台的结构与工作原理

根据GB 7258—2012《机动车运行安全技术条件》的规定，机动车可以用制动距离、制动减速度和制动力检测制动性能，检测设备有五轮仪、制动减速度仪和制动试验台。

汽车制动性能检测分为台架试验法和道路试验法两种。用五轮仪和制动减速度仪检测汽车制动性能时，需在道路试验中进行，称为道路试验法。台架试验法使用制动试验台进行检测。与道路试验法相比，台架试验法具有迅速、准确、经济、安全、不受自然条件限制以及试验重复性好和能定量地指示出各车轮的制动力等优点，因而在国内、外获得了广泛的应用。

1. 轴重检测台

利用制动试验台检测汽车制动性能时，制动的参数标准是以轴制动力占轴荷的百分比为依据的，因此必须在测得轴荷和轴制动力后才能评价轴制动性能是否符合国标要求。用于检测车轴轴载质量的设备称为轴重检测台，轴重检测台又称为轴重仪。

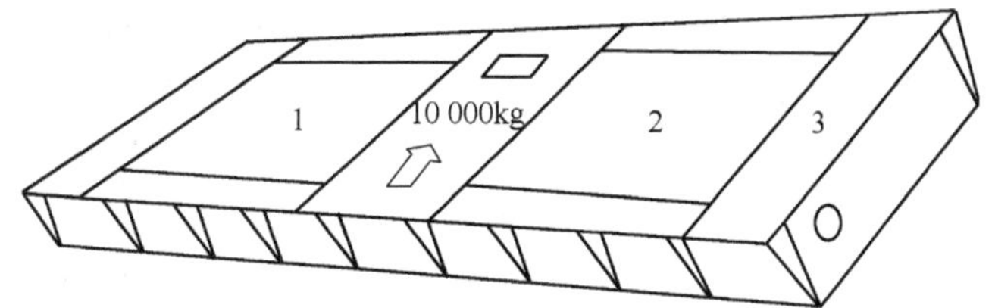

图6-3　双载荷台板式轴重仪
1—左秤体　2—右秤体　3—框架

电子轴重仪一般由机械部分（包括承载装置和传感器装置）和显示仪表所组成。双载荷台板式轴重仪如图6-3所示，在检测线上使用较多，它能测量左、右车轮轮荷。它有左、右两个秤体，分别安装在左右框架内，共用一个显示仪表。

2. 反力式滚筒制动检测台的结构与工作原理

（1）结构　单轴反力式滚筒制动检测台的结构简图如图6-4所示。它由框架、驱动装置、滚筒装置、测量装置、举升装置和指示与控制装置等组成。为使制动检测台能同时检测车轴两端左、右车轮的制动力，除框架和指示与控制装置外，其他装置是分别独立设置的。

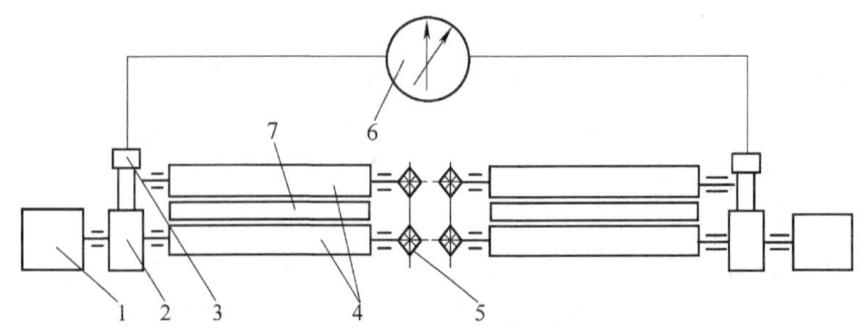

图 6-4　单轴反力式滚筒制动检测台的结构简图

1—电动机　2—减速器　3—测量装置　4—滚筒装置　5—链传动
6—指示与控制装置　7—举升装置

1）驱动装置。驱动装置由电动机、减速器和链传动等组成。电动机的转动通过减速器内的蜗轮蜗杆和一对圆柱齿轮传动后传递给主动滚筒，主动滚筒又通过链传动把动力传递给从动滚筒。减速器与主动滚筒共用一轴，减速器壳体处于浮动状态。

2）滚筒装置。滚筒装置由 4 个滚筒组成。每对滚筒独立设置，有主动滚筒和从动滚筒之分。每个滚筒的两端分别用滚动轴承支承，被测车轮置于两滚筒之间。为使滚筒与轮胎的附着系数能够与路面相接近，在滚筒圆周表面上沿轴线方向开有间隔均匀、有一定深度的若干沟槽，附着系数可达 0.6 ~0.7。当车轮抱死时，这种带沟槽的滚筒有剥伤轮胎和附着系数仍显不足的缺点。因此，国产反力式滚筒制动试验台中，已越来越多地出现在圆周表面覆盖一定厚度粘砂、烤砂或其他材料以代替沟槽的滚筒。这种带有涂覆层的滚筒的表面几乎与道路表面一致，模拟性好，附着系数高（干态可达 0.9，湿态不低于 0.8），是比较理想的滚筒表面。

3）测量装置。测量装置主要由测力杠杆、测力传感器和测力弹簧等组成。测力杠杆一端与传感器连接，另一端与减速器连接。连接的方式一般有两种：一种是测力杠杆直接固定在减速器壳体上；另一种是测力杠杆通过轴承松套在框架的支承轴上，测力杠杆尾端作用有固定在减速器壳体上的带有刃口的传力臂，如图 6-5 所示。当浮动的减速器壳体前端向下移动时，第一种连接方式的测力杠杆的前端也向下移动；第二种连接方式的测力杠杆通过传力臂刃口的作用使杠杆前端向上移动，并拉伸测力弹簧 A 和测力弹簧 B。测力弹簧 A 与测力弹簧 B 在不同的测量范围内起作用。例如国产 ZD-6000 型制动试验台，制动力在0 ~4 000N 范围内弹簧 A 起作用，制动力在 4 000 ~20 000N 范围内弹簧 A 与弹簧 B 共同起作用。

安装在测力杠杆前端的测力传感器有自整角电动机式（图 6-5 中的 12）、电位计式、差动变压器式或电阻应变片式等多种类型，能把测力杠杆的位移或力变成反映制动力大小的电信号，送入到指示与控制装置中去。

以上所述的驱动装置、滚筒装置和测量装置，直接或间接地安装在框架上。

4）举升装置。为了便于汽车出入检测台，在两滚筒之间设有举升装置。举升装置一般由举升器、举升平板和控制开关等组成。每个举升平板下一般设置 1 ~2 个举升器。常见的检测台举升器主要有三种类型，即气压式、液压式和电动机械式。气压式举升器有气缸式和气囊式之分，均以压缩空气为动力，以驱动气缸中的活塞上移或使气囊向上变形完成举升工作。液压式举升器为油缸式，以油液为动力，驱动油缸中的活塞上移完成举升工作。电动机械式举升装置由电动机通过减速器带动丝母转动，迫使丝杠向上运动完成举升工作。

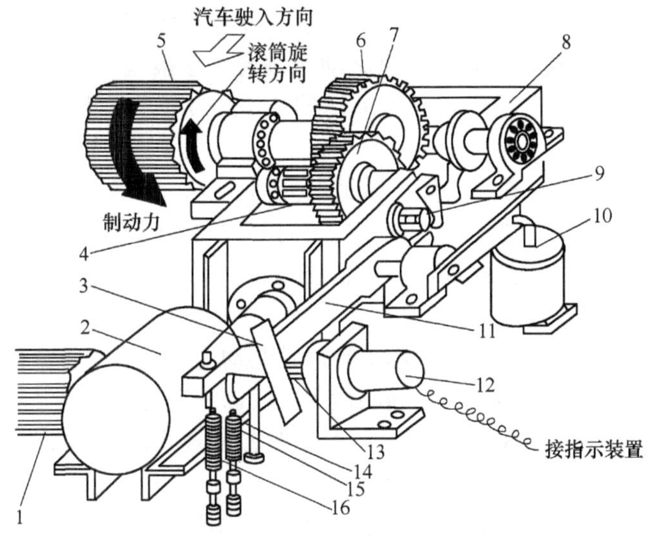

图 6-5　反力式滚筒制动检测台的驱动装置与测量装置

1、5—滚筒　2—电动机　3—齿条　4—二级减速主动齿轮　6—二级减速从动齿轮　7—蜗轮
8—减速器壳体　9—传力臂刃口　10—缓冲器　11—测力杠杆　12—自整角电动机
13—小齿轮　14—限位杆　15—测力弹簧 A　16—测力弹簧 B

国产 FZ-10B 型汽车制动检测台的机械部分如图 6-6 所示。有些反力式滚筒制动检测台，在两滚筒之间设置了一根直径比较小的第三滚筒，第三滚筒上带有转速传感器。当车轮接近抱死时，第三滚筒上的转速传感器送出的电信号可使滚筒立即自动停止转动，防止轮胎剥伤，延长轮胎的使用寿命。

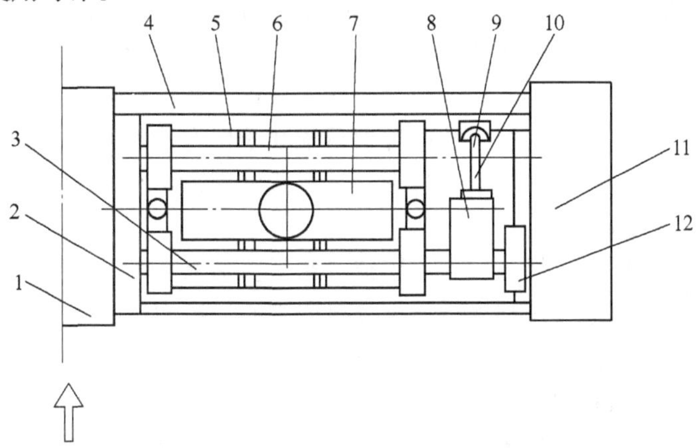

图 6-6　国产 FZ-10B 型汽车制动检测台的机械部分

1—中央盖板　2—链传动　3—主动滚筒　4—地基边缘　5—框架　6—从动滚筒
7—举升器　8—减速器　9—测力传感器　10—测力杠杆　11—侧盖板　12—轴承座

5）指示与控制装置。目前检测线制动检测台的控制装置均为微型计算机式。将测力传感器送来的电信号经处理后，由工位测控微型计算机及检验程序指示器显示并发往主控微型

计算机。制动过程中，当左、右车轮制动力之和大于50daN时，微机即开始采集数据，采集时间为3s。3s后微机发出指令使电动机停转，以防止轮胎剥伤。

（2）工作原理　汽车驶上反力式滚筒制动检测台，使被检车轴左、右车轮处于每对滚筒之间，放下举升器，起动电动机，通过减速器、链传动使主、从动滚筒带动车轮低速旋转，然后用力踩下制动踏板。此时，车轮制动器产生的摩擦力矩作用在滚筒上，与滚筒的转动方向相反，因而产生一个反作用力矩。减速器壳体在这个反作用力矩的作用下，壳体前端发生绕其输出轴向下的偏转，迫使测力杠杆前端向下或向上位移，通过测力传感器转换成反映制动力大小的电信号，由微型计算机采集、处理后，指令电动机停转，并由指示装置指示或由打印机打印检测到的制动力数值。

需要指出的是，制动力的诊断参数标准是以轴制动力占轴荷的百分比为依据的，因此必须在测得轴荷和轴制动力后才能评价轴制动性能。所以，反力式滚筒制动检测台需要配备轴重计或轮重仪。有些反力式滚筒制动检测台本身带有内藏式轴重测量装置（称为复合式制动检测台），可不必再单独设置轴重计或轮重仪。

另外，在反力式滚筒制动检测台上检测多轴汽车并装轴（如三轴汽车的中轴和后轴）的制动力，而其中任一轴的传动关系又不能单独脱开时，无须在检测台前后布置自由滚筒。此时，按多轴汽车并装轴检测程序进行检测，只要一组滚筒的驱动电动机正转，而另一组滚筒的驱动电动机反转，测完制动后两电动机再反方向重测一次，每一次只采集车轮正转时的制动力数据，即可完成该轴制动力的检测，而相邻另一并装车轴在地面上的车轮不转动。这一检测方法，不仅节省了制动检测台前、后两套自由滚筒，而且减少了占地面积，因而大大降低了资金投入。

3. 平板式制动检测台

由于惯性式平板制动检测台具有结构简单、测试方便、不需要模拟转动惯量、测试精度不受车轮直径大小的影响、测试过程更接近实际制动过程等优点，因此在检测设备出现的早期就有所应用。有些惯性式平板制动检测台不仅能检测制动性能，而且能检测轴重、侧滑和悬架的技术状况等，因而又称为平板式检测设备或平板式底盘检测设备。

平板式检测设备是由测试平板、数据处理系统和踏板力计等组成的，如图6-7所示，测试平板一共有六块。其中四块为制动、悬架、轴重测试用，一块为侧滑测试用，还有一块为空板，不起任何测试作用。

测试平板由面板、底板、钢球和力传感器等组成。底板作为底座固定在混凝土地面上，面板通过压力传感器和钢球作用在底板上，其纵向则通过拉力传感器与底板相连。压力传感器用于测量作用于面板上的垂直力，拉力传感器则用于测量沿汽车行驶方向轮胎作用于面板上的水平力，水平力和垂直力的大小变化分别对应于拉力传感器和压力传感器所输出的电信号的变化。拉力传感器和压力传感器输出的电信号由计算机采集、处理后，换算成制动力和轮荷的大小并分别在显示装置上显示出来。如果装用无线式踏板力计，则平板式制动检测台不仅可以测出最大制动力，还可提供制动力随时间变化的曲线、制动协调时间等信息，根据垂直力在制动过程中的波动情况可检测悬架装置的性能。

踏板力计能测得制动时作用在制动踏板上的力，其形式分为有线式、无线式和红外线式，可以根据要求选用。

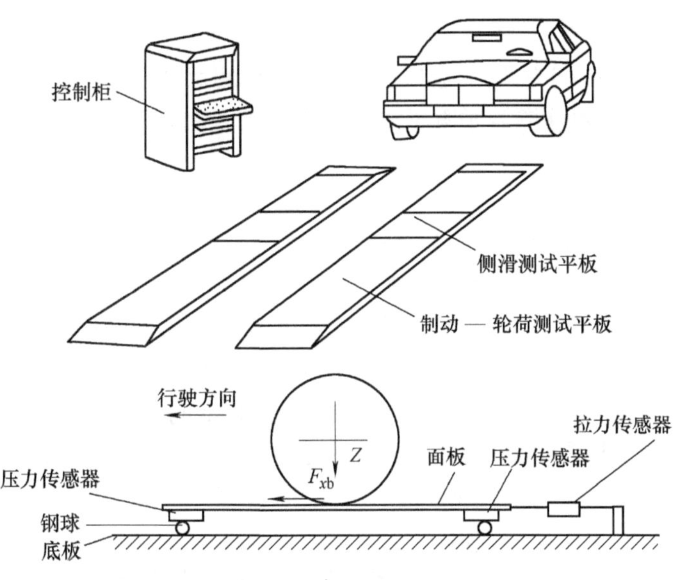

图 6-7　平板式检测设备

技能学习

一、准备工作

1. 检测台准备

（1）反力滚筒式制动检测台

1）将反力滚筒式制动检测台（以下简称制动检测台）指示与控制装置上的电源开关打开，按使用说明书的要求预热至规定时间。

2）如果指示装置为指针式仪表，则检查指针是否在机械零点上，否则应进行调整。

3）检查制动检测台滚筒上是否粘有泥、水、砂、石等杂物，否则应予以清除。

4）核实汽车各轴轴荷，不得超过制动检测台的允许载荷。

5）检查制动检测台举升器是否在升起位置，否则应升起举升器。

（2）平板式制动检测台

1）将检测台指示与控制装置上的电源开关打开，按照使用说明书的要求预热至规定时间。

2）检查制动检测台平板上是否粘有泥、水、砂、石等杂物，否则应予以清除。

3）核实汽车各轴轴荷，不得超过制动检测台的允许载荷。

2. 车辆准备

1）检查汽车轮胎是否粘有泥、水、砂、石等杂物，否则应予以清除。

2）检查汽车轮胎气压是否符合汽车制造厂的规定，否则应充气至规定气压。

3）如果需测制动踏板力，则应将踏板力计固定在制动踏板上（或套装在引车员右脚上）。

二、测试步骤

1. 单轴反力滚筒式制动检测台的检测步骤

1）对于外置轴重仪的检测台，先使汽车前行至前轮停置于轴重检测台平板上，检测前轴轴重。

2）汽车前行至后轮位于轴重仪检测台平板上，检测后轴轴重。

3）使被检测车辆尽可能顺着垂直于滚筒的方向驶入制动检测台。先前轴，再后轴，使车轮处于两滚筒之间。

4）汽车停稳后变速杆置于空档位置，行车制动器和驻车制动器处于完全放松状态，能检测制动时间的检测台还应把脚踏开关套在制动踏板上。

5）降下举升器，到举升器平板与轮胎完全脱离为止。

6）如果是带有内藏式轴重测量装置的制动检测台，那么此时已将轴荷测量出。

7）起动电动机，使滚筒带动车轮转动，先测出制动拖滞力。

8）检测员按显示屏指示在5~8s内（或按厂家规定的速率）将制动踏板逐渐踩到底（对于气压制动车辆）或踩至制动性能检测时规定的制动踏板力，测得左、右车轮制动力增长全过程的数值及左、右车轮最大制动力，并依次检测各车轴；对于驻车制动轴，操纵驻车制动操纵装置，测得驻车制动力数值。

制动检测时，如果被测车轮在滚筒上抱死但制动率未达到合格要求，则应采用下述方法进行检测：

①在车辆上增加足够的附加质量或相当于附加质量的作用力（在设备额定载荷内，附加质量或作用力应在该轴左、右车轮之间对称作用，不计入轴荷）。为防止被测车辆在滚筒反力式制动检测台上后移，可在非测车轮后方垫三角垫块或采取整车牵引的方法。

②用平板制动检测台检测制动力或按照标准规定的路试方法检测制动距离或充分发出的平均减速度和制动协调时间。

9）所有车轴的行车制动性能及驻车制动性能检测完毕后，升起举升器，汽车开出制动检测台。

10）切断制动检测台电源。

台试检测左、右轮制动力差不合格，但在底盘动态检测过程中点制动时车辆无明显跑偏现象的，应换用平板式制动检测台或采用路试方法进行检测。

2. 平板式制动检测台的检测步骤

1）被测汽车以5~10km/h的速度开上测试平板。

2）当车辆前轮刚进入前平板时，引车员及时踩下装有踏板力计的制动踏板，使车辆在测试平板上制动并停住。

3）重新起步加速，当车辆后轮位于前平板上时，引车员及时拉紧驻车制动杆，使车辆在测试平板上制动并停住。

4）重新起步，将车辆开离本工位。

三、检测标准

1. GB 18565—2001的规定

（1）行车制动性能

1）汽车、汽车列车、无轨电车和农用运输车在制动检测台上测出的制动力应符合表6-1的要求。对空载检测制动力有质疑时，可用表中规定的满载检测制动力要求进行检测。

2）制动力平衡要求。在制动力增长全过程中同时测得的左、右轮制动力差的最大值与全过程中测得的该轴左、右轮最大制动力大者之比，对于前轴不应大于20%，对于后轴

（及其他轴）在轴制动力不小于该轴轴荷的60%时不应大于24%；对后轴（及其他轴）制动力小于该轴轴荷的60%时，在制动力增长全过程中同时测得的左、右轮制动力差的最大值不应大于该轴轴荷的8%。

表6-1　检测台检测制动力要求

车辆类型	制动力总和与整车重量的百分比		轴制动力与轴荷的百分比	
	空载	满载	前轴	后轴
汽车、汽车列车、无轨电车和四轮农用运输车	≥60	≥50	≥60①	—
三轮农用运输车	—	—	—	≥60①

①　空载和满载状态下检测均应满足此要求。

3）制动协调时间。制动协调时间是指在急踩制动时，从脚接触制动踏板（或手触驻车制动杆）时起至机动车减速度达到规定的充分发出的平均减速度（或规定的制动力）的75%时所需的时间。

对于液压制动的汽车制动协调时间不应大于0.35s，对于气压制动的汽车制动协调时间不应大于0.60s；汽车列车和铰接客车、铰接式无轨电车的制动协调时间不应大于0.80s。

4）车轮阻滞力要求。车轮阻滞力是指行车和驻车制动装置处于完全释放状态，变速器置空档位置时，检测台驱动车轮所需的作用力。汽车各车轮的阻滞力不得大于该轴轴荷的5%。

（2）驻车制动性能　当采用制动检测台检测车辆驻车制动力时，车辆空载，乘坐一名驾驶人，使用驻车制动装置，驻车制动力的总和不应小于该车在测试状态下整车重量的20%；对于总质量为整备质量1.2倍以下的机动车，为不小于15%。

（3）制动踏板力的要求　行车制动在产生最大制动作用时的踏板力，对于座位数小于或等于9的载客汽车应不大于500N，对于其他车辆应不大于700N。驻车制动器用手操纵时，座位数小于或等于9的载客汽车应不大于400N，其他车辆不大于600N。驻车制动器用脚操纵时，座位数小于或等于9的载客汽车应不大于500N，其他车辆不大于700N。

2. GB 7258—2012规定

（1）行车制动性能

1）汽车、汽车列车、无轨电车和农用运输车在制动检测台上测出的制动力应符合表6-2的要求。对空载检测制动力有质疑时，可用表中规定的满载检测制动力要求进行检测。使用转毂检测台检测时，可通过测得制动减速度值计算得到最大制动力。

摩托车的前、后轴制动力测试时只允许乘坐一名驾驶人。

表6-2　台式检测制动力要求

机动车类型	制动力总和与整车重量的百分比		轴制动力与轴荷[a]的百分比	
	空载	满载	前轴[b]	后轴[b]
三轮汽车	—		—	≥60[c]
乘用车、总质量不大于3500kg的货车	≥50	≥50	≥60[c]	≥20[c]
其他汽车	≥60	≥50	≥60[c]	≥50[d]
汽车列车	≥55	≥45	—	—

（续）

机动车类型	制动力总和与整车重量的百分比		轴制动力与轴荷[a]的百分比	
	空载	满载	前轴[b]	后轴[b]
普通摩托车	—	—	≥50	≥55
轻便摩托车	—	—	≥60	≥50

a. 用平板制动检测台检验乘用车时应按动态轴荷（左、右轮制动力最大时刻所分别对应的左、右轮动态轮荷之和）计算。

b. 前轴是指位于机动车（单车）纵向中心线中心位置以前的轴，除前轴之外的其他轴均为后轴；挂车的所有车轴均按后轴计算；用平板制动检测台检测并装轴制动力时，并装轴可视为一轴。

c. 空载和满载状态下检测均应满足此要求。

d. 后轴制动力百分比满载检测时不作要求，空载用平板制动检测台检测时应大于或等于35%。

2）制动力平衡要求（两轮、边三轮摩托车和轻便摩托车除外）。在制动力增长全过程中同时测得的左、右轮制动力差的最大值，与全过程中测得的该轴左、右轮最大制动力中大者（当后轴及其他轴制动力小于该轴轴荷的60%时，为与该轴轴荷）之比，对新车和在用车应分别符合表6-3的要求。

表6-3　台试检测制动力平衡要求

	前轴	后轴(及其他轴)	
		轴制动力大于或等于该轴轴荷60%时	制动力小于该轴轴荷60%时
新注册车	20%	24%	8%
在用车	24%	30%	10%

3）制动协调时间。对于液压制动的汽车不应大于0.35s，对于气压制动的汽车不应大于0.60s；汽车列车和铰接客车、铰接式无轨电车的制动协调时间不应大于0.80s。

4）车轮阻滞力要求。车轮阻滞力是指行车和驻车制动装置处于完全释放状态，变速器置空档位置时，检测台驱动轮所需的作用力。汽车各车轮的阻滞力不得大于该轴轴荷的5%。

（2）驻车制动性能　当采用制动检测台检测车辆驻车制动力时，车辆空载，乘坐一名驾驶人，使用驻车制动装置，驻车制动力的总和不应小于该车在检测状态下整车重量的20%；对于总质量为整备质量1.2倍以下的机动车，为不小于15%。

（3）制动踏板力的要求　行车制动在产生最大制动作用时的踏板力，对于座位数小于或等于9的载客汽车应不大于500N，对于其他车辆不大于700N。驻车制动器用手操纵时，座位数小于或等于9的载客汽车应不大于400N，其他车辆不大于600N。驻车制动器用脚操纵时座位数小于或等于9的载客汽车应不大于500N，其他车辆不大于700N。

（4）制动完全释放时间要求　汽车制动完全释放时间（从松开制动踏板到制动消除所需要的时间）对于两轴汽车不应大于0.80s，对于三轴及三轴以上汽车不应大于1.2s。

3. 营运车辆等级评定的要求

对于营运车辆等级评定的检测，只有制动力平衡、车轮阻滞力是分级的。其规定如下：

（1）制动力平衡　一、二级车：在制动力增长全过程中同时测得的左、右轮制动力差的最大值与全过程中测得的该轴左、右轮最大制动力大者之比，对于前轴不应大于16%，对于后轴（及其他轴）在轴制动力不小于该轴轴荷的60%时不应大于20%；对于后轴（及其他轴）制动力小于该轴轴荷的60%时，在制动力增长全过程中同时测得的左、右轮制动力差的最大值不应大于该轴轴荷的5%。三级车的标准为合格标准。

（2）车轮阻滞力　一级车：汽车各车轮的阻滞力不得大于该轴轴荷的2.5%。二、三级车为合格标准（5%）。其他不分级项目均为合格标准。

四、制动性能检测结果分析

在制动检测台上检测汽车制动性能时，若检测结果判定为不合格，那么在排除检测操作规范的问题外主要是由汽车制动系统的故障造成的。汽车制动常见故障形式有制动力不足、同轴左/右车轮制动力平衡不符合要求、制动协调时间过长和车轮的阻滞力超限等。

1. 检测误差分析

（1）制动力不足的原因分析

1）如果是检测结果普遍存在的制动力不足，那么首先应该考虑轴（轮）重仪以及制动检测台是否示值误差超标的问题。

2）如果是前轴以外的其他轴制动力偏低，则应考虑其他轴是否有制动力自动调节装置。因为国家标准对前轴以外的其他轴制动力“和”没有较严格的限制，所以检测报告单往往出现各轴制动力“和”均合格，但整车制动力“和”不合格。对于其他轴带有制动力自动调节装置的车辆，应对前轴采取增加附着力的办法检测确定。提高制动力的措施（允许采用的检测措施）：

①提高滚筒的附着系数。

②增加附着重量：在制动力和检测不合格时采用，左、右轮均匀增加。增加的附着重量不计轴荷。

③增加非检测车轮的附着力。

3）如果轮胎磨损严重，则对制动性检测结果有影响。

（2）制动力异常的原因分析　制动力异常主要指的是检测数据不符合理论或者不现实的情况。例如：未采取增加附着力的办法进行检测，制动力过大，制动力“和”超过100%等。如果是检测结果普遍存在的制动力异常，那么首先应该考虑轴（轮）重仪以及制动检测台是否出现示值误差的问题。与制动力不足类似，轴（轮）重仪示值偏低或者制动检测台示值误差过大，均可导致制动力“和”超过100%。

（3）制动力差超标的原因分析　制动力差超标同样也应该排除制动检测台本身示值误差因素的影响。

除了车辆本身左/右车轮制动器制动力不一致、制动器间隙不一致、轮胎气压和轮胎磨损使得左、右轮的附着系数不一致等因素可导致制动力差超标外，车辆的左、右轮轮荷相差较大且制动器制动力大于附着力出现抱死拖滑时，也可导致制动力差超标。

对于轻型和微型汽车，应注意引车员的重量对制动力差的影响。这里同样指的是，如果车轮制动器制动力大于附着力时，车轮将出现抱死拖滑。这时所测得的制动力实际是附着力。而附着力等于该轮的轴荷与附着系数的乘积。如果左、右轮的附着系数相等，那么所测得的力就与该轮的轴荷有关。因此，引车员的重量对轻型和微型车前左、右轮的影响不能忽视，它可能引起制动力差的超标，应该注意这一点。

另外，在检测时还应注意，引车员应适当控制好踩制动踏板的速度。对于制动协调时间非常短、制动力增长的斜率较陡的液压制动车辆，如果踩制动踏板速度过快，那么也可能引起制动力差超标。这是因为通过模拟通道采样的信号，各同步信号记录时刻的同步时间差约为0.5ms。另外，每个记录点之间间隔10ms的采样时间，对于快速增长的制动力也可能会出现漏掉最大制动力点的情况。这也是制动力检测时往往出现重复性不好的主要原因。

2. 车辆原因分析

（1）液压制动系统的原因分析

1）各车轮制动力均偏低，主要原因是制动踏板自由行程太大、制动液中有空气或变质、制动主缸故障、增压器或助力器效能不佳或失效。

2）个别车轮制动力偏小，主要原因是该车轮制动器故障，若同一制动回路两车轮制动力均偏小，则应检查该制动回路中有无空气或不密封处。

3）同轴左、右轮制动力最大值差值过大故障原因同2）。若在制动力上升阶段左、右轮差值过大，则应检查制动间隙是否适当，若在制动释放阶段左、右轮制动力最大值差值过大，则应检查制动轮缸及制动蹄回位弹簧。

4）若各车轮制动协调时间过长，则应主要检查制动踏板自由行程是否过大；若个别车轮制动协调时间过长，则应主要检查该车轮制动间隙是否过大；若同一制动回路两车轮制动协调时间过长，则可能是该制动回路中有空气。

5）各车轮阻滞力都超限，主要原因是制动主缸故障或制动踏板无自由行程；若个别车轮阻滞力超限，则主要原因是该车轮制动间隙过小、制动轮缸故障、制动蹄回位弹簧故障或轮毂轴承松旷。

（2）气压制动系统原因分析

1）各车轮制动力均偏低，主要原因是制动踏板自由行程太大，储气筒气压太低或制动阀故障。

2）个别车轮制动力偏低，主要原因是该车轮制动间隙过大或制动器故障。若同一制动回路两车轮制动力偏低，则主要原因是制动管路漏气或某一制动气室膜片破裂。

3）同轴左、右轮制动力最大值差值过大的故障原因同2）。若在制动力上升阶段左、右轮差值过大，则应检测制动间隙是否适当；若在制动释放阶段左、右轮制动力差值过大，则可能是制动蹄或制动气室回位弹簧故障。

4）各车轮制动协调时间过长，应主要检测制动踏板自由行程是否过大；若个别车轮制动协调时间过长，则应主要检查该车轮制动间隙是否过大。

5）各车轮阻滞力均超限，主要原因是制动踏板无自由行程或制动控制阀故障；若个别车轮阻滞力超限，则主要原因是该车轮制动间隙过小、制动蹄回位弹簧故障或轮毂轴承松旷。

3. 检测报告单分析

在综检报告单中，汽车制动性能的检测部分报告单式样见表6-4。

在表中的“一轴制动”表示车辆从前向后的第一轴，即前轴。“轴荷”即前轴同轴左、右车轮轮荷之和，单位为10N（即daN，读作达因）。“最大制动力”表示左、右轮检测全过程中制动力的最大值。“和%”表示左、右轮最大制动力的和除以轴荷而得到的百分数。“过程差最大差值点”表示在全过程中同时测得的左、右轮制动力差值的最大值。“差%”

表示“过程差最大差值点”中左、右轮制动力的差值与“最大制动力”中左、右轮制动力最大值的比值。“阻滞力%”表示实测车轮阻滞力与该轴轴荷的百分比。

表 6-4　汽车制动性能的检测部分报告单式样

	序号	检测项目	轴荷 10N	最大制动力 10N		和%	差%	过程差最大差值点 10N		阻滞%		评价
				左轮	右轮			左轮	右轮	左轮	右轮	
制动性能	24	一轴制动	1 405	421	438	61. 1	13. 0	396	339	0. 9	0. 6	○壹壹壹
	25	二轴制动	1 314	440	448	67. 6	9. 0	401	442	2. 1	1. 6	○壹壹壹
	26	三轴制动										
	27	四轴制动										
	28	五轴制动										
	29	六轴制动										
	30	驻车制动	2 719	284	405	29. 0						○
	31	整车	2 719	64. 3								○
	32	踏板力/N 或气压/kPa		制动形式：液压　384								○
	33	制动协调时间		0. 00s								○

注：○表示合格。

表中“二轴制动”“三轴制动”等各项的含义与上述相同。

表中“一轴制动”内，“和%”为 61. 1，符合标准（大于或等于 60%），故评定为合格；“差%”为 13. 0，满足营运车辆等级评定中该项目一级车的要求（不大于 15%），故评定为一级；“车轮阻滞力”中左、右轮的数值分别为 0. 9 和 0. 8，满足营运车辆等级评定一级车的要求，故评定为一级。

“驻车制动”栏内，“轴荷”表示车辆的总重。“29. 0”表示驻车制动力的和占整车重量的百分比。对实测车型，标准规定为大于或等于 20%，故评定为合格。

“整车”栏内，“轴荷”表示车辆的总重。“64. 3”表示整车制动力占整车重量的百分比。标准为大于或等于 60%，故评定为合格。

“踏板力 N 或气压 kPa”栏内，该车型制动形式为液压式，“384”表示踏板力为 384N，标准为不大于 500N（空载），故评定为合格。

“制动协调时间”栏内，“0. 00”表示制动协调时间实测值为 0. 00s，标准规定对于液压制动系统为不大于 0. 35s，故评定为合格。但此数据有问题，因为任何车辆的制动协调时间不可能为“0”，可能检测系统（程序）故障或根本没有检测，而程序设定自动打印的数据又不切实际。

在安检报告单中，汽车制动性的检测部分报告单式样见表 6-5。

表中“制动率”相当于综检报告单中的“和”，“不平衡率”相当于综检单中的“差”。“动态轮荷”是指平板式检测台检测到的轮荷值，即左、右轮制动力最大时刻所分别对应的左、右轮动态轮荷。“项目判定”栏内只打印合格“○”或不合格“×”。“单项次数”栏打印本检测周期内单项检测的次数（含初复检），以便明确该数据是第几次检测结果。

表6-5　在安检报告单中，汽车制动性能的检测部分报告单式样

代号	台试检测项目		轮(轴)荷/kg		最大制动力/10N		过程差最大差值点/10N		制动率(%)	不平衡率(%)	阻滞率(%)		项目判定	单项次数
			左	右	左	右	左	右			左	右		
B	制动力	一轴												
		二轴												
		三轴												
		四轴												
		驻车												
		整车												
		动态轮荷(左/右)/kg			1轴　/			2轴　/		3轴　/		4轴　/		

学习任务2　路试检测制动性能

学习目标

1. 能够正确描述五轮仪和制动减速度仪的结构与工作原理。
2. 能够利用五轮仪检测汽车的制动距离。
3. 能够利用制动减速度仪检测汽车的制动减速度。
4. 能够根据路试制动性能的检测结果分析评价汽车的制动性能，并提出维修建议。
5. 能够培养良好的安全与卫生习惯和团队协作意识。

任务分析

反力滚筒式制动检测台和平板式制动检测台均有一定的局限性，包括承载能力限制和车辆结构限制，因而并不是所有类型的车辆均能进行台试检测制动性能。对于不能进行台试检测制动性能的车辆及对台试检测制动性能的结果有争议时，均需进行路试检测制动性能。

相关理论知识

在路试中检测汽车整车性能时，经常要使用五轮仪，可以测出车辆行驶的距离、时间和速度。当五轮仪用于检测汽车制动性能时，能测出制动初速度、制动距离和制动时间等参数。

五轮仪主要有机械式、电子式和微型计算机式三种类型。

五轮仪一般由传感器和记录仪两部分组成，并附带一个脚踏开关。传感器部分与记录仪部分由导线（信号线）连接。脚踏开关带有触点的一端套在制动踏板上，另一端插接在记录仪上。

1. 传感器部分

该部分的作用是把汽车行驶的距离变成电信号。它一般由充气车轮、传感器、支架、减振器和连接装置等组成，如图 6-8 所示。充气车轮为轮胎式，安装在支架上，支架通过连接装置固定在汽车的侧面或尾部的车身上。在其减振器压簧的作用下，充气车轮紧贴地面，并随汽车的行驶而滚动。对于四轮汽车来说，安装上去的充气车轮就像汽车的第五轮一样，故称为五轮仪。当充气车轮在路面上滚动一圈时，汽车行驶了充气车轮周长的距离。在充气车轮中心处安装有传感器，可以把车轮在路面上滚动的距离变成电信号。

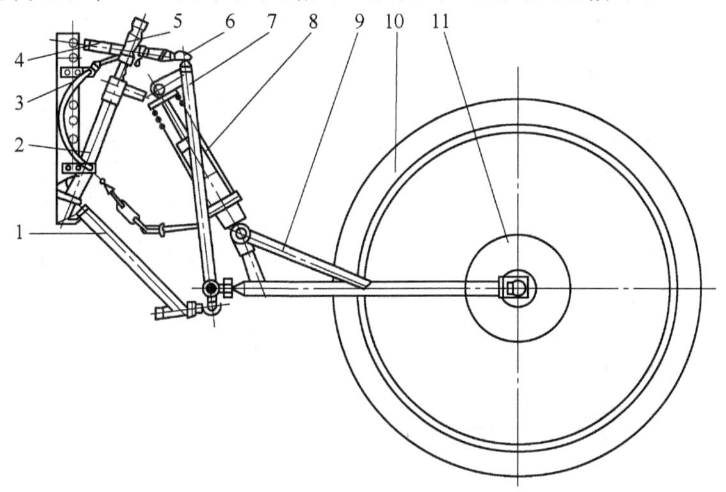

图 6-8　五轮仪的传感器部分

1—下臂　2—调节机构　3—固定板　4—上臂　5—手把　6—活节头
7—立架　8—减振器　9—支架　10—充气车轮　11—传感器

常用的传感器有光电式和磁电式等形式。

光电式传感器是在车轮的中心一侧固定有圆形的光孔板，其上沿圆周均布有若干小孔，在小孔的两侧分别装有光源和光敏管。光源和光敏管固定在支架上。当车轮转动时，光孔板随之转动。每转过一个小孔，光源的光线穿过小孔照射光敏管一次，光敏管就产生一个电脉冲信号，并通过导线送入记录仪。国产 FT5-3 型五轮仪使用的光孔板加工有 155 个小孔，车轮旋转一圈传感器发出 155 个电信号。

磁电式传感器也是安装在车轮的中心，由永磁环、线圈、内齿环、外齿盘和车轴等组成，并形成闭合磁回路。内齿环沿圆周加工有内齿，与充气车轮固装在一起。外齿盘沿圆周加工有外齿，与车轴固装在一起，车轴固装在支架上，工作中不转动。当车轮旋转时，内齿环围绕外齿盘转动，两者之间的间隙发生变化，于是闭合磁路的磁阻发生变化，通过线圈的磁通量发生变化，线圈两端则输出类似正弦波的电信号。国产 WLY—5 型微型计算机五轮仪使用的外齿盘上加工有 176 个齿，当车轮旋转一圈时，传感器发出 176 个电信号。车轮周长为 1 760mm，随轮胎充气压力的变化而变化。

2. 记录仪部分

该部分的作用是把传感器部分送来的电信号和内部产生的时间信号进行控制、计数并计算出车速，然后指示出来。电子式记录仪，如 PT5-3 型五轮仪的记录仪，是由测距、测时、测速、音响和稳压等部分组成的，整机各元件均安装在一个金属盒子内，其面板图如图 6-9 所示。从传感器部分送来的电信号，经整形电路整形成矩形脉冲后通过控制器。其中一路送入测距电路进行测距计数，再经数据选择器及译码器由荧光数码管直接显示汽车行驶距离；另一路送入车速计数电路，通过时标电路以0.36s瞬时车速值存入寄存器、译码器，由另一组数码管直接显示汽车行驶速度。检测时则是把从石英谐振器经分频电路取出的1kHz频率，通过控制器送入测时计数器进行以ms为单位的测时计数，并通过数据选择器、译码器由荧光数码管直接显示汽车行驶时间。制动系统反应时间的检测是通过一个传感器——附有磁钢的摆锤完成的。当车辆制动时，从驾驶人的脚踩上制动踏板（脚踏开关的触点闭合）时开始时间计数，到车辆刚出现减速度，摆锤因惯性作用向前摆动时，干簧管受摆锤磁钢影响闭合后送出闭合信号，数码管立即停止时间显示，因而测出了制动系统的反应时间。

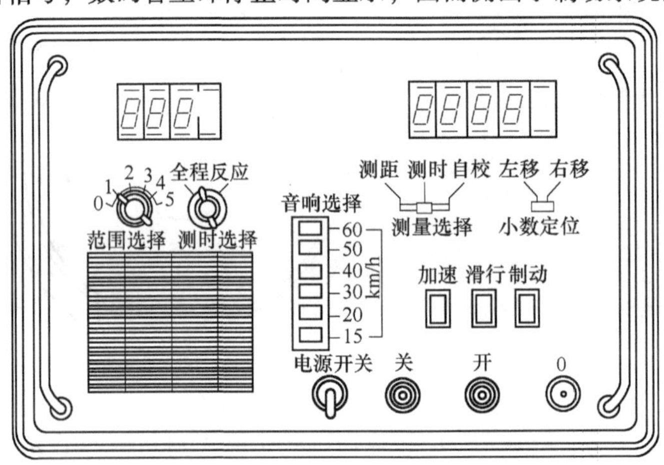

图6-9　PT5-3型五轮仪的记录仪面板图

套在制动踏板上的脚踏开关，当驾驶人踩制动踏板时闭合，通过导线输入记录仪作为测量制动距离、制动系统反应时间和制动全过程时间等的开始信号。

微型计算机式记录仪，如WLY-5型微型计算机五轮仪，是以MCS-51系列的8031单片微型计算机为核心的智能仪器，除能完成距离、速度和时间等参数的测量和数据处理外，还能存储全部数据并能打印试验结果。该种记录仪的面板图如图6-10所示。

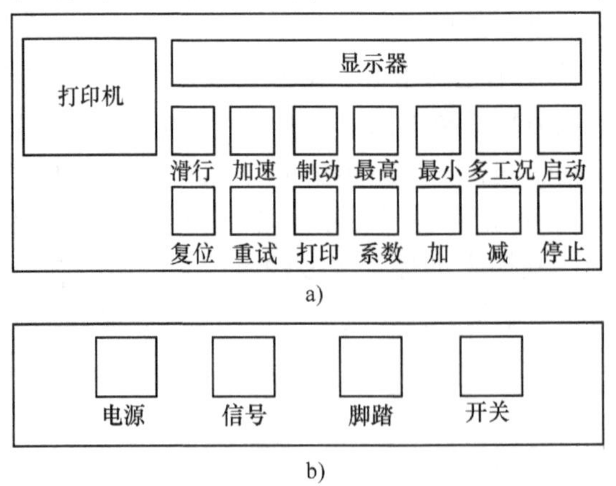

图6-10　WLY—5型微型计算机五轮仪记录仪面板图

a）上面板　b）下面板

技能学习

一、制动距离的检测

1. 准备工作

（1）车辆准备　汽车应运行至正常热状态。

（2）五轮仪准备

1）如果五轮仪自备电源，那么使用前应按使用说明书的要求充电至规定电压。

2）将传感器部分固定在汽车侧面或尾部的车身上，以不影响其车轮左右摆动为准，并用打气筒对车轮充气至适当程度。

3）将记录仪放置在驾驶室或车厢内，正面朝上，水平放置，其前端要对准汽车前进方向并紧靠在固定部位，以防制动时撞击。

4）用信号线把充气车轮上的传感器与记录仪连接起来。脚踏开关一端通过导线插接在记录仪上，另一端套在制动踏板上。用汽车蓄电池作为电源的五轮仪，还应把电源线一端插接在记录仪上，另一端夹持在蓄电池正、负极上。

5）打开记录仪电源开关，按照使用说明书的要求进行检查与自校。如果要求预热，那么应预热至规定时间。

6）微型计算机控制的五轮仪使用前应首先进入初始化程序。一般地说，该种类型的五轮仪在电源开关打开后可自动进入初始化程序或通过键入的方法进入初始化程序。

7）凡要求置入五轮修正系数的五轮仪，均应按照使用说明书上的方法置入。如 WLY-5 型微型计算机五轮仪，只要把传感器部分的充气车轮转 10 圈的距离（在路面上的实测值）键入记录仪即可。

8）检测制动距离前，必须将与制动有关的旋钮、开关或按键打到规定位置，并预选（按下对应的键或键入选择的值）制动初速度。

2. 检测程序

1）检测制动距离时，按照国家标准的有关规定，应在符合要求的道路条件和气候条件下，汽车空载或满载加速行驶，驾驶人根据记录仪上指示的瞬时车速或音响的提示，至预选制动初速度时，用力踩下制动踏板直至汽车停止。制动时的踏板力（可安装踏板力计）或制动气压应符合规定要求。

2）读取并打印检测结果。可读取并打印测得的制动初速度、制动距离、制动系统反应时间和制动全过程时间等检测结果。有的五轮仪还能读取制动减速度或打印“速度-时间”曲线和“减速度-时间”曲线等。以上检测结果是实际试验结果。实际试验结果中的制动初速度不一定正好等于预选制动初速度，可能大于或小于预选制动初速度。有些微型计算机式五轮仪可以将实际试验结果修正到预选制动初速度下的试验结果，以便直接与诊断参数标准进行对照。

3）按下记录仪“重试”键或“复位”键，仪器复原，可重新进行制动试验。微型计算机式五轮仪在打印结束后一般能自动回到初始化程序。

4）检测制动性能应在同一路段正、反两个方向上进行，测得的制动距离及其他参数取平均值。汽车倒车时，应将传感器部分的充气车轮转向 180°或专人提离地面。

5）路试结束后，关闭记录仪电源，拆卸电源线、信号线和脚踏开关，并从车身上拆下传感器部分。

用五轮仪检测汽车制动性能，可以测得在规定制动初速度下从开始踩着制动踏板到车辆完全停住所走过的制动距离和制动时间，比仅仅由在路面上测量车轮拖压印长度决定制动性能的原始方法前进了一大步，但使用费时费力。

二、制动稳定性检测

在上述制动距离检测过程中，当车辆停止时，观察车身在试车道上的状态，要求制动过程中机动车的任何部位（不计入车宽的部位除外）不允许超出规定宽度的试验通道的边缘线。

三、充分发出平均减速度的检测

充分发出平均减速度的检测程序与制动距离的检测程序相同，只不过是仪器根据实测的制动初速度 v_o 和制动距离 S_b、S_e 用下式计算确定

$$MFDD = \frac{v_b^2 - v_e^2}{25.92(S_e - S_b)}$$

式中 *MFDD*——充分发出平均减速度；

v_o——制动初速度（km/h）；

v_b——车辆的速度为 $0.8v_o$（km/h）；

v_e——车辆的速度为 $0.1v_o$（km/h）；

S_b——在速度 v_o 和 v_b 之间车辆驶过的距离（m）；

S_e——在速度 v_o 和 v_e 之间车辆驶过的距离（m）。

对已在制动检测台上检测过的车辆，制动力平衡及前轴制动率符合要求，但当整车制动率未达到合格要求时，用便携式制动性能检测仪检测，对于乘用车及其他总质量不大于 4 500kg的汽车的制动初速度应不低于 30km/h，对于其他汽车、汽车列车及无轨电车，制动初速度应不低于 20km/h，急踩制动后测取 *MFDD* 及制动协调时间。

四、驻车制动检测

将车辆驶上坡度为20%（总质量为整备质量的1.2 倍以下的车辆为15%），附着系数不小于0.7（混凝土或沥青路面）的坡道上，按正、反两个方向保持固定不动，其时间不少于5min，检测车辆的驻车制动是否符合要求。

五、检测标准

1. 制动距离和制动稳定性要求

在规定的初速度下的制动距离和制动稳定性要求应符合表6-6 的规定。对空载检测的制动距离有质疑时，可用表中规定的满载检测制动距离要求进行。

表 6-6 制动距离和制动稳定性要求

机动车类型	制动初速度/km	满载检测制动距离要求/m	空载检测制动距离要求/m	试验通道宽度/m
三轮汽车	20	≤5.0		2.5
乘用车	50	≤20.0	≤19.0	2.5
总质量不大于 3 500kg 的低速货车	30	≤9.0	≤8.0	2.5
其他总质量不大于 3 500kg 的汽车	50	≤22.0	≤21.0	2.5
其他汽车	30	≤10.0	≤9.0	3.0
汽车列车、铰接客车、铰接式无轨电车	30	≤10.5	≤9.5	3.0

2. 充分发出平均减速度要求

汽车、汽车列车在规定的初速度下急踩制动时充分发出的平均减速度及制动稳定性要求应符合表6-7的规定。对空载检测的充分发出的平均减速度有质疑时，可用表6-7规定的满载检测充分发出的平均减速度进行。

表6-7　充分发出平均减速度和制动稳定性要求

机动车类型	制动初速度/km	满载检验充分发出的平均减速度/(m/s^2)	充分发出的平均减速度/(m/s^2)	试验通道宽度/m
三轮汽车	20	≥3.8		2.5
乘用车	50	≥5.9	≥6.2	2.5
总质量不大于3 500kg的低速货车	30	≥5.2	≥5.6	2.5
其他总质量不大于3 500kg的汽车	50	≥5.4	≥5.8	2.5
其他汽车	30	≥5.0	≥5.4	3.0
铰接客车、铰接式无轨电车、汽车列车	30	≤4.5	≤5.0	3.0

六、检测报告单分析

综检报告单中一般没有路试检测制动性能的要求，而安检报告单中有要求。安检报告单中，路试检测制动性能部分报告单式样见表6-8。

表6-8　路试检测制动性能部分报告单式样

<table>
<tr><td>N</td><td>喇叭声级</td><td colspan="5">dB(A)</td><td></td><td></td></tr>
<tr><td>S</td><td>车速表</td><td colspan="5">km/h</td><td></td><td></td></tr>
<tr><td>A</td><td>侧滑</td><td colspan="2">m/km</td><td>轮偏</td><td colspan="2">mm</td><td></td><td></td></tr>
<tr><td colspan="2">路试制动性能</td><td colspan="3"></td><td>检测员</td><td></td><td></td><td></td></tr>
<tr><td colspan="2">人工检验项目</td><td>不合格否决项</td><td colspan="2">不合格建议维护项</td><td colspan="2"></td><td></td><td></td></tr>
<tr><td>1</td><td>外观检查</td><td></td><td colspan="2"></td><td>检测员</td><td></td><td></td><td></td></tr>
</table>

在表中的“路试制动性能”栏内，按照选择的如下路试检测项目打印项目名称（单位）、数据：

1）制动初速度，制动距离（m），制动稳定性。

2）制动初速度，*MFDD*（m/s^2），协调时间（s），制动稳定性。

思考与练习

一、简答题

1. 什么是汽车制动性？其评价指标有哪些？
2. 为什么要检测汽车的制动性？
3. 制动检测台有哪些类型？
4. 正确描述反力滚筒式制动检测台的基本结构与工作原理。
5. 分析由于检测操作不当引起的制动力不足、制动力差超标及制动力异常的原因。
6. 分析液压制动系统制动性能检测不合格的原因。

二、单选题

1. 行车制动在产生最大制动作用时的踏板力，对于乘用车应不大于500N，对于其他车辆应不大于（　　）N。

A. 400　　B. 600　　C. 700

2. 台试检测制动力时应控制制动气压或踏板力。满载检测时，气压制动系统的气压表的指示气压应不大于额定工作气压；液压制动系统的踏板力，乘用车应不大于（　　）N，其他车辆应不大于700 N。

A. 400　　B. 500　　C. 600

3. 台试检测制动力时应控制制动气压或踏板力。空载检测时，气压制动系统的气压表的指示气压应不大于（　　）kPa；液压制动系统的踏板力，乘用车应不大于400N，其他车辆应不大于450N。

A. 400　　B. 500　　C. 600

4. 当采用制动检测台检测车辆驻车制动力时，车辆空载，只乘坐一名驾驶人，使用驻车制动装置，测得的驻车制动力总和应不小于该车在测试状态下整车重量的20%，对总质量为整备质量（　　）倍以下的车辆，此值为15%。

A. 1.1　　B. 1.2　　C. 1.3

5. 在空载状态下，驻车制动装置应能保证汽车在坡度为20%（对总质量为整备质量的1.2倍以下的汽车为15%）、轮胎与路面间的附着系数不小于0.7的坡道上正、反两个方向保持固定不动，其时间不应少于（　　）min。

A. 4　　B. 5　　C. 6

6. 用制动距离检测行车制动性能时，乘用车的制动初速度应为（　　）km/h。

A. 30　　B. 40　　C. 50

7. 制动检测台每年必须通过（　　），合格后，方可继续使用。

A. 自校　　B. 计量检定　　C. 维护

8. 当滚筒直径增大时，两滚筒间的中心距也需相应增大，才能保证（　　）。

A. 测试车速　　B. 改善与车轮之间的附着情况　　C. 合适的安置角

9. 用平板制动检测台检测制动性能时，检测员将被检车辆以（　　）的速度（或制动检测台生产厂家推荐的速度）滑行，置变速器于空档后（对自动变速器车辆可位于D位），正直平稳驶上平板。

A. ≤5km/h　　B. ≥10km/h　　C. 5～10km/h

三、多选题

1. 车辆制动效能是指车辆在行驶中能强制地减速以致停车，或下长坡时维持一定速度的能力。评价制动效能的指标有（　　）。

A. 制动距离　　B. 制动减速度　　C. 制动力　　D. 制动时间

2. 用平板式制动检测台可以检测（　　）。

A. 各轮制动力　　B. 每轴左、右轮在制动力增长过程中的制动力差

C. 各轮阻滞力　　D. 驻车制动力

3. 按照GB 13594—2003《机动车和挂车防抱死制动性能和试验方法》的规定，对2003年10月1日起投入营运的（　　）车辆，应安装防抱死制动装置。

A. 最大总质量大于 12 000kg 的旅游客车
B. 最大总质量超过 16 000kg 允许挂接最大总质量超过 10t 挂车的牵引车或货车
C. 最大总质量超过 15 000kg 允许挂接最大总质量超过 10t 挂车的牵引车或货车
D. 被挂接的最大总质量超过 10t 的挂车

4. 在滚筒式制动检测台上进行车辆制动性试验时，测量的项目有（　　）。
A. 各轮制动力　　B. 每轴左、右轮在制动力增长全过程中的制动力差
C. 车轮的阻滞力　　D. 制动减速度

5. 滚筒反力式制动检测台设置第三滚筒的目的是（　　）。
A. 以防剥伤轮胎　　B. 保护驱动电动机
C. 测量速度　　D. 被检车辆的到位控制

6. 在滚筒式制动检测台上进行车辆制动性试验时，为了获得足够的附着力，可以采取的措施有（　　）。
A. 在车辆上增加足够的附加质量　　B. 施加相当于附加质量的作用力
C. 采取防止车辆移动的措施　　D. 拉紧驻车制动器

7. 滚筒反力式制动检测台的举升器，常用（　　）等三种形式。
A. 机械式　　B. 气压式　　C. 电动螺旋式　　D. 液压式

8. 采用平板式制动检测台检测车辆行车制动性能时，能够同时检测（　　）。
A. 整车制动力　　B. 轴重　　C. 整车轮重　　D. 制动减速度

9. 制动检测台根据其结构的不同主要可分为（　　）两类。
A. 滚筒式　　B. 平板式　　C. 综合式　　D. 惯性式

10. 汽车制动性能主要由（　　）等方面来评价。
A. 制动效能　　B. 制动抗热衰退性
C. 制动拖滞　　D. 制动时汽车的方向稳定性

11. 滚筒直径增大有利于（　　），使检测过程更接近实际制动状况。
A. 改善与车轮之间的附着情况　　B. 增加测试车速
C. 提高制动力　　D. 改变制动稳定性

四、判断题

（　　）1. 行车制动装置在产生最大制动作用时的踏板力，对于座位数小于或等于 9 的载客汽车不应大于 500N，对于其他车辆不应大于 600N。

（　　）2. 采用气压制动系统的车辆，发动机在 75% 的额定功率转速下，4min（汽车列车为 6min，城市铰接公共汽车和无轨电车为 8min）内气压表应从零升至起步气压（未标起步气压者，按 500kPa 计）。

（　　）3. 驻车制动装置必须有足够的储备行程，一般应在操纵装置全行程的 2/3 以内达到规定的制动效能，驻车制动机构装有自动调节装置时，允许在全行程的 3/4 以内达到规定的制动效能。

（　　）4. 制动距离是一个反映整车制动性能的指标。它能反映出各个车轮的制动状况和制动力分配情况。当制动距离延长时，也能反映出具体是什么故障使制动性能变差。

（　　）5. 用滚筒反力式制动检测台检测的制动力来评价车辆的制动性能，主要是反映制动系统对整车制动性能的影响，同时也能反映出制动系统以外的因素（如钢板弹簧刚度

不同等）对整车制动性能的影响。

（　　）6. 制动侧滑对汽车稳定性的影响将取决于发生制动侧滑车轴（前轴或后轴）的位置，如果制动时前轮先抱死滑移，则汽车能维持直线减速停车，汽车处于稳定状态，但这时汽车将丧失转向能力，对于在弯道上行驶的汽车是十分危险的。

（　　）7. 用台试检测车辆的应急制动性能时，应首先检查车辆是否具有有效的应急制动装置。如果受检车辆具有有效的应急制动装置，则必须检测其应急制动性能，检测时汽车在制动检测台上，需在人为造成系统一处管路失效的情况下进行检测。

（　　）8. 在制动性能检测时仅需检查“汽车制动系统的结构和管路是否被改动”即可，不宜进行应急制动性能检测。

（　　）9. 路试检测车辆的驻车制动性能是在满载状态下，车辆在坡道为20%（总质量为整备质量1.2倍以下的车辆为15%）、轮胎与路面间的附着系数不小于0.7的坡道上正、反两个方向使用驻车制动装置5min以上应保持固定不动。

（　　）10. 车辆在坡道为20%（总质量为整备质量1.2倍以下的车辆为15%）、轮胎与路面间的附着系数不小于0.7的坡道上正、反两个方向使用驻车制动装置5min以上应保持固定不动。

（　　）11. 当采用制动检测台检测车辆行车制动性能时，当需要复检行车制动性能时，需复检所有车轴的行车制动力，而并非仅检测上次检测不达标的车轴。

（　　）12. 平板式制动检测台较容易将制动检测台与轮重仪、车速表检测台、侧滑检测台组合在一起，使车辆检测更加方便、高效。

（　　）13. 制动性能的台架测试只能在平板式制动检测台或滚筒反力式制动检测台上进行。

（　　）14. 制动稳定性要求是指制动过程中机动车的任何部位（不计入车宽的部位除外）不允许超出规定宽度的试验通道的边缘线。

（　　）15. 用平板式制动检测台检测乘用车时，应按动态轴荷计算。

（　　）16. 对台试检测的结果发生争议时，或无法采用台试检测方法进行检测时，可以用路试检测方法进行制动性能检测，并以满载状态路试的结果为准。

（　　）17. 用滚筒式制动检测台检测行车制动时，不需要测取制动协调时间。

（　　）18. 制动测试时受路面附着系数的影响较大。如果路面的附着系数较小，则当车辆达到附着极限时，制动稳定减速度就不会再升高。

（　　）19. 制动检测时，被检车辆应尽量停正，否则极有可能由于左、右两侧车轮与滚筒接触面积和状态的不同而导致制动力平衡达不到要求。

（　　）20. 制动检测时，被检车辆应尽量停正，否则极有可能由于左、右两侧车轮与滚筒接触面积和状态的不同而导致制动力之和达不到要求。

（　　）21. 如果是多轴驻车制动的车辆，应测出其中的最大驻车制动力作为该车的驻车制动力，是用以判定被检车辆的驻车制动力是否合格的依据。

（　　）22. 如果是多轴驻车制动的车辆，则应分别测出各轴的驻车制动力，并取其之和作为该车的驻车制动力，是用以判定被检车辆的驻车制动力是否合格的依据。

（　　）23. 汽车制动性能的检测宜采用滚筒反力式制动检测台或平板式制动检测台检测，其中后轴驱动的乘用车更适合采用平板式制动检测台检测制动性能。

项目七

汽车前照灯检测

学习目标

1. 能够正确解释汽车前照灯检测的理由。
2. 能够正确解释汽车前照灯的评价指标。
3. 能够正确描述全自动前照灯检测仪的结构与工作原理。
4. 能够正确使用全自动前照灯检测仪检测汽车的前照灯技术状况。
5. 能够对检测结果进行准确的分析，对车辆前照灯的技术状况给出准确的评价，并提出维修建议。
6. 能够培养良好的安全与卫生习惯和团队协作意识。

任务分析

汽车前照灯即汽车大灯，是保证汽车在夜间或在能见度较低的情况下安全行车并保持较高车速的照明装置。前照灯的技术状况主要是指发光强度的变化和光束照射位置是否偏斜。当发光强度不足或光束照射位置偏斜时，汽车驾驶人不易辨清前方的障碍物或给对方来车驾驶人造成炫目，因而容易导致交通事故。因此，应定期对前照灯的发光强度和光束照射位置进行检测、校正。

汽车灯光检测一般为安检线的第 3 工位，主要完成汽车侧滑量、前照灯技术状况、喇叭声级等项目的检测。在全能综合性能检测线上，这些相关项目的检测一般也组合于一个工位，大多也位于检测线的第 3 工位。

相关理论知识

一、前照灯的评价指标

1. 发光强度

发光强度表示光源在一定方向范围内发出的可见光辐射强弱的物理量，单位为坎德拉，简称“坎”，用符号 cd 表示。按国际标准单位 SI 规定，若一光源在给定方向上发出频率为 540×10^{12}Hz 的单色辐射，且在此方向上的辐射强度为每球面度 1/683W 时，则此光源在该方向上的发光强度为 1cd。

由于实际检测汽车前照灯时，检测仪均需离开前照灯一定的距离，故前照灯检测仪实际检测的并不是发光强度，而是照度。

照度是物体单位面积上所得到的光通量。它表示不发光物体被光源照明的程度，为受光面明亮度的物理量，单位为勒克斯，用符号 lx 表示。1lx 等于 1.02cd 的点光源在半径为 1m 的球面上产生的光照度。

照度可用下式表示

$$E = \frac{\Phi}{S}$$

式中 E——照度（lx）；

Φ——照射到物体上的光通量（lm）；

S——被照明物体的面积（m^2）。

在光源发光强度不变的情况下，物体离开光源越远，被照明的程度越差。在不计光源大小即把光源看作点光源的情况下，照度与离开光源距离的平方成反比，可用下式表示

照度 = 发光强度/离开光源距离的平方

其关系如图 7-1 所示。

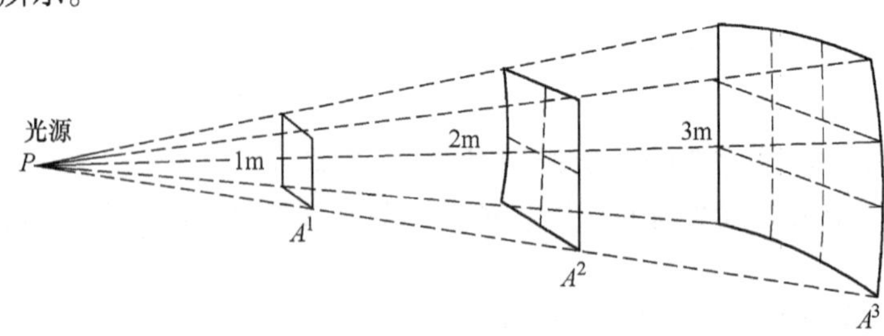

图 7-1　发光强度与照度的关系图

图 7-2 所示为经大量试验测得的数据绘制的前照灯主光轴照度与距离的关系图。从图中可以看出，当距离超过 5m 时，实测值和理论计算值基本一致。

可见距离越远越能得到准确的测量值。但由于受到场地限制，在用前照灯检测仪测量时，通常采用在前照灯前方 3m、1m、0.5m、0.3m 的距离进行测量，并将该测量值当作前照灯前方 10m 处的照度，换算成发光强度进行指示。

2. *光束照射位置的偏移量*

如果把前照灯最亮的地方看作光束的中心，则它对坐标轴交点（理论照射位置）的偏离，即表示它的照射方位的偏移，其偏移的尺寸就是光束照射位置的偏移值，也称为光轴的偏斜量，如图 7-3 所示。

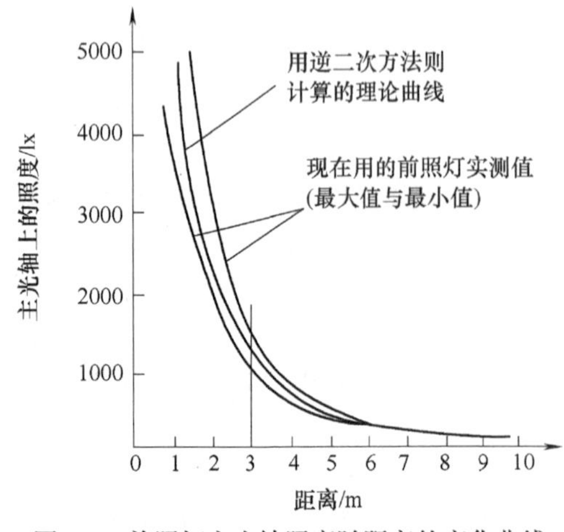

图 7-2　前照灯主光轴照度随距离的变化曲线

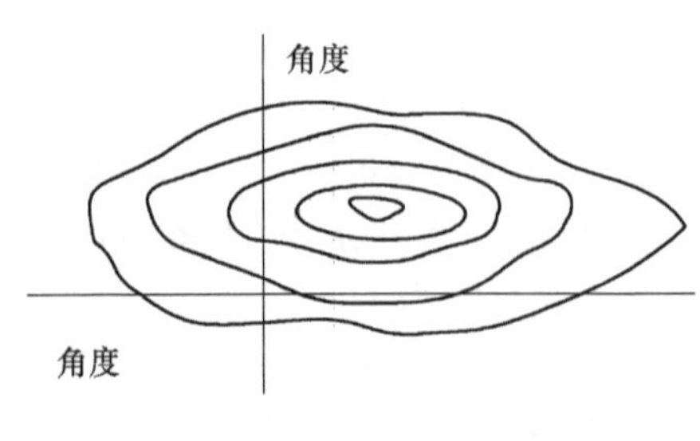

图 7-3　光束照射方向

二、前照灯的配光特性

前照灯的远光是夜间行车照明用的，当无迎面来车或不尾随其他车辆时，希望灯光照得远并使路面有足够的亮度；前照灯的近光是会车时用的，要求光束倾向路面一侧，避免对面来车驾驶人炫目。因此，前照灯发出的光线应满足一定的分布。配光特性就是用等照度曲线表示的明亮分布特性。用等照度曲线表示的明亮度分布特征称为配光特性，也称为光形分布特性。前照灯的配光特性有对称配光和非对称配光两种。

传统的前照灯检测仪以远光检测为主，大多利用远光图形的对称性，利用对称分布的光电池对光轴中心进行检测。与传统的前照灯检测仪的重要区别，在于当前厂家推出的前照灯检测仪都增加了近光检测的功能。由于近光的非对称性，无法使用原有的方法对近光进行检测，通常利用图像分析的办法来获取拐点的位置。国外有部分的产品根据标准的近光光强分布要求，在测试位置排布一些特定分布的光电池以获得拐点的位置，由于国内部分前照灯不能完全满足国标要求，这种利用光电池的检测方法使用得不多。

典型的前照灯远光配光特性如图 7-4 所示，它是一个上下、左右对称分布的亮斑，越靠近亮斑中心，其照度越大，并以中心点为中心，形成如图 7-5 所示的光强等照度曲线。

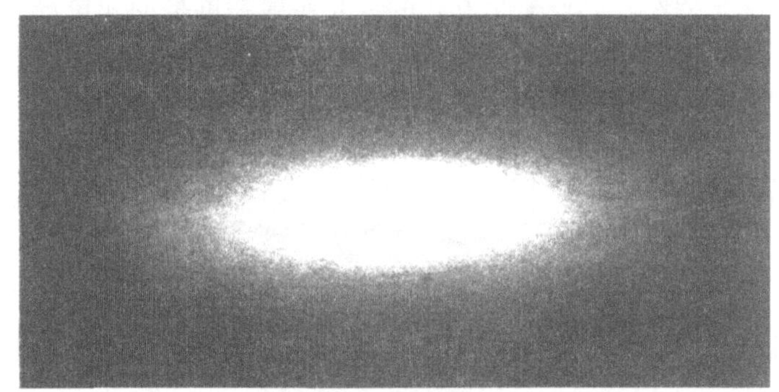

图 7-4　典型的前照灯远光配光特性

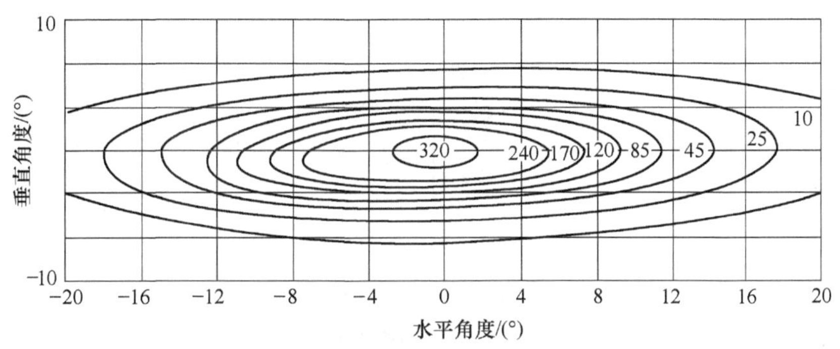

图 7-5　远光灯光强等照度曲线（×100cd）

典型的前照灯近光灯配光特性有明显的明暗截止线，在明暗截止线的左上方有一个比较暗的暗区，在明暗截止线的右下方有一个比较亮的亮区；其光强最强的区域在明暗截止线的右下方，在以光强最大的区域中心点，照度越大，并以这中心点为中心，形成一定的等照度曲线。

图 7-6 所示为近光的光斑图形，图 7-7 所示为其对应的光强等照度曲线图。

目前国际上通用的前照灯配光标准有两种：美国的 SAE 标准和欧洲的 ECE 标准。我国国家标准所规定的配光标准与 ECE 标准一致，按照此标准制造的前照灯属于“非对称防炫光前照灯”。两种配光方式的远光基本相同，区别在于近光的照射位置和防炫目的方法。前照灯的配光特性应满足的要求是远光要有良好照明，近光应具有足够的照度且不炫目。

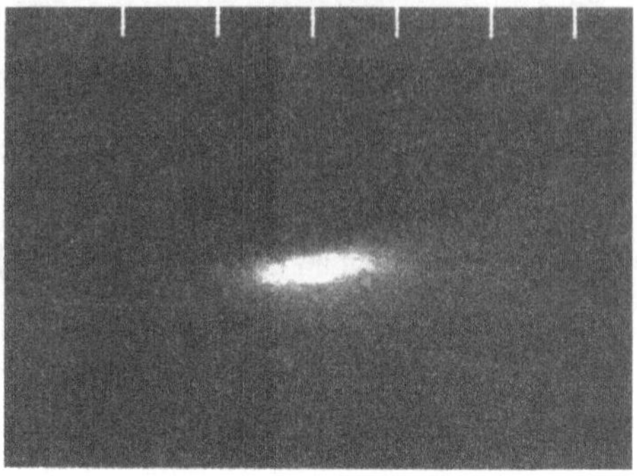

图 7-6　近光的光斑图形

1. SAE 配光方式

SAE 配光方式也称为美国配光方式，如图 7-8 所示。远光灯丝位于反射镜焦点处，所发出的光线经反射沿光学轴线方向射向远方；近光灯丝位于焦点之上，所发出的光线经反射后大部分向下倾斜，从而下部较亮而上部较暗，所形成的光形分布是水平方向宽，垂直方向窄。若等照度曲线左右对称，不偏向一边，上下扩展不太宽，就是好的配光特性。SAE 配光方式的近光照射在屏幕的光斑没有明显的明暗截止线。

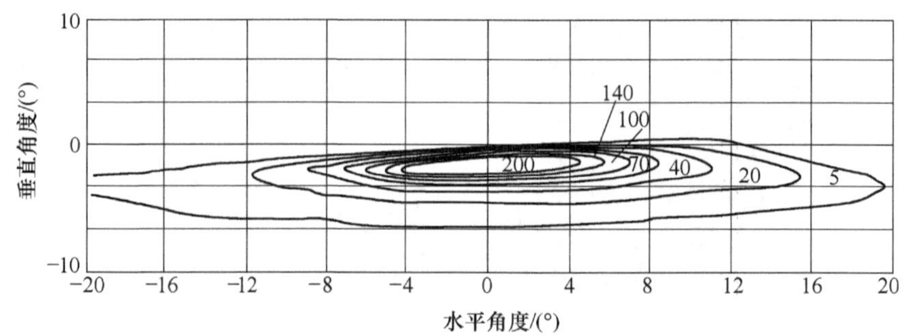

图 7-7　近光灯光强等照度曲线（×100cd）

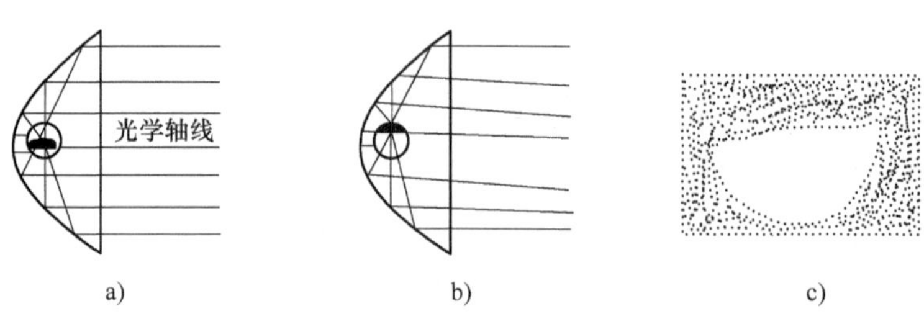

图 7-8　SAE 配光

a）远光　b）近光　c）近光照在屏幕上的光斑

2. ECE 配光方式

ECE 配光也称为欧洲配光方式，其远光配光与 SAE 配光方式相同；但近光灯丝位于反射镜焦点之前，且在灯丝下设一遮光屏。这样，近光光线只落在反射镜上半部分而向下倾斜反射，照射到屏幕上时，可看到明显的明暗截止线和明暗截止线转角点的光斑，如图 7-9 所示。

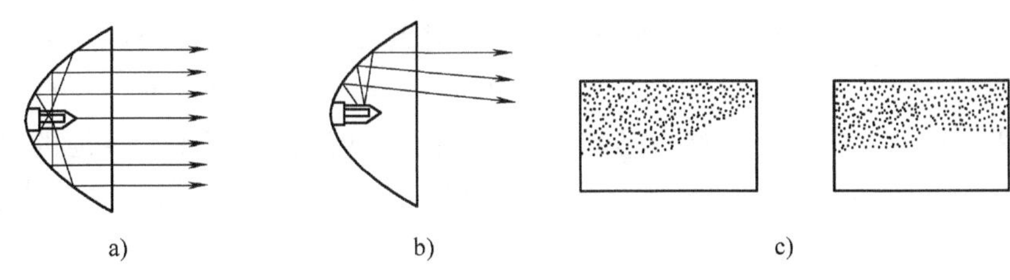

图 7-9　ECE 配光

a）远光　b）近光　c）近光照在屏幕上的光斑

ECE 配光方式有两种：一种在配光屏幕上，左半边明暗截止线是与前照灯基准中线高度水平线 $h—h$ 重合，右半部分明暗截止线以 $h—h$ 与 $V—V$ 线（汽车纵向中心平面在屏幕上的投影线）的交点为起点，呈 15°向右上方倾斜（见图 7-10a）。另外一种配光方式，灯光在屏幕上的投影呈 Z 字形。左半部分投影明暗截止线在 $h—h$ 线下 250mm 处，右半部分则先在左半部分投影明暗截止线与 $V—V$ 线交点处向上倾斜 45°角，与 $h—h$ 线相交后成为水平线，明暗截止线在屏幕上呈 Z 字形（图 7-10b）。我国前照灯的近光灯已采用 Z 字形配光方式。

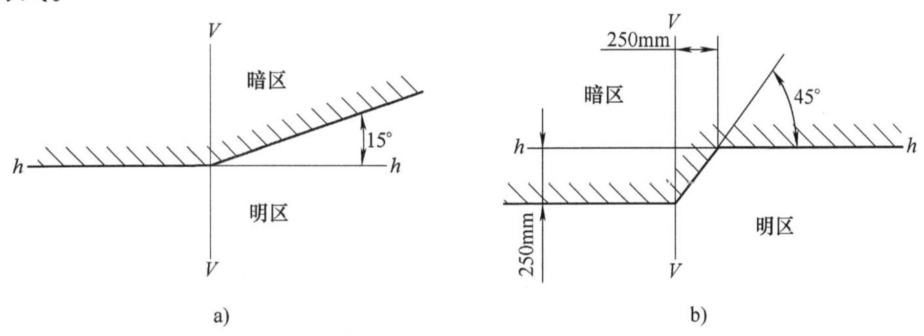

图 7-10　近光配光方式

三、前照灯检测仪的检测原理

前照灯检测仪是利用光电原理制成的专门用于检测汽车前照灯技术状况的仪器，该仪器可同时检测到前照灯光束照射位置及发光强度，近而对前照灯的技术状况给出全面的评价。

目前，各前照灯检测设备生产厂家生产的前照灯检测仪有五种测量方法。

1）采用 CCD 和光电池相结合的方法。利用光电池进行远光测量，利用 CCD 进行近光测量。这种方法是在沿用早期单远光前照灯检测仪前提下而制订的。

2）采用全 CCD 测量，用 CCD 替代光电池进行远光的定位、角度和光强测量。

3）利用 CCD 的成像高分辨率进行远光和近光的角度测量，利用具有大动态范围的光电池进行远光光强的测量。

4）采用全光电池的方法。测量近光时用光电池进行扫描，以得到平面图像进行近光分析。

5）采用手工进行仪器的定位。用目视的方法进行偏角的观察，同时利用光电池进行光强的测量。

目前，国内先进的前照灯检测仪采用双 CCD 检测技术，用 DSP（DSP 芯片，也称为数字信号处理器，是一种具有特殊结构的微处理器，可以快速地实现各种数字信号和图像的处理）对图像进行高速、精确的处理，采用硅光电池检测前照灯发光强度，确保所检测的数据准确性；采用高精度多圈电位器，保证了车灯高度（所测前照灯中心离地的高度）数据的真实性；在仪器内部装有 3 个霍尔传感器，中间的霍尔传感器使仪器在检测过程中能够区分机动车前照灯的左、右灯，左、右两个霍尔传感器控制左、右方向上的到位停止，当霍尔传感器失去作用时，还有左、右两个行程开关进行二次保护，从而使仪器在检测过程中更安全、可靠。

1. 测量时的瞄准方式

空间角度的测量必须要获得两个点的位置，在光束偏角的测量中也不例外。在进行仪器测量之前，首先必须找到前照灯的位置或第一个光束参考点的位置。根据这两种指导思想，衍变出两种不同的测量方法。

（1）直接对准前照灯的中心　这种测量方法是先利用摄像头找到点亮前照灯的位置，然后拍摄成像后的光斑图像，分析其中的光轴位置（远光或近光），得到和零点相比的偏差，从而根据标定的数据得到实际的角度偏差值。瞄准前照灯方式的测量原理如图 7-11 所示。

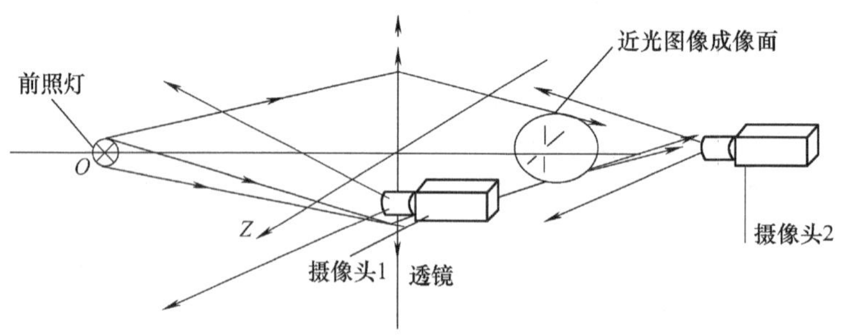

图 7-11　瞄准前照灯方式的测量原理

（2）瞄准前照灯发射的光束中心　与前一种不同，此方法通过分析在两个成像面上光束轴线的位置偏差，以获得光轴的空间位置差异，可以计算得到光轴的偏角。在实际应用中，利用光电池扫描，也是采用了类似的原理，只是图像的获得途径不同，一个是利用 CCD 拍摄得到图像，另一个是利用光电池扫描的方式得到图像。瞄准光束方式的测量原理如图 7-12 所示。

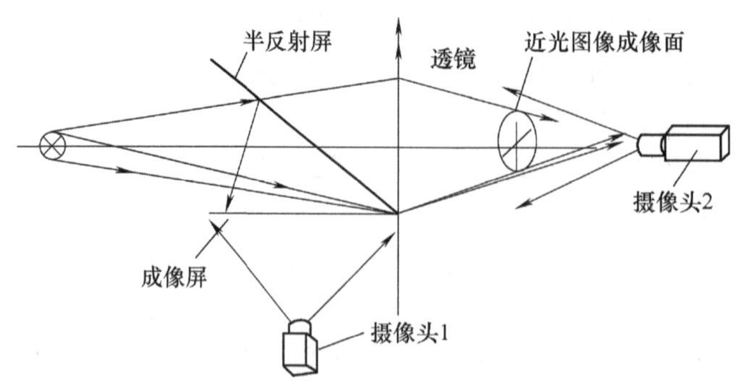

图 7-12　瞄准光束方式的测量原理

2. 发光强度检测原理（远光，光电池法）

前照灯检测仪上使用的光电池主要是硒光电池，其结构与工作原理如图 7-13 所示。当硒光电池受光照射时，光使金属薄膜和非结晶硒的左、右部产生电动势，其左部带负电，右部带正电，因此若在金属薄膜和铁底板上装上引线，并将其用导线与电流表连接起来，则光电流就会流过电流表，使电流表指针偏转。

检测前照灯发光强度的电路由光度计、可变电阻和光电池等组成，如图 7-14 所示。按规定的距离使前照灯照射光电池，光电池便按照受光强度的大小产生相应的电流使光度计指针摆动，指示出前照灯的发光强度。

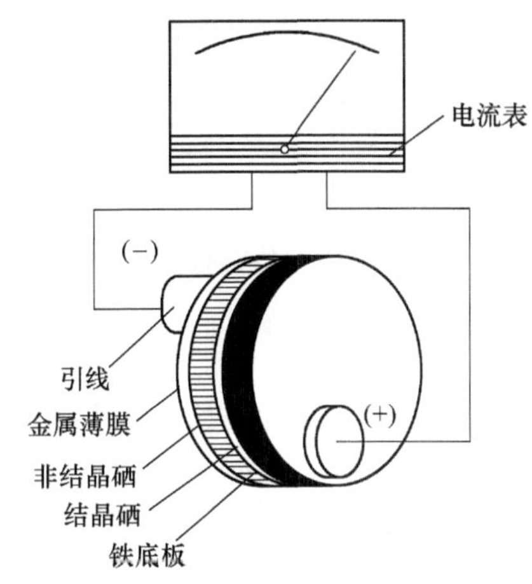

图 7-13　硒光电池结构与工作原理

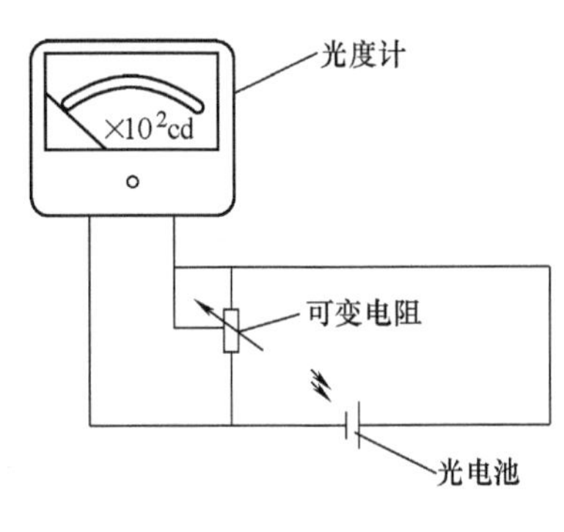

图 7-14　发光强度检测原理图

3. 光轴偏斜量检测原理（远光，光电池法）

前照灯远光光轴偏斜量的检测电路如图 7-15 所示。电路中有四块硒光电池，即 B_u、B_d、B_L 和 B_R。在 B_u 和 B_d 之间接有上下偏斜指示计，在 B_L 和 B_R 之间接有左右偏斜指示计。当前照灯光束照射光电池时，如果光束照射方向偏斜，则将分别使光电池 B_u 和 B_d、B_L 和 B_R 的受光面不一致，因而产生的电流大小也不一致。光电池 B_u 和 B_d、B_L 和 B_R 产生的电流差值分别使上下偏斜指示计及左右偏斜指示计的指针摆动，从而指示出光轴的偏斜方向和偏斜量。图 7-16 所示为光轴无偏斜时的情况，这时上下偏斜指示计的指针和左右偏斜指示计的指针均垂直向下，即处于零位。图 7-17 所示为光轴有偏斜时的情况。这时上下偏斜指示计的指针向“下”方向偏斜，左右偏斜指示计的指针向“左”方向偏斜。

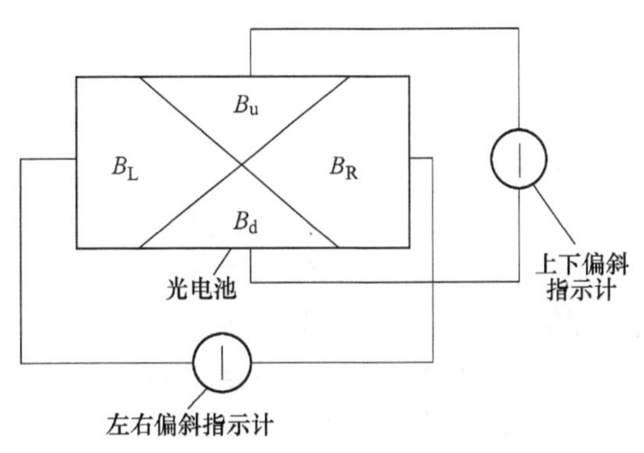

图 7-15　前照灯远光光轴偏斜量的检测电路

四、前照灯检测仪的结构与工作原理

因检测线通常使用全自动前照灯检测仪，故以下仅介绍全自动前照灯检测仪。全自动前照灯检测仪根据检测原理的不同可分为自动追踪光轴式和电脑式两种。

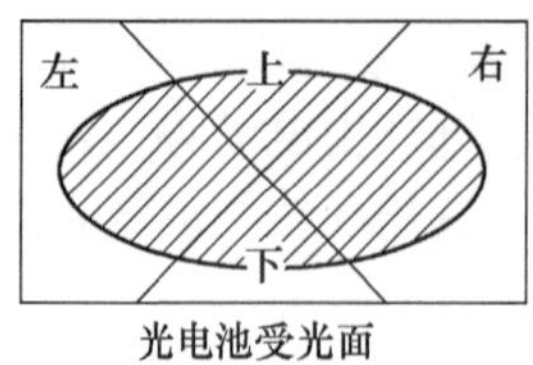

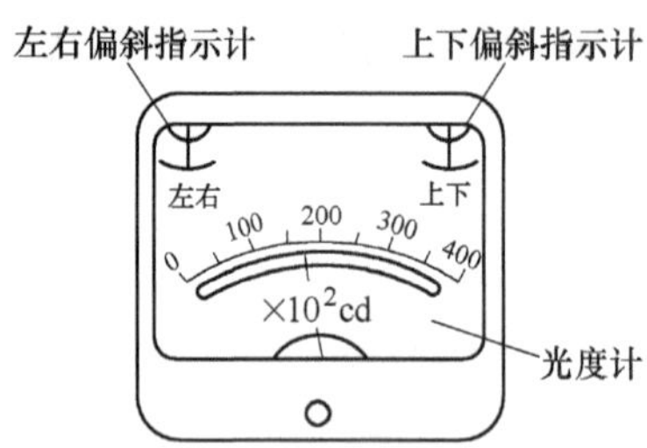

图 7-16　光轴无偏斜时的情况

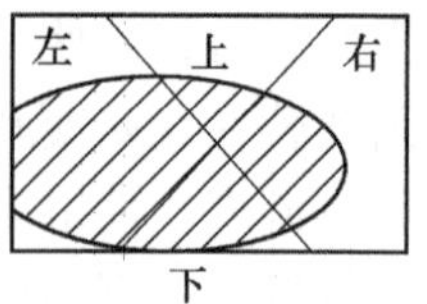

图 7-17　光轴有偏斜时的情况

1. 自动追踪光轴式前照灯检测仪

自动追踪光轴式前照灯检测仪是采用使受光器自动追踪光轴的方法来检测发光强度和光轴偏斜量的。检测时，检测仪距前照灯有 3m 的距离。该检测仪的结构如图 7-18 所示。

在受光器的面板上装有聚光透镜，聚光透镜的上下和左右装有四个光电池，受光器的内部也装有四个光电池，形成主、副受光器，如图 7-19 和图 7-20 所示。另外，还有由两组光电池电流差所控制的能使受光器沿垂直方向和水平方向移动的驱动与传动装置。

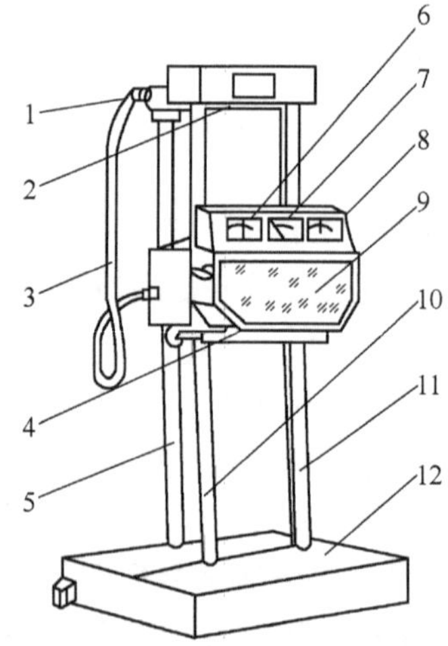

图 7-18　自动追踪光轴式前照灯检测仪

1—接线盒　2—上支架　3—连接电缆　4—支撑座　5—后立柱　6—上下偏斜指示表　7—光强度指示表　8—左右偏斜指示表　9—光接收器　10—左立柱　11—右立柱　12—底座

检测时，要使前照灯的光束照射到检测仪的受光器上。此时，若前照灯光束照射方向偏斜，则主、副受光器的上下光电池或左右光电池的受光量不等，它们分别产生的电流便失去平衡。由其电流的差值控制受光器上下移动的电动机运转或使控制箱左右移动的电动机运转，并通过钢丝绳牵动受光器上下移动或驱动控制箱在轨道上左右移动，直到受光器上下、左右光电池受光量相等为止，这就是所谓的自动追踪光轴。在追踪光轴时，受光器的位移方向和位移量由光轴偏斜指示计指示，此即前照灯光束的偏斜方向和偏斜量；发光强度由光度计指示。

全自动前照灯检测仪的透镜组件如图 7-21 所示，左右、上下传动部件分别如图 7-22 和图 7-23 所示。

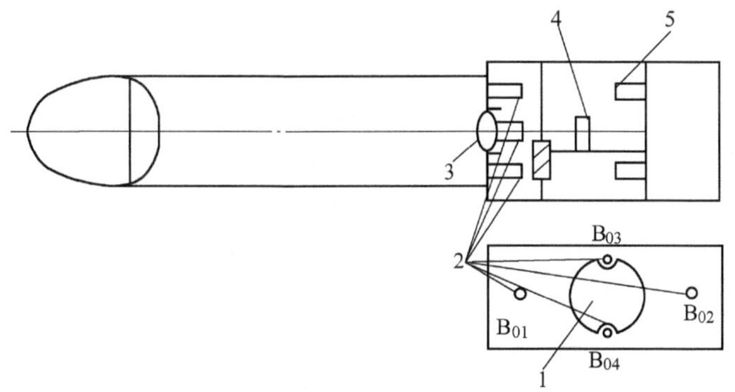

图 7-19　自动追踪光轴式前照灯检测仪受光器的结构简图

1、3—聚光透镜　2—主受光器光电池　4—中央光电池　5—副受光器光电池

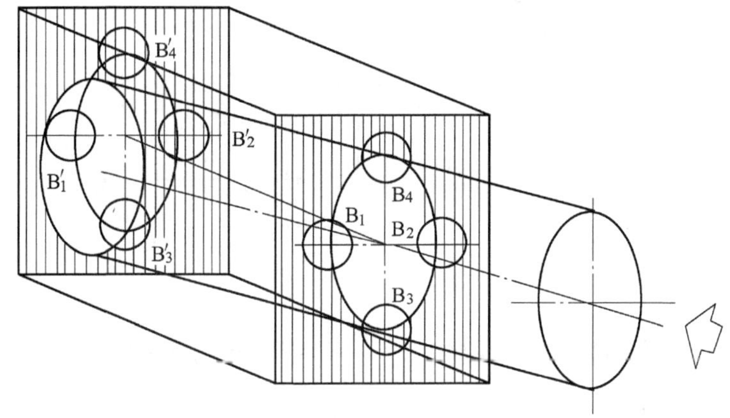

图 7-20　主、副受光器光电池示意图

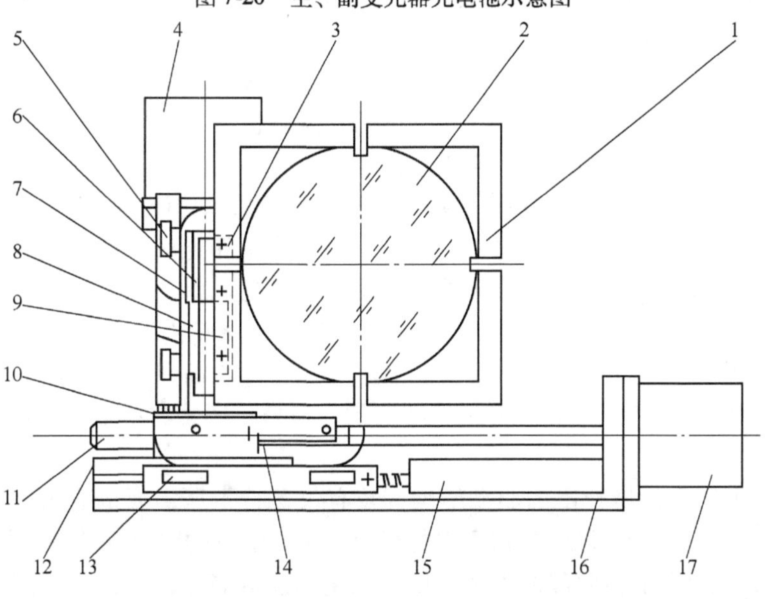

图 7-21　全自动前照灯检测仪的透镜组件

1—镜框　2—凸透镜　3—钩板　4—上下电动机　5—上下行程开关　6、11—传动丝杆　7、12—溜板座　8、15—位移传感器　9—竖溜板　10—平溜板　13—左右行程开关　14—紧定螺杆　16—底座　17—左右电动机

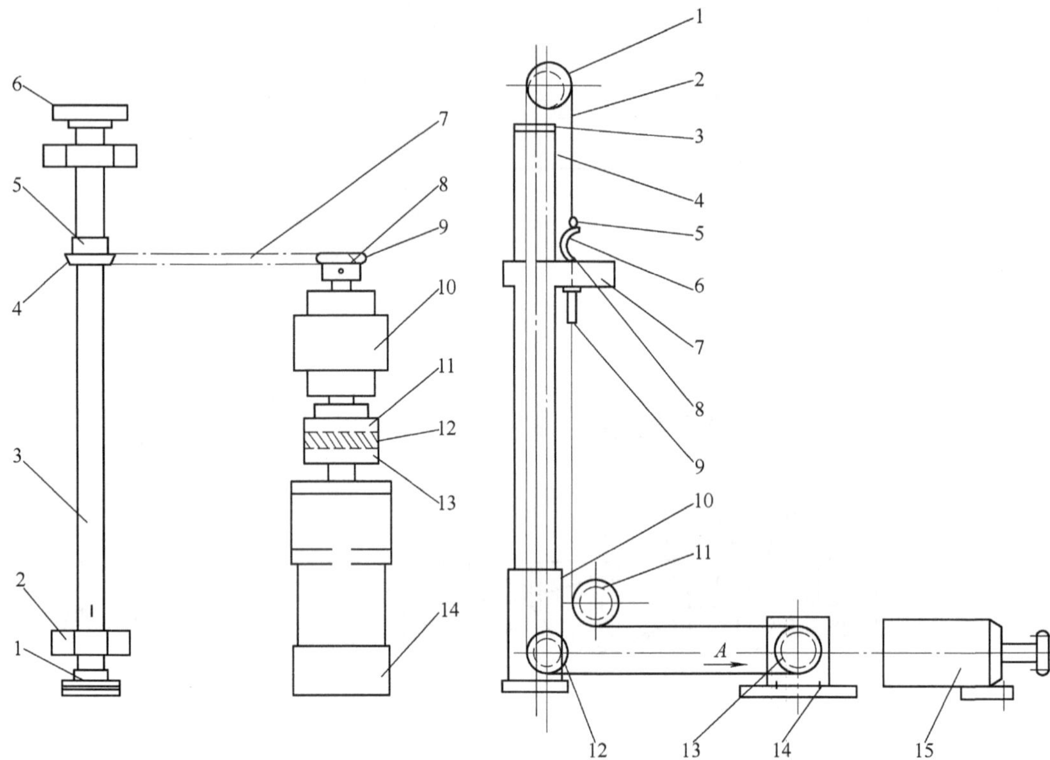

图 7-22 全自动前照灯检测仪的左右传动部件
1—前轮 2—带座轴承 3—轴 4、9—链轮 5—止动螺钉 6—后轮 7—链条 8—键 10—电磁离合器 11、13—联轴器 12—弹性块 14—调速电动机

图 7-23 全自动前照灯检测仪的上下传动部件
1、11、12、13—链轮 2—链条 3—上盖 4—立柱 5、9—链锁螺栓 6—连接块 7—支承座 8—紧定螺钉 10—立柱座 14—电动机座 15—交流电动机

2. 电脑式前照灯检验仪

电脑式前照灯检验仪主要由机架、光学机构和电路板组成，如图 7-24 所示。机架由上箱、中箱、立板、立柱和下箱组成。各部分的内容如下：

1）上箱主要有仪器的各种接口，包括 7 芯和 14 芯的上中箱连线接口、串行口、电源接口、熔丝座（熔丝为 5A），仪器的电源为 AC 220V，在上箱通过一个滤波器（减少电源的干扰）将电源输送到各相关器件（变压器和开关电源）上。

2）仪器的中箱在整台仪器中占有非常重要的位置，中箱内装有前、后置 CCD 和两块 DSP 板及整个光学回路，用于拍摄机动车前照灯的发光体表面图像和模拟 10m 远处该前照灯的成像，而两块 DSP 板用于处理分析这些图像。另外，还装有一块硅光电池，用于检测前照灯的发光强度。

3）仪器的下箱为仪器行走的驱动结构，装有仪器行走所需要的直流电动机、减速器（上下和左右各一个）；用于限制仪器行走的行程开关，上下的限位开关在仪器的下箱内部，左右的限位开关在仪器下箱后部的外侧；用于测量高度的高精度多圈电位器（最大阻值为 1kΩ）；用于行走的主、副动轮，其中一个主动轮和一个副动轮可以调节，保证整台仪器在导轨上行走时四个轮子在一个水平面上；在仪器的下箱还装有给仪器提供电源的开关电源和离合器、制动器。

4）仪器的立板内安装有仪器的大部分控制电路板，包括显示板（用于显示仪器的检测结果）、放大板（用于放大信号）、主板（对整台仪器的动作进行控制）、继电器板和制动板等。

电脑式前照灯检验仪远光的测量采用前置 CCD 进行定位，用硅光电池检测前照灯的发光强度，于后置 CCD 拍得前照灯成像图形后，由 DSP 进行处理计算，得出该前照灯的上下偏差、左右偏差。近光的测量采用前置 CCD 进行定位，于后置 CCD 拍得前照灯成像图形后，由 DSP 进行处理计算，得出该前照灯的明暗截止线拐点、上下偏差、左右偏差。

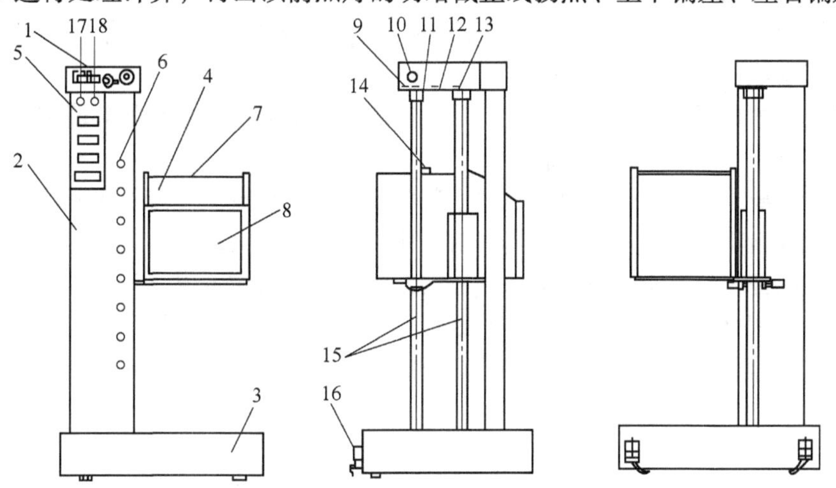

图 7-24　电脑式前照灯检测仪外形图

1—上箱　2—立板　3—下箱　4—光电箱（中箱）　5—显示面板　6—立柱光电池　7—准尖　8—透镜　9—熔丝盒　10—电源开关　11—电源插孔　12—串行通信和标定器接口　13—控制器接口　14—水准泡　15—立柱　16—行程开关　17—远光测量指示灯　18—近光测量指示灯

技能学习

一、准备工作

1. 检测仪的准备

1）在前照灯检测仪不受光的情况下，检查光度计和光轴偏斜量指示计的指针是否对准机械零点。若指针失准，则可用零点调整螺钉进行调整。

2）检查聚光透镜和反射镜的镜面上有无污物。若有，则可用柔软的布料或镜头纸等擦拭干净。

3）检查导轨是否沾有泥土等杂物。若有，则应扫除干净。

2. 车辆的准备

1）清除前照灯上的污垢。

2）轮胎气压应符合汽车制造厂的规定。

3）前照灯开关和变光器应处于良好状态。

4）汽车蓄电池和充电系统应处于良好状态。

二、测试步骤

由于前照灯检测仪的厂牌、形式不同，其检测发光强度和光轴偏斜量的具体方法也不完全相同。因此，仅将通用的使用方法介绍如下：

1）将被检汽车尽可能与前照灯检测仪的轨道保持垂直方向驶近检测仪，直至前照灯与检测仪受光器之间达到规定的检测距离（3m、1m、0.5m或0.3m）。

2）用车辆摆正找准器使检测仪与被检汽车对正。

3）开亮前照灯（远光），用前照灯照准器使检测仪与被检前照灯对正。

4）提高发动机转速，使电源系统处于充电状态。

5）按检验程序指示器提示，打开汽车前照灯远光。

6）按检验程序指示器提示，打开汽车前照灯近光。

7）检测结束，前照灯检测仪沿轨道或沿地面退回护栏内，汽车驶出本工位。

三、注意事项

在仪器正常的前提下，对前照灯远、近光检测影响最大的就是车间环境和受检车辆的停车位置。

车间环境主要是指前照灯检测仪在整个行驶轨迹上不得有阳光或外来光的强烈照射，否则会影响灯光仪自动寻找光源中心，同时对检测结果产生较大的影响。

受检车辆的停车位置也会直接关系到它的检测结果，若位置没有和轨道垂直或没有按要求距离停车，则都会产生找不到光源中心或灯光偏差较大的影响。所以，要求操作人员一定要将车辆垂直于检测仪轨道停车，并按要求及时更换远、近光，这样才能测得较为准确的数据。

四、检测标准

1. 前照灯发光强度标准

GB 7258—2012 规定，机动车每只前照灯的远光光束发光强度应达到表7-1 的要求；并且同时打开所有前照灯（远光），其总的远光光束发光强度应不超过 225000cd。测试时，其电源系统应处于充电状态。

表 7-1　前照灯远光光束发光强度最小值要求

机动车类型		检查项目					
		新注册车			在用车		
		一灯制	两灯制	四灯制①	一灯制	两灯制	四灯制
三轮汽车		8 000	6 000	—	6 000	5 000	—
最高设计车速小于70km/h 的汽车		—	10 000	8 000	—	8 000	6 000
其他汽车		—	18 000	15 000	—	15 000	12 000
摩托车		10 000	8 000	—	8 000	6 000	—
轻便摩托车		4 000	—	—	3 000	—	—
拖拉机运输机组	标定功率 >18km	—	8 000	—	—	6 000	—
	标定功率 ≤18km	6 000②	6 000	—	5 000②	5 000	—

① 四灯制是指前照灯具有四个远光光束；采用四灯制的机动车其中两只对称的灯达到两灯制的要求时视为合格。

② 允许手扶拖拉机运输机组只装用一只前照灯。

GB 18565—2001 规定，营运车辆远光发光强度标准为：两灯制 12 000cd，四灯制 10 000cd，在营运车辆技术等级评定中，该项目为不分级项目。

国家标准对近光灯的发光强度没有做具体的规定。因为近光灯照明距离较近，一般在

40m 左右，所以发光强度远比远光要低。

2. 前照灯光束照射位置标准

前照灯光束照射位置图如图 7-25 所示。图中屏幕上画有三条垂直线和三条水平线。中间垂直线 V—V 与被检车辆的纵向中心垂直面对正，两侧的垂直线 V_L—V_L 和 V_R—V_R 分别为被检车辆左、右前照灯基准中心的垂直线。三条水平线中的 h—h 线与被检车辆前照灯的基准中心等高，距地面高度为 H(mm)；中间水平线与被检车辆前照灯远光光束的中心等高，距地面高度为 H_1(mm)，H_1 为（0.85～0.90）H；下边水平线与被检车辆前照灯近光光束的中心等高，距地面高度为 H_2(mm)，H_2 为（0.60～0.80）H。H 为被检车辆前照灯基准中心距地面的高度，其值视被检车型而定。

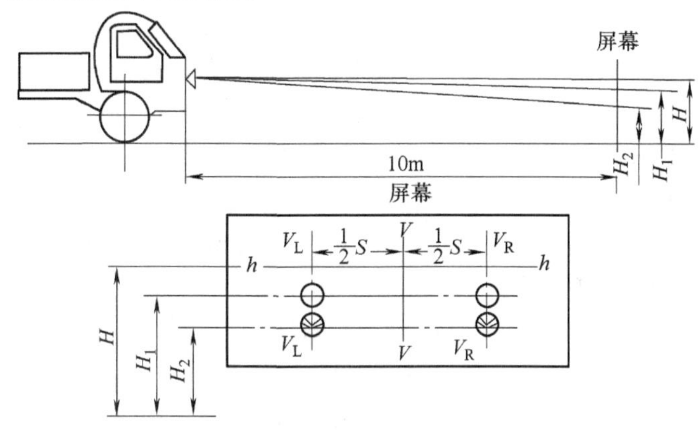

图 7-25　前照灯光束照射位置图

（1）GB 18565—2001 规定

1）机动车（运输用拖拉机除外）在检测前照灯的近光光束照射位置时，前照灯在距离屏幕 10m 处，光束明暗截止线转角或中心的高度应为（0.6～0.8）H，其水平方向位置向左或向右偏均不得超过 100mm。

2）四灯制前照灯的远光单光束灯的调整，要求在屏幕上光束中心离地高度为（0.85～0.90）H，水平位置要求左灯向左偏不得大于 100mm，向右偏不得大于 170mm；右灯向左或向右偏均不得大于 170mm。

3）运输用拖拉机装用的前照灯近光光束的调整，要求在屏幕上光束中心的离地高度应为（0.5～0.7）H；水平位置要求，允许向右偏移不大于 350mm，不允许向左偏移。

4）机动车装用远光和近光双光束灯时以调整近光光束为主。对于只能调整远光单光束的灯，调整远光单光束。

（2）GB 7258—2012 规定

1）在检验前照灯近光光束照射位置时，前照灯照射在距离 10m 的屏幕上时，乘用车前照灯近光光束明暗截止线转角或中点的高度应为 0.7H～0.9H（H 为前照灯基准中心高度，下同），其他机动车（拖拉机运输机组除外）应为 0.6H～0.8H。机动车（装用一只前照灯的机动车除外）前照灯近光光束水平方向位置向左偏不允许超过 170mm，向右偏不允许超过 350mm。

2）轮式拖拉机运输机组装用的前照灯近光光束的照射位置，按照上述方法检验时，要求在屏幕上光束中点的离地高度不允许大于0.7H；水平位置要求，向右偏移不允许超过350mm，不允许向左偏移。

3）在检测前照灯远光光束及远光单光束灯照射位置时，前照灯照射在距离10m的屏幕上时，要求在屏幕光束中心离地高度，对乘用车为0.9H~1.0H，对其他机动车为0.8H~0.95H；机动车（装用一只前照灯的机动车除外）前照灯远光光束水平位置要求，左灯向左偏不允许超过170mm，向右偏不允许超过350mm，右灯向左或向右偏均不允许超过350mm。

五、检测结果分析

1. 前照灯技术状况检测不合格的原因分析

前照灯检测不合格有两种情况：一是前照灯发光强度偏低，二是前照灯照射位置偏斜。

左、右前照灯发光强度均偏低时，应检查前照灯反光镜是否明亮，如果昏暗或镀层剥落，则应予以更换。检查灯泡是否老化，质量是否符合要求，否则应进行更换。检查电池端电压是否符合要求。仅靠蓄电池供电，前照灯发光强度一般很难达到标准的规定，检测时发电机应供电。

左、右前照灯发光强度不一致时，应检查发光强度偏低的前照灯的反射镜是否符合要求，是否存在电路接触不良的情况。

前照灯安装位置不当或因强烈振动而错位，致使光束照射位置偏斜超标，应进行调整。前照灯光束照射位置偏斜的调整，可借助前照灯检测仪进行。先将左右及上下光轴刻度盘旋钮置于所需调整的方位上，然后调整被测汽车前照灯的安装螺钉，直到左右指示表指针及上下指示表指针均指向零点即可。

2. 检测报告单分析

综检报告单中，汽车前照灯检测部分报告单样式见表7-2。

表7-2　综检报告单中，汽车前照灯检测部分报告单式样

	序号	检测项目	发光强度/cd	上/下偏(H/10m)	左/右偏(mm/10m)	评价
前照灯	34	左灯	主:22200　副:	近光:　远光:-1.00	近光:　远光:左1	○—×—○
	35	右灯	主:23000　副:	近光:　远光:-1.00	近光:　远光:左1	○—×—○

在表中的“发光强度”栏内，“主”“副”表示四灯制的主灯和副灯。表7-2中因为是两灯制，所以只在“主”位置打印数据。因检测标准为大于或等于12 000cd（按GB 18565—2001规定），故评定为合格。

“上/下偏（H/10m）”表示光束照射位置的偏斜量相当于在距前照灯10m处的位置是多少倍的H（H为实检车辆前照灯中心距地面的高度）。“左/右偏（mm/10m）”表示光束照射位置的偏斜量相当于在距前照灯10m处的位置是多少毫米。按照标准规定，对于两灯制前照灯，只检测近光照射位置，而表7-2中却在“远光”位置打印数据，说明有问题，可能原因是程序设计与表不配套，数据应该打印在“近光”位置。

在“上/下偏（H/10m）”栏内的数据为“-1.00H”，此数据不对，参照标准说明，数据前不应该有“-”号；而数据大小超过了标准规定[(0.6~0.8)H]，故评定为不合格。

“左/右偏（mm/10m）”栏内的数据为“左1”，表示光束向左偏斜了1mm，标准规定为左偏不允许超过170mm，向右偏不允许超过350mm，故评定为合格，但其数据与现实不符，因为对于在用车而言偏斜量过小。

安检报告单中，汽车前照灯检测部分报告单样式见表 7-3。

表 7-3　安检报告单中，汽车前照灯检测部分报告单式样

H	前照灯	项目	远光发光强度*/cd	远光偏移		近光偏移		灯中心高/mm	
				垂直/(cm/dam)	水平/(cm/dam)	垂直/(cm/dam)	水平/(cm/dam)		
		左外灯							
		左内灯							
		右内灯							
		右外灯							

表中“远光偏移”和“近光偏移”中的单位均为 cm/dam，“dam”可解释为距前照灯 10m 处的屏幕。“灯中心高度”表示实测车辆的前照灯中心距地面高度值，单位为 mm。

思考与练习

一、简答题

1. 前照灯技术状况的评价指标有哪些？说明各评价指标的含义。
2. 为什么要进行前照灯技术状况的检测？
3. 说明前照灯发光强度和光轴偏斜量的检测原理。
4. 前照灯技术状况检测不合格的原因有哪些？

二、单选题

1. GB 7258—2012《机动车运行安全技术条件》规定，在进行汽车前照灯检测时，发动机的状态为（　　）。

A. 电源系统可处于充电状态　B. 发动机处于熄火状态　C. 电源可处于无电状态

2. 不属于前照灯评价指标是（　　）。

A. 发光强度　　B. 照度　　C. 光束照射位置的偏移值

3. 按照 GB 7258—2012《机动车运行安全技术条件》的规定，在用乘用车二灯制前照灯远光的发光强度应为（　　）cd。

A. 15 000　　B. 12 000　　C. 10 000

4. 某安检站提供了一组四灯制且最高车速大于 70km/h 的汽车前照灯远光发光强度的检测记录，从左到右分别如下，其中合格的是（　　）。

A. 9 000cd，10 000cd，13 000cd，10 000cd

B. 16 000cd，12 000cd，9 000cd，15 000cd

C. 13 000cd，8 000cd，10 000cd，10 000cd

5. （　　），都会使驾驶人对前方道路情况辨认不清，或在与对面来车交会时造成对方驾驶人炫目等，从而容易导致事故的发生。

A. 发光强度变强

B. 发光强度变弱、照射方向变化

C. 照射方向左右偏移小于标准值

6. GB 7258—2012《机动车运行安全技术条件》规定，在用机动车每只前照灯的远光光束发光强度，对于最高设计车速小于70km/h的两灯在用车应达到（　　）cd。

A. 6 000　　B. 15 000　　C. 8 000

7. 前照灯检验仪光轴偏斜量的检验原理是在光轴检测电路中有（　　）。

A. 四个发光元件　　B. 四个受光器　　C. 四块光电池

8. GB 7258—2012《机动车运行安全技术条件》规定，对于最高设计车速小于70km/h的在用四只前照灯的车辆，每只前照灯的发光强度应为（　　）cd以上。

A. 10 000　　B. 8 000　　C. 6 000

9. 前照灯的发光强度和（　　）被列为机动车运行安全检测的必检项目。

A. 光束的照射角度　　B. 光束的照射位置　　C. 光束的照射高低

10. 检测站中最常见的前照灯检验仪为（　　）。

A. 聚光式前照灯检验仪

B. 自动追踪光轴式前照灯检验仪

C. 投影式前照灯检验仪

11. 典型的前照灯近光配光特性是在明暗截止线的（　　）有一个比较暗的暗区。

A. 左上方　　B. 右下方　　C. 右上方

12. 典型的前照灯近光配光特性是在明暗截止线的（　　）有一个比较亮的亮区。

A. 左上方　　B. 右下方　　C. 右上方

三、多选题

1. 某安检站提供了一组四灯制且最高车速大于70km/h的汽车前照灯远光发光强度的检测记录，从左到右分别如下，其中合格的有（　　）。

A. 9 000cd，10 000cd，13 000cd，10 000cd

B. 13 000cd，13 000cd，13 000cd，13 000cd

C. 13 000cd，13 000cd，10 000cd，10 000cd

D. 15 000cd，9 000cd，10 000cd，15 000cd

2. 前照灯的评价指标有（　　）。

A. 发光强度　　B. 光亮度　　C. 照度　　D. 光束照射位置

3. 经检测两只前照灯发光强度均偏低，其主要原因（　　）。

A. 发电动机工作不良　　B. 前照灯搭铁不良

C. 灯泡老化　　D. 蓄电池端电压偏低

4. 前照灯远光或近光均不亮的原因是（　　）。

A. 变光开关或自动变光器损坏　　B. 远光灯或近光灯的导线有一根断路

C. 灯泡老化　　D. 灯光继电器损坏

四、判断题

（　　）1. 发光强度是光线在给定方向上发光强弱的度量，其单位为坎德拉，用符号cd表示。

（　　）2. 照度表明受光物体被光源照明的程度，其单位为勒克斯，用符号lx表示。

（　　）3. 用等照度曲线表示的明亮度分布特征称为配光特性，也称为光形分布特性。前照灯的配光特性有对称配光和非对称配光两种。

（　　）4. 前照灯的发光强度和光束的照射方向被列为机动车运行安全检测的必检项目，前照灯发光强度和照射方向必须符合国家标准的有关规定。

（　　）5. 检测站中最常用的是自动追踪光轴式前照灯检验仪。

（　　）6. 汽车所有的前照灯都不亮，可能是由于蓄电池至总开关之间的电源线断路、灯总开关损坏、电源总熔丝熔断、电子自动变光器损坏（对于电子控制前照灯）等原因引起的。

（　　）7. 前照灯灯光暗淡是由于熔丝松动、导线插头松动、前照灯开关或继电器触点接触不良、发动机输出电压低造成的。

（　　）8. 近光光束的分布是不对称的。

（　　）9. 远光光束的分布是对称的。

（　　）10. 远光光束和近光光束照射位置的检测原理与方法是一样的。

项目八 汽车排气污染物检测

汽车排放的污染物是一致公认的城市公害之一，它污染了人类的生存环境，影响了人类的身体健康，已发展成为严重的社会问题。因此，监测排气污染物浓度，已成为汽车检测项目中极为重要的组成部分。

汽车排气的污染物主要是一氧化碳（CO）、碳氢化合物（HC）、氮氧化合物（NO_x）、硫化物（主要是 SO_2）、炭烟及其他一些有害物质。

汽车排气污染物中，CO、HC、NO_x 和炭烟主要来源于汽车尾气的排放，少部分来自曲轴箱窜气，其中部分 HC 还来自于燃油箱和整个供油系统的蒸发与滴漏。

学习任务1 汽油车尾气排放污染物含量的检测

学习目标

1. 能够正确描述汽油车排放污染物产生的原因。
2. 能够正确解释双怠速工况、稳态工况、瞬态工况和简易瞬态工况。
3. 能够正确解释汽油车尾气排放污染物的评价指标。
4. 能够正确描述不分光红外线气体分析仪的结构与工作原理。
5. 能够正确描述化学发光法的检测原理。
6. 能够利用气体分析仪检测汽油车在双怠速工况、稳态工况、瞬态工况和简易瞬态工况下的尾气排放污染物含量。
7. 能够对实际检测结果进行正确的分析，给出车辆尾气排放性能准确的评价，并提出维修建议。
8. 能够培养良好的安全与卫生习惯和团队协作意识。

任务分析

GB 18285—2005《装配点燃式发动机汽车排气污染物及测试方法（双怠速法及简易工况法）》规定了点燃式发动机汽车双怠速工况排气污染物排放限值及测量方法，同时规定了稳态工况法、瞬态工况法和简易瞬态工况法等三种工况测量方法及对过量空气系数的要求。

本检测项目可在综合性能检测线上进行，一些检测站将此项目置于环保检测线上进行。

相关理论知识

一、汽油车排放污染物的成因

1. 一氧化碳（CO）气体的成因

CO气体的产生是因为输送至燃烧室的氧气不足，以致燃油不能充分燃烧造成的（即混合气太浓）。废气中的CO浓度（体积比）一般是由空燃比决定的，而且基本上是随空燃比变化而变化的。降低废气中CO浓度的最好方法是尽实际可能提高空燃比（使混合气变稀），使燃烧充分。

2. 碳氢化合物（HC）气体的成因

不完全燃烧或未燃烧的汽油从燃烧室排出，以未净化的HC气体形式进入大气，这里HC产生的主要原因。HC和CO一样，如果汽油在燃烧室内完全燃烧，那么HC气体就不会产生。但实际上，即使在这种情况下，由于空燃比、气缸压力、气门开启重叠角和猝熄等因素的影响，也常常产生HC。

3. 氮氧化合物（NO_x）气体的成因

废气中有95%的NO_x是NO，NO是在燃烧室里生成的。氮分子（N_2）在正常条件下是稳定的，但在高温（1 800℃）和高浓度氧气的条件下，氮和氧便能发生反应，生成NO。因此，NO_x是在混合气完全燃烧的条件下，而不是像CO和HC是在不完全燃烧中生成的。因为只有完全燃烧才能达到足够的高温，支持生成NO的反应。如果温度达不到1 800℃以上，那么N_2和O_2将不会结合成NO，而是分别从排气系统中排出。这就是说，对燃烧中产生NO_x的浓度影响最大的因素是燃烧室所能达到的最高温度和空燃比。

因此，减少废气中的NO_x含量的最好方法是限制燃烧室内的最高温度或者缩短这个高温持续的时间。另一个可能方法则是降低氧的浓度。

4. 行车工况与废气的产生

（1）暖机工况（产生CO、HC）　因为发动机（进气歧管）还没有充分预热，汽油不能充分蒸发，所以，在发动机暖机时，空气和燃油的混合气太浓（空燃比约为5∶1），从而产生大量的CO和HC。

（2）怠速运行工况（产生CO、HC）　在怠速运转时，燃烧室内的温度较低，汽油不能充分蒸发。在这种情况下，通常要额外供应燃油，使空燃比变浓（约为11∶1）。由于不完全燃烧，CO和HC的浓度增大，而由于燃烧温度较低，NO_x的浓度则几乎为零。

（3）匀速行驶

1）中、低速（产生NO_x）。在中、低速时，汽油的空燃比较理论空燃比略大。对此，各种发动机不尽相同，但在当前最常用的发动机型号中，这个比值约为16∶1～18∶1。在这个比值下混合气较稀，燃烧室温度升高，易产生较多的NO_x。

2）高速（产生CO、HC和NO_x）。车辆高速行驶时，发动机以高输出功率运转，空燃比较浓。CO和HC浓度上升，由于燃烧室温度降低且缺乏足够的氧气，NO_x浓度减少。

3）加速（产生CO、HC和NO_x）。踩下加速踏板，节气门开度加大，增加了吸入进气歧管的空气量。燃油供应量也自然增加。空气与燃油的混合气变浓（8∶1左右），CO和HC的浓度也增大。随着发动机转速的提高，燃烧速度加快，使燃烧温度升高，NO_x浓度也从而增大。

4）减速（产生CO、HC）。汽车减速时，造成发动机制动，节气门完全关闭，但发动机转速高，燃烧室和进气歧管中负压也随之增强。这一负压降低了火焰扩散的速度，使得火焰在扩散至整个燃烧室之前就熄灭了。这就产生了未燃烧的HC气体，并被排放至大气中。另外，强大的负压使得附着在歧管壁上的燃油极其迅速地蒸发，导致燃油混合气太浓。这就增大了CO和HC的浓度。但因为负压也降低了燃烧温度，从而也使NO_x浓度几乎降至零。

5）大负荷（产生CO、HC和NO_x）。若车辆爬陡坡时发动机负荷大，则节气门完全打开，空气与燃油的混合气达到最大浓度。CO和HC浓度就很高，NO_x浓度下降。

二、汽油车尾气排放污染物检测工况

汽油车尾气排放污染物的检测方法有双怠速工况法和简易工况法两种，其中双怠速工况法包括怠速和高怠速两个工况，简易工况法包括稳态工况、瞬态工况和简易瞬态工况三种。

1. 双怠速工况

双怠速工况包含怠速和高怠速两个工况。

怠速工况反映了发动机的无负荷运转状态。即离合器处于接合位置，变速器处于空档位置（对于自动变速器的汽车，应处于P位）；采用化油器供油系统的车辆，阻风门应处于全开位置；加速踏板处于完全松开位置。

高怠速工况是相当于50%发动机额定转速时的工况。在GB 18285—2005标准中，将轻型汽车的高怠速转速规定为（2 500 ± 100）r/min，重型汽车的高怠速转速规定为（1 800 ± 100）r/min。如果是有特殊规定的，则按照制造厂技术文件中规定的高怠速转速进行。

2. 简易工况

简易工况包含稳态工况、瞬态工况和简易瞬态工况三种。

（1）稳态工况　稳态工况也称为加速模拟工况，加速模拟工况（Acceleration Simulation Mode，ASM）是指车辆预热到规定的热状态后加速至规定车速，根据车辆规定车速时的加速负荷，通过底盘测功台对车辆加载，车辆保持等速运转的工况。

在底盘测功台上的试验运转循环由ASM5025和ASM2540两个工况组成，如图8-1所示，其试验运转循环见表8-1。

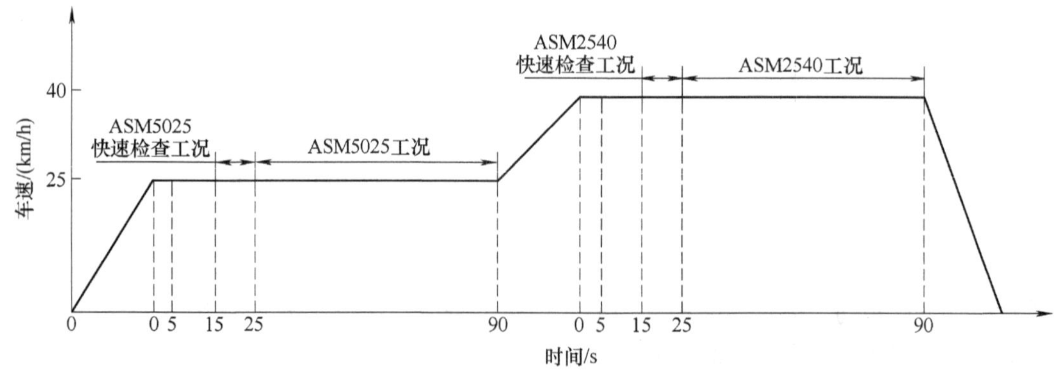

图8-1　加速模拟工况（ASM）试验运转循环

表8-1　加速模拟工况ASM试验运转循环表

工况	运转次序	速度/(km/h)	操作时间 mt/s	测试时间 t/s
5025	1	25	5	/
	2	25	15	
	3	25	25	10
	4	25	90	65
2540	5	40	5	/
	6	40	15	
	7	40	25	10
	8	40	90	65

1）ASM 5025 工况。经预热后的车辆加速至 25.0km/h，测功台以车辆速度为 25.0km/h、加速度为 1.475m/s^2 时的输出功率的 50% 作为设定功率对车辆加载，工况计时器开始计时（$t=0$s）。车辆以 25.0km/h ±1.5km/h 的速度持续运转 5s，如果底盘测功台模拟的惯量值在计时开始后持续 3s 超出所规定的误差范围，工况计时器将重新开始计时（$t=0$）。如果再次出现该情况，则检测将被停止。系统将根据分析仪最长响应时间进行预置，如果分析仪响应时间为 10s，则预置时间为 10s（$t=15$s），然后系统开始取样，持续运行 10s（$t=25$s），即 ASM 5025 快速检查工况。ASM 5025 快速检查工况结束后继续运行至 90s（$t=90$s），即 ASM 5025 工况。

2）ASM 2540 工况。ASM 5025 工况检测结束后车辆立即加速至 40.0km/h，测功台以车辆速度为 40.0km/h、加速度为 1.475m/s^2 时的输出功率的 25% 作为设定功率对车辆加载。工况计时器开始计时（$t=0$s）。车辆以 40.0km/h ±1.5km/h 的速度持续运转 5s，如果底盘测功台模拟的惯量值在计时开始后持续 3s 超出所规定的误差范围，工况计时器将重新开始计时（$t=0$）。如果再次出现该情况，则检测将被停止。系统将根据分析仪最长响应时间进行预置，如果分析仪响应时间为 10s，则预置时间为 10s（$t=15$s），然后系统开始取样，持续运行 10s（$t=25$s），即 ASM 2 540 快速检查工况。ASM 2 540 快速检查工况结束后继续运行至 90s（$t=90$s）即 ASM 2 540 工况。

3）复检试验。第一次试验如果不合格，则可进行复检试验。连续进行 ASM 5025 工况和 ASM 2540 工况试验，每个工况测试时间延长至 145s（$t=145$s），两工况重复测试时间为 290s（$t=290$s）。

（2）瞬态工况　瞬态工况以质量为基础来获取发动机瞬态工况排放数值来检测汽车的实际排放物污染水平，称为 IM195。该系统通过采集尾气的排放量，从而得到污染物的质量排放。其测定结果以汽车每行驶 1km 的排气管排放物质量来表述（单位为 g/km），能提供较真实的 CO、HC、NO_x 排放情况。

试验循环包含了怠速、加速、匀速和减速各种工况。

（3）简易瞬态工况　简易瞬态工况是一种相对较新的瞬态检测方式，称为 IG195。IG195 测试工况结合了 IM195 和 ASM 的特征，实时测量排放尾气的流量和密度，从而测得车辆排放的污染物质量。IG195 采用简易质量测试 VMAS 取样系统，实际上是改进了现有的 ASM 系统，使之能采用瞬态加载工况法进行排气总量的测定。该系统采用了 195s 短工况测试，车辆为热起动状态。

测试过程涵盖车辆怠速、加速、减速、匀速等多种工况，经计算机处理得出车辆每行驶 1km 每种污染物的排放质量。

在底盘测功台上进行的测试运转循环见表 8-2。按工况分解的统计时间见表 8-3，按档位分解的统计时间见表 8-4。

表 8-2　瞬态工况运转循环

操作序号	操　作	工序	加速度/(m/s^2)	速度/(km/h)	每次时间/s		累计时间/s	手动换档时使用的档位
					操作	工况		
1	怠速	1	—	—	11	11	11	6aPM[1)] +5aK$_1$[2)]
2	加速	2	1.04	0→15	4	4	15	1

（续）

操作序号	操　作	工序	加速度/(m/s^2)	速度/(km/h)	每次时间/s		累计时间/s	手动换档时使用的档位
					操作	工况		
3	等速	3	—	15	8	8	23	1
4	减速	4	-0.69	15→10	2	5	25	1
5	减速、离合器脱开		-0.92	10→0	3		28	K_1
6	怠速	5	—	—	21	21	49	16aPM + 5aK_1
7	加速	6	0.83	0→15	5	12	54	1
8	换档				2		56	—
9	加速		0.94	15→32	5		61	2
10	等速	7	—	32	24	24	85	2
11	减速	8	-0.75	32→10	8	11	93	2
12	减速、离合器脱开		-0.92	10→0	3		96	K_2
13	怠速	9	—	—	21	24	117	16aPM + 5aK_1
14	加速	10	0.83	0→15	5	26	122	1
15	换档				2		124	—
16	加速		0.62	15→35	9		133	2
17	换档				2		135	—
18	加速		0.52	35→50	8		143	3
19	等速	11	—	50	12	12	155	3
20	减速	12	-0.52	50→35	8	8	163	3
21	等速	13	—	35	13	13	176	3
22	换档				2		178	
23	减速	14	-0.86	32→10	7	12	185	2
24	减速、离合器脱开		-0.92	10→0	3		188	K
25	怠速	15	—	—	7	7	195	7aPM

注：1）PM—变速器置空档，离合器接合。

2）K_1、K_2 变速器置一档或二档，离合器脱开。

表 8-3　按工况分解的统计时间表

工况	时间/s	百分率(%)	
怠速	60	30.8	35.4
怠速、车辆减速、离合器脱开	9	4.6	
换档	8	4.1	
加速	36	18.5	
等速	57	29.2	
减速	25	12.8	
合计	195	100	

表 8-4　按使用档位分解的统计时间表

变速器档位	时间/s	百分比(%)	
怠速	60	30.8	35.4
怠速、车辆减速、离合器脱开	9	4.6	
换档	8	4.1	
一档	24	12.3	
二档	53	27.2	
三档	41	21.0	
合计	195	100	

注：一般资料

1）测试期间平均车速：19km/h。

2）有效行驶时间：195s。

3）循环理论行驶距离：1.013km。

三、汽油车排放污染物的评价指标

1. CO

装配点燃式发动机的在用汽车，在采用双怠速法和稳态工况法对汽车排放进行检测时，废气中的 CO 的计量单位为体积百分数，即体积浓度。在采用瞬态工况法和简易瞬态工况法对汽车废气进行检测时，废气中的 CO 的计量单位为质量单位，用“g/km”来表示。

2. HC

装配点燃式发动机的在用汽车，在采用双怠速法和稳态工况法对汽车排放进行检测时，废气中的 HC 的计量单位为体积百万分数（10^{-6}）。在采用瞬态工况法和简易瞬态工况法对汽车废气进行检测时，废气中的 CO 的计量单位为质量单位，用“g/km”来表示。

3. 过量空气系数（λ）

装配点燃式发动机的在用汽车，在采用双怠速法对汽车排放进行检测时，要对 λ 进行判定。λ 是指燃烧 1kg 燃料的实际空气量与理论上需要空气量的质量比。对于使用闭环控制电子燃油喷射系统和三元催化转化器技术的汽车，需进行 λ 的测定。发动机为高怠速时，λ 应在 1.00 ± 0.03 或汽车制造厂家规定的范围内。

4. NO_x

装配点燃式发动机的在用汽车，在采用稳态工况法对汽车排放进行检测时，排气中的 NO_x 的计量单位为体积百万分数（10^{-6}）。在采用瞬态工况法和简易瞬态工况法对汽车排气进行检测时，废气中的 NO_x 的计量单位为质量单位，用“g/km”来表示。

四、汽油车尾气排放检测原理

1. 不分光红外线气体分析法（非分散红外线气体分析法）检测原理

汽车排气中的 CO、HC、NO 和 CO_2 等气体，对红外线分别具有吸收一定波长的性质，而且红外线被吸收的程度与废气浓度之间有一定的关系，如图 8-2 所示。不分光红外线分析法就是根据这一原理，即废气吸收一定波长红外线能量的变化，来检测废气中各种污染物的含量。在各种气体混合在一起的情况下，这种检测方法具有测量值不受影响的特点。

利用不分光红外线分析法制成的分析仪，既可以制成单独检测 CO 或 HC 含量的单项分析仪，也可以制成能测量多种气体含量的综合分析仪。排气中 CO 的浓度是直接测量的，而排气中 HC 的成分非常复杂，因此要把各种 HC 成分的浓度换算成正己烷（n-C_6H_{14}）的浓度后再作为 HC 浓度的测量值。

2. 化学发光法检测原理

鉴于目前实施的怠速工况测定 CO、HC 两气体的排气检测手段已无法有效反映汽车排气污染物对大气的污染现状，更不能满足环保部门对全球环境全面严格监测的要求。因此，除测定 CO、HC 外，还必须测定汽车排气中的 NO_x 和 CO_2。

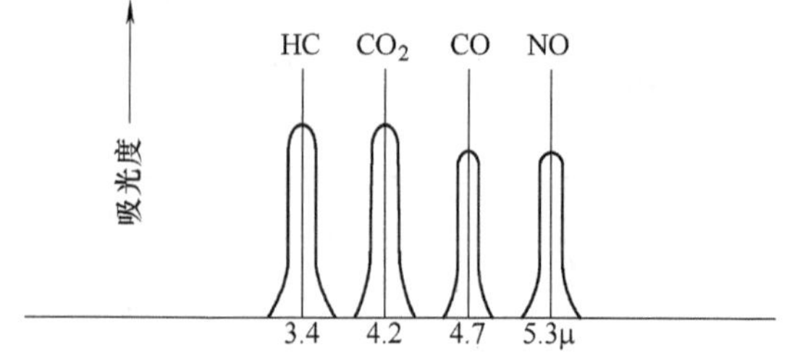

图 8-2　四种气体吸收红外线的情况

汽车排气中的含氧量是装有电控燃油喷射式发动机的汽车计算机监测空燃比、控制排放量、保护三元催化转化器正常工况的重要信号。因此，现代开发的汽车尾气分析仪又增加了 O_2 的测试功能。

对于这五种气体成分的浓度通常采用两类不同方法来测定，其中 CO、CO_2、HC 通过不分光红外线不同波长能量吸收的原理来测定，可获得足够的测试精度。而 NO_x 与 O_2 的浓度通常采用电化学的原理来测定，排气中含氧量的浓度通过在测试通道中设置氧传感器即可测定。NO_x（NO、NO_2）浓度可采用化学发光法的原理进行精确测定。

利用化学发光法检测 NO_x（NO、NO_2）浓度的基本原理如图 8-3 所示。通过适当的化学物质（如不锈钢或碳化物、钼化物）将排气中的 NO_2 全部还原成 NO。NO 与 O_3 在气态接触时发生化学反应生成某些激化态的 NO_2^* 分子。这些激化态的 NO_2^* 分子衰减到基本态 NO_2 时，会发出波长为 0. 59 ~ 2. 5μm 的光量子。其发光强度与排气中存在的 NO 的质量流量成正比。使用适当波长的光电检测器（如光敏二极管）即可根据检测器信号强弱换算出 NO 的含量。这种方法简称 CLD 法。

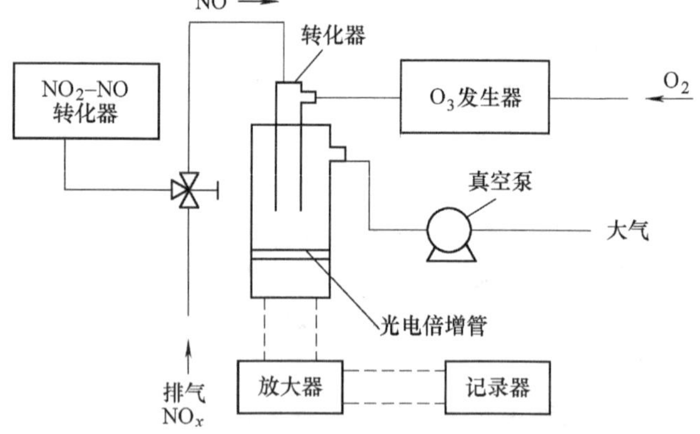

图 8-3　利用化学发光法检测 NO_x（NO、NO_2）浓度的基本原理

由于 CLD 法测定 NO_x 浓度的设备结构较复杂，市场上提供的在线快速检测用五气体分析仪没有采用，而多采用与 CO、CO_2、HC 相同的不分光红外线原理。但需要说明的是，对 NO_x 来说，这种方法测定的精度较低。

五、不分光红外线气体分析仪的结构与工作原理

不分光红外线气体分析仪是一种能够从汽车排气管中采集气样，并对其中所含 CO 和 HC 的浓度进行连续测量的仪器。图 8-4 所示为 MEXA—324F 型汽车排气分析仪的外形图，它由废气取样装置、废气分析装置、废气浓度指示装置和校准装置等组成。废气在分析仪内的流动路线如图 8-5 所示。

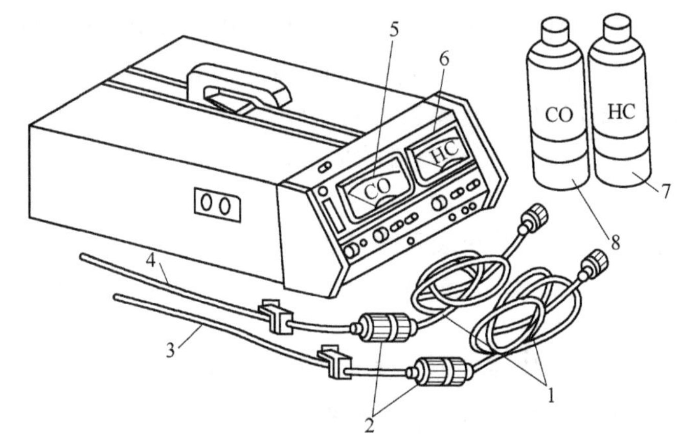

图 8-4　MEXA-324F 型汽车排气分析仪

1—导管　2—滤清器　3—低浓度取样探头　4—高浓度取样探头　5—CO 指示仪表　6—HC 指示仪表　7—标准 HC 气样瓶　8—标准 CO 气样瓶

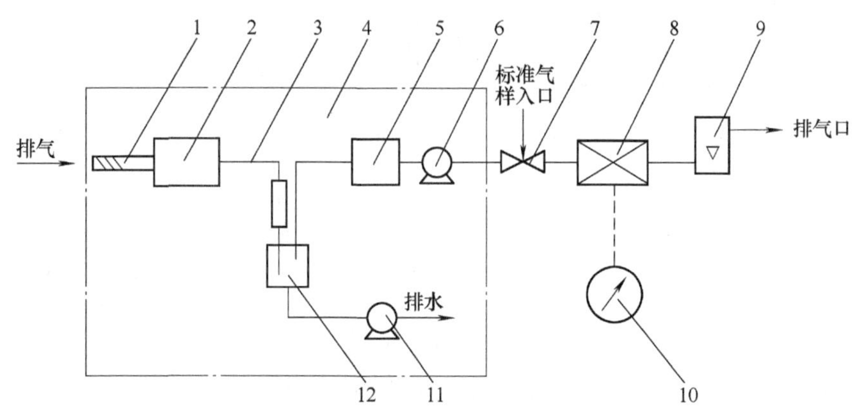

图 8-5　废气在分析仪内的流动路线

1—取样探头　2、5—过滤器　3—导管　4—排气取样装置　6、11—泵　7—换向阀　8—排气分析装置　9—流量计　10—含量指示装置　12—水分离器

1. 废气取样装置

废气取样装置由取样探头、滤清器、导管、水分离器和泵等组成。它通过取样探头、导管和泵从车辆排气管里采集排气，再用滤清器和水分离器把排气中的炭渣、灰尘和水分等除掉，只把排气送入分析装置。为了使取样探头具有耐热性和防止导管吸附 HC 气体，它们都用特殊材料制成。

2. 废气分析装置

废气分析装置由红外线光源、气样室、旋转扇轮、测量室和传感器等组成。该装置按照不分光红外线分析法，从来自取样装置的混有多种成分的排气中分析 CO 和 HC 的含量，并将含量转换成电信号输送给含量指示装置。按传感器形式的不同，排气分析装置可分为电容微音器式和半导体式等类型；按功能的不同，排气分析装置可分为 CO、HC 等单项式和 CO、HC 等综合式两种。目前应用比较多的是电容微音器式排气分析装置。

电容微音器式排气分析装置如图 8-6 所示。从两个红外线光源发出的红外线，分别通过标准气样室和测量气样室后到达测量室。在标准气样室内充有不吸收红外线的氮气，在测量气样室内充有被测量的发动机排气。测量室由两个分室组成，二者之间留有通道，并在通道上装有金属膜式电容微音器以作为传感器将两个分室隔开。为了能够从排气中选择需要测量的成分，在测量室的两个分室内充入适当含量的与被测气体相同的气体，即在测量CO浓度分析装置里的测量室内要充入CO气体，在测量HC含量分析装置里的测量室内要充入正己烷气体。

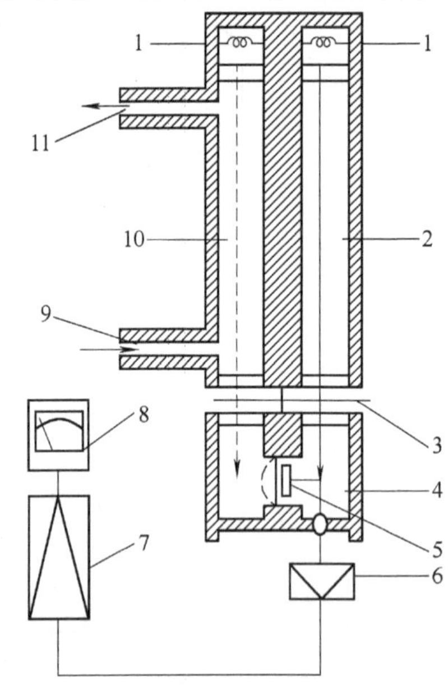

图8-6　电容微音器式排气分析装置
1—红外线光源　2—标准气样室　3—旋转扇轮
4—测量室　5—电容微音器　6—前置放大器
7—主放大器　8—指示仪表　9—排气入口
10—测量气样室　11—排气出口

旋转扇轮也称为截光器，能连续地导通和截止两个红外线光源，从而形成射线脉冲。当红外线通过旋转扇轮断续地到达测量室时，通过测量气样室的红外线被所测气体按浓度大小吸收掉一定波长范围的一部分，而通过标准气样室的红外线完全没有被吸收，在测量室的两个分室内因红外线能量的差别出现了温度差别，温度差别又导致了测量室内的压力差别，致使金属膜片弯曲变形。排气中被测气体含量越大，金属膜片弯曲变形也越大。膜片弯曲变形致使电容微音器输出电压改变，该电压信号经放大器放大后送往含量指示装置。由于排气中的HC由多种成分组成，所以使用固体滤光片将除正己烷以外的气体过滤掉，仅让具有正己烷吸收的波长为3.5μm附近的波长的红外线到达测量室内。正己烷被封入测量室，气样室中的正己烷吸收量也就能被测量室检测出来。

3. 含量指示装置

CO和HC综合式气体分析仪的含量指示装置主要由CO指示装置和HC指示装置组成，有指针式仪表和数字式显示器两种类型。从排气分析装置送来的电信号，在CO指示仪表上CO的体积分数以百分数（%）表示，在HC指示仪表上HC的体积分数以正己烷当量的百万分数（10^{-6}）表示，如图8-7所示，指针式仪表的指示，可利用零点调整旋钮、标准调整旋钮和读数转换开关等进行控制。

气体分析仪内的滤清器脏污时对测量值有影响，因此要经常观察流量计的指示情况，发现指针进入红区时应及时更换滤清器滤芯。

4. 校准装置

校准装置是一种为了保持分析仪的指示精度，使分析仪能准确指示测量值的装置。在校准装置中，往往既设有用加入标准气样进行校准的装置，又设有用机械方式简易校准的装置。

（1）标准气样校准装置　标准气样校准装置是把标准气样从分析仪上单设的一个专用注入口直接送到排气分析装置，再通过比较标准气样浓度值和仪表指示值的方法来进行校准的装置。

（2）简易校准装置　通常是用遮光板把排气分析装置中通过测量气样室的红外线遮挡住一部分，用减少一定量红外线能量的方法进行简单的校准。

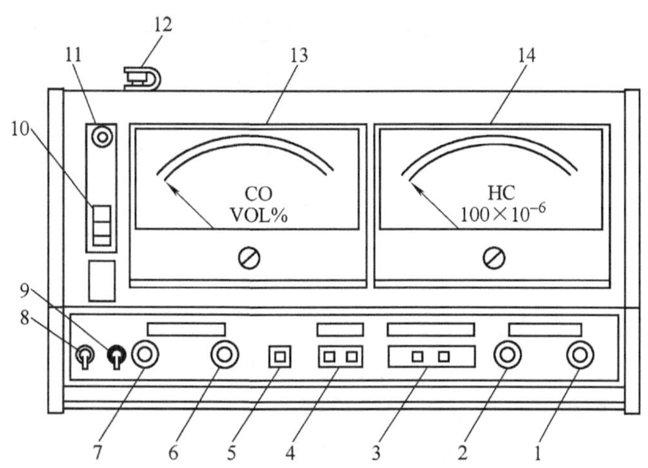

图 8-7　MEXA—324F 型汽车排气分析仪面板图

1—HC 标准调整旋钮　2—HC 零点调整旋钮　3—HC 读数转换开关　4—CO 读数转换开关　5—简易校准开关　6—CO 标准调整旋钮　7—CO 零点调整旋钮　8—电源开关　9—泵开关　10—流量计　11—电源指示灯　12—标准气样注入口　13—CO 指示仪表　14—HC 指示仪表

技能学习

一、准备工作

1. 仪器准备

按仪器使用说明书要求做好以下各项准备工作：

1）接通电源，对不分光红外线气体分析仪（以下简称气体分析仪）预热 30min 以上。

2）仪器校准。

①用标准气样校准。先让气体分析仪吸入清洁空气，用零点调整旋钮把仪表指针调整到零点；然后把仪器附带的标准气样从标准气样注入口灌入，如图 8-8 所示，再用标准调整旋钮把仪表指针调到标准指示值。在灌注标准气样时，要关掉气体分析仪上的泵开关。

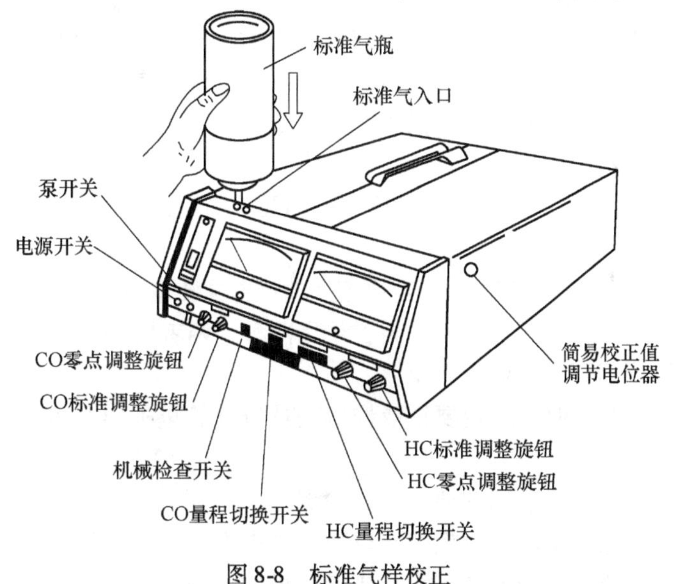

图 8-8　标准气样校正

CO测定器是以标准气样瓶上标明的CO浓度值作为校准的标准值；而HC测定器由于是用丙烷作为标准气样，因而要按下式求出正己烷的换算值，再用正己烷的换算值作为校准的标准值。

校准的标准值(即正己烷换算值)=标准气样(丙烷)含量×换算系数

式中，标准气样（丙烷）含量即标准气样瓶上标明的含量值；换算系数是气体分析仪的给出值（标注在仪器壳体一侧），一般为0.472～0.578。

②简易校准。先接通简易校准开关（见图8-9），对于有校准位置刻度线的仪器，可用标准调整旋钮把仪表指针调整到正对校准刻度线位置。对于没有校准刻度线的仪器，要在标准气样校正后立即操纵简易校准开关进行简易校准，此时要用标准调整旋钮把仪表指针调整到与标准气样校准后的指示值重合。应记住这一指示位置，以便今后简易校准时使用。

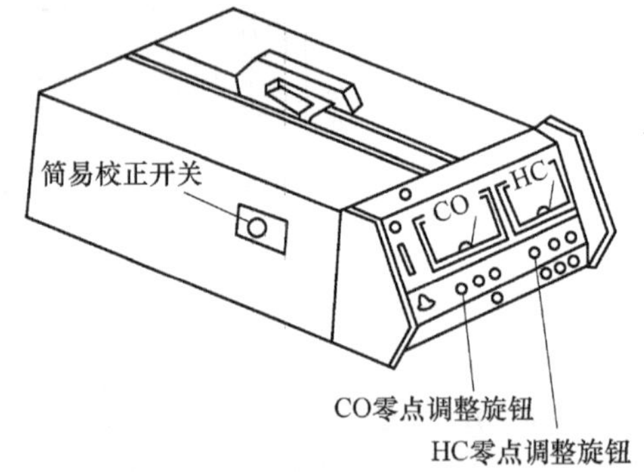

图8-9 排气分析仪的简易校准

3）把取样探头和取样导管安装到气体分析仪上，检查取样探头和导管内是否有残留HC。当管内壁吸附残留HC较多，仪表指针大大超过零点以上时，要用压缩空气吹洗或用布条等物清洁取样探头和导管内壁。

仪器经过上述检查和校准后，即可投入使用。

2. 被检车辆准备

1）进气系统应装有空气滤清器，排气系统应装有排气消声器，并不得有泄漏。

2）汽油应符合国家标准GB 17930—2013《车用汽油》的规定。

3）测量时发动机冷却液和润滑油温度应达到汽车使用说明书所规定的热状态。

4）1995年7月1日后生产的汽油机应具有怠速螺钉限制装置。点火提前角在其可调整范围内都应达到排放标准要求。

5）安装自动变速器的车辆，使用前进档进行测试；安装手动变速器的车辆，使用二档进行测试，如果二档所能达到的最高车速低于45km/h，则可使用三档。

6）车辆驱动轮位于滚筒上，应确保车辆横向稳定。

3. 底盘测功台准备

按照底盘测功台的使用说明，进行预热、检调及载荷设定等准备工作。

4. 注意事项

1）汽油汽车怠速污染物检测时，一定要把发动机怠速转速和温度控制在规定范围之内。

2）取样探头、导管分为低含量用和高含量用两种，两者要分别使用。

3）检测时，导管不要发生弯折现象。

4）多辆汽车连续检测时，一定要把取样探头从排气管里抽出并等仪表指针回到零点后再进行下一辆车的测量。

5）不要在有油或有有机溶剂的地方进行检测。

6）要注意检测地点的室内通风换气，以防人员中毒。

7）检测结束后，要立即把取样探头从排气管里抽出来。

8）取样探头不用时要垂直吊挂，不要平放，以防管内的积水腐蚀取样探头。

9）气体分析仪不要放置在湿度大、温度变化大、振动大或倾斜的地方。

10）气体分析仪要定时维护，以确保使用精度。

11）校准用的标准气样是有毒的，要注意保管。

12）如果需要人工记录和校正数据，则应在测试开始前记录环境温度、相对湿度和大气压力等。

二、测试步骤

1. 双怠速排放污染物测量程序

双怠速法检测程序如图 8-10 所示。

1）必要时在发动机上安装转速计、点火正时仪、冷却液和润滑油测温计等测量仪器。

2）发动机由怠速工况加速至 70% 额定转速，维持 60s 后降至高怠速（即 50% 额定转速）。

3）发动机降至高怠速状态后，将气体分析仪取样探头插入排气管中（深度为 400mm），并固定于排气管上。

4）先把气体分析仪指示仪表的读数转换开关打到最高量程档位，再一边观看指示仪表，一边用读数转换开关选择适于排气含量的量程档位。

5）发动机在高怠速状态下维持 15s 后开始读数，读取 30s 内的高怠速污染物最高值和最低值，取平均值为高怠速排放测量结果。

6）发动机从高怠速状态降至怠速状态，在怠速状态维持 15s 后开始读数，读取 30s 内的怠速污染物最高值和最低值，取平均值为怠速排放测量结果。

7）若为多排气管时，取各排气管测量结果的算术平均值。

8）测量工作结束后，把取样探头从排气管中抽出来，让它吸入新鲜空气 5min，待仪器指针回到零点后关闭电源。

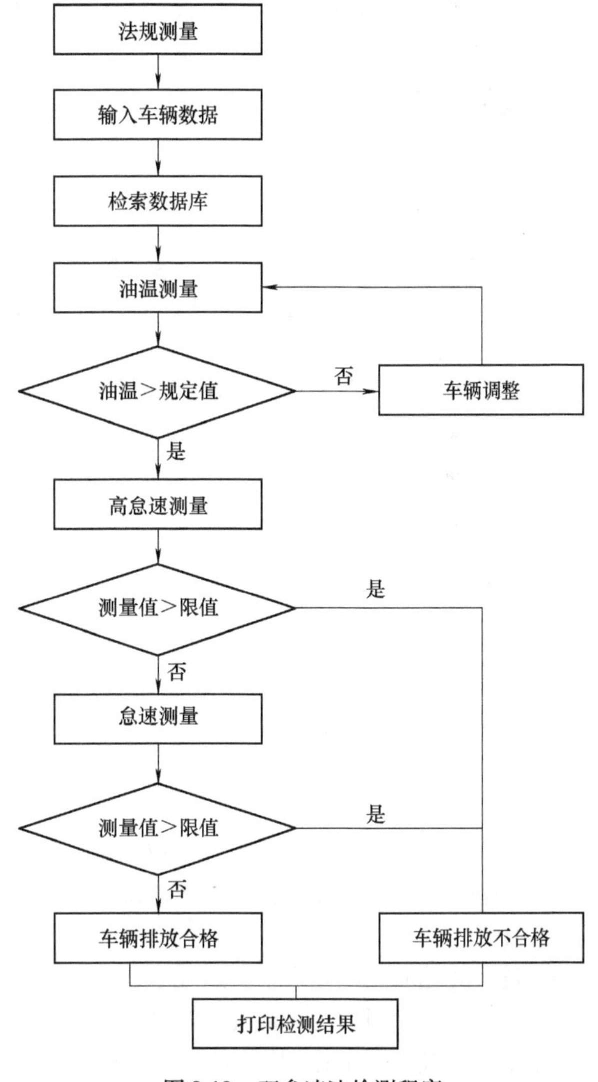

图 8-10　双怠速法检测程序

2. 加速模拟工况法测量程序

1）车辆驱动轮位于底盘测功台滚筒上，将分析仪取样探头插入排气管中（深度为 400mm）并固定于排气管上，如图 8-11 所示。对独立工作的多排气管，应同时取样。

2）ASM 5025 工况。车辆经预热

后，加速至25km/h，此时底盘测功台根据试验工况要求加载，车辆保持（25±1.5)km/h等速，同时开始计时、测量与计算。

在25s至90s的测量过程中，任意10s内的十次排放平均值经修正后如果满足限值的要求，则试验结束；否则，应进行下一工况（ASM 2540）试验。

3）ASM 2540工况。车辆从25km/h直接加速至40km/h以上，此时底盘测功台根据试验工况要求加载，车辆保持（40±1.5)km/h等速，同时开始计时、测量与计算。

在25s至90s的测量过程中，任意10s内的10次排放平均值经修正后，如果满足限值的要求，则试验结束；否则，应进行复检试验。

图8-11　加速模拟工况法检测实况图

4）复检试验。按照上述ASM 5025工况和ASM 2540工况的试验程序及试验结果判定方法连续进行ASM 5025和ASM 2540工况试验，工况时间延长至145s（t=145s），总试验时间为290s。

如果两个工况测试结果经修正后均满足要求，则测试结果合格；否则，测试结果不合格。

说明：以上检测程序是以人工计数为例，在全自动检测线上，由于测量过程的自动控制，引车员只需按照检测程序指示器提示进行踩、松加速踏板和换档等操作即可。

3. 瞬态工况和简易瞬态工况法测量程序

1）根据需要在发动机上安装转速表和润滑油测温计等测试仪器。

2）车辆驱动轮停在底盘测功台的转鼓上。

3）按照试验运转循环开始进行试验。

①起动发动机。

a. 按照制造厂使用说明书的规定，使用起动装置起动发动机。

b. 发动机保持怠速运转40s。在40s终了时开始循环，并同时开始取样。

②怠速。

a. 手动或半自动变速器怠速期间，离合器接合，变速器置于空档位置。为了按照正常循环进行加速，车辆应在循环的每个怠速后期（即加速开始前5s）使离合器脱开，变速器置于一档。

b. 自动变速器在试验开始时，选择好档位后，在试验期间，任何时候不得再操作变速杆，但自动变速器如果在规定时间内不能完成加速工况，则应按照手动变速器的要求操作变速杆。

③加速。

a. 进行加速时，在整个工况过程中，应尽可能地使加速度恒定。

b. 如果在规定时间内未能完成加速工况，则所需的额外时间应从工况改变的复合公差允许的时间中扣除；否则，应该从下一等速工况的时间内扣除。

c. 自动变速器如果在规定时间内不能完成加速工况，则应按手动变速器的要求操作变速杆。

④减速。

a. 在所有减速工况时间内，应使加速踏板完全松开，离合器接合，当车速降至 10km/h 时，使离合器脱开，但不操作变速杆。

b. 如果减速时间比相应工况规定的时间长，则允许使用车辆的制动器，以使循环按照规定的时间进行。

c. 如果减速时间比相应工况规定的时间短，则应由下一个等速或怠速工况中的时间补偿，使循环按规定的时间进行。

⑤等速。

a. 从加速工况过渡到下一等速工况时，应避免猛踩加速踏板或关闭节气门。

b. 等速工况应采用保持加速踏板位置不变的方法实现。

⑥当车速降低到 0km/h 时（车辆停止在转鼓上），变速器置于空档，离合器接合。

排气污染物测量值应由系统主机自动进行计算和修正。

三、检测标准

相关说明：

轻型汽车：最大总质量不超过 3 500kg 的 M1 类、M2 类和 N1 类车辆。

重型汽车：最大总质量大于 3 500kg 的车辆。

M1 类车辆：至少有四个车轮，或有三个车轮且厂定最大总质量超过 1 000kg，除驾驶人座位外，乘客座位数不超过 8 个的载客车辆。

M2 类车辆：至少有四个车轮，或有三个车轮且厂定最大总质量超过 1 000kg，除驾驶人座位外，乘客座位数超过 8 个，且厂定最大总质量不超过 5 000kg 的载客车辆。

N1 类车辆：至少有四个车轮，或有三个车轮且厂定最大总质量超过 1 000kg，厂定最大总质量不超过 3 500kg 的载货车辆。

第一类轻型汽车：设计乘员数不超过 6 人（包括驾驶人），且最大总质量≤2 500kg 的 M1 类车。

第二类轻型汽车：除第一类轻型车以外的其他所有轻型汽车。

单一燃料车：能燃用汽油和一种气体燃料，但汽油仅限于紧急情况或发动机起动用，且汽油箱容积不超过 15L 的车辆。

双燃料汽车：具有两套燃料供给系统，一套供给天然气或液化石油气，另一套供给天然气或液化石油气之外的燃料，两套燃料供给系统按照预定的配比向气缸供给燃料，在缸内混合燃烧的汽车，如柴油-压缩天然气双燃料汽车，柴油-液化石油气双燃料汽车等。

电动汽车 ：纯电动汽车、混合动力（电动）汽车和燃料电池电动汽车的总称。

装配点燃式发动机的车辆双怠速试验排气污染物限值见表 8-5。

表 8-5　装配点燃式发动机的车辆双怠速试验排气污染物限值

车　型	类　型			
	怠　速		高怠速	
	CO(%)	HC, $\times10^{-6}$	CO(%)	HC, $\times10^{-6}$
1995 年 7 月 1 日前生产的轻型汽车	4.5	1 200	3.0	900
1995 年 7 月 1 日起生产的轻型汽车	14.5	900	3.0	900

（续）

车　型	类　型			
	怠　速		高怠速	
	CO(%)	HC, ×10⁻⁶	CO(%)	HC, ×10⁻⁶
2000年7月1日起生产的第一类轻型汽车	0.8	150	0.3	100
2000年10月1日起生产的第二类轻型汽车	1.0	200	0.5	150
1995年7月1日前生产的重型汽车	5.0	2 000	3.5	1 200
1995年7月1日起生产的重型汽车	4.5	1 200	3.0	900
2004年9月1日起生产的重型汽车	1.5	250	0.7	200

注：对于2001年5月31日以前生产的5座以下（含5座）的微型面包车，执行1995年7月1日起生产的轻型汽车的排放标准。

对于2000年7月1日以前生产的第一类轻型汽车和2001年10月1日以前生产的第二类轻型汽车，参考的稳态工况法排放限值见表8-6。

表8-6　稳态工况法排气污染物排放限值Ⅰ（参考）

基准质量 (*RM*)/kg	最低限值						最高限值					
	ASM 5025			ASM 2540			ASM 5025			ASM 2540		
	HC /$\times10^{-6}$	CO (%)	HC /$\times10^{-6}$	HC /$\times10^{-6}$	CO (%)	HC /$\times10^{-6}$	HC /$\times10^{-6}$	CO (%)	HC /$\times10^{-6}$	HC /$\times10^{-6}$	CO (%)	HC /$\times10^{-6}$
RM≤1020	230	2.2	4 200	230	2.9	3 900	120	1.3	2 600	110	1.4	2 400
1 020 < *RM*≤1 250	190	1.8	3 400	190	2.4	3 200	100	1.1	2 100	90	1.2	2 000
1 250 < *RM*≤1 470	170	1.6	3 000	170	2.1	2 800	90	1.0	1 900	80	1.1	1 750
1 470 < *RM*≤1 700	160	1.5	2 650	150	1.9	2 500	80	0.9	1 700	80	1.0	1 550
1 700 < *RM*≤1 980	130	1.2	2 200	130	1.6	2 050	70	0.8	1 400	70	0.8	1 300
1 980 < *RM*≤2 150	120	1.1	2 000	120	1.5	1 850	60	0.7	1 300	60	0.8	1 150
2 150 < *RM*≤2 500	110	1.1	1 700	110	1.3	1 600	60	0.6	1 100	50	0.7	1 000

对于2000年7月1日起生产的第一类轻型汽车和2001年10月1日起生产的第二类轻型汽车，参考的稳态工况法排放限值见表8-7。

表8-7　稳态工况法排气污染物排放限值Ⅱ（参考）

基准质量 (*RM*)/kg	最低限值						最高限值					
	ASM 5025			ASM 2540			ASM 5025			ASM 2540		
	HC /$\times10^{-6}$	CO (%)	HC /$\times10^{-6}$	HC /$\times10^{-6}$	CO (%)	HC /$\times10^{-6}$	HC /$\times10^{-6}$	CO (%)	HC /$\times10^{-6}$	HC /$\times10^{-6}$	CO (%)	HC /$\times10^{-6}$
RM≤1 020	230	1.3	1 850	230	1.5	1 700	120	0.6	950	110	0.6	850
1 020 < *RM*≤1 250	190	1.1	1 500	190	1.2	1 350	100	0.5	800	90	0.5	700
1 250 < *RM*≤1 470	170	1.0	1 300	170	1.1	1 200	90	0.5	700	80	0.5	650
1 470 < *RM*≤1 700	160	0.9	1 200	150	1.0	1 100	80	0.4	600	80	0.4	550
1 700 < *RM*≤1 980	130	0.8	1 000	130	0.8	900	70	0.4	500	70	0.4	450
1 980 < *RM*≤2 150	120	0.7	900	120	0.8	800	60	0.3	450	60	0.3	450
2 150 < *RM*≤2 500	110	0.6	750	110	0.7	700	60	0.3	400	50	0.3	350

对于2000年7月1日以前生产的第一类轻型汽车和2001年10月1日以前生产的第二类轻型汽车，参考的瞬态工况法排放限值见表8-8。

表8-8　瞬态工况法排气污染物排放限值Ⅰ（参考）

基准质量(*RM*)/kg	CO/(g/km)	HC/(g/km)	NO_x(g/kin)
RM≤750	19	3.5	2.5
750＜*RM*≤850	21	3.7	2.5
850＜*RM*≤1 020	22	3.8	2.5
1 020＜*RM*≤1 250	26	4.1	3.0
1 250＜*RM*≤1 470	29	4.4	3.5
1 470＜*RM*≤1 700	33	4.7	3.7
1 700＜*RM*≤1 930	36	5.0	3.8
1 930＜*RM*≤2 150	39	5.2	3.9
2 150＜*RM*≤2 500	42	5.6	4.0

对于2000年7月1日起生产的第一类轻型汽车和2001年10月1日起生产的第二类轻型汽车，参考的瞬态工况法排放限值见表8-9。

表8-9　稳态工况法排气污染物排放限值Ⅱ（参考）

车辆类型		基准质量(*RM*)/kg	限值/(g/km)	
			CO	HC+NO_x
第一类车		全部	3.5	1.5
第二类车	Ⅰ类	*RM*≤1 250	3.5	1.5
	Ⅱ类	1 250＜*RM*≤1 700	6.5	2.0
	Ⅲ类	1 700＜*RM*	8.5	2.5

对于2000年7月1日以前生产的第一类轻型汽车和2001年10月1日以前生产的第二类轻型汽车，参考的简易瞬态工况法排放限值见表8-10。

表8-10　稳态工况法排气污染物排放限值Ⅰ（参考）

基准质量(*RM*)/kg	最低限值			最高限值		
	CO/(g/km)	HC/(g/km)	NO_x/(g/km)	CO/(g/km)	HC/(g/km)	NO_x/(g/km)
RM≤1 020	41.9	5.9	6.7	22	3.8	2.5
1 020＜*RM*≤1 470	45.2	6.6	6.9	29	4.4	3.5
1 470＜*RM*≤1 930	48.5	7.3	7.1	36	5.0	3.8
RM＞1 930	51.8	8.0	7.2	39	5.2	3.9

对于2000年7月1日起生产的第一类轻型汽车和2001年10月1日起生产的第二类轻型汽车，参考的简易瞬态工况法排放限值见表8-11。

表8-11　稳态工况法排气污染物排放限值Ⅱ（参考）

车辆类型		基准质量(*RM*)/kg	最低限值		最高限值	
			CO/(g/km)	HC+NO_x/(g/km)	CO/(g/km)	HC+NO_x/(g/km)
第一类车		全部	12.0	4.5	6.3	2.0
第二类车	Ⅰ类	*RM*≤1 250	12.0	4.5	6.3	2.0
	Ⅱ类	1 250＜*RM*≤1 700	18.0	6.3	12.0	2.9
	Ⅲ类	1 700＜*RM*	24.0	8.1	16.0	3.6

对于营运车辆分级评定，JT/T 198—2004《营动车辆技术等级划分和评定要求》标准规定，其标准限值见表8-12。

表8-12　在用汽油双怠速法排气污染物限值

车辆分类 \ 技术等级		一级				二、三级				备注
		怠速		高怠速		怠速		高怠速		
		CO（%）	HC /×10^{-6}	CO（%）	HC /×10^{-6}	CO（%）	HC /×10^{-6}	CO（%）	HC /×10^{-6}	
轻型汽油车	1995年7月1日前生产的	3.5	700			4.5	1200	3.0	900	
	1995年7月1日起生产的					4.5	900	3.0	900	
	2000年7月1日起第一类	0.7	135	0.25	90	0.8	150	0.3	100	
	2001年10月1日起第二类	0.85	180	0.45	130	1.0	200	0.5	150	
	2005年7月1日起第一类					0.5	100	0.3	100	
	2005年7月1日起第二类					0.8	150	0.5	150	
重型汽油车	1995年7月1日前生产的	4.0	1000			5.0	2000	3.5	1200	
	1995年7月1日起生产的					4.5	1200	3.0	900	
	2004年9月1日起生产的					1.5	250	0.7	200	
	2005年7月1日起生产的					1.0	200	0.7	200	

四、检测结果分析

1. 汽油车尾气排放的影响因素

（1）废气检测值与发动机故障的关系　不同工况下废气排放浓度值的范围见表8-13。废气检测值与发动机系统故障的关系见表8-14。

表8-13　不同工况下废气排放浓度值的范围

转速	CO(%)	HC/×10^{-6}	CO_2(%)	O_2(%)
怠速	0.5~3	0~250	13~15	1~2
1 500r/min,空负荷	0~2.0	0~200	—	1~2
2 500r/min,空负荷	0~1.5	0~1500	13~15	1~2

表8-14　废气检测值与发动机系统故障的关系

CO	HC	CO_2	O_2	故障原因
低	很高	低	低	间歇性失火
低	很高	低	低	气缸压力
很高	很高/高	低	低	混合气浓
很高	很高/高	低	很高/高	混合气稀
高	低	正常	正常	点火太迟
低	高	正常	正常	点火太早
变化	变化	低	正常	EGR阀漏气
很低	很低	很低	很高	空气喷射系统
低	低	低	高	排气管漏气

（2）空燃比对废气排放的影响　空燃比即空气和燃油的比例，以 14.7∶1（理论空燃比）为中心在 16.1∶1～12.5∶1 的范围内变化。16.1∶1 是略稀的经济空燃比，12.5∶1 是略浓的最大功率空燃比。

1）空燃比与一氧化碳（CO）。当空燃比小于 14.7∶1 时（混合气变浓），由于空气量不足引起不完全燃烧，CO 的排放浓度增大。

2）空燃比与碳氢化合物（HC）。碳氢化合物与空燃比没有直接关系。碳氢化合物生成的主要原因是：在燃烧室壁温度较低的冷却面附近形成过冷区，达不到燃烧温度，火焰消失；电火花微弱，根本未能点燃混合气，导致所谓的缺火现象；在进、排气门重叠时漏气等。因此，当空燃比在 16.2∶1 以内时，混合气越浓，HC 的排放量就越多。而当空燃比超过 16.2∶1 时，由于燃料成分过少，用通常的燃烧方法已不能正常着火，产生失火，使未燃烧的 HC 大量排出。

3）空燃比与氮氧化物（NO_x）。氮氧化合物是可燃混合气空气中的 N_2 和 O_2 在燃烧室内通过高温、高压的火焰时化合而成的。因此，在混合气空燃比为 15.5∶1 附近燃烧效率最高时，NO_x 生成量达到最大，混合气空燃比高于或低于此值，NO_x 生成量会减小。

4）空燃比与二氧化碳（CO_2）。二氧化碳是燃烧的必然产物，CO_2 值的大小取决于影响燃烧效率的因素，这里当然包括空燃比的大小，空燃比越接近理论空燃比 14.7∶1，燃烧越完全，CO_2 的值也就越高，最大值在 13.5%～14.8%之间。

5）空燃比与氧。氧是一个很好的空燃比指示值，当混合气浓时，O_2 的值就低，当混合气稀时，O_2 的值就高。

（3）用 CO_2+CO 值分析空燃比　CO_2+CO 值与空燃比的对照见表 8-15。

表 8-15　CO_2+CO 值与空燃比的对照

空燃比	16∶1	15.5∶1	15∶1	14.7∶1	14.2∶1	13.7∶1	13∶1	12.5∶1	11.7∶1
CO_2+CO(%)	13.5	14.0	14.5	14.7	15	15.5	16	16.5	17

（4）点火提前角对废气排放的影响

1）点火提前角与 CO。点火提前角对 CO 的排放没有太大影响，如果过分推迟点火，则会使 CO 没有时间完全氧化而引起 CO 排放量增加，但适度推迟点火可减少 CO 排放。实际上，当推迟点火时间时，为了维持输出功率不变，需要开大节气门，这时 CO 排放明显增加。

2）点火提前角与 HC。点火推迟时，HC 排放降低，主要是因为提高了排气温度，促进了 CO 和 HC 的氧化，也由于燃烧时降低了气缸的面容比，燃烧室内的过冷面积变小了，使得排出的 HC 减少。采用推迟点火来降低 HC，是以牺牲燃油经济性为代价的，所以得不偿失。

3）点火提前角与 NO_x。在任何负荷和转速下，加大点火提前角均使 NO_x 排放增加。这是因为点火时间提前时燃烧温度升高的缘故，所以，从降低 NO_x 排放的角度出发，可以采用减小点火提前角，降低循环最高温度，使用比理论空燃比更稀或更浓的混合气的办法。然而，降低最高温度将伴随着发动机热效率的降低。

（5）排气检测参数中的数据分析　如果燃烧室中没有足够的空气（O_2）保证正常燃烧，在通常情况下，二氧化碳（CO_2）的读数和一氧化碳（CO）、氧（O_2）的读数相反。燃烧越完全，二氧化碳（CO_2）的读数就越高，最大值在 13.5%～14.8%之间，此时一氧化碳（CO）的读数应该非常接近 0%。

O_2 的读数是最有用的诊断数据之一。O_2 的读数和其他3个读数一起，能帮助找出诊断问题的难点。通常，装有催化转化器的汽车，O_2 的读数应该是1.0%～2.0%，说明发动机燃烧很好，只有少量未燃烧的 O_2 通过气缸。

O_2 的读数小于1.0%，说明混合气太浓，不利于很好地燃烧。O_2 的读数超过2.0%，说明混合气太稀。燃油滤清器堵塞、燃油压力低、喷油器阻塞、真空系统漏气以及废气再循环（EGR）阀泄漏等，都可能导致过稀失火。

2. 检测报告单分析

综检报告单中，装配点燃式发动机的车辆排气污染物的检测报告单式样见表8-16。

表8-16　综检报告单中，装配点燃式发动机的车辆排气污染物的检测报告单式样

排气污染物	序　号	检测项目		检测结果			评　价
				CO%	$HC\times10^{-6}$	λ	
	36	汽油	怠速				——
			高怠速				——

在表中的“检测项目”栏内，“怠速”是指在进行双怠速法测量时，从高怠速降至怠速后的测量值。在“检测结果”栏内，“CO%”表示CO的百分含量；“$HC\times10^{-6}$”表示HC的百万分比含量；“λ”表示检测的过量空气系数值。

由于该车为轻型柴油车，故此项目没有检测。

学习任务2　柴油车尾气排放烟度的检测

学习目标

1. 能够正确描述柴油车排放污染物产生的原因。
2. 能够正确解释自由加速检测工况。
3. 能够正确解释柴油车尾气排放污染物的评价指标。
4. 能够正确描述滤纸式烟度计和不透光烟度计的结构与工作原理。
5. 能够正确使用滤纸式烟度计检测柴油车自由加速工况下的尾气炭烟排放量。
6. 能够正确使用不透光烟度计检测柴油车尾气排放可见污染物的含量。
7. 能够对实际检测结果进行正确的分析，给出车辆尾气排放性能准确的评价，并提出维修建议。
8. 能够培养良好的安全与卫生习惯和团队协作意识。

任务分析

根据国家标准GB 3847—2005《车用压燃式发动机和压燃式发动机汽车排气烟度排放限值及测量方法》规定，对于柴油机汽车，目前选用自由加速烟度法和加载减速工况法检测排气烟度，同时根据车辆年款、车型确定采用滤纸式烟度法还是不透光烟度法。

自由加速滤纸式烟度的定义是：在自由加速工况下，从发动机排气管中抽取规定长度的排气柱所含的炭烟，使规定面积的清洁滤纸染黑的程度，称为自由加速滤纸式烟度。

自由加速工况是指柴油机于怠速工况（发动机运转；离合器处于接合位置；加速踏板与手油门处于松开位置；变速器处于空档位置；具有排气制动装置的发动机，蝶形阀处于全开位置），将加速踩板迅速踩到底，维持4s后松开。

检测项目可在综合性能检测线上进行，一些检测站将此项目置于环保检测线上进行。

相关理论知识

一、柴油车排放污染物的成因

1. 一氧化碳（CO）和碳氢化合物（HC）的成因

从总体来看，由于柴油机负荷调节方法采用定量质调节的方法，其混合气的平均浓度要比汽油机稀得多，即便在高负荷区，平均过量空气系数也远大于1，所以，柴油机总有足够的氧气对已形成的CO和HC进行氧化，柴油机的CO和HC排放量要比汽油机低得多。从排气污染物形成的过程来看，柴油车CO和HC的具体形成原因与汽油车有所不同。

（1）CO的成因　柴油机CO主要源于喷注中过浓部分的不完全燃烧。只有较低负荷、温度过低以及高负荷喷油过程中，在高压油管内燃油波动造成的二次喷射和喷油器滴油等不正常喷射的情况下，才会出现较高的CO排放值，即CO排放值随过量空气系数的变化呈两头高、中间低的特点。

（2）HC的成因　在柴油机稳定运转条件下，HC主要由下述两个原因引起：

1）滞燃期中，处于喷注前缘的极稀混合气，其浓度远低于燃烧极限而无法着火。其中的一部分混合气，在后续过程中避开了缸内燃烧而被排出。滞燃期越长，滞燃期中的喷油量越多，过分稀释的混合气也越多，HC排放也就增多。

2）喷油过程中，混合气由于混合不良而导致HC增多。最主要的情况是燃油的喷射期过长。总体上看，柴油机低负荷时，混合气更稀，缸内温度又低，所以HC排放量随负荷的减小而上升。

2. 氮氧化物（NO_x）的成因

NO_x生成的条件是高温、富氧和较长作用时间。这和汽油车一样。但由于柴油车在着火燃烧方面的原因，氮氧化物（NO_x）排放占其总排放量的比例较汽油机大。

在燃烧过程中，产生NO_x的区段有滞燃期的稀燃火焰区和缓燃期的扩散燃烧区。

降低燃烧过程中这两个时期的喷油率，减缓混合气的形成速度，推迟或拉长整个喷油时间，或者缩短滞燃期，都可以抑制NO_x的过量产生。但是，这样做必然拉长或推迟燃烧过程，从而造成燃油消耗率的上升和微粒炭烟排放量的增加。这正是柴油机性能综合选择和参数匹配中的一个很主要的矛盾。总体来看，柴油机NO_x排放量将随负荷的减少（即混合气浓度的变稀、温度的下降）而下降。特别是低负荷时比汽油机NO_x高得更多。问题在于：汽油机由于采用了电控汽油喷射和三元催化转化装置，在一定程度上限制了氧的浓度，使采用闭环控制的部分发动机工况下的NO_x排放降到了可以接受的水平。

3. 微粒和炭烟的成因

与汽油车相比，柴油车的微粒排放量要多几十倍。加上炭烟（微粒中的主要成分）的可视性，以及部分微粒成分被认为是致癌物质，以致微粒炭烟排放成为柴油机最引人注目，也是最引起非议的排放问题。

柴油车的微粒和炭烟的生成机理还未完全研究清楚。目前，一般都认为，燃烧时的一段高温范围和局部存在特别浓的混合气，是微粒炭烟产生的必要条件。

混合气越浓，其中碳成分就越多。柴油机喷注中，混合气浓度由芯部的极浓到前缘的极稀，即使在空气混合后也会由于浓稀不均而在较浓区域产生自由碳。由于柴油机总体混合气都偏稀，较浓区域生成的自由碳在往后的过程中是否会被富余的空气所氧化，涉及燃料的裂解成碳和燃料的氧化二者之间的总体平衡问题。

目前业界的看法是，柴油机微粒和炭烟主要形成于缓燃期的扩散燃烧区和后燃期以及二次喷射和喷油器滴漏。

4. 行车工况与排气污染物的形成

（1）调速器的特性曲线　图 8-12 所示为装有机械全程调速器和两极调速器两种不同调速器的柴油机，在不同加速踏板位置时的转矩变化曲线。从图中可以看出，全程调速器在加速踏板位置由小加大时，转矩的急剧变化段（调速段）也由低速转到高速，表明每一个踏板位置对应一个较窄的工作转速范围；而两极调速器的每一个踏板位置只在高、低速进行调速，中速段的转矩值则随踏板位置加大而加大。

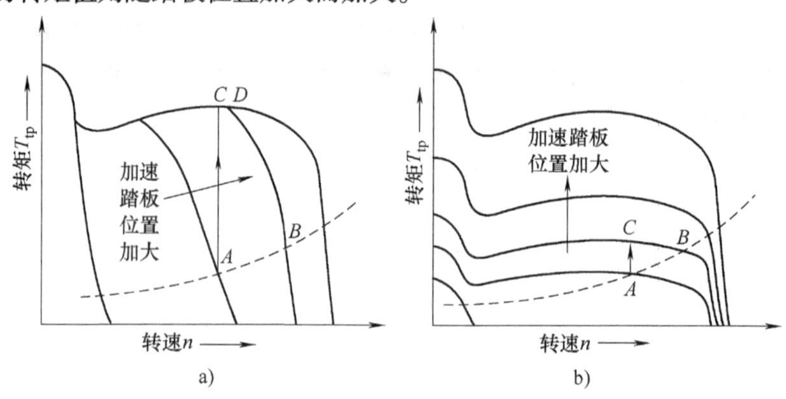

图 8-12　机械全程和两极调速器在不同加速踏板位置时的特性曲线

a）全程调速器特性　b）两极调速器特性

柴油车在路面上稳定行驶时，车辆承受的各种阻力可表示为一条作用于发动机的阻力矩曲线，如图 8-12 中的虚线所示。此阻力矩曲线与某一踏板位置转矩曲线的交点就是该位置时的稳定运转转速或速度。

假设柴油机先稳定在图示较小加速踏板位置时的 A 点运行。当要加速到较高车速的 B 点时，必然加大踏板位置，增加油量，并经历一个过渡过程。这个过程并非图上直接沿阻力矩线由 A 到 B，而是沿转矩线进行转移。

对于全程调速器，一踩加速踏板，A 点迅速转移到新踏板位置特性线的 C 点，再沿 D 变到 B。这一过程要经过全负荷加油的 CD 段。

对于两极调速器，这个转移过程为 $A \to C \to B$。

比较这两种情况，全程调速器加速迅猛，过大的油量往往造成过高的炭烟和 HC、CO 排放量。特别是瞬间加速到新工况，缸内温度及冷却液温度、润滑油温度等状态均未达到稳定值，有害物排放量更多，有时会比同类稳定工况高 6 倍以上。两极调速器则加速平缓，有害排放量的增加会少得多。但是，若要追求加速性，则猛踩加速踏板再回缩，其效果也与全程调速器相同。

由此可知，柴油机加速过程有害排放量的加大程度，与转矩变化模式和驾驶人的控制方法都有很密切的关系。而其减速过程因为是相反的减小供油量，所以排放污染量会大大下降。当废气涡轮增压柴油机加速时，由于增压器转子的惯性，转速上升有一个过程，充气量赶不上喷油量的增加，使混合气过浓而炭烟及 HC 等排放量大增，从而形成加速冒烟。

（2）冷起动过程对排放的影响　冷起动时，气缸内压缩温度很低，燃油雾化条件很差，相当一部分会附着于燃烧室壁面，初期会以未燃 HC“白烟”的形式排出机外。由于起动时雾化程度低，直喷柴油机一般要加大 50% ~100% 的“起动油量”，因此炭烟、HC 及 CO 等排放量必然增多。只有经过一段时间的暖机以后，才会逐渐恢复正常。可见，起动控制策略（指加浓量、转速和温升的配合）对有害排放和使用油耗等都有相当大的影响。

二、柴油车排气污染物的评价指标

1）对于 2001 年 10 月 1 日以前生产的装配压燃式发动机的在用汽车的排气烟度，采用 GB 3847—2005 标准规定的自由加速试验，使用滤纸式烟度计进行检测，排气烟度值采用博世（BOSCH）单位，用“Rb”表示。

2）对于 2001 年 10 月 1 日以后生产的装配压燃式发动机的在用汽车的排气烟度，采用 GB 3847—2005 标准规定的自由加速试验，使用不透光烟度计进行检测，排气烟度值采用光吸收系数 K，用“m^{-1}”表示。

3）在采用加载减速法对装配压燃式发动机的在用汽车的排气烟度进行检测时，排气烟度值采用光吸收系数 K，用“m^{-1}”表示。

三、烟度计的结构与工作原理

1. 滤纸式烟度计

滤纸式烟度计是用一个活塞式抽气泵，从柴油机排气管中抽取一定容积的排气，使它通过一张一定面积的白色滤纸，排气中的炭烟存留在滤纸上，使滤纸染黑。用检测装置测定滤纸的染黑度，该染黑度即代表柴油车的排气烟度，如图 8-13 所示。

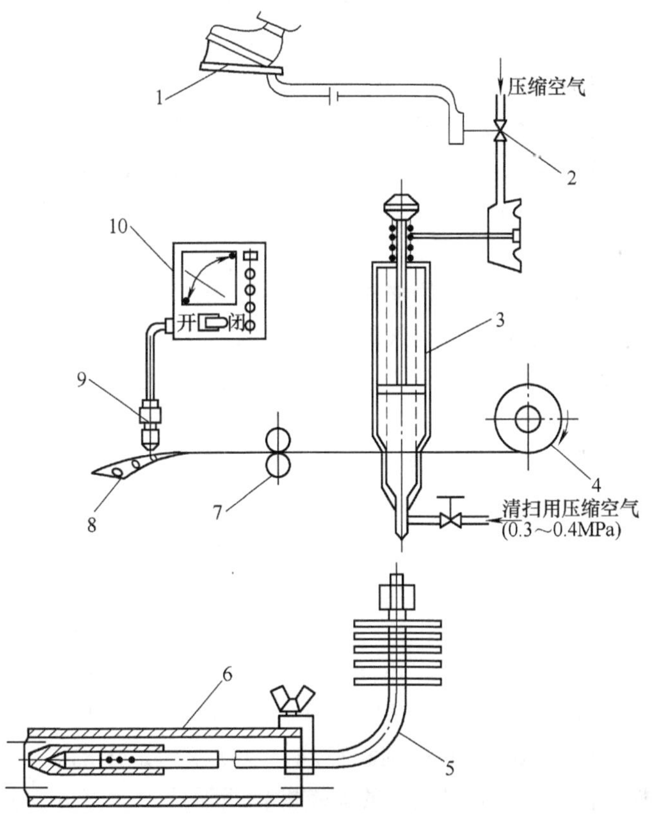

图 8-13　滤纸式烟度计结构简图

1—脚踏开关　2—电磁阀　3—抽气泵　4—滤纸卷　5—取样探头　6—排气管　7—滤纸进给机构　8—染黑的滤纸　9—光电传感器　10—指示仪表

滤纸式烟度计是世界上应用最广泛的烟度计之一，有手动、半自动和全自动三种类型。滤纸式烟度计由排气取样装置、染黑度检测与指示装置和控制装置等组成，一般还配备有微型打印机。

（1）取样装置　取样装置由取样探头、活塞式抽气泵、取样软管和清洗机构等组成。取样探头分台架试验用和整车试验用两种。整车试验用取样探头带有散热片，探头上装有夹具以便固定在排气管上。取样探头在活塞式抽气泵的作用下抽取排气，抽气泵结构形状应能保证在取样时不受排气动压的影响。

活塞式抽气泵由泵筒、活塞、活塞杆、手柄、回位弹簧、锁止装置、电磁阀和滤纸夹持机构等组成。活塞式抽气泵在使用前，必须先压下抽气泵手柄，直至克服回位弹簧的张力使活塞到达泵筒最下端，并由锁止机构锁止，从而完成复位过程，以准备下一次抽取排气。当需要取样时，或在自由加速工况开始的同时通过捏压橡胶球向抽气泵锁止机构充气（手动式），或通过套在加速踏板上的脚踏开关，在自由加速工况开始的同时操纵电磁阀向抽气泵锁止机构充入压缩空气（半自动式和全自动式），使抽气泵锁止机构取消对活塞的锁止作用，于是活塞在回位弹簧的张力作用下迅速而又匀速地回到泵筒的最上端，从而完成取样过程。此时，若滤纸式烟度计为博世（BOSCH）式，则抽气泵活塞移动全程的抽气量为（330 ±15）mL，抽气时间为（1.4±0.2）s，且在1min内外界空气的渗入量不大于15mL。

活塞式抽气泵下端装有滤纸夹持机构。当活塞式抽气泵每次完成复位过程后，通过手动或自动实现对滤纸的夹紧和密封，使取样过程中的排气经滤纸进入泵筒内，炭烟存留在滤纸上并将滤纸染黑，而且能保证滤纸的有效工作面直径为ϕ32mm。一旦完成抽气过程，滤纸夹持机构松开，染黑的滤纸移至光电检测装置下的试样台上。

取样软管把取样探头和活塞式抽气泵连接在一起，由于泵的抽气量与软管的容积有关，所以国家标准GB 3847—2005《车用压燃式发动机和压燃式发动机汽车排气烟度排放限值及测量方法》规定，取样软管长度为5.0m，内径为$\phi 5_{-0.2}^{\ 0}$mm，取样系统局部内径不得小于ϕ4mm。

压缩空气清洗机构能在排气取样之前，用压缩空气吹洗取样探头和取样软管内的残留排气炭粒。清洗用压缩空气的压力为0.3～0.4MPa。

（2）检测与指示装置　检测与指示装置由光电传感器、指示电表或数字式显示器、滤纸和标准烟样等组成。光电传感器由光源（白炽灯泡）、光电元件（环形硒光电池）和电位器等组成。光电传感器的工作原理如图8-14所示。电源接通后白炽灯泡亮，灯光通过带有中心孔的环形硒光电池照射到滤纸上。当滤纸的染黑度不同时，反射给环形硒光电池感光面的光线强度也不同，因而环形硒光电池产生的电流也就不同。电路中一般配备有电阻R_1和R_2作为白炽灯泡电流的粗调和细调，以便获得适度的光强，使光源和硒光电池的灵敏度相匹配。

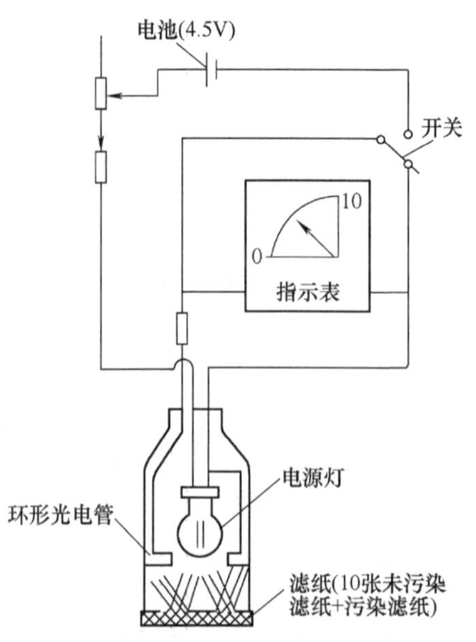

图8-14　光电传感器的工作原理

指示电表是一个微安表，是滤纸染黑度（即排气烟度）的指示装置。当环形硒光电池送来的电流不同时，指示电表指针的位置也不相同。指示表头以0～10Rb表示。其中，0是全白滤纸的Rb单位，

10 是全黑滤纸的 Rb 单位，从 0～10 均匀分布（博世式）。国产 FQD-102 型半自动排气烟度计指示装置面板如图 8-15 所示。

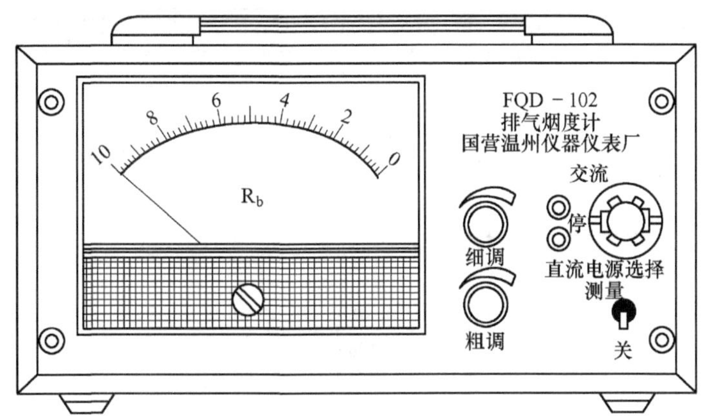

图 8-15　国产 FQD-102 型半自动排气烟度计指示装置面板

由微型计算机控制的排气烟度计的指示装置一般采用数字式显示器。如国产 FQD-102B 型半自动数字式排气烟度计采用了 MCS-48 系列单片机作为仪器机芯，显示器由两位 LED 数码管组成，配备有微型打印机。

检测装置还应备有供标定或校准用的标准烟样和符合规定的滤纸。标准烟样也称为烟度卡，应在烟度计上标定，精确度为 0.5%。当标准烟样用于标定烟度计时，按量程均匀分布不得少于 6 张；当用于校准烟度计时，每台烟度计 3 张，标定值选在 Rb5 左右。当烟度计指示电表需要校准时，只要把标准烟样放在光电传感器下，用调节旋钮把指示电表的指针调整到标准烟样所代表的染黑度数值即可达到目的。这样可以使指示电表保持指示精度，以得出准确的测量结果。

烟度卡必须定期标定，在有效期内使用。

滤纸有带状和圆片状两种。带状滤纸在进给机构的作用下能实现连续传送，适用于半自动式烟度计和全自动式烟度计；圆片状滤纸仅适用于手动式烟度计。

（3）控制装置　半自动和全自动滤纸式烟度计的控制装置包括用脚操纵的抽气泵脚踏开关和滤纸进给机构。控制用压缩空气的压力为 0.4～0.6MPa。

各检测设备生产厂家生产的滤纸式烟度计结构有所不同，但其检测原理基本一致。图 8-16 所示为一种类型滤纸式烟度计的外形图。

2. 不透光式烟度计

GB 3847—2005《车用压燃式发动机和压燃式发动机汽车排气烟度排放限值及测量方法》规定用光吸收系数来度量可见污染物的多少，规定使用不透光度计测量压燃式发动机和装用压燃式发动机车辆的可见污染物。

图 8-16　滤纸式烟度计外形图

不透光式烟度计是一种利用透光衰减率来测定排气烟度的典型仪器。如图8-17所示，不透光式烟度计的主要元件有光源、充满排气并有一定长度的烟气测量管及放置在光源对面将透光信号转变成电信号的光敏元件。光敏元件的输出电压与烟气所造成的光强度衰减成正比。

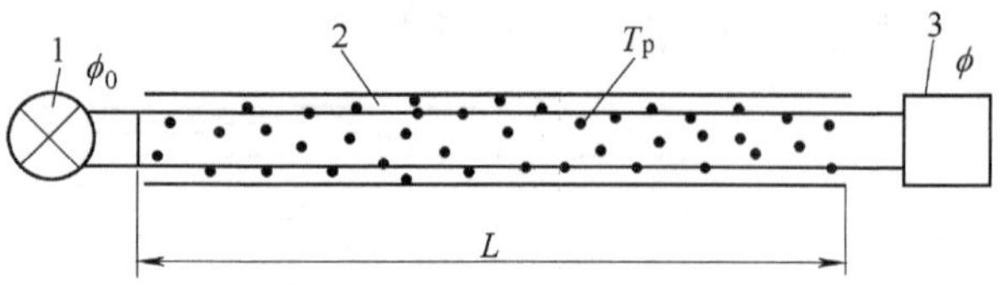

图8-17　不透光式烟度计的测量原理

1—光源　2—烟气测量管　3—光敏元件

通常，不透光法测得的不透光度（即烟度）N 用百分比表示，即

$$N=\left(1-\frac{\phi}{\phi_0}\right)\times 100\%$$

式中　ϕ——有烟时的光强度；

ϕ_0——无烟时的光强度。

光吸收系数 K 与不透光度 N 之间的关系为

$$K=\left(-\frac{1}{L}\right)\ln(1-N)$$

可以认为 K 值与炭烟的质量浓度成正比。

不透光式烟度计可分为全流式和分流式两类，如图8-18所示。全流式不透光烟度计测量全部排气的透光衰减率，有在线式及排气管尾端式两种。美国PHS烟度计就是全流式不透光烟度计，它的工作原理如图8-19所示。在排气管口端不远处的排气烟束两侧分别布置有光源和光电池，光电池接收到的光线与排气烟度成反比。为了不受排气热的影响，光源和光电器件置于离排气通路有一定距离的地方。

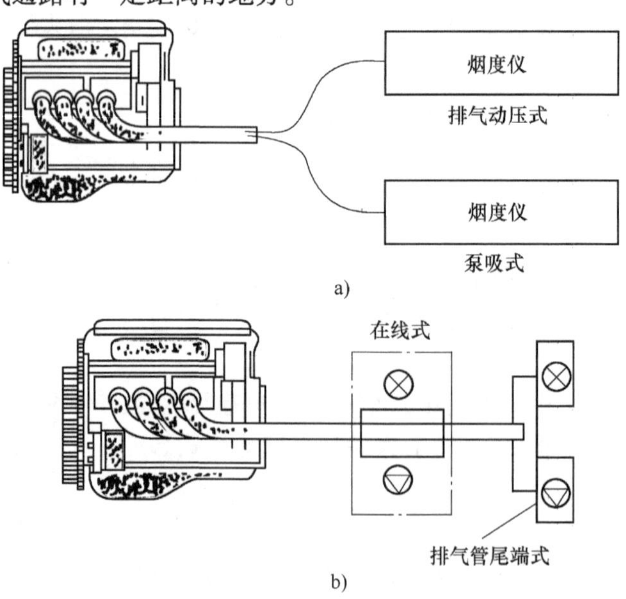

图8-18　不透光式烟度计的分类

a）分流式　b）全流式

分流式不透光烟度计是将排气中一部分烟气引入测量烟气取样管，从而送入烟度计进行连续分析。

此外，还有一种便携的分流式烟度计，可直接插在排气管尾部或中部接口，安装及使用都较方便，适用于现场检测。

由于排烟是连续不断地通过测试管的，所以不论稳态、非稳态和过渡状态，烟度的测定都很方便。但是，由于光学系统的污染，这种烟度计测定中容易产生误差，所以必须注意清洗。还有排气烟中所含的水滴和油滴也可能作为烟度显示出来，当需检验的排烟超过500℃时，必须采用其他换热器来冷却排烟。

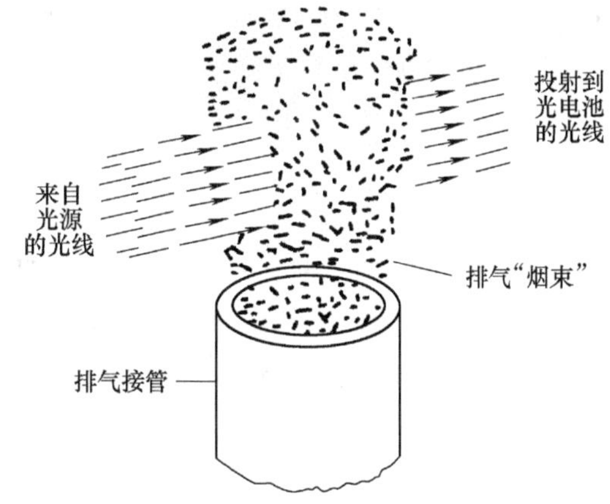

图 8-19　全流式不透光烟度计的工作原理

技能学习

一、用滤纸式烟度计检测排气烟度

1. 准备工作

下面以 FQD-201 型排气烟度计为例介绍柴油车自由加速烟度的检测方法。

（1）仪器准备

1）仪器校准。

①未接通电源时，先检查指示电表指针是否在机械零点上，否则用零点调整螺钉使指针与“0”的刻度重合。

②接通电源，仪器进行预热，然后打开测量开关，在光电传感器下垫上 10 张洁白的滤纸，调节粗调电位器和细调电位器，使表头指针与“0”的刻度重合。

③在 10 张洁白的滤纸上放上标准烟样，光电传感器对准标准烟样中心垂直放置在其上。此时，表头指针应指在标准烟样所代表的染黑度数值上，否则应调节仪器后面板上的小型电位器。

2）检查取样装置和控制装置中各部件的工作情况，特别要检查脚踏开关与活塞抽气泵的动作是否同步。

3）检查控制用压缩空气和清洗用压缩空气的压力是否符合要求。

4）检查滤纸进给机构的工作情况是否正常。

5）检查滤纸是否合格，滤纸应洁白无污。

（2）车辆准备

1）进气系统应装有空气滤清器，排气系统应装有消声器并且不得有泄漏。

2）柴油应符合 GB/T 10327—2011《发动机检测用标准轻柴油技术条件》的规定，不得使用燃油添加剂。

3）测量时，发动机的冷却液和润滑油温度应达到汽车使用说明书所规定的热状态。

4）自 1995 年 7 月 1 日起新生产柴油车装用的柴油机，应保证起动加浓装置在非起动工况不再起作用。

2. 测试步骤

1）用压力为0.3～0.4MPa的压缩空气清洗取样管路。

2）把活塞式抽气泵置于待抽气位置，将洁白的滤纸置于待取样位置，并将滤纸夹紧。

3）将取样探头固定于排气管内，插入深度为300mm，并使取样探头轴线与排气管轴线平行。

4）将脚踏开关引入汽车驾驶室内，但暂不固定在加速踏板上。

5）按照图8-20所示测量规程进行自由加速烟度检测。先由怠速工况将加速踏板踩到底，维持4s后迅速松开，然后怠速运转16s，共计20s。在怠速运转16s的时间内，要用压缩空气清洗机构对取样软管和取样探头吹洗数秒。上述操作重复三次，以熟悉加速方法并把排气管内的炭渣等积存物吹掉。然后，把脚踏开关固定在加速踏板上，如图8-21所示。

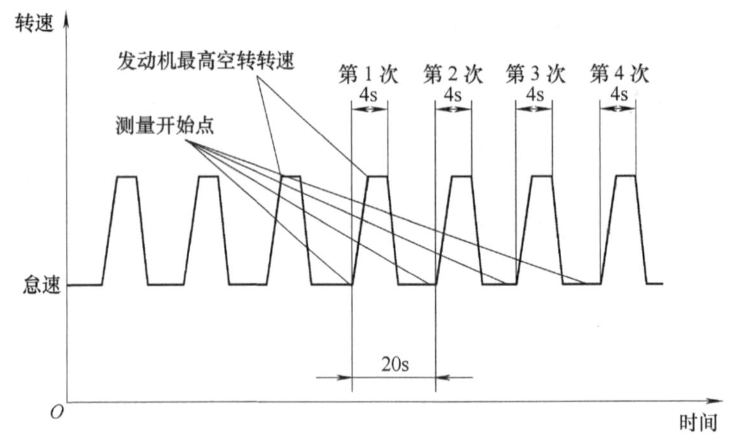

图8-20　自由加速烟度测量规程

6）进行实测，将加速踏板与脚踏开关一并迅速踩到底，至4s时立刻松开，维持怠速运转16s，共计20s。在20s内应完成排气取样、滤纸染黑、走纸、抽气泵复位、检测并指示烟度、清洗等工作。

从第1次开始加速至第2次开始加速为一个循环，每个循环共计20s。实测中需操作4个循环，取后3个循环烟度读数的算术平均值作为所测烟度值。当汽车发动机出现的黑烟冒出排气管的时间与抽气泵开始抽气的时间不同步时，应取最大烟度值作为所测烟度值。

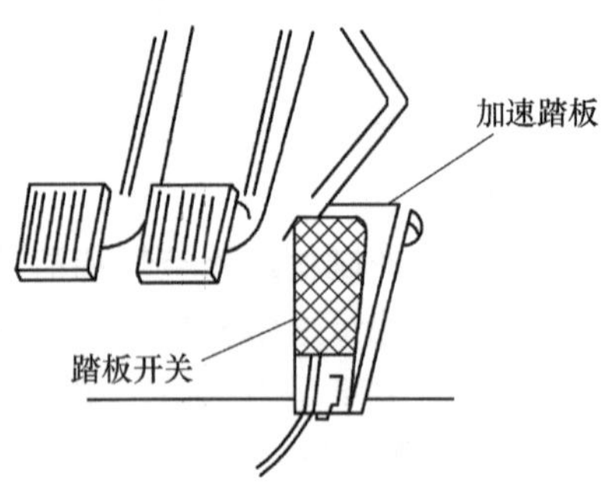

图8-21　安装脚踏开关

7）在被染黑的滤纸上记下序号、工况和日期等，以便保存。

8）检测结束，及时关闭电源和气源。

3. 注意事项

1）取样软管的内径和长度有规定，不能随意用其他型号的管子代替。

2）指示装置不用时，应把测量开关打到关的位置，以免在移动或运输时损坏指示电表。

3）指示装置应避开有振动和湿度大的地方。

4）滤纸和校准用标准烟样，不要放置在阳光下暴晒或灰尘多的地方。

5）标准烟样必须定期检定，在有效期内使用。

二、用不透光式烟度计测试排气烟度

1. 准备工作

（1）仪器准备　按照仪器说明书的规定进行仪器的预热、检查和校准。

（2）车辆装备　对被检车辆的准备工作同滤纸烟度计法。

2. 测试步骤

1）在发动机怠速时，插入不透光烟度仪取样探头。

2）迅速但不猛烈地踩下加速踏板，使喷油泵供给最大油量。在发动机达到调速器允许的最大转速前，保持此位置。一旦达到最大转速，立即松开加速踏板，使发动机恢复至怠速，不透光烟度仪恢复到相应的状态。

3）重复上述操作过程至少 6 次，记录不透光烟度仪的最大读数值。如果读数值连续 4 次均在 $0.25m^{-1}$的宽带内，并且没有连续下降趋势，则记录值有效。

4）计算 4 次测量结果的算术平均值。

三、在用汽车加载减速试验

对装配压燃式发动机的在用汽车进行排气烟度的检验，可以使用加载减速工况法。所使用的检测设备主要包括底盘测功台、不透光烟度计和发动机转速传感器等，由中央控制系统集中控制。

1. 准备工作

1）对仪器设备的准备工作参阅本书前述的汽车底盘测功台等相关内容或参阅相关仪器、设备的使用说明书。

2）连接好发动机转速传感器。

3）选择合适的档位，使节气门开度在最大位置时，受检车辆的最高车速接近 70km/h。

4）由控制系统判断测功台是否能够吸收受检车辆的最大功率，如果车辆最大功率超过了测功台的功率吸收范围，则不能进行检测。

2. 检测程序

1）正式检测开始前，检测员应按以下步骤进行操作，以使控制能够获得自动检测所需的初始数据。

①起动发动机，将变速器置于空档，逐渐增大节气门开度直到达到最大，并保持在最大开度状态，记录这时发动机的最大转速，然后松开加速踏板，使发动机回到怠速状态。

②使用前进档驱动被检车辆，选择合适的档位，使节气门处于全开位置时，测功台指示的车速最接近 70km/h，但不能超过 100km/h。对装有自动变速器的车辆，应注意不要在超速档下进行测量。

2）计算机对按上述步骤获得的数据自动进行分析，判断是否可以继续进行检测。所有被判定不适合检测的车辆，都不允许进行加载减速烟度试验。

3）在确认机动车可以进行排放检测后，将底盘测功台切换到自动检测状态。

①加载减速测试的过程必须完全自动化，在整个检测循环中，由计算机控制系统自动完成对底盘测功台加载减速过程的管理。

②自动控制系统采集三组检测状态下的检测数据，以判定受检车辆的排气光吸收系数 K

是否达标。三组数据分别为最大功率下的转鼓线速度点、90%最大功率下的转鼓线速度点和80%最大功率下的转鼓线速度点。

③上述3组检测数据包括轮边功率、发动机转速和排气光吸收系数 K，必须将不同工况点的检测结果都与排放限值进行比较。若修正后的最大轮边功率低于所要求的最小功率，或者测得的排气光吸收系数 K 超过了标准规定的限值，则均判定该车的排放不合格。

4）检测开始后，检测员始终将加速踏板踩到底，直到检测系统通知松开加速踏板为止。在试验过程中，检测员应实时监控发动机冷却液的温度和润滑油压力。一旦冷却液的温度超出了规定的温度范围，或者润滑油压力偏低时，都必须立即停止检测。冷却液温度过高时，检测员应松开加速踏板，将变速器置于空档，使发动机停止运转。然后，使发动机在怠速工况下运转，直到冷却液温度重新恢复到正常范围为止。

5）检测过程中，检测员应时刻注意受检车辆或检测系统的工作情况。

6）检测结束后，打印检测报告并存档。

7）将受检车辆驶离底盘测功台之前，检测员应检查是否已经完成相关的检测工作，并完成对相关检测数据的记录和保护。

8）按下列步骤将受检车辆驶离底盘测功台：

①从受检车辆上拆下所有测试和保护装置。

②举起底盘测功台举升板，锁住滚筒。

③去掉车轮挡块，确认受检车辆及其行驶路线周围没有障碍物或人员。

④缓慢将受检车辆驶离底盘测功台，并停放到指定地点。

3. 注意事项

1）每条检测线至少应配备3名检测员，1名检测员操作控制计算机，1名检测员负责驾驶受检车辆，1名检测员进行辅助检查，并随时注意受检车辆在检测过程中是否出现异常情况。

2）除检测员外，在检测过程中，其他人员不得在检测现场逗留。

3）对非全时四轮驱动车辆，应选择后轮驱动方式。

4）对紧密型多轴驱动的车辆，或全时四轮驱动车辆，不能进行加载减速检测，应进行自由加速排气烟度排放检测。

5）如果发现受检车辆的车况太差，不适宜进行加载减速法检测，则必须先进行修理后才能进行检测。

6）检测过程中，由于发动机发生故障使检测工作终止时，必须待故障排除后重新进行排放检测。

7）在加载减速检测过程中，不论什么原因，如果驾驶人想通过松开加速踏板来暂时停止检测工作，则检测工作都将被提前中断。在这种情况下，自动试验程序认为检测工作已经中止。

8）不透光烟度计至少每年检定一次，每次维修后必须进行检定，经检定合格后方可重新投入使用。

四、检测标准

1. 对于GB 3847—2005标准实施后生产的在用汽车

自2005年7月1日起，按照标准规定经形式核准生产的在用汽车，应按照GB 3847—

2005 附录Ⅰ要求进行自由加速试验，所测得的排气光吸收系数不应大于该车型核准的自由加速排气烟度排放限值再加 0.5m^{-1}。

2. 对于 2001 年 10 月 1 日至 2005 年 6 月 30 日生产的汽车

2001 年 10 月 1 日至 2005 年 6 月 30 日生产的汽车，应按照 GB 3847—2005 附录Ⅰ的要求进行自由加速试验，所测得的排气光吸收系数不应大于以下限值：

自然吸气式为 2.5m^{-1}。

涡轮增压式为 3.0m^{-1}。

3. 对于 2001 年 10 月 1 日前生产的在用汽车

对于 1995 年 7 月 1 日至 2001 年 9 月 30 日期间生产的汽车，应按照 GB 3847—2005 附录 K 的要求进行自由加速试验，所测得的烟度值应不大于 4.5Rb。

对于 1995 年 6 月 30 日以前生产的汽车，应按照 GB 3847—2005 附录 K 的要求进行自由加速试验，所测得的烟度值应不大于 5.0Rb。

4. 加载减速法检测限值

采用加载减速法检测柴油机排放时，排放限值范围参照表 8-17。

表 8-17　加载减速法排放限值范围

车型		光吸收系数/m^{-1}
轻型车	重型车	
2005 年 7 月 1 日起生产的第一类轻型车和 2006 年 7 月 1 日起生产的第二类轻型车	2004 年 9 月 1 日起生产的重型车	1.00～1.39
2000 年 7 月 1 日起生产的第一类轻型车和 2001 年 10 月 1 日起生产的第二类轻型车	2001 年 9 月 1 日起生产的重型车	1.39～1.86
2000 年 7 月 1 日以前生产的第一类轻型车和 2001 年 10 月 1 日以前生产的第二类轻型车	2001 年 9 月 1 日以前生产的重型车	1.86～2.13

注：对于新车型或发动机机型排放达到 GB 17691—2005 第Ⅲ阶段排放标准的在用汽车，可参照表中的第一项，即限值为 1.00～1.39m^{-1}执行。

对于营运车辆分级评定，JT/T 198—2004《营运车辆技术等级划分和评定要求》规定，在用柴油车自由加速排放污染物检测有两种方法，一种是滤纸烟度法，另一种是不透光烟度法。在用柴油车自由加速试验排放污染物限值见表 8-18。

表 8-18　在用柴油车自由加速试验排放污染物限值

技术等级 / 车辆分类	一级	二、三级	备注
1995 年 6 月 30 日前生产的	≤3.6Rb	≤5.0Rb	滤纸烟度法
1995 年 7 月 1 日起生产的	≤3.6Rb	≤4.5Rb	
2001 年 10 月 1 日起生产的	≤2.2m^{-1}	≤2.5m^{-1}（自然吸气）	不透光烟度法
2001 年 10 月 1 日起生产的	≤2.2m^{-1}	≤3.0m^{-1}（涡轮增压）	
2005 年 7 月 1 日起生产的		≤车型核准限值 0.5m^{-1}	

注：空缺的限值为 JT/T 198—2004 目前尚没有的规定值。

五、检测结果分析

1. 检测结果不合格的原因分析

装配压燃式发动机的在用汽车的排气烟度检测结果超标，主要原因是柴油机供油系统调整不当所致。此外，柴油机气缸活塞组和曲柄连杆机构的技术状况及柴油的质量等对排放烟度也有影响。柴油机供油系统调整不当和相关系统技术状况的变化，主要表现在柴油机出现冒黑烟、蓝烟及白烟故障。其黑烟对排放烟气检测结果的影响最大。柴油机工作时黑烟浓重，其故障多由于喷油量过大、雾化不良、各缸喷油量不均匀、喷油时刻过早、调速器失调和空气滤清器堵塞等原因引起。

此外，柴油机冒黑烟还与柴油质量有关，为使着火性能良好，一般柴油机选用十六烷值为40~45的柴油为宜。若十六烷值超过65，则柴油蒸发性变差，致使燃烧不彻底，工作时也可发生冒黑烟现象。

2. 检测报告单分析

综检报告单中，柴油车尾气排放污染物的检测部分报告单式样见表8-19。

表8-19　综检报告单中，柴油车尾气排放污染物的检测部分报告单式样

	序号	检测项目		检测结果	评价
排气污染物	37	柴油	烟度	Rb	—
			光吸收系数	$3.2m^{-1}$	×
	38	曲轴箱窜气			○

表中“检测项目”栏分为“烟度”和“光吸收系数”两个具体检测参数。在“烟度”的“检测结果”栏内，“Rb”表示用滤纸式烟度计检测的烟度值，单位为Rb。因该车没有检测该项目，故表中为空白。“光吸收系数”项目中，打印有“$3.2m^{-1}$”，表示实测结果为$3.2m^{-1}$，检测标准为小于或等于$2.2m^{-1}$，故判定为不合格。

表中序号38为曲轴箱窜气量检测。检测曲轴箱的窜气量也是检测气缸密封性的方法之一，特别是在发动机不解体的情况下，使用该方法诊断气缸活塞摩擦副的工作状况是有显著作用的。随着气缸活塞配合副的磨损，窜入曲轴箱的气体量将有所增加，因此，发动机工作时单位时间内窜入曲轴箱的气体量的多少，可作为衡量气缸活塞配合副密封性的评价指标。曲轴箱窜气量也称为曲轴箱漏气量。

曲轴箱窜气量的检测需要使用专用的气体流量计。因检测时间较长，而且其评价的也是发动机气缸组的密封性，与“发动机技术状况”检测项目中的“气缸相对压力”检测的评价目的相同，属于重复性检测（综检报告单设计问题）。故该项目在检测线上是不检测的。但在上述实测报告单中，确有合格评价，只能说明是由程序自动打印的。

安检报告单中汽车尾气排放检测部分报告单式样见表8-20。

表8-20　安检报告单中汽车尾气排放检测部分报告单式样

X	排放	高怠速	CO(%)	$HC/\times10^{-6}$	λ	怠速	CO(%)	$HC\times10^{-6}$		
				1	2	3	平均值			

表中最下一行的空格对应的为柴油车。“1、2 和 3”分别表示自由加速烟度检测的第一、二、三次读数值，“平均值”表示三次读数的平均值。

思考与练习

一、简答题

1. 为什么要检测汽车尾气排放污染物的含量?
2. 汽油车尾气中的主要污染物有哪些?
3. 汽油车尾气排放污染物的评价指标有哪些？各评价指标是什么含义?
4. 简要说明不分光红外线气体分析法和化学发光法的检测原理。
5. 简要说明不分光红外线气体分析仪的结构与工作原理。
6. 汽油车尾气排放污染物含量检测不合格的原因有哪些?
7. 柴油车尾气中的主要污染物有哪些?
8. 柴油车尾气排放污染物的评价指标有哪些？各评价指标是什么含义?
9. 简要说明滤纸式烟度计和不透光烟度计的检测原理。
10. 柴油车尾气排放污染物含量检测不合格的原因有哪些?

二、单选题

1. 汽车综合性能检测站多采用（　　）测量汽车排气污染物状况。

A. 化学发光分析仪和消光式烟度计　　B. 氢火焰离子型分析仪和黑烟测定器

C. 非分散型红外线分析仪和滤纸式烟度计

2. 用双怠速法进行排气污染物测量时，取样探头插入排气管中的深度至少为（　　）mm。

A. 400　　B. 500　　C. 600

3. 用双怠速法进行排气污染物测量时，发动机从 70% 额定转速降至高怠速状态维持 15s 后开始读数，读取（　　）s 内的最高值和最低值，取其平均值即为高怠速排放测量结果。

A. 30　　B. 50　　C. 60

4. 用双怠速法进行排气污染物测量时，发动机从高怠速状态降至怠速状态维持 15s 后开始读数，读取（　　）s 内的最高值和最低值，取其平均值即为怠速排放测量结果。

A. 30　　B. 50　　C. 60

5. 《点燃式发动机汽车排气污染物排放限值及测量方法》（GB 18285—2005）中，将轻型汽车的高怠速转速规定为（　　）r/min。

A. 1800 ± 100　　B. 2000 ± 100　　C. 2500 ± 100

6. 《点燃式发动机汽车排气污染物排放限值及测量方法》（GB 18285—2005）中，将重型汽车的高怠速转速规定为（　　）r/min。

A. 1800 ± 100　　B. 2000 ± 100　　C. 2500 ± 100

7. 汽车排气中（　　）的含量，是装有闭环控制电子燃油喷射系统和三元催化转化技术的汽车计算机监控空燃比、控制排放量、保护三元催化转化器正常工作的重要信号。

A. CO　　B. CO_2　　C. O_2

8. 滤纸式烟度计指示装置间歇使用时，可关光源开关，不关电源开关，但启用时，光源开启后应预热（　　）min。

A. 3　　B. 5　　C. 7

9. 双排气管的汽油车测量怠速污染物排放值应取（　　）。

A. 两排气管污染物排放值之和　　B. 两排气管污染物排放值平均值

C. 两排气管污染物排放值中之大者

10. 2005年7月1日起汽油汽车应用（　　）进行排气污染物检测。

A. 怠速法　　B. 双怠速法　　C. 高怠速法

11. 关于检测双怠速尾气排放，下列叙述正确的是（　　）。

A. 高怠速的转速值为发动机额定转速的0.7倍

B. 双怠速法检测尾气时，应先检测高怠速，后检测怠速

C. 检测结果为高怠速检测值与怠速检测值的平均值

三、多选题

1. 汽油车排气管排出的燃烧废气，其主要污染物成分有（　　）。

A. CO　　B. HC　　C. NO_x　　D. SO_2

2. 在营运车辆技术等级评定时，排放污染物控制的检测方法有（　　）检测。

A. 汽油车怠速污染物排放　　B. 汽油车双怠速污染物排放

C. 柴油车自由加速烟度　　D. 柴油车排气可见污染物

3. 关于汽油车双怠速试验时，下列说法正确的是（　　）。

A. 探头插入深度不小于300mm

B. 具有平均值功能的仪器测取30s内的平均值

C. 探头插入深度不小于400mm

D. 人工读取时读取30s内最大值与最小值的平均值

4. 用双怠速法进行排气污染物测量时，对于使用闭环控制电子燃油喷射系统和三元催化转化技术的汽车应同时检测（　　）等参数。

A. CO　　B. HC　　C. NO_x　　D. λ

5. 在用汽车排气污染物排放限值规定中，轻型汽车是指最大总质量不超过3500kg的（　　）车辆。

A. M1类　　B. M2类　　C. N1类　　D. N2类

6. 对于装配点燃式发动机的在用汽车进行排气污染物测量时，（　　）的浓度通常采用电化学的原理来测定。

A. CO　　B. HC　　C. NO_x　　D. O_2

7. 对汽车排放污染物检验时，（　　）在每次检测后应使仪表的指示值回到零位，再进行下一辆车的测量。

A. 汽油车废气分析仪　　B. 四气体/五气体分析仪

C. 滤纸式烟度计　　D. 不透光烟度计

8. 对于（　　），装配压燃式发动机的在用汽车应按《在用汽车自由加速试验　不透光烟度法》（GB 3847—2005附录I）进行自由加速试验。

A. 2001年10月1日起生产的在用车

B. 2001年10月1日前生产的在用车

C. GB 3847—2005标准实施后生产的在用车

D. GB 3847—2005标准实施前生产的在用车

9. 汽车排气中含氧量是装有电控燃油喷射发动机的汽车计算机监控（　　）的重要信号。

A. 空燃比　　B. 控制排放量

C. 保护三效催化转化器　　D. 燃油消耗

10. 对装配点燃式发动机的在用汽车的排气污染物进行简易工况法检验的方法有（　　）。

A. 稳态工况法　B. 瞬态工况法　C. 简易瞬态工况法　D. 自由加速工况法

11. 使用四气体/五气体分析仪的时候，应根据需要安装（　　）等测量设备。

A. 转速计　B. 点火正时仪　C. 温度计　D. 气缸压力表

12. 不分光红外线分析仪主要由（　　）等构成。

A. 尾气采集部分　B. 尾气分析部分　C. 尾气指示部分　D. 校正装置

四、判断题

（　　）1. 柴油机排气管排出的尾气，其主要污染物成分是HC、NO_x和大量的颗粒物。

（　　）2. 汽油车发动机排气管排出的尾气，其主要污染物成分是CO、HC和NO_x。

（　　）3. 在检测站检测汽车尾气时，将最大总质量不超过3500kg的M1类和M2类车辆定为轻型汽车。

（　　）4. 在检测站检测汽车尾气时，将最大总质量超过3500kg的车辆定为重型汽车。

（　　）5. 在检测站检测汽车尾气时，将最大总质量超过3500kg的M1类、M2类和N2类车辆定为轻型汽车。

（　　）6. 用双怠速法检测汽油车排气污染物时，在插入取样探头前要先使被检车以0.7倍额转速运转60s。

（　　）7. 用加速模拟工况法检测排气污染物时，将分析仪取样探头插入排气管中，深度为400mm，并固定于排气管上。对独立工作的多排气管应从其中1个排气管取样。

（　　）8. 在对装配压燃式发动机的在用汽车进行滤纸烟度法检验时，应在20s内完成一个测量循环。

（　　）9. 在进行自由加速测量时，必须在1s内，将加速踏板快速、连续地完全踩到底，使喷油泵在最短时间内供给最大油量。

（　　）10. 在进行不透光烟度法检测时，在计算均值时不可以忽略与测量均值相差很大的测量值。

（　　）11. 对于同一车型的在用汽车实施排放监控，环保定期检测时不可以采用两种或两种以上的排气污染物排放检测方法。

（　　）12. 过量空气系数（λ）是指燃烧燃料的实际空气量与理论上所需空气量之质量比。

（　　）13. 在装配点燃式发动机的在用汽车中，采用某一空燃比就要产生相应的废气，很难找到一个方法，使CO、HC和NO_x这三种污染物同时减少。

（　　）14. 装配点燃式发动机的在用汽车在采用双怠速法对汽车排放进行检测时，要对过量空气系数（λ）进行判定。

（　　）15. 四气体/五气体分析仪，用于检测装配点燃式发动机的在用汽车排气污染物的排放浓度。

（　　）16. 不分光红外线分析仪，用于检测除使用闭环控制电子燃油喷射系统和三元催化转化器技术的汽车以外的，装配点燃式发动机的在用汽车排气污染物的排放浓度。

（　　）17. 第一类轻型汽车是设计乘员数不超过6人（包括驾驶人），且最大总质量≤2500kg的M1类车；第二类轻型汽车是除第一类轻型汽车以外的其他所有轻型汽车。

（　　）18. 不透光式烟度计利用透光衰减率来测定排气烟度。

（　　）19. 不透光式烟度计可分为全流式和分流式两类。

（　　）20. 排气分析仪应能测试双排气管车辆，双取样探头应保证各支管流量相同。

（　　）21. 对每一次自由加速测量，在松开加速踏板前，发动机必须达到断油点转速。

（　　）22. 单一燃料汽车是指能燃用汽油和一种气体燃料，但汽油仅限于紧急情况或发动机起动用，且汽油箱容积不超过15L的车辆。

（　　）23. 连接不透光烟度计的各种管子也应尽可能短，管路应从取样点倾斜向上至不透光烟度计，且应避免炭烟积聚的急弯。

（　　）24. 不透光烟度计也称透光式烟度计或透射式烟度计。

（　　）25. 对于两用燃料汽车，可以任意选择一种燃料进行排放检测。

项目九
车辆人工检验

车辆人工检验通常分为车辆外观检验、车辆动态检验和底盘检验三部分。如果在外检工位设有检验地沟并配有车辆底盘间隙观察仪，则上述两部分内容均在外检工位进行。但大多数检测站将检验地沟及底盘间隙观察台设置在检测线上，此时外检工位只进行车辆外观检查及车辆动态检验。

学习任务1　车辆外观检验

学习目标

1. 能够正确解释车辆总成及技术装备的基本要求。
2. 能够正确描述汽车外检的重要性。
3. 能够正确描述汽车外检的项目及相关技术要求。
4. 能够运用正确的方法进行汽车外检各项目的检验，并能够根据相关技术要求对检验结果进行分析评定。
5. 能够根据全部外检的结果，对营运车辆给出级别评定。
6. 能够培养良好的安全与卫生习惯和团队协作意识。

任务分析

外检工作是车辆进入台架检测的第一项工作，其主要原因有下列几点：

1）汽车检测作为保障安全运行、保护环境、节约能源、促进公路运输事业发展的重要手段，是政府的强制措施。汽车进行检测前，应首先对车辆的唯一性进行确认，要核对行驶证和营运证，要核对外廓尺寸，要严查私自改装、套牌和拼装车。而车辆唯一性确认后，方可上线检测。唯一性的确认由外检人员逐一核对检视后，才能确定。

2）部分车辆由于使用不当或维护不到位，可能存在严重的安全隐患。例如：发动机严重漏油、漏水，制动严重失灵，转向不灵等。对这类车不加控制盲目上线，万一在检测线上失控，不但会影响正常的检测秩序，严重时还会造成事故，损坏车辆和检测设备，因此，被检测车辆必须经外检后方可上线。通过外检可防范隐患车辆在检测线上发生故障，确保检测秩序。

3）台架检测对车辆的技术状况提出了许多具体的定量要求，如：左/右轮胎规格、花纹不一致，制动偏差值就可能大；轮胎气压不足，在检测侧滑、车速、灯光等项目时就会导致不准；轮胎破损对底盘测功的准确性影响很大。为了确保检测质量，应该对影响台架检测数据准确性的汽车总成和部件重点进行检视，为后面的台架检测做好准备工作。

4）汽车是一个很复杂的机械，汽车的很多性能（如动力性、制动性、操纵稳定性、灯光、尾气等性能）可以通过计算机控制的检测设备和仪器进行检测，但对于外观的破损、清洁、润滑、紧固、断片、裂纹和缺损等故障，不可能也没必要全部由仪器自动检测。通过人工的眼看、手摸、耳听及实际操作运行，便能很快、很直观地查出车辆的隐患，这不失为一种事半功倍的方法，通过外检既能查出故障隐患，又能保证后续台架检测质量。外检的人工检视和台架检验是综合性能检测工作整体的两个方面，两者是互相补充、相互完善的关系。只有抓好外检工作才能更利于检测全面、更深入、更健康地开展。

车辆外检通常设置于检验线之外，不论是车辆进行安全性能检测（车辆年检）还是进行综合性能检测，均需进行外检。

汽车外观检验是汽车不解体检验的重要组成部分，它涉及整车和总成各个部分，其检视点分布在车辆上、下、左、右、前、后、内、外各部位，它几乎包括了车辆结构的全部，涉及安全的各个部位，因此，严格外观检验（外检）质量一直是汽车检测的重要工作。

相关理论知识

一、对送检车辆的要求

1）送检机动车应清洁，无明显漏油、漏水、漏气现象，轮胎完好，轮胎气压正常且胎冠花纹中无异物，发动机怠速应正常。对达不到以上基本要求的送检机动车，机动车检测机构应要求整改符合要求后再进行技术检验。

2）在用车进行安全技术检验时，送检人应提供送检机动车的机动车行驶证和有效的机动车第三者责任强制保险凭证，对不能提供以上证件、凭证的送检机动车，机动车安全技术检验机构不应予以安全技术检验。

二、外检的设施、设备、工具和仪器

外检的基本设施有外检停车场、标准试车道、驻车检验坡道、检验地沟、底盘间隙观察仪、轮胎充气装置及淋雨试验装置等。

外检常用工具有专用锤子、手电筒、轮胎气压表（0 ~ 1 000kPa）、轮胎花纹深度尺（0 ~ 15mm）、钢卷尺（20m 和 5m）及铅锤等。

1. 外检停车场

外检停车场应是水泥地坪，地面应平整，纵向、横向坡度应控制在 1% 之内，停车场面积应与检测量相适应，停车场附近应设有顶棚、轮胎充气装置，以便于轮胎充气和人员遮阳。

2. 外检地沟

主要用于底盘下方机件的检验，地沟的结构和尺寸可因地制宜，地沟边应配置底盘间隙观察仪，地沟的外检工位机应与计算机控制系统联网，以便将外检的检测结果直接输送到主控计算机。目前，大多数检测站将地沟设置在检测线内，因而此项目的检测也放置在检测线上进行。

3. 试车道

试车道应为干燥，清洁、平坦的混凝土或沥青路面，纵向坡度应不超过 1%，路面附着系数应不小于 0.7，试车道长度应大于 100m，宽度应大于 6m（双向），试车道路面应画出车道宽 2.5m（小车用）、3.0m（大车用）的标线。

技能学习

一、综检站人工检验

按照《外观检视及人工测量记录单》中规定的顺序及内容项目逐一进行检验。综合性

能检测线使用的“外观检视及人工测量记录单”式样，见表9-1。

表9-1　外观检视及人工测量记录单

检测站名称：　　　　　　　　　　　　检测时间：　　　　　　　　　　　　N o：SQC

车牌号码		厂牌型号		车辆类别		燃料种类	
挂车牌照号		检测类别		经营范围			
分类	序号	检验内容	评价	分类	序号	检验内容	评价
唯一性认定	1	车辆号牌		驾驶室（区）	38*	车身、驾驶室及固定	
	2	车辆类型、厂牌型号			39	驾驶人座椅	
	3	车身颜色			40*	刮水器、洗涤器	
	4	VIN(车架号)、发动机号码			41	安全带	
	5	主要特征参数			42	灭火器	
	6	车辆结构			43	汽车行驶记录仪、GPS	
车身外观	7*	车门、车窗		客车	44	座椅、卧铺位数及固定	
	8*	车辆整洁			45	内饰、各车地板	
	9*	车身、漆面			46	通道、安全出口	
	10	整车装备及标识			47	扶手、行李架和卧铺护栏	
	11*	螺栓、螺母紧固			48	车厢灯、门灯	
	12	保险杠			49	击碎安全出口玻璃专用锤子	
	13	后悬			50	车外顶行李架	
	14*	后视镜、下视镜			51	行李箱及门	
	15*	车体周正、尖锐凸出物			52	采暖方式	
	16*	货箱栏板、底板		危险品货车	53	排气管位置	
	17	侧面、后下部防护装置			54	排气管熄灭火星装置	
	18	集装箱运输车辆的锁止装置			55	泄压阀等安全装置	
	19	挡泥板、牵引连接装置			56	电源总开关	
照明和电气信号装置	20*	前位灯/后位灯/示廓灯			57	搭铁装置	
	21*	制动灯、前后雾灯			58	标志	
	22*	挂车标志灯、侧标志灯			59	危货罐体检验合格证	
	23*	转向信号灯		运行检查	60	点火开关	
	24*	前照灯(远光、近光)			61*	怠速起动性能、电源充电	
	25*	危险警告灯			62*	冷却液温度、油压	
	26*	倒车灯、后牌照灯			63*	柴油车停机装置	
	27*	后、侧反射器、车身反光标志			64	各类报警装置	
	28*	仪表和指示器			65	其他仪表指示	
发动机舱	29*	发动机各系统机件			66*	加速踏板控制	
	30*	蓄电池桩头、连线及蓄电池架			67*	离合器分离、接合	
	31*	电器导线连接、固定及绝缘			68	变速器操纵	
	32*	液压制动储液器液面			69	制动装置(行车、驻车、应急)	
车轮轮胎	33*	轮胎型号/规格			70	制动气压	
	34*	轮胎花纹/胎面破损			71	低气压报警装置	
	35	轮胎螺栓			72	弹簧储能制动器	
	36	半轴螺栓			73*	发动机异响、底盘异响	
	37	备胎			74*	转向操纵、自动回正能力	
测量记录	75	汽车(挂车)外廓尺寸 mm(长×宽×高)					
	76	货箱栏板高度 /mm					
	77*	轮胎气压 /kPa		前：		后：	
	78*	离合器自由行程 /mm					
	79*	制动踏板自由行程 /mm					
分级项目	80*	左右对称部位高度差 /mm	左侧高度		右侧高度		高度差
	81*	左右轴距差 /mm	左侧轴距		右侧轴距		差值比(%)
	82	轮胎花纹深度 /mm	转向轮			其余轮	
	83*	车架、车身、驾驶室表面	无锈蚀			无脱掉漆	
	84	车门、车窗玻璃	完好			无缺损	
检测情况：							
检测员(签字)：							

说明：1. 合格的在评价栏记“✓”，不合格的记“×”，未涉及的记“//”。
　　　2. 带＊号的项目为二级维护竣工质量检验项目。

相关说明：

1）表中的各类项目将根据具体检测车型有选择性地检验。例如：如果检测车型为货车，则“客车”项将不检验。

2）表中的所有应检项目均应满足相应的检验要求。对于营运车辆检验，应在分级项目的“判定”栏内给出级别的判定。

3）最后应在“检测情况”栏内填写不合格项目及原因，并有检测员的签字。

4）外检结束后，由工位检测员将实际检测结果录入计算机，计算机将直接生成综检报告单“外观检视”项目各项检测内容的结果。

1. 准备工作

1）工位检测员准备好检查时常用的设备和工具，如钢卷尺、钢直尺、铅锤、照明器具及称重设备等。

2）送检机动车应停放在指定位置，发动机停转。

3）工位检测员带好笔和“外观检视及人工测量记录单”，到被检车辆处。

2. 车辆唯一性认定

对机动车的号牌号码、车辆类型、品牌/型号、颜色、发动机号码、车辆识别代号（或整车出厂编号）及主要特征和技术参数进行核查，核对车辆识别代号（或整车出厂编号）的拓印膜，以确认送检机动车的唯一性。

（1）车辆号牌

1）相关规定。机动车号牌是机动车取得合法行驶权的标志。《中华人民共和国道路交通安全法》中第十一条规定，机动车号牌应当按照规定悬挂并保持清晰、完整，不得故意遮挡、污损。目前，我国规定使用的机动车号牌是按《中华人民共和国机动车号牌》（GA 36—2007）标准制作的。机动车的号牌分类、规格、颜色及适用范围见表9-2。

表9-2　机动车的号牌分类、规格、颜色及适用范围

序号	分　类	外廓尺寸/(mm×mm)	颜　色	数量	适用范围
1	大型汽车号牌	前:440×140 后:440×220	黄底黑字黑框线	2	中型(含)以上载客、载货汽车和专项作业车;半挂牵引车;电车
2	挂车号牌	440×220		1	全挂车和不与牵引车固定使用的半挂车
3	小型汽车号牌	440×140	蓝底白字白框线	2	中型以下的载客、载货汽车和专项作业车
4	使馆汽车号牌		黑底白字,红“使”“领”字白框线		驻华使馆的汽车
5	领馆汽车号牌				驻华领事馆的汽车
6	港澳入出境车号牌		黑底白字,白“港”“澳”字白框线		港海岸地区入出内地的汽车
7	教练汽车号牌		黄底黑字,黑“学”字黑框线		教练用汽车
8	警用汽车号牌		白底黑字,红“警”字黑框线		汽车类警车

（续）

<table>
<tr><th>序号</th><th>分　类</th><th>外廓尺寸
/(mm×mm)</th><th>颜　色</th><th>数量</th><th>适用范围</th></tr>
<tr><td>9</td><td>普通摩托车号牌</td><td rowspan="5">前:220×95
后:220×140</td><td>黄底黑字黑框线</td><td rowspan="5">2</td><td>普通二轮摩托车和普通三轮摩托车</td></tr>
<tr><td>10</td><td>轻便摩托车号牌</td><td>蓝底白字白框线</td><td>轻便摩托车</td></tr>
<tr><td>11</td><td>使馆摩托车号牌</td><td rowspan="2">黑底白字,红“使”“领”字白框线</td><td>驻华使馆的摩托车</td></tr>
<tr><td>12</td><td>领馆摩托车号牌</td><td>驻华领事馆的摩托车</td></tr>
<tr><td>13</td><td>教练摩托车号牌</td><td>黄底黑字,黑“学”字黑框线</td><td>教练用摩托车</td></tr>
<tr><td>14</td><td>警用摩托车号牌</td><td>220×140</td><td>白底黑字,红“警”字黑框线</td><td>1</td><td>汽车类警车</td></tr>
<tr><td>15</td><td>低速车号牌</td><td>300×165</td><td>黄底黑字黑框线</td><td>2</td><td>低速货车、三轮汽车和轮式自行机械车</td></tr>
<tr><td rowspan="7">16</td><td rowspan="7">临时行驶车的号牌</td><td rowspan="8">220×140</td><td rowspan="2">天(酞)蓝底纹黑字黑框线</td><td>2</td><td>行政辖区内临时行驶的载客汽车</td></tr>
<tr><td>1</td><td>行政辖区内临时行驶的其他机动车</td></tr>
<tr><td rowspan="2">棕黄底纹黑字黑框线</td><td>2</td><td>跨行政辖区移动的载客汽车</td></tr>
<tr><td>1</td><td>跨行政辖区移动的其他机动车</td></tr>
<tr><td rowspan="2">棕黄底纹黑字黑框线黑“试”字</td><td>2</td><td>试验用载客汽车</td></tr>
<tr><td>1</td><td>试验用其他机动车</td></tr>
<tr><td>棕黄底纹黑字黑框线黑“超”字</td><td>1</td><td>特型机动车,指轴荷和总质量超限的工程专项作业车和超长、超宽、超高的运输大型不可解物品的机动车</td></tr>
<tr><td>17</td><td>临时入境汽车号牌</td><td rowspan="2">白底棕蓝色专用底纹,黑字黑边框</td><td rowspan="2"></td><td>临时入境汽车</td></tr>
<tr><td>18</td><td>临时入镜摩托车号牌</td><td>88×60</td><td>临时入境摩托车</td></tr>
<tr><td>19</td><td>拖拉机号牌</td><td colspan="3">按 NY345. 1—2005 执行</td><td>上道路行驶的拖拉机</td></tr>
</table>

2）查验内容：

①检验车辆号牌是否齐备，号牌号是否与行驶证记载一致。

②查验车辆的号牌是否符合规定（是否为伪造号牌）。

（2）车辆类型、厂牌型号　查验实际车型及厂牌型号是否与行驶证上的记载一致。

（3）车身颜色　查验实际车身颜色与行驶证上的记载是否一致。

（4）VIN（车架号）、发动机号码

1）相关规定：

①汽车、摩托车、半挂车必须具有唯一的车辆识别代号，其内容和构成应符合GB 16735的规定；应至少有一个车辆识别代号打刻在车架（无车架的机动车为车身主要承载且不能拆卸的部件）右侧能防止锈蚀、磨损的部位上。乘用车的车辆识别代号应打刻在发动机舱内能防止替换的车辆结构件上，或打刻在车门立柱上，如受结构限制没有打刻空间时也可打刻在右侧除行李箱外的车辆其他结构件上；其他汽车及摩托车、半挂车的车辆识别代号应尽量打刻在前部右侧，如果受结构限制，也可打刻在右侧其他车辆结构件上（如发动机舱周围）。打刻车辆识别代号的部件不得采用打磨、挖补、垫片等方式处理，从正上（前）方观察时打刻区域周边足够大面积的表面不应有任何覆盖物；如果有覆盖物，则该覆盖物的表面应明确标示“车辆识别代号”或“VIN”字样，且覆盖物在不使用任何工具的情况下能直接取下（或揭开）及复原，以方便地观察到足够大的包括打刻区域的表面。打刻的车辆识别代号从正上（前）方应易拓印，字母和数字的字高不应小于7.0mm、深度不应小于0.3mm（对乘用车深度不应小于0.2mm），但对于摩托车字高不应小于5.0mm、深度不应小于0.2mm。

②其他机动车应在相应位置打刻易见且易于拓印的整车型号和出厂编号，型号在前，出厂编号在后，在出厂编号的两端应打刻起止标记；打刻的整车型号和出厂编号字高为10.0mm，深度不应小于0.3mm。

③车辆识别代号（或整车型号和出厂编号）一经打刻不允许更改、变动，但国家主管部门有特殊规定的除外。同一辆机动车的车架（无车架的机动车为车身主要承载且不能拆卸的部件）上，不允许既打刻车辆识别代号，又打刻整车型号和出厂编号；同一辆车上标示的所有车辆识别代号内容应相同。

④乘用车和总质量小于12 000kg的货车（低速汽车除外）应在靠近风窗立柱的位置设置能永久保持的车辆识别代号标志；该标志从车外应能够清晰地识读，且非经破坏性操作应不能被完整取下。并且，对具有发动机电控单元（ECU）的乘用车，其ECU应记载有车辆识别代号等特征信息，且记载的特征信息应能被读取；但当乘用车至少有一处电子数据接口且通过读取工具能够获得车辆识别代号等特征信息时，应视为满足要求。

⑤除按照上述规定标示车辆识别代号之外，乘用车至少还应在6个主要部件上标示车辆识别代号或零部件编号。

a. 在行李箱从车外无法观察但打开后能直接观察的合适位置应标示车辆识别代号。

b. 除a项规定外，至少还应在5个主要部件上标示车辆识别代号或零部件编号（如果制造厂家使用了一套能溯及零部件编号的生产管理系统，相关管理部门借助该生产管理系统可以查到主要零部件所对应车辆的车辆识别代号等唯一性信息，则可标示零部件编号）。

c. 车辆识别代号或零部件编号可直接打刻或采用能永久保持的标签粘贴在制造厂家规定主要部件的目标区域内，其字码高度应保证内容能清晰确认。

⑥对机动车进行改装或修理时，不允许对车辆识别代号（或整车型号和出厂编号）、发动机型号和出厂编号、零部件编号、产品标牌、发动机标志等整车标志进行打磨、挖补、垫片等处理及凿孔、钻孔等破坏性操作。

⑦发动机型号和出厂编号应打刻（或铸出）在气缸体上且应能永久保持，在出厂编号

的两端应打刻起止标记（没有打刻起止标记的空间时可不打刻）；摩托车应在发动机的易见部位铸出商标或厂标，发动机出厂编号应打刻在曲轴箱易见部位，在出厂编号的两端应打刻起止标记（没有打刻起止标记的空间时可不打刻）；若打刻（或铸出）的发动机型号和出厂编号不易见，则应在发动机上增加能永久保持的发动机型号和出厂编号的标志。电动汽车（微混、中混混合动力汽车除外）和电动摩托车应在（主驱动）电动机壳体上打刻电动机型号和编号；如果打刻的电动机型号和编号被覆盖，则应留出观察口，或在覆盖件上增加能永久保持的电动机型号和编号的标志。增加的标志从正前（上）方应易见，且非经破坏性操作应不能被完整取下。

2）查验内容：

①是否有车辆识别代号和发动机号码。

②车辆识别代号和发动机号码打刻的位置是否符合要求。

③车辆识别代号和发动机号码打刻式样是否符合要求。

④车辆识别代号和发动机号码是否有更改、变动的痕迹。

⑤打刻的车辆识别代号和发动机号码与行驶证上的记载是否一致。

上述查验内容其中一项不合格，则该项判定为不合格。

（5）主要特征参数检查　GB 1861—2008《机动车安全技术检验项目和方法》以附录 A 的形式规定了主要特征与技术参数所包含的具体内容。具体内容分为基本信息、技术参数和车辆安全装备配备情况三大类。

1）基本信息。制造国、制造厂名称；车辆类型、车辆品牌/型号；车辆识别代号或整车出厂编号/发动机号码；出厂日期；车身颜色。

2）技术参数。发动机型号、排量/功率、燃料种类；外廓尺寸；货箱内部尺寸；轴数、轴距；轮距、轮胎数、轮胎规格；总质量、整备质量；核定载质量；比功率、准牵引总质量；后轴钢板弹簧片数；转向形式；核定载客人数/驾驶室载客人数。

3）车辆安全装置配备情况。汽车安全带；汽车行驶记录仪；防抱死制动系统（ABS）；侧面及后下部防护装置；车身反光标志；道路运输危险货物车辆标志；机动车用三角警告牌；灭火器。

上述车辆安全装置配备情况检查仅对按照 GB 7258 等机动车国家安全技术标准及道路交通安全法律法规相关规定应配备上述车辆安全装置的车辆进行。

GB 1861—2008 规定，车辆唯一性认定工作中的主要特征及技术参数认定宜结合车辆外观检查和车辆底盘检查进行。因此，在唯一性认定项目大类中，主要特征参数不作检查，如果在后续的车辆外观和车辆底盘检查中，所涉及主要特征参数的项目检查均合格，则此项目判定为合格。

（6）车辆结构　查验汽车在结构方面是否有私自改装的现象。

3. 车身外观

1）检查车门、车窗。车门和车窗应启闭轻便，不得有自行开启现象，锁止可靠，玻璃升降器应完好。

2）车身表面应整洁。

3）车身表面不应有明显的锈蚀，漆面应完好，不应有漆膜开裂、脱漆现象。

4）整车装备应齐全、完好、有效。整车装备包括车辆外观、各总成件、连接部件、门窗、车厢、安全防护、灯光信号、视镜、刮水器、燃油量、保险杠和备胎等。根据车型，检查是否具有规定的标志、文字，包括操纵件、指示器及信号装置的图形标志，警告性文字，放大的号牌号码，座位数目，站立的乘客人数，校车标志，“核载人数：××人”，消防车、救护车、工程救险车和警车标志等。查验喷涂、粘贴的标志或车身广告是否影响安全驾驶。

5）检查整车各螺栓、螺母，应紧固、有效。

6）检查保险杠，应完好，安装应牢固。

7）检查车轴的后悬尺寸。

①相关说明。车辆后悬是指通过车辆最后车轮轴线的垂面与抵靠在车辆最后端（包括牵引装置、车牌架及固定在车辆后部的任何刚性部件）并垂直于车辆的纵向对称平面的垂面之间的距离，如图9-1所示。后悬的长度主要取决于货箱的长度、轴距和轴荷分配的情况。同时，又要保证车辆有适当的离去角，一般讲，后悬不宜过长，否则，车辆上下坡时容易刮地；转弯时，通道的宽度过大，容易引起交通事故。因此，国家标准规定，客车及封闭式车厢（或罐体）的机动车后悬不允许超过轴距的65%。对于专项作业车和轮式专用机械车，在保证安全的情况下，其后悬可按客车后悬要求核算，其他机动车后悬不允许超过轴距的55%。对于车长小于16m的发动机后置的铰接客车，在确保安全的情况下，其后悬可不超过轴距的70%。机动车的后悬均不应大于3.5m。

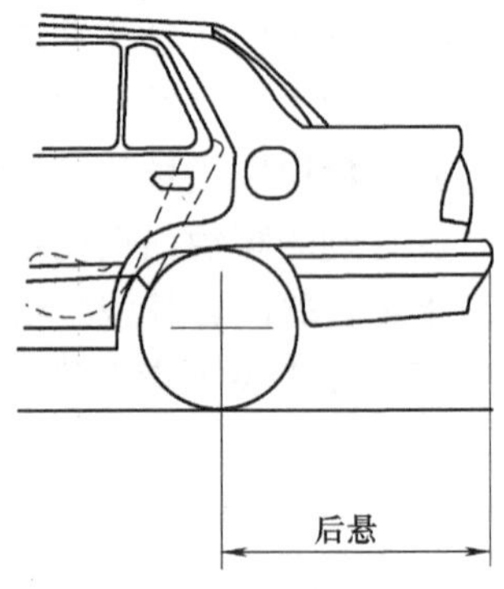

图9-1　汽车后悬

注：对于多轴机动车，其轴距按第一轴至最后轴的距离计算（对铰接客车按第一轴至第二轴的距离计算），后悬从最后一轴的中心线往后计算。对于客车，后悬以车身外蒙皮尺寸计算，如果后保险杠凸出于后背外蒙皮，则以后保险杠尺寸计算，不计后尾梯。

②检验内容。测量车辆后悬尺寸，判定是否符合上述规定并与行驶证上的记载一致。

8）后视镜、下视镜。后视镜、下视镜是否齐全、完好、有效。

9）车体周正、尖锐凸出物。

①车体周正性检查。在1.5m以下测量，车辆左、右对称部位的高度差不大于40mm（一级车为不大于20mm）。

②尖锐凸出物检查。检车身外部可能触及行人、骑自行车人等交通参与者的任何部件、构件，看是否有任何可能使人致伤的尖锐凸起物（如尖角和锐边等）。

10）检查货箱安装是否牢固，其栏板和底板是否规整及强度是否明显不足，装置的安全架是否完好无损。

11）检查侧后防护装置。

①相关规定：

a. 总质量大于3 500kg的货车（半挂牵引车除外）和挂车应提供防止人员卷入的侧面防护，其技术条件应符合GB 11567.1的规定。

b. 货车列车的货车和挂车之间应提供防止人员卷入的侧面防护。

c. 除半挂牵引车和长货挂车以外的总质量大于3 500kg的货车和挂车的后下部必须装备符合GB 11567.2规定的后下部防护装置，该装置对追尾碰撞的机动车必须具有足够的阻挡能力，以防止发生钻人碰撞。

注：长货挂车是指为搬运无法分段的长货物而专门设计和制造的特殊用途车，如运输木材、钢材棒料等货物的车辆。

②查验内容。检查货车和挂车是否具有侧面和后面防护装置（或具有防护功能的装置），该装置是否有效。

12）检查集装箱运输车辆的锁止装置，其应能够可靠锁止。

13）检查挡泥板、牵引连接装置。车辆挡泥板和牵引连接装置应完好、有效。

4. 照明和电气信号装置

1）前位灯、前转向信号灯、前部危险警告信号灯、示廓灯和牵引杆挂车标志灯等前部照明和信号装置是否齐全、完好，前照灯的远、近光光束变换功能是否正常，近光光形是否有明显的明暗截止线。

2）后位灯、后转向信号灯、后部危险警告信号灯、示廓灯、制动灯、后雾灯、后牌照灯、倒车灯、后反射器是否齐全完好，制动灯的发光强度是否明显大于后位灯的发光强度。

3）侧转向信号灯、侧标志灯和侧反射器是否齐全、完好。

4）对称设置、功能相同的灯具的光色和亮度是否有明显差异。

5）除转向信号灯、危险警告信号及消防车、救护车、工程救险车和警车安装使用的标志灯具外，其他外部灯具是否有闪烁的情形。

6）检查车身反光标志。

①基本要求：

a. 总质量不小于 12 000kg 的货车（半挂牵引车除外）、车长大于 8.0m 的挂车及所有最大设计车速不大于 40km/h 的汽车和挂车，应设置符合相关强制性国家标准规定的车辆尾部标志板；其他货车（半挂牵引车除外）、载货类汽车底盘改装的专项作业车和挂车应在后部、侧面设置车身反光标志，半挂牵引车应在驾驶室后部上方设置能体现驾驶室的宽度和高度的车身反光标志；其中，厢式货车和厢式挂车应装备符合规定的反射器型车身反光标志。后部的车身反光标志应能体现机动车后部的高度和宽度；侧面的车身反光标志长度应不小于车长的 50%，对三轮汽车不应小于 1.2m，对侧面车身结构无连续平面的专项作业车不应小于车长的 30%，对货箱长度不足车长 50% 的货车应为货箱长度。厢式货车和厢式挂车后部、侧面的车身反光标志应能体现货箱轮廓。道路运输爆炸品和剧毒化学品的车辆还应在后部和两侧粘贴能标示出车辆轮廓、宽度为 150mm ±20mm 的橙色反光带。拖拉机运输机组应按照相关标准的规定在车身上粘贴反光标志。

b. 货车、专项作业车和挂车（组成拖拉机运输机组的挂车除外）的车身反光标志材料应符合 GB 23254 的规定。对使用反射器型车身反光标志材料的，车身反光标志设置符合 GB 23254 相关规定时，应视为满足要求。

c. 货车和挂车（组成拖拉机运输机组的挂车除外）设置的车身反光标志被遮挡的，应在被遮挡的车身后部和侧面至少水平固定一块 2 000mm × 150mm 的柔性反光标志。

②反光标志的粘贴要求：

a. 粘贴施工要求。

a）车身反光标志均应粘贴在无遮挡、易见、平整、连续，且无灰尘、无水渍、无油渍、无锈迹、无漆层起翘的车身表面。

b）粘贴前应将待粘贴表面灰尘擦净。有油渍、污渍的部位，应用软布蘸脱脂类溶剂或清洗剂进行清除，干燥后进行粘贴。对于油漆已经松软、粉化、锈蚀或起翘的部位，应除去这部分油漆，用砂纸对该部位进行打磨并作防锈处理，然后粘贴车身反光标志。

b. 通用粘贴要求。

a）车身后部的车身反光标志应由白色单元开始、白色单元结束。侧面可以由红色单元开始，但靠近车辆尾部的最后一个单元应为白色单元。

b）粘贴车身反光标志后，不应影响车辆照明和信号装置的性能。

c）粘贴车身反光标志后，不应在车身反光标志上钻孔、开槽。

d）车身表面无法直接粘贴车身反光标志时，应先将车身反光标志粘贴在具有一定刚度、强度、抗老化的条形衬板上，再将条形衬板牢固地粘贴或铆接到车身上。

e）车身反光标志离地面的高度最低为380mm。

c. 后部车身反光标志粘贴要求。

a）后部车身反光标志应尽可能体现车辆后部的宽度和高度，水平粘贴的车身反光标志体现车辆后部的宽度，沿后部两侧边缘垂直粘贴的车身反光标志体现车辆后部的高度，货箱后部边角相交部分应为白色单元。部分总质量不大于4 500kg的货车，因后部货箱结构不能满足白色单元相交要求时，可以红、白相交，但垂直粘贴的单元上部应为白色单元。厢式货车和厢式挂车后部的车身反光标志应能体现货箱轮廓。

b）不同级别的车身反光标志材料不应同时应用于车辆后部。采用一级车身反光标志材料时，其与后反射器的面积之和不应小于$0.1m^2$；采用二级车身反光标志材料时，其与后反射器的面积之和不应小于$0.2m^2$。

c）后部车身反光标志应连续粘贴，无法连续粘贴时可以断续粘贴，但每一连续段长度不应小于300mm，且应包含红、白色车身反光标志至少各一个单元，粘贴间隔不应大于100mm。特殊情况下，允许红、白单元分开粘贴，但应保持红、白相间，每一连续段长度不应小于150mm，粘贴间隔不应大于100mm。如果不能沿车厢后部两侧边缘垂直粘贴，则应在最接近边缘的宽度达到50mm的可粘贴表面粘贴，车身反光标志的上边缘尽可能接近车厢后部的上边缘。

d. 侧面车身反光标志粘贴要求。

a）侧面车身反光标志的粘贴允许中断，但其总长度（不含间隔部分）不应小于车长的50%，每一连续段长度不应小于300mm，且应包含红、白色车身反光标志至少各一个单元，二级车身反光标志材料粘贴间隔不应大于150mm，一级车身反光标志材料粘贴间隔不应大于300mm，粘贴应尽可能纵向均匀分布。特殊情况下，允许红、白单元分开粘贴，但仍应保持红、白相间，每一连续段长度不应小于150mm，二级车身反光标志材料粘贴间隔不应大于150mm，一级车身反光标志材料粘贴间隔不应大于300mm。

b）侧面车身反光标志的长度对三轮汽车不应小于1.2m；对货箱长度不足车长50%的货车应为货箱长度；侧面车身结构无连续表面的混凝土搅拌运输车和专项作业车，其粘贴总长度不应小于车长的30%。箱式货车和厢式挂车侧面的车身反光标志应能体现货箱轮廓。

c）侧面车身反光标志材料的级别可不同于后部车身反光标志材料。

③查验内容：

a. 是否具有车身反光标志。

b. 反光标志是否整洁。

c. 反光标志粘贴是否符合相关规定。

d. 对没有反光标志的车辆，按要求粘贴。对原反光标志不符合规定的，应取掉，重新粘贴。

7）检查仪表板上的各仪表和指示器应齐全、完好、有效。

5. 发动机舱

1）打开发动机罩，检查发动机各系统部件应齐全、完好。

2）蓄电池电极柱导线连接牢固，蓄电池支架应牢固，并且不得有严重的腐蚀现象。

3）电器导线应捆扎，固定和绝缘保护等应完好。

4）各种管路接头无泄漏，风扇传动带、水泵轴、散热器等应完好。

5）检测制动储液器液面应符合规定的刻度。

6. 车轮轮胎

目视检查以下各项，必要时应使用轮胎花纹深度尺或量具测量：

1）同轴两侧是否装用同一型号、规格轮胎。

2）轮胎不得有暴露出帘布层的破损。胎面和胎壁不得有长度超过 25mm 或深度足以暴露出轮胎帘布层的破损和割伤及其他影响使用的缺损、异常磨损和变形。

3）同轴胎的规格和花纹应相同，各轴轮胎的外径磨损应大体一致，轮胎规格应符合原厂规定。

4）轮胎螺栓和半轴螺栓是否齐全、紧固。

5）车辆应配备可以使用的备胎。

7. 驾驶区

记录里程表读数，目视检查以下各项：

1）门锁及门铰链是否完好。

2）驾驶人座椅固定是否可靠，汽车（三轮汽车除外）驾驶人座椅前、后位置调节装置能否正常工作，安全带是否齐全、有效；2005 年 8 月 1 日起出厂的座位数不大于 5 的乘用车及 2006 年 2 月 1 日起出厂的座位数大于 5 的乘用车的所有座椅（第三排及第三排以后的可折叠座椅除外）是否均配置了有效的安全带。

3）前风窗玻璃及风窗以外玻璃用于驾驶人视区部位的可见光透射比是否不小于 70%（必要时用透光率计检查可见光透射比）。

注：风窗以外玻璃驾驶人视区部位是指驾驶人驾驶时用于观察后视镜的部位。

4）刮水器、洗涤器能否正常工作。

5）2005 年 2 月 1 日起新注册登记的车长大于 9m 的长途客车和旅游客车是否安装了汽车行驶记录仪（或 GPS）；对安装有汽车行驶记录仪的长途客车和旅游客车、道路运输危险货物车辆、半挂牵引车、总质量不小于 12 000kg 的货车，其汽车行驶记录仪的固定、连接是否安全、可靠，能否正常显示。

6）折翻式驾驶室的固定是否可靠。

7）检查灭火器：

①相关规定。

a. 灭火装备类型的选用原则：

a）客车灭火装备应能同时扑救A类火、B类火、C类火和E类火。客车选用的手提式灭火器应符合GB 4351.1的规定，客车选用的自动灭火装置应是经国家鉴定合格的产品，如果选用不同类型的灭火器，则灭火剂应相容。

b）乘员舱内应配置手提式灭火器，中置和后置发动机的发动机舱内应配置自动灭火装置。一辆客车上配置的手动灭火器，操作方法应相同。

c）乘员舱配置的灭火器单具灭火性能应不小于2A级，并小于55B级。中置和后置发动机舱配置的自动灭火装置总灭火性能应根据产品规定的保护空间进行选择。

b. 乘员舱灭火器的配置要求：

a）乘员舱配置的灭火器数量应不少于表9-3的规定。

表9-3　乘员舱内灭火器的最少数量

车型划分	座位客车			卧铺客车
	车长不大于10m的单层车	车长大于10m的单层车	双层客车	
灭火器数量(具)	2	3	4	3

b）乘员舱内至少应有1具灭火器靠近驾驶人。其他灭火器应分开布置，且符合表9-4的规定。

表9-4　乘员舱内灭火器的位置

车型划分	座位客车			卧铺客车
	车长不大于10m的单层车	车长大于10m的单层车	双层客车	
灭火器位置	1具靠近驾驶人，1具位于中后部	1具靠近驾驶人，1具位于中后部，1具位于中前部	下层：1具靠近驾驶人，1具位于中后部；上层：1具位于中前部，1具位于中后部	1具靠近驾驶人，1具位于中后部，1具位于中前部

c）灭火器应设置在明显易见、便于取用的位置。对于有视线障碍的灭火器设置点，应在易见处设置指示其位置的红色标志，标志上图案高度不小于50mm、字高不小于25mm。

d）灭火器及支架不得凸入通道、乘客门和安全门引道，以免影响乘员撤离。

e）灭火器设置环境的温度应与灭火器标示的储存温度一致。

f）手提式灭火器顶部距地板高度应小于1.5m。

g）每具灭火器距离其最远保护点的跨度不得超过12m。

h）任何内舱门开启时不得遮蔽灭火器。

c. 发动机舱和缓速器部位自动灭火装置配置要求：

a）火灾探测器的选择应符合GB 50116—1998中7.1的规定。

b）在任何情况下，探测器都应处于工作状态，引爆控制装置都应处于通电状态。当环境温度达到170℃±5℃时，应自动引爆。自动灭火装置除具有自动引爆功能外，还应在驾驶人正常驾驶位置的易见区域内设置引爆控制器。一旦需要强制引爆，强制引爆控制的动作应优先于引爆控制器的动作。自动灭火装置应相互连接，以满足组合启动的需要。

c）自动灭火装置应具有高温报警功能。当温度达到设定的报警温度时，应向驾乘人员发出警示高温的声和（或）光报警信号。

d）发动机舱内自动灭火装置的灭火性能应能扑救 A 类火、B 类火、C 类火和 E 类火，自动灭火装置应适应 -30 ~ 95℃的存放环境，应能承受车辆正常行驶条件下的振动。

灭火剂的总量应根据需要保护的容积、自动灭火装置标示的单位质量灭火剂的保护空间进行计算。自动灭火装置的数量根据需要保护的位置设定，保证一旦自动灭火装置启动，灭火剂能喷射到需要保护的位置。如果是超细干粉灭火剂，则灭火剂应符合 DA 578 的规定。自动喷射时间不大于 5s。喷射剩余率不大于 5%。

e）自动灭火装置应采用悬挂式安装，喷头朝下并尽量对准保护对象，如蜗轮增压器。喷射口距保护面的垂直距离应不小于 200m。自动灭火装置应能发现排气管等过热部位。灭火装置的悬挂支架（座）应能承受 5 倍的灭火装置质量，不得产生变形和脱落现象。在灭火装置喷射过程中，悬挂支架（座）不得产生变形或脱落等现象。

f）灭火装备安装应稳固，防止发生跌落、倾倒等现象。灭火装备的铭牌必须朝外。

②检验内容：

a. 是否具有符合要求（数量、类型）的灭火器。

b. 装备的灭火器安装位置及牢固性、取用方便性。

c. 是否具有有效的自动灭火装置。

8. 客车

目视检查以下各项：

1）客车座椅、卧铺的数量是否与机动车行驶证记载内容一致，座椅、卧铺间距是否符合规定，座椅扶手和卧铺护栏安装是否牢固。卧铺客车每个铺位的安全带是否齐全、有效，长途客车和旅游客车前面没有座椅的座椅、前面护栏不能起到有效防护作用的座椅及其他按照规定应安装安全带的座椅的安全带是否齐全、有效。

2）客车内饰应整洁、无破损，地板密封是否良好。

3）检查通道、安全出口。

①相关规定：

a. 车长小于 6m 的客车，在乘坐区的两侧应具有紧急时乘客易于逃生或救援的侧窗。

b. 车长大于或等于 6m 的客车，如果车身右侧仅有一个乘客门且在车身左侧未设置驾驶人门，则应设置应急窗口并在车身左侧设置应急门。车长大于 7m 的客车应设置撤离舱口。卧铺客车的卧铺布置为上、下双层时，侧窗洞口应为上、下两层。应急出口的数量和位置应符合客车相关标准的规定。

c. 应急门应满足下列要求：

a）应急门的净高不应小于 1 250mm，净宽不应小于 550mm；但对于车长不大于 7m 的客车，应急门的净高不应小于 1 100mm，且若自门洞最低处向上 400mm 以内有轮罩凸出，则在轮罩凸出处应急门净宽可减至 300mm。

b）车辆侧面的铰接式应急门应铰链于前端，向外开启角度不应小于 100°，并能在此角度下保持开启。若在应急门打开时能提供不小于 550mm 的自由通道，则开度不小于 100°的要求可不满足。

c）通向应急门的引道宽度不应小于 300mm，不足 300mm 时允许采用迅速翻转座椅的方法加宽引道。

d）应急门应有锁止机构且锁止可靠。应急门关闭时应能锁止，且在车辆正常行驶的情况下不会因车辆振动、颠簸、冲撞而自行开启。

e）当车辆停止时，应急门不用工具应能从车内、外很方便地打开，并设有车门开启声响报警装置。允许从车外将门锁住，但必须保证始终能用正常开启装置从车内将其打开，门外手柄应设保护套，且离地面高度（空载时）不应大于1 800mm。

d. 应急窗口和撤离舱口应满足下列要求：

a）应急窗口和撤离舱口的面积不应小于（3×10^5）mm^2，且能内接一个400mm×600mm（对车长不大于7m的客车为330mm×500mm）的椭圆；若应急窗口位于客车后端面，则能内接一个350mm×1 550mm、四角曲率半径不超过250mm的矩形时也视为满足要求。

b）应急窗口应采用易于迅速从车内、外开启的装置；或在钢化玻璃上标明易击碎的位置，并在每个应急窗口的邻近处提供一个符合规定的、能方便击碎车窗玻璃的工具，且该工具取下时应能通过声响信号实现报警。设有乘客站立区的公共汽车车身两侧的车窗如果面积能达到设置为应急窗口的要求，则均应设置为推拉式应急窗口或外推式应急窗口。

c）安全顶窗应易于从车内、外开启或移开或用应急锤击碎。安全顶窗开启后，应保证从车内、外进出的畅通。弹射式安全顶窗应能防止误操作。

e. 标志。

a）每个应急出口应在其附近设有“应急出口”字样。

b）乘客门和应急出口的应急控制器（包括用于击碎应急窗口车窗玻璃的工具）应在其附近标有清晰的符号或字样，并注明其操作方法，字体高度不应小于20mm。

②查验内容：

a. 检查应急出口数量是否符合规定要求。

b. 检查通往应急出口的通道是否符合规定要求。

c. 检查应急窗位置是否装备安全锤。

4）车内扶手、车内行李架及卧铺护栏应安装牢固。

5）车厢灯、门灯能否正常工作。

6）车内是否按照规定装备了用于击碎安全出口玻璃的专用锤子。

7）车外顶行李架。

①车长大于7.5m的客车是否设置有车外顶行李架，其他客车设置的车外顶行李架是否长度不超过车长的1/3且高度不超过300mm。

②中级、中级以上车长大于或等于9m的营运客车和卧铺客车车身顶部不得设置行李架，应另设行李箱。

③车顶外行李架应安装牢固，行李箱门应能可靠锁止。

8）采暖方式。客车不允许采用直通式采暖，采暖系统不得泄漏。

9）客车配备的灭火器是否齐全有效、固定可靠。

9. 危险品货车

1）机动车的排气管必须装有有效的隔热和熄灭火星的装置，电路系统应有切断总电源和隔离电火花的装置，运送易燃、易爆货物的车辆排气管应在车身的前部，车辆尾部应安装接地装置。

2）装运危险货物的罐（槽）应适合所装货物的性质，具有足够的强度，并根据不同货物的需要配备泄压阀、防波板、遮阳物、压力表、液位计及引导消除静电装置等相应的安全装置。罐（槽）外部的附件应有可靠的防护设施，必须保证所装的危险物不发生“跑、冒、滴、漏”，并在阀门口安装积漏器。

3）必须设置电源总开关，且完好、有效。

4）消防车、救护车、工程救险车和警车安装使用的标志灯具是否完好、有效。附加的灯具、反射器或附属装置是否影响 GB 7258 规定安装的灯具和信号装置的性能或对其他的道路使用者造成不利影响。

5）道路运输危险货物车辆标志是否符合相关规定，必要时应用量具测量相关尺寸参数。

①三角形顶灯。磁吸式三角形顶灯为塑料罩壳、等腰三角形、底部金属板外加用定形橡胶制品的护罩，三角形顶灯中间印有“危险品”黑体字样。运输使用时必须端放于驾驶室顶部前端的中间位置，按照车辆吨位分以下两种类型。

D-1 型磁吸式三角形顶灯，适用于 2t（含 2t）以下车辆（见图 9-2）。

D-2 型吸磁式三角形顶灯，适用于 2t 以上车辆（见图 9-3）。

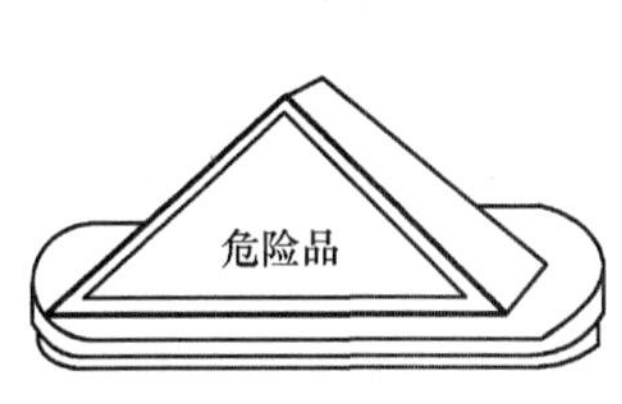

图 9-2　D-1 型磁吸式三角形顶灯

图 9-3　D-2 型吸式三角形顶灯

②矩形标牌。矩形标牌为金属板材，中间印有“危险品”黑体字样，运输使用时应和磁吸式三角形顶灯同时使用，安装于车辆尾部的右方，与车辆号牌相对应，样式和尺寸如图 9-4 所示。矩形标牌尺寸为 300mm × 165mm，厚度不小于 1mm，边框宽度为 10mm ± 1mm。

危险品三角旗为黄底黑字三角形旗，具体尺寸和式样如图 9-5 所示。检验时，黄底黑字危险品信号旗应插于车头左前方。

图 9-4　矩形标牌

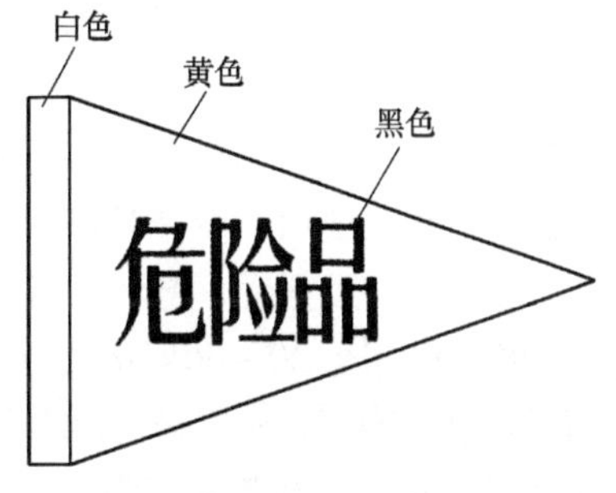

图 9-5　危险品三角旗图样

6）检查机动车设置的喇叭是否具有连续发声功能，工作是否可靠，必要时应用声级计测量其喇叭声级是否符合规定。

7）对2005年2月1日起注册登记的总质量不小于12 000kg的货车和总质量大于3 500kg的挂车，检查其后部车身反光标志的粘贴技术规范及车身反光标志材料的式样（颜色和宽度等）是否符合相关标准的规定；对2005年2月1日起注册登记的车长不小于10m的货车和总质量大于3 500kg的挂车，检查其侧面车身反光标志的粘贴技术规范及车身反光标志材料的式样是否符合相关规定；必要时，应使用量具测量相关尺寸参数。

8）装运液化石油气和有毒液化气体的罐（槽）车及相关设备，应符合国家有关部门对液化石油气汽车罐（槽）车安全管理的规定。罐体上应粘贴有检验合格证，且在有效期内。

9）危险货物运输车辆的车厢、底板必须平整、完好，周围栏板必须牢固，铁质底板装运易燃、易爆货物时，应采取衬垫防护等措施，如铺垫木板、胶合板、橡胶板等，不得使用麦草、稻草、草片等松软易燃材料。

10）根据所装危险货物的性质，配备相应的消防器材及捆扎、防水、防散失的工具，消防器材在车上安装牢靠，并便于取用。

11）对运输放射性同位素的专用运输车辆设备、搬运工作及防护用品应定期进行放射性污染度检查，当污染量超标时，不得继续使用。

12）装运集装箱、大型气瓶及可移动罐槽的车辆，必须设置有效的紧固装置，紧固装置应无严重的锈蚀。

13）危险品运输车进行检测时，应全部放空车内的气体液体及物品，标志齐全，消防器材齐全，否则不予上线检测。

10. 运行检查

（1）发动机运转状况的检查

1）起动发动机，发动机怠速运转应平稳；怠速稳定后，充电指示灯应熄灭。

2）各仪表及指示器（灯）工作应正常，冷却液温度、油压和气压指示应正常。

3）点火开关关闭后，发动机应迅速熄火，对柴油车，还应检查停机装置是否灵活有效。

4）各类报警装置应齐全、完好、有效。

5）在发动机处于转动状态时，其他相关仪表（如转速表和燃油表等）应有所指示。

6）发动机急加速或发动机高转速下急松加速踏板时，发动机转速应能顺畅地加速或减速，应无“回火”“放炮”现象。

（2）离合器、变速器、转向系统和制动系统工作状况的检查　车辆起步行驶一段距离，检验离合器、变速器、转向系统和制动系统的工作状况。具体的检验内容如下：

1）离合器是否分离彻底并接合平稳，车辆起步应无抖动、沉重、打滑和异响等缺陷。

2）变速杆操纵顺畅，变速器有无错乱档现象，有无异响。自锁、互锁是否有效。

3）传动系统有无抖动、异响，主减速器、差速器有无异响。

4）将车速提高至20～30km/h，点制动或紧急制动时，车辆是否跑偏。气压制动车辆，当空气压缩机停止工作3min后，气压降低应不大于10kPa，踩一次制动（制动踏板踩到底）气压下降不应超过20kPa。对于液压制动车辆，制动踏板踩到底后不允许有向下移动的现象。

5）当连踩制动踏板，使气压降至低于起步气压（或<400kPa）时，低压报警器应报警，对装用弹簧储能制动器的车辆，报警后起步，因自锁装置作用，应无法起步。

6）在正常的车道上，拉紧驻车制动器，车辆应可靠停驻。

7）气压制动系统制动时的气压表指示压力应不大于600kPa。

8）车辆转向后应能自动回正，且转向轻便不沉重，车辆具有保持直线行驶能力。

9）发动机和底盘不应该有异常的响声。

11. 测量记录

1）汽车（挂车）外廓尺寸。

①相关规定。车辆超长、超宽、超高对车辆的行驶会带来不安全因素。车辆超高，在通过桥涵和隧道时，顶部易发生相撞，容易造成事故。部分单位和个人为了超载，对车辆的外廓尺寸随意私自改造，这是不允许的。为了杜绝私自改装车辆，对车辆的外廓尺寸必须予以限制，车辆检验时，要对外廓尺寸进行检查。

车辆外廓尺寸限值应符合表9-5的规定。摩托车、拖拉机运输机组外廓尺寸限值见表9-6。

表9-5　车辆外廓尺寸限值　（单位：m）

车辆类型	长	宽	高
载货汽车（包括载货越野汽车）	≤12	≤2.5	≤4
整体式客车	≤12		
半挂汽车列车	≤16.5		
全挂汽车列车	≤20		

表9-6　摩托车、拖拉机运输机组外廓尺寸限值　（单位：m）

机动车类型		长	宽	高
摩托车	两轮普通摩托车	≤2.50	≤1.00	≤1.40
	边三轮摩托车	≤2.70	≤1.75	≤1.40
	正三轮摩托车	≤3.50	≤1.50	≤2.00
	两轮轻便摩托车	≤2.00	≤0.80	≤1.10
	正三轮轻便摩托车	≤2.00	≤1.00	≤1.00
拖拉机运输机组	轮式拖拉机运输机组	≤10.00[a]	≤2.50	≤3.00[a]
	手扶拖拉机运输机组	≤5.00	≤1.70	≤2.20

a. 对标定功率大于58kW的轮式拖拉机运输机组长度限值为12.00m，高度限值为3.50m。

②相关说明：

a. 车长是指垂直于车辆纵向对称平面，并分别抵靠在车辆的最外端凸出部位的两垂面之间的距离，如图9-6所示。测量时，可利用铅锤在车辆前方最外端凸出部位向地面投一点，在最后部凸出部位向地面投两点并将这两点连成一条直线，最后用皮尺（或钢卷尺）测量前点到该直线间的垂直距离。

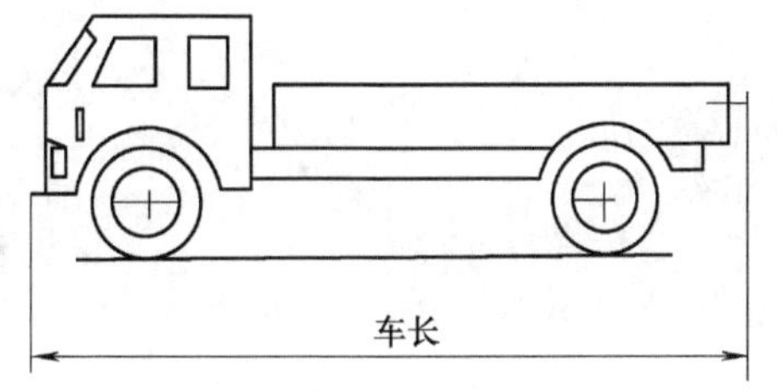

图9-6　车长

b. 车宽是指平行于车辆纵向对称平面，并分别抵靠在车辆的两侧固定凸出部位（不包括后视镜、侧位灯、示廓灯、转向灯、可拆卸装饰线条、挠性挡泥板、折叠式踏板、防滑链及轮胎与地面接触部分的变形等）的两平面之间的距离，如图9-7所示。测量时，可利用铅锤分别在车身最宽处左、右各向地面投一点，然后测量两点间的距离。

c. 车高是指车辆在无装载质量时，车辆支撑地面与车辆最高凸出部分相抵靠的水平面之间的距离，如图9-8所示。此时，车辆所有固定部件均应包括在此两平面内，同时车辆处于可运行状态。测量车高时，顶窗、换气装置等应处于关闭状态。

测量时，用一横尺放于车辆最高处，尽量与地面保持平行，然后分别测量横尺左、右两端到地面的垂直高度，取平均值即可。也可利用车身高度尺测量。

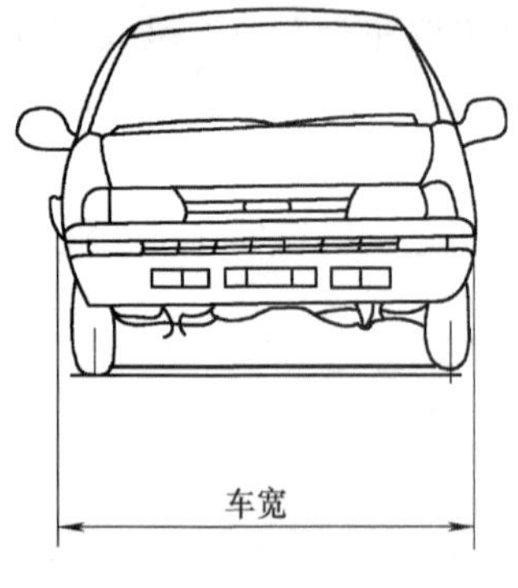

图9-7　车宽

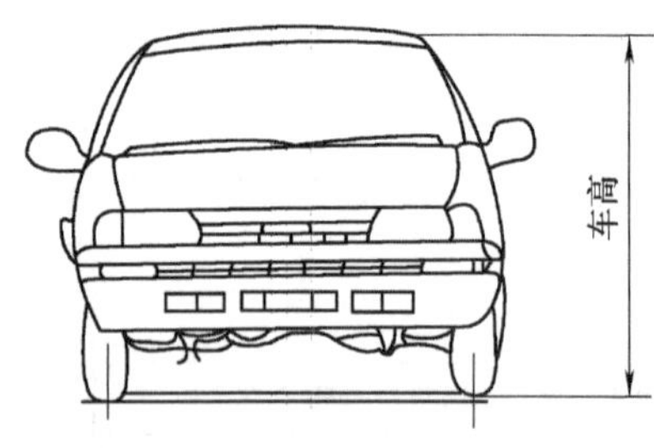

图9-8　车高

③检验内容。测量车辆的长、宽、高，判定是否符合上述规定并与行驶证上的记载一致。

2）测量货车的货箱栏板高度尺寸，判定是否与行驶证上记载的一致。

3）测量轮胎气压。用轮胎气压表测量轮胎气压，如图9-9所示，应符合汽车制造厂的规定。

4）测量离合器和制动踏板自由行程。踏板自由行程检测方法如图9-10所示，直尺端部顶靠在底板（或前围板）表面，在踏板处于自由状态时测量一次踏板高度，然后用手推压踏板至感觉有明显的阻力增加为止，再次读取踏板高度，两次测量值的差即踏板自由行程。

图9-9　测量轮胎气压

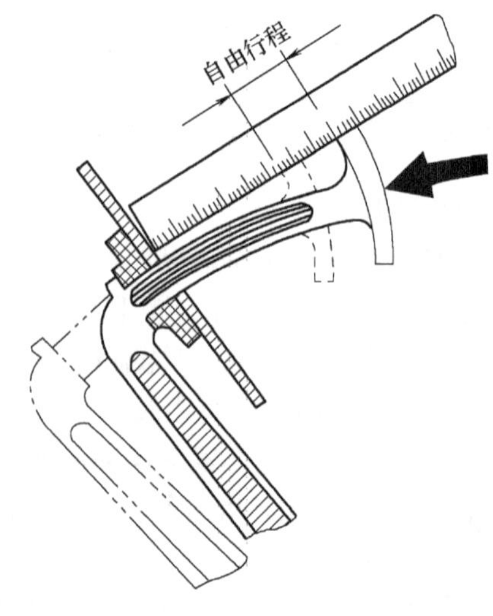

图9-10　踏板自由行程的测量

5）测量车辆的质量参数。汽车的质量参数包括整车整备质量、最大总质量及最大轴载质量等。这些参数的测量应该在车辆唯一性认定大类中的“主要特征参数”项目中进行，标准同时规定这一项目要结合外观及车辆底盘检查进行，而在目前执行的综检“外观检视及人工测量记录单”中，除唯一性认定外的所有项目中，均没有质量参数这一项目，所以笔者建议应该在“外观检视及人工测量记录单”的“测量记录”大类中补充车辆质量参数这一项目。

①相关规定：

a. 汽车及汽车列车、挂车的轴荷和质量参数应符合 GB 1589—2004 的规定。

b. 机动车在空载和满载状态下，整备质量和总质量应在各轴之间合理分配，轴荷应在左、右车轮之间均衡分配。

c. 边三轮摩托车处于空载及满载状态时，边车车轮轮荷应分别为整备质量及总质量的35%以下。

d. 整备质量是车辆正常行驶时所具备的完整设备（设施）的质量之和，它包括车辆本身、全部电气设备和必需的辅助设施的质量，还包括固定的或可拆装的栏板、机械或加注油液的举升装置和自卸车厢、连接装置、固定作业装置、冷却液、燃油（不少于燃油箱容量的90%）、备胎、灭火器、随车工具及标准备件。

整备质量是车辆在整备状态下空载时的质量，整备质量可在使用说明书等技术文件中查到。为了防止车辆改装和修理后任意改动原车的结构，预防超载，保证车辆运行安全，应检查和控制车辆的整备质量。一般用轴荷仪测量车辆的前、后轴荷及整车质量，要求在整备质量状态下测得的值不超过汽车制造厂规定的整备质量的5%。

e. 汽车总质量是指汽车装备齐全，并按规定装满客（包括驾驶人）、货时的质量。汽车总质量的确定：

对于轿车，汽车总质量 = 整备质量 + 驾驶人及乘员质量 + 行李质量

对于客车，汽车总质量 = 整备质量 + 驾驶人及乘员质量 + 行李质量 + 附件质量

对于货车，汽车总质量 = 整备质量 + 驾驶人及助手质量 + 行李质量 + 货物质量

汽车总质量有标准总质量与最大总质量之分。当构成汽车总质量的各项质量均为厂定标准值时，其总质量即称为标准总质量；如果为最大值，则称为最大总质量。

最大总质量分为厂定最大总质量和允许最大总质量两种。

厂定最大总质量是制造厂根据特定的使用条件，考虑到材料强度和轮胎承载能力等因素而核定出的质量，一般在车辆使用说明书或维修手册中给出。

允许最大总质量是行政主管部门根据使用条件而规定的总质量。例如 GB 18565—2001《营运车辆综合性能要求和检验方法》规定，营运车辆允许最大总质量的限值为：

a）半挂汽车列车、全挂汽车列车为 40 000kg。

b）集装箱半挂列车为 46 000kg。

汽车列车的最大总质量是牵引车与挂车（含全挂车或半挂车）最大总质量之和。对半挂牵引车、半挂车分配在牵引座上的质量应计入最大总质量之内。

f. 最大轴载质量是车辆单轴所允许的最大承载质量。最大轴载质量也可分为厂定最大轴载质量和允许最大轴载质量两种。

厂定最大轴载质量是制造厂考虑到材料强度、轮胎承载能力等因素而核定出的轴载质

量，一般在使用说明书等技术文件中可查到。

允许最大轴载质量是由行政主管部门根据使用条件而规定的轴载质量。例如GB 18565—2001《营运车辆综合性能要求和检验方法》规定，营运车辆允许最大轴载质量为下列规定值：

a）单轴（每侧单轮胎）载质量：6 000kg。

b）单轴（每侧双轮胎）载质量：10 000kg。

c）双联轴（每侧单轮胎）载质量：10 000kg。

d）双联轴（每侧各一单轮胎、双轮胎）载质量：14 000kg。

e）双联轴（每侧双轮胎）载质量：18 000kg。

f）三联轴（每侧单轮胎）载质量：12 000kg。

g）三联轴（每侧双轮胎）载质量：22 000kg。

在该标准中指出：凡国家已经批准生产的单轴载质量大于10t，小于或等于13t的车辆，只要车辆的总质量符合国家核定的吨位标准，暂以国家核定的轴载质量视同轴载质量限值标准。例如：重型车中的“斯太尔”“奔驰”等国家批准引进的车型，其轴载质量仍以当时国家核定的轴载质量为准。

g. 机动车在空载和满载状态下，转向轴轴荷（或转向轮轮荷）分别与该车整备质量和总质量的比值不允许小于：乘用车30%；三轮汽车、正三轮摩托18%；其他机动车20%。

注：对于铰接列车，应在空载和满载状态下对牵引车部分进行核算；对于铰接客车和铰接式无轨电车，应在空载和满载状态下对前车进行核算。

h. 汽车或汽车列车驱动轴的轴荷不允许小于汽车或汽车列车总质量的25%。

i. 货车列车的挂车的最大允许装载质量不允许大于货车的最大允许装载质量。

j. 铰接列车的半挂车的总质量不允许大于半挂牵引车的最大允许牵引质量。

k. 轮式拖拉机运输机组的挂拖质量比（挂车最大允许总质量与拖拉机使用质量之比）不允许大于3。

②检验内容。对货车、挂车用称重设备测量相关质量参数，判定是否符合上述规定。

12. 分级项目

1）测量左、右对称部位高度差。在1.5m以下测量，车辆左、右对称部位的高度差不大于40mm（一级车为20mm）。

2）测量左、右轴距差。左、右轴距差的存在，意味着汽车各轴之间不平行或车轴对车架纵轴线不垂直，这样会引起车辆直线行驶时，前、后轴中心的连线与行驶轨迹的中心线不一致，并造成直线行驶跑偏和制动跑偏。测量时，车辆应处于直行状态。测量左、右轴距差时，应使用铅锤在地面找到轴头中心点，用钢卷尺测量各轴头中心之间的距离或用轴距尺测量。

①对二轴车可分别在左、右两侧前、后轴头中心测量其轴距，并取其差值，如图9-11所示。

②对于三轴车或多轴车，可依次测量相邻轴的轴距，其各段的轴距差都应符合标准限值的要求。

③对于半挂车和多轴车，其测量点为半挂牵引销轴线和半挂车车轮中心，又垂直于车辆纵向对称平面和车辆水平基准平面的两平面之间的距离。

④左右轴距差值比（千分比）的计算公式是：差值比（千分比）=（左、右绝对轴距差/

左、右平均轴距）×1000‰。标准规定左、右轴距差不得大于轴距的 1.5‰（一级车为 1.2‰）。

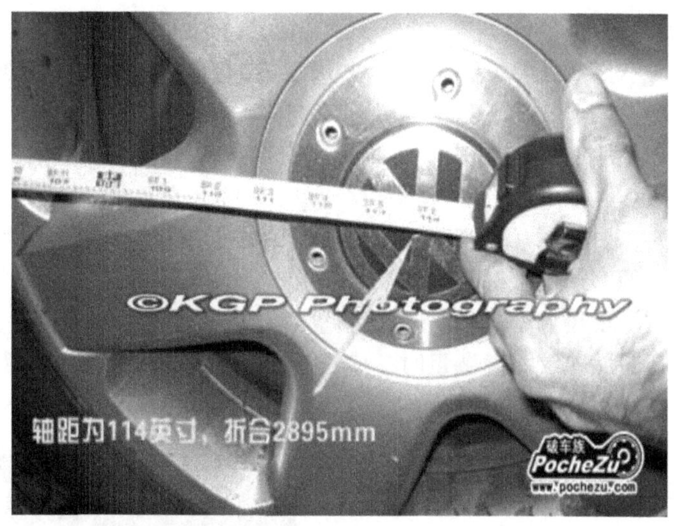

图 9-11　轴距差的测量

3）测量轮胎花纹深度。

①相关规定。

a. 轿车和挂车轮胎胎冠花纹深度应不小于 1.6mm，其他车辆转向轮胎胎冠花纹深度不小于 3.2mm，其余轮胎胎冠花纹深度不得小于 1.6mm。

b. 一、二级车技术要求。微型车辆胎冠花纹深度不得小于 3.2mm，其他车辆转向轮的胎冠花纹深度不得小于 3.5mm，其余轮胎胎冠花纹深度不得小于 2.5mm。

②测量方法。测量轮胎花纹深度时，需要使用轮胎花纹深度尺。轮胎花纹深度尺有机械式和电子式两种。

机械式轮胎花纹深度尺如图 9-12 所示。外侧粗一点且固定的标尺，是辅助测量尺；而中间细长且可以移动的，就是主测量尺。当主尺的探头与尺身处于同一平面时，辅助尺与主尺的“0”刻度对齐，此时就是深度尺“归零”状态。

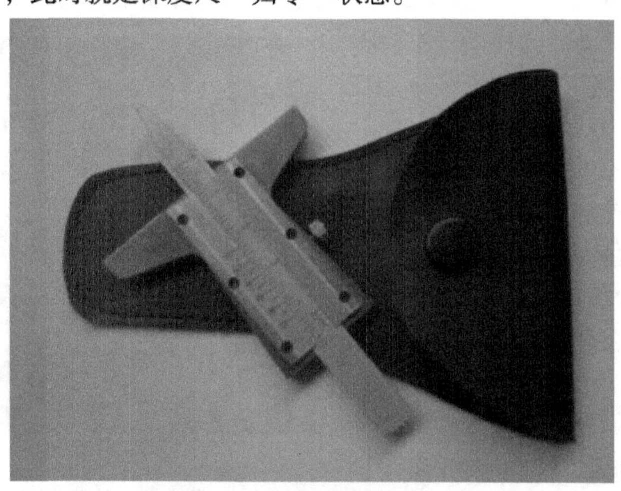

图 9-12　机械式轮胎花纹深度尺

实际测量时，可将辅助尺“0”刻度所处位置的左侧主尺刻度读为整数；辅助尺的哪一个刻度与主尺任一刻度对齐（或最接近对齐），则作为小数点后读数。例如：辅助尺的“0”刻度位于主尺“20mm”与“21mm”刻度之间，读为20mm。辅助尺的“2”刻度与主尺的某一刻度对齐，则读为0.2mm。主尺读数与辅助尺读数相加为总读数，即20.2mm。

将它的尖端伸入轮胎胎面的同一横截面几个主花纹沟中，测量它的深度，得出一组数值，从中得出平均数。

进行实际测量时，要注意几个细节：应测量轮胎的主花纹沟；使深度尺垂直于胎面；主尺探头避开花纹沟内的磨损极限标志；如果是新胎，则注意尺身避开胎面上凸起的橡胶瓣。

电子式轮胎花纹深度尺如图9-13所示。测量时，从液晶显示窗上直接读数即可。

对在用车辆进行轮胎花纹深度测量时，应选择在胎面中部的花纹处进行测量，如图9-14所示。

图9-13　电子式轮胎花纹深度尺

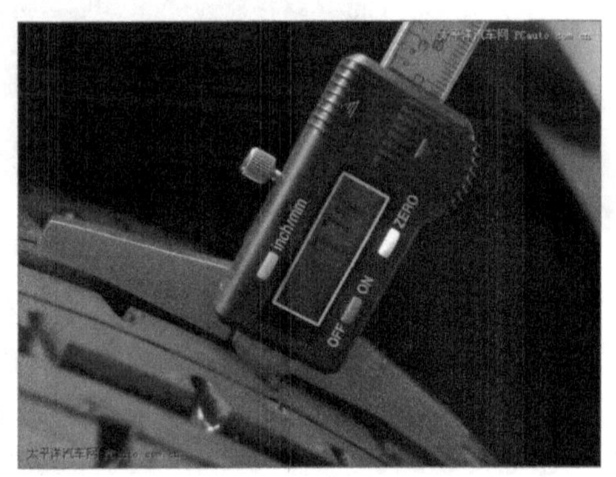

图9-14　轮胎花纹深度的测量

需要说明的一点，现在大多数轮胎设有磨损标记，一般是指花纹中布置的凸点标志，如图9-15所示。检查时，如果发现磨损标记已被磨损，则表明轮胎需要进行更换。

4）检查车架、车身、驾驶室表面。车身、车架、驾驶室不得有开裂、锈蚀和明显变形，螺栓和铆钉不得缺少或松动，车身与车架的连接应安装牢固（一、二级车为无锈蚀、无脱掉漆）。

5）检查车门、车窗玻璃。玻璃不得缺损（一级车为完好无损）。

二、安检站人工检验

安检站人工检验项目见表9-7所列。总体上分为车辆外观检查、底盘动态检查和车辆底盘检查三部分（表中标注为三种方式）。其内容与综检站的外观检视及人工测量记录单中的内容相似。以下仅介绍不同之处。

图9-15　轮胎表面的磨损标记

表 9-7　机动车安全技术检验记录单（人工检验部分）

号牌号码（编号）：　　　　车辆类型：　　　　里程表读数：　　km

车辆出厂日期：　年　月　日　初次登记日期：　年　月　日　检验日期：　年　月　日

方式	检验项目	检验内容	判定
车辆外观检查	车辆唯一性认定*	1. 车辆号牌 2. 车辆类型、品牌/型号 3. 车身颜色 4. VIN(整车出厂编号) 5. 发动机号码	
		6. 主要特征及技术参数	
	车身外观	7. 保险杠	
		8. 后视镜*/下视镜* 9. 车窗玻璃* 10. 车体周正、尖锐凸出物*	
		11. 漆面	
		12. 货箱/安全架/车外顶行李架* 13. 车身广告文字标志、标识* 14. 自行加装装置*	
		15. 整车 3C 标志	
		16. 其他注册登记检验增加项目*	
	照明和电气信号装置*	17. 前位灯/后位灯、侧标志灯 18. 后牌照灯 19. 示廓灯/挂车标志灯 20. 转向信号灯(前、后、侧)、危险警告信号灯 21. 前照灯(远光、近光) 22. 制动灯 23. 后反射器、侧反射器 24. 后雾灯 25. 倒车灯	
		26. 道路运输危险货物车辆标识 27. 特种车辆标志灯具 28. 附加灯具、反射器或附属装置	
		29. 喇叭	
		30. 车身反光标识	
	发动机舱	31. 发动机各系统机件 32. 蓄电池桩头及连线	
		33. 电器导线、各种管路* 34. 液压制动储液器液面*	
		35. 发动机标志*	
	驾驶室(区)	36. 门锁及门铰链	
		37. 驾驶人座椅* 38. 安全带*	
车辆外观检查	驾驶室(区)	39. 风窗玻璃驾驶人视区部位* 40. 刮水器*	
		41. 洗涤器	
		42. 汽车行驶记录仪* 43. 驾驶室固定、安全带*	
		44. 仪表数量和类型*	
		45. 操纵件、指示器及信号装置的图形标志* 46. 警告性文字的中文标注* 47. 车辆产品标牌*	
	发动机运转状况	48. 起动*	
		49. 怠速、仪表、电源充电 50. 加速踏板控制 51. 漏水、油、气/冷却液温度、油压	
		52. 关电熄火/柴油车停机装置*	
	客车内部	53. 座椅/卧铺数量,座椅间距*	
		54. 扶手和卧铺护栏 55. 车厢灯、门灯 56. 客车地板、车内行李架	
		57. 灭火器、安全出口标识、安全锤、安全门* 58. 安全带*	
		59. 安全出口的数量、位置和尺寸* 60. 乘客通道,通往安全门的通道*	
	底盘件	61. 燃料箱、燃料箱盖*	
		62. 挡泥板/牵引钩、蓄电池、蓄电池架 63. 储气筒排污阀	
		64. 钢板弹簧* 65. 侧面及后下部防护装置*	
		66. 牵引连接装置	
	轮胎	67. 轮胎型号/规格/速度级别* 68. 胎冠花纹深度、胎面* 69. 轮胎螺栓、半轴螺栓*	
		70. 备胎标志*	
	其他	71. 其他不符合规定的情形	

（续）

方式	检验项目	检验内容	判定	方式	检验项目	检验内容	判定
底盘动态检验	转向系统	72. 转向盘最大自由转动量* 73. 转向沉重*		车辆底盘	行驶系统	89. 钢板吊耳* 90. 吊耳销*	
		74. 自动回正、直线行驶能力				91. 中心螺栓 92. U形螺栓	
	传动系统	75. 离合器 76. 变速器 77. 传动轴/链条 78. 驱动桥				93. 车桥移位*	
	制动系统	79. 点制动跑偏(20km/h)				94. 车架纵梁 95. 车架横梁 96. 悬架杆系	
		80. 低气压报警装置*			制动系统*	97. 制动系统部件、结构改动 98. 制动主缸、轮缸、制动管路漏气、漏油 99. 制动软管老化 100. 制动管路固定	
		81. 弹簧储能制动器					
		82. 防抱死制动装置*					
	驾驶区	83. 仪表和指示器*					
车辆底盘	转向系统*	84. 转向器固定 85. 转向各部件			电器电路	101. 电器电路检查*	
	传动系统*	86. 变速器支架 87. 分动器支架 88. 传动各部件			底盘其他部件*	102. 发动机固定 103. 排气管、消声器 104. 燃料管路	

检验方式	不合格项	检验员签字
车辆外观检查		
底盘动态检验		
车辆底盘检查		

备　注

（VIN 拓印膜粘贴区）

注：判定栏中✓为合格：数字为相应不合格项。带*项为否决项，否决项不合格，车辆检验为不合格。

1. 车辆唯一性认定

机动车安全技术检验中，“车辆唯一性认定”中的各项目判断可依据“机动车查验记录表”（表9-8）中的检验结论。即在进行安全技术检验之前，首先要进行机动车查验，主要目的是检查机动车的合法性，由交警人员根据《机动车查验记录表》中规定的各项逐一进行查验，并给出判定。有些检测站要求在外检工位仍要进行车辆唯一性认定各项目检查，即相当于相关内容的复查。

表 9-8　机动车查验记录表

号牌号码（流水号或其他与车辆能对应的号码）：　　　　　　　　　　　　号牌种类：

<table>
<tr><td colspan="8">业务类型：注册登记　转入　转移登记　变更迁出　变更车身颜色　核发检验合格标志
更换车身或者车架　更换发动机　变更使用性质　重新打刻 VIN　重新打刻发动机号
更换整车　申领登记证书　补领登记证书　监销　其他</td></tr>
<tr><td>类别</td><td>序号</td><td>查 验 项 目</td><td>判定</td><td>类别</td><td>序号</td><td>查 验 项 目</td><td>判定</td></tr>
<tr><td rowspan="9">通用项目</td><td>1</td><td>车辆识别代号</td><td></td><td rowspan="4">大中型客车、校车、危险化学品运输车</td><td>14</td><td>灭火器</td><td></td></tr>
<tr><td>2</td><td>发动机型号/号码</td><td></td><td>15</td><td>行驶记录装置</td><td></td></tr>
<tr><td>3</td><td>车辆品牌/型号</td><td></td><td>16</td><td>安全出口/安全锤</td><td></td></tr>
<tr><td>4</td><td>车身颜色</td><td></td><td>17</td><td>外部标识、文字</td><td></td></tr>
<tr><td>5</td><td>核定载人数</td><td></td><td rowspan="2">其他</td><td>18</td><td>标志灯具、报警器</td><td></td></tr>
<tr><td>6</td><td>车辆类型</td><td></td><td>19</td><td>安全技术检验合格证明</td><td></td></tr>
<tr><td>7</td><td>号牌/车辆外观形状</td><td></td><td colspan="4" rowspan="3">查验结论：</td></tr>
<tr><td>8</td><td>轮胎完好情况</td><td></td></tr>
<tr><td>9</td><td>安全带、三角警告牌</td><td></td></tr>
<tr><td rowspan="4">货车挂车</td><td>10</td><td>外廓尺寸、轴数</td><td></td><td colspan="4" rowspan="2">查 验 员：
年　月　日</td></tr>
<tr><td>11</td><td>轮胎规格</td><td></td></tr>
<tr><td>12</td><td>侧后部防护装置</td><td></td><td rowspan="2">复检合格</td><td colspan="3" rowspan="2">查验员：　年　月　日</td></tr>
<tr><td>13</td><td>车身反光标志</td><td></td></tr>
<tr><td colspan="5">机动车照片
（注册登记、转移登记、需要制作照片的变更登记、转入、监销）</td><td colspan="3">备　注：</td></tr>
<tr><td colspan="8">车辆识别代号（车架号）拓印膜
（注册登记、转移登记、转出、转入、更换车身或者车架、更换整车
申领登记证书、重新打刻 VIN）</td></tr>
</table>

说明：1. 填表时应在对应的业务类型名称上画“✓”。
2. 对按照规定无需查验的项目，在对应的判定栏内画“—”。
3. 本表所列查验项目判定不合格时在对应栏画“×”，本表以外的查验项目不合格时，在备注栏内注明情况，查验结论签注为“不合格”；所有查验项目合格，查验结论签注为“合格”。
4. 复检合格时，查验员签字并签注日期；复检仍不合格的，不签注。
5. 注册登记查验时，“车身颜色、核定载人数、车辆类型”判定栏内签注查验确定的相应内容，变更颜色查验时签注车身颜色。

（1）相关说明

1）表中“通用项目”为各类型车辆必检项目，共 9 个小项。“货车、挂车”及“大中型客车、校车、危险化学品运输车”两个项目是根据具体检查的车型选择检查。

2）凡是检查的项目，均必须达到合格，即满足整车装备与外观检验要求。表中带有“＊”号的项目为否决项，安检法规要求，对否决项，只要其中一项不合格，则检验结果为不合格。而对非否决项，一般为累计6项不合格，则检验结果为不合格。

3）“检查结论”栏内应由检验员填写“合格”或注明检查不合格项及不合格的原因，并在“检验员”栏内签字。

4）对于安全性能检测，要求此项目检查合格后，方可进行下一项，即“车辆外观检查”。

5）检查时，如果判定合格，则进行后续项目检查；如果判定不合格，则检测终止，交警人员还需对不合格车辆进行进一步的审核与处理。对于可以整修后上线复检的项目，允许整修后复检，若复检合格，则检验员应在相应栏内签字。

6）如果车辆涉及注册登记、转移登记、需要制作照片的变更登记、转入及注销，则需拍摄车辆的照片，并粘贴在“机动车照片”栏内。

7）对于注册登记、转移登记、转出、转入更换车身或者车架、更换整车申领登记证书及重新打刻VIN的车辆，需要制作车架号的拓印膜，并粘贴在“车辆识别代号（车架号）”栏内。

其他事项参阅表格下面的说明：

（2）检验项目确定　检验项目的确定主要依据检查业务类型，通常检验业务类型有注册登记检验和在用车检验两大类。

1）注册登记检验。

①检验项目和要求。应逐一核对送检机动车的车辆类型、品牌/型号、颜色、车辆识别代号（或整车型号和出厂编号）和发动机号码，认定机动车的主要特征和技术参数，对货车（含三轮汽车、低速货车，下同）应测算后悬，对具有牵引功能的机动车还应测算比功率，确认是否符合GB 7258等机动车国家安全技术标准并与国产机动车的整车出厂合格证明、进口机动车的进口凭证等证明、凭证记载及车辆产品标牌的内容一致。对货车、挂车、车长大于6m的客车应用量具测量相关尺寸参数，对货车、挂车还应用称重设备测量相关质量参数。同时，还应核对车辆识别代号（或整车出厂编号）的拓印膜，查验车辆识别代号（或整车出厂编号）、发动机号码有无被篡改嫌疑。

②异常情形的处理。

a. 发现送检机动车有被盗抢嫌疑，如车辆识别代号（或整车型号和出厂编号）、发动机号码有篡改、挖补、打磨痕迹或垫片、擅自另外打刻等异常情形的，或车辆识别代号（或整车型号和出厂编号）、发动机号码与相关证明、凭证记载不一致的或非法拼装嫌疑时，此次安全技术检验终止，机动车安全技术检验机构及其检验员应详细登记该送检机动车的相关信息并立即向公安机关有关部门报告，等待有关部门核实查处。

b. 发现送检机动车的外廓尺寸、后悬及整备质量、核载、比功率等主要特征及技术参数、技术指标不符合GB 7258等机动车国家安全技术标准或与公告的数据不一致时，此次安全技术检验终止，机动车安全技术检验机构及其检验员应详细登记送检机动车的车辆类型、品牌/型号、车辆识别代号（或整车型号和出厂编号）、发动机号码、整车生产厂家、生产日期、公告批次（进口机动车除外）等信息，并尽快向所在地公安机关交通管理部门和质量技术监督部门报告。

2）在用车检验。

①检验项目和要求。应逐一核对送检机动车的号牌号码、车辆类型、品牌/型号、颜色、

车辆识别代号（或整车型号和出厂编号）和发动机号码，确认是否与送检机动车的机动车行驶证记载的内容及其他相关资料一致；核对车辆识别代号（或整车出厂编号）拓印膜，查验车辆识别代号（或整车型号和出厂编号）、发动机号码有无被篡改嫌疑。同时，还应检查送检机动车是否具有私自改装或擅自改变机动车已登记的结构、构造和特征的情形，必要时应用量具测量相关尺寸参数、用称重设备测量相关质量参数。对变更车身/车架或变更发动机后的在用机动车进行安全技术检验时，还应核对车身/车架和发动机的来历凭证及公安机关交通管理部门批准允许变更车身/车架的相关证明材料。

②异常情形的处理。

a. 发现送检机动车的车辆识别代号（或整车型号和出厂编号）、发动机号码与机动车行驶证记载不一致，或者有篡改、挖补、打磨痕迹或垫片、擅自另外打刻等异常情形的，或者送检机动车有私自改装或擅自改变机动车已登记的结构、构造或者特征的情形时，此次机动车安全技术检验立即终止。送检机动车有被盗抢嫌疑时，机动车安全技术检验机构及其检验员应详细登记送检机动车的相关信息并尽快向所在地公安机关有关部门报告，等待有关部门核实查处；送检机动车有私自改装或擅自改变机动车已登记的结构、构造和特征的情形时，机动车安全技术检验机构应书面告知车主需将车辆恢复原状后才能再次进行安全技术检验，并同时将相关信息报告所在地公安机关交通管理部门和工商行政管理部门。

b. 对变更车身/车架或变更发动机后的在用机动车进行安全技术检验时，对不能提供相关证明材料的，此次机动车安全技术检验立即终止，机动车安全技术检验机构及其检验员应详细登记送检机动车的相关信息并尽快向所在地公安机关交通管理部门报告。

（3）个别检验项目说明（与综检项目的不同点）

1）车辆品牌/型号。

①相关规定。

a. 机动车在车身前部外表面的易见部位上应至少装置一个能永久保持的商标或厂标。

b. 机动车应至少装置一个能永久保持的产品标牌，该标牌的固定、位置及形式应符合GB/T 18411 的规定，上道路行驶的拖拉机的标牌的固定、位置及形式应符合相关标准的规定；若采用标签标示，则标签应符合国家标准《道路车辆　标牌和标签》规定的标签一般性能、防篡改性能及防伪性能要求，其项目内容应采用蚀刻方式。改装车应同时具有改装后的整车的产品标牌及改装前的整车（或底盘）的产品标牌。

机动车均应在产品标牌上标明品牌、整车型号、制造年月、生产厂名及制造国。各类机动车产品标牌应补充标明的其他项目见表 9-9。产品标牌上标明的内容应规范、清晰耐久且易于识别，项目名称均应有中文名称。

表 9-9　各类机动车产品标牌应补充标明的其他项目

机动车类型		应补充标明的项目
汽车[①]	载客汽车[②]	车辆识别代号、发动机型号、发动机排量、发动机最大净功率、最大允许总质量（以下简称“总质量”）、乘坐人数（乘员数）
	载货汽车[③]	车辆识别代号、发动机型号、发动机最大净功率、总质量、整车整备质量（以下简称“整备质量”）、最大允许牵引质量
	专项作业车	车辆识别代号、发动机型号、发动机最大净功率、总质量、专用功能主要技术参数

（续）

机动车类型	应补充标明的项目
挂车	车辆识别代号④、总质量、整备质量
摩托车⑤	车辆识别代号、发动机型号、发动机实际排量或最大净功率、整备质量
轮式专用机械车	车架号（或产品识别代码、车辆识别代号）、发动机型号、发动机标定功率、整备质量、最大设计车速
上道路行驶的拖拉机	出厂编号、发动机标定功率、使用质量
特型机动车	车辆识别代号（或车架号）、发动机型号、发动机最大净功率、总质量、整备质量、外廓尺寸

① 微混、中混混合动力汽车应标明电动动力系统最大输出功率，其他电动汽车还应标明主驱动电动机型号、动力电池型号、工作电压及容量（安时数）；如为纯电动汽车，可不标发动机相关信息。

② 乘用车具备牵引功能时还应标明最大允许牵引质量。

③ 货车没有牵引功能时可不标最大允许牵引质量，半挂牵引车可不标总质量，但还应标明牵引座最大设计静载荷。

④ 挂车在未采用统一的车辆识别代号之前应标明车架号。

⑤ 电动摩托车应标明车辆识别代号、电动机型号、电动机最大输出功率、额定电压、整备质量；正三轮摩托车还应标明装载质量或乘坐人数，两轮普通摩托车及两轮轻便摩托车可不标车辆识别代号。

②查验内容。

a. 是否有商标或厂标。

b. 是否有产品标牌。

c. 标牌的固定、位置及形式是否符合要求。

d. 产品标牌应标明的项目是否符合要求。

e. 商标/厂标准和产品标牌与行驶证上的记载是否一致。

上述查验内容其中一项不合格，则该项判定为不合格。

2）核定载人数。实际座位数确定的乘人数与站立面积按照规定核算后的载人数之和应符合下述规定，且与行驶证记载的一致。

①乘用车乘坐人数核定。

a. 前排座位按乘客舱内部宽度（指驾驶人两侧门窗下缘，并在车门后支柱内侧量取）不小于1 200mm时核定2人，不小于1 650mm时核定3人，但每名前排乘员的坐垫宽和坐垫深均不应小于400mm。

b. 除前排座位外的其他排座位，在能保证与前一排座位的间距不小于600mm且坐垫深度不小于400mm（对第二排以后的可折叠座椅座间距不小于570mm且坐垫深度不小于350mm）时，按坐垫中间位置测量的乘客舱内部宽度每400mm核定1人。但上述座位作为儿童座位使用时，对于幼儿校车座间距不小于420mm时按每280mm核定一人，对于小学生校车座间距不小于500mm时按每350mm核定一人。

注1：可折叠座椅是指靠背、坐垫铰接且折叠在一起后能完全收起的座椅。

注2：儿童座位是指幼儿校车上专门供幼儿乘坐的座位和小学生校车上专门供小学生乘坐的座位。

注3：座间距应在通过（单人）座椅中心线的垂直平面内，在坐垫上表面最高点所处平面与地板上方620mm高度范围内水平测量。测量时，座椅坐垫和靠背均不应被压陷；驾驶人座椅和前排乘员座椅应处于滑轨中间位置（可取最前和最后两个位置测量值的平均值），

其他可调节座椅的前后位置可根据需要调整以使相关座椅的座间距均能满足要求；靠背角度可调式座椅的靠背角度及座椅其他调整量应处于制造厂规定的正常使用位置。

c. 旅居车的核定乘员数不允许超过 9 人，车长大于等于 6m 的乘用车设置的侧向座椅不核定乘坐人数。

②客车乘员数核定。

a. 按乘员质量核定：按 GB/T 12428—2005 确定。

b. 按照坐垫宽和站立乘客有效面积核定：长条座椅（指坐垫靠背均为条形的供两人或多人乘坐的座椅）按坐垫宽每 400mm 核定一人，但作为儿童座位使用时，对幼儿校车按每 280mm 核定一人，对小学生校车按每 350mm 核定一人；单人座椅坐垫宽不小于 400mm 时核定 1 人，但可折叠的单人座椅不得作为儿童座位核定人数。按 GB/T 12428 确定的站立乘客有效面积计算：设有乘客站立区的公共汽车按每 1 人不小于 0.125m^2 核定站立人数，双层客车的上层及其他客车不核定站立人数。

c. 按照卧铺铺位核定：卧铺客车的每个铺位核定 1 人，驾驶人座椅核定 1 人，乘客座椅（包括车组人员座椅）不核定乘坐人数。

d. 幼儿校车和小学生校车按照 b 核定乘员数，其他客车以 a、b 及 c 计算的乘员数取最小值核定乘员数。二轴卧铺客车的核定乘员数不允许超过 30 人，三轴卧铺客车的核定乘员数不允许超过 36 人，用作公路客车的双层客车的核定乘员数不允许超过 60 人。

③有驾驶室机动车的驾驶室乘坐人数核定（摩托车除外）。

a. 驾驶室内只有一排座位或双排座位的前排座位，按驾驶室内部宽度（系指驾驶室门窗下缘，并在车门后支柱内侧量取）不小于 1 200mm 时核定 2 人，不小于 1 650mm 时核定 3 人，但每名前排乘员的坐垫宽和坐垫深均不应小于 400mm。

b. 驾驶室内双排座椅的后排座椅，按坐垫中间位置测量的车身内部宽度，在能保证与前排座椅的间距不小于 650mm 且坐垫深度不小于 400mm 时，每 400mm 核定 1 人。

c. 对带卧铺的货车，其卧铺铺位均不核定乘坐人数。

d. 对有驾驶室的拖拉机运输机组和使用转向盘转向的三轮汽车，除驾驶人外可再核定乘坐一名乘员，但其坐垫宽不应小于 350mm，座椅深不应小于 300mm，且座椅不应增加拖拉机运输机组或三轮汽车的外廓尺寸；不具备上述条件时，只允许乘坐驾驶人 1 人。

e. 货车核定乘坐人数不允许超过 6 人。

④摩托车乘坐人数核定。

a. 两轮普通摩托车除驾驶人外，有固定座位的可再乘坐 1 人。

b. 边三轮摩托车除驾驶人外，主车和边车有固定座位的各乘坐 1 人。

c. 正三轮摩托车驾驶室核定乘坐驾驶人 1 人；车厢在有纵向布置（与机动车前进方向相同）的固定座椅（该固定座椅的坐垫深度不应小于 400mm 且其与驾驶人座椅的间距不应小于 650mm）时，按照坐垫宽度每 400mm 核定 1 人，但最多为 2 人；不具备上述条件时，车厢不允许乘坐人员。

d. 轻便摩托车核定乘坐驾驶人 1 人。

⑤特殊规定。

a. 装备有残疾人轮椅固定装置的残疾人汽车、装备有担架的救护车等用于载运特定乘客的载客汽车的乘坐人数，在确保乘员乘坐安全的条件下，参照②、③和④核定。

b. 旅居半挂车不核定乘坐人数。

3）安全带/三角警告牌。

①相关规定：

a. 乘用车、公路客车、旅游客车、未设置乘客站立区的公共汽车、专用校车和旅居车的所有座椅、其他汽车（低速汽车除外）的驾驶人座椅和前排乘员座椅均应装置汽车安全带。所有驾驶人座椅、前排乘员座椅（设有乘客站立区的公共汽车除外）、客车位于踏步区的车组人员座椅以及乘用车除最后一排中间位置座椅外的其他座椅，装置的汽车安全带均应为三点式（或四点式）汽车安全带。

b. 卧铺客车的每个铺位均应安装两点式汽车安全带。

c. 汽车安全带应可靠有效，安装位置应合理，固定点应有足够的强度，性能应符合相关国家标准的规定。

d. 乘用车应装备驾驶人汽车安全带佩戴提示装置。当驾驶人未按照规定佩戴汽车安全带时，应能通过视觉或声觉信号报警。

e. 乘用车应至少有一个座椅配置符合规定的ISOFIX儿童座椅固定装置，但至少有一个座椅能使用安全带有效固定儿童座椅时，应视为满足要求。

②查验内容：

a. 查验车辆是否安装有符合上述规定的安全带。

b. 查验安全带是否安装牢固。

c. 查验车辆是否配备三角警告牌。

4）查验车辆是否有在有效期内的安全技术检验合格证明。

2. 联网查询

1）应联网查询送检机动车是否发生过交通事故及涉及尚未处理完毕的道路交通安全违法行为。

2）对发生过交通事故的送检机动车，应根据交通事故时送检机动车的损伤部位和损伤情况确定需重点检查的部位和项目。

3）对涉及尚未处理完毕的道路交通安全违法行为的送检机动车，应在“机动车安全技术检验报告”的“备注”栏中简要说明情况，提醒机动车所有人及时到公安机关交通管理部门处理道路交通安全违法行为。

3. 车身外观检查

（1）车身外观

1）检查乘用车自行加装的前、后防撞装置及货运机动车自行加装的防风罩、散热器、工具箱、备胎架，是否影响安全和号牌识别。

2）注册登记检验时，应记录汽车是否在前风窗玻璃右上角粘贴有符合规定的整车3C标志并检查以下各项：

①机动车是否设置了能够满足号牌安装要求的号牌板（架）。

②车身外表面易见部位是否至少装置有一个能永久保持的商标（或厂标）。

③汽车（三轮汽车和低速货车除外）是否设置了规定数量和类型的后视镜，其他机动车是否在左右至少各设置有一面后视镜，车长大于6m的平头货车和平头客车在车前是否至少设置有一面前下视镜。

④乘用车和车长小于6m的客车的前、后部是否设置了保险杠，货车（三轮汽车除外）是否设置了前保险杠。

⑤货车货箱（自卸车、装载质量为1 000kg以下的货车除外）前部是否安装有比驾驶室高至少70mm的安全架。

（2）照明和电气信号装置　注册登记检验时，应重点检查车辆外部照明和信号装置的数量、位置、光色是否符合相关标准的规定，必要时应用量具测量相关尺寸参数。对2006年12月1日起新出厂的总质量不小于12 000kg的货车和总质量大于3 500kg的挂车，还应检查其安装的车身反光标志材料的白色单元上是否加施有符合规定的3C标志。

（3）发动机舱　注册登记检验时，如气缸体上打刻（或铸出）的发动机型号和出厂编号不易见，应检查在发动机易见部位是否具有能永久保持的发动机型号和出厂编号的标志。如果车辆产品标牌位于发动机舱，则还应检查车辆产品标牌是否能永久保持及其内容是否规范、清晰耐久。

（4）驾驶室（区）

1）前风窗玻璃及风窗以外玻璃用于驾驶人视区部位的可见光透射比是否不小于70%（必要时用透光率计检查可见光透射比）。

注：风窗以外玻璃驾驶人视区部位是指驾驶人驾驶时用于观察后视镜的部位。

2）注册登记检验时，还应检查下述各项：

①车辆是否按照规定装备了各种仪表。

②车辆是否设置了符合规定的操纵件、指示器及信号装置的图形标志。

③对乘用车和货运机动车，按照相关标准核定的乘坐人数是否与机动车注册登记证明、凭证记载的内容一致。

④车长大于9m的长途客车和旅游客车是否安装了符合规定的汽车行驶记录仪；2006年12月1日起新出厂的，安装有汽车行驶记录仪的长途客车和旅游客车、道路运输危险货物车辆、半挂牵引车、总质量不小于12 000kg的货车，其行驶记录仪主机外壳的易见部位是否加施有符合规定的3C标志。

⑤机动车的警告性文字是否有中文标注，折翻式驾驶室翻转操纵机构附近易见部位是否有提醒驾驶人如何正确使用该操纵机构的文字。

⑥车辆产品标牌［如位于驾驶室（区）］是否能永久保持及其内容是否规范、清晰耐久。

（5）发动机运转状况　需检查是否有漏油、漏水及漏气现象。

（6）客车内部　注册登记检验时，还应检查客车安全出口的数量、位置和大小及座椅/卧铺位的数量和布置是否符合规定，乘客通道的宽度和高度是否能保证符合规定的通道测量装置顺利通过，通向安全门的通道宽度是否符合要求。

（7）底盘件

1）燃料箱是否固定可靠，燃料箱盖是否完好。

2）挡泥板、牵引钩是否完好。

3）储气筒排污阀功能是否有效。

4）钢板弹簧的形式、片数是否符合规定，有无裂纹和断片，安装是否紧固。

5）汽车列车的牵引连接装置是否连接可靠且装有防止车辆行驶中脱开的安全装置。

注册登记检验时，应重点检查货车和挂车的侧面防护装置的下缘离地高度、防护范围和前缘形式及后下部防护装置的离地高度、宽度、横截面宽度是否符合相关规定（必要时应用量具测量相关尺寸参数），检查后下部防护装置的强度是否具有明显不足的情形。

（8）轮胎　注册登记检验时，对2004年10月1日起出厂的使用小规格备胎的乘用车，检查在备胎附近明显位置（或其他适当位置）装置是否有能永久保持的、提醒驾驶人正确使用备胎的标志及标志的相关提示内容是否有中文。

4. 底盘动态检查

（1）转向系统　检查转向盘的最大自由转动量是否符合要求及行驶时转向是否沉重，必要时应用转向盘转向力-转向角检测仪检测；行驶时检查车辆是否具有自动回正能力及保持直线行驶的能力。

（2）传动系统　在车辆行驶过程中检查以下各项：

1）离合器接合是否平稳，有无异响、打滑、抖动、沉重和分离不彻底等现象。

2）变速器倒档能否锁止，换档是否正常，有无异响。

3）传动轴/链条有无异响、抖动。

4）驱动桥的主减速器和差速器有无异响。

（3）制动系统　对2005年2月1日起新注册登记的总质量大于12 000kg的长途客车和旅游客车、总质量大于10 000kg的挂车、总质量大于16 000kg允许挂接总质量大于10 000kg的挂车的货车、半挂牵引车，还应检查其装备的防抱死制动装置自检功能是否正常。

（4）仪表和指示器　底盘动态检验过程中，检验员应注意观察车辆配备的各种仪表和指示器是否有异常情形。

5. 车辆底盘

车辆底盘检查的主要内容是检查转向系统、传动系统、行驶系统、制动系统、电器电路及其他底盘可见部件的技术状况。检查方法为目视检查，但通常需要借助检验地沟及底盘间隙观察台。因上述设备通常布置在检测线内，即属于线内人工检验项目，检测内容与综检报告单要求的相似，故此部分内容将置于综合性能检测项目时予以说明。

三、检测报告单分析

综检报告单中，汽车整车外观检验部分报告单式样见表9-10。

表9-10　综检报告单中，汽车整车外观检验部分报告单式样

	序号	检测项目	评价
外观检视	39	唯一性认定	○
	40*	车身外观	○
	41*	照明和电气信号装置	○
	42*	发动机舱	○
	43*	驾驶室(区)	○
	44*	车轮轮胎	○
	45	客车/危险品货车	—
	46*	运行检查	○

（续）

	序号	检测项目		评价
外观检视	47*	轮胎气压/kPa	前： 500	○
			后： 500	
	48	汽车（挂车）外廓尺寸/mm	长： 5 995	○
			宽： 1 885	
			高： 2 140	
	49*	车身外缘左右对称部位高度差/mm	16	—
	50*	轮胎花纹深度（最小）/mm	转向轮： 7	—
			其他轮： 7	—
	51*	左右轴距差/mm	0,0.0‰	—
	52	货箱栏板高度/mm	400	○

当车辆外观检查结束后，检验员需通过工位计算机录入相关数据，系统会自动生成表9-10中所有项目的数据。

学习任务2　车辆底盘检验

学习目标

1. 能够正确解释汽车底盘检查的理由。
2. 能够正确描述底盘间隙观察仪的结构与工作原理。
3. 能够利用检验地沟及汽车底盘间隙观察仪检验车辆底盘技术状况。
4. 能够根据检验结果给出车辆底盘技术状况准确的评价，并提出维修建议。
5. 能够培养良好的安全与卫生习惯和团队协作意识。

任务分析

汽车悬架装置和转向系统各部件间隙在使用中会逐渐增大，致使汽车行驶中出现跳动增加、横摆加剧、转向盘自由行程加大、转向轮摆头、轮胎磨损异常和各种冲击增强等现象，严重地影响了汽车操纵稳定性、行驶平顺性、行车安全性和使用寿命。汽车悬架装置和转向系统间隙是一个综合性诊断参数，能表征悬架装置和转向系统的技术状况。

相关理论知识

一、底盘间隙检测台的结构

悬架装置和转向系统间隙检测必须采用底盘间隙检测仪进行，如图9-16所示。

悬架装置和转向系统间隙检测仪一般由电控箱、左测试台、右测试台、泵站和手电筒式开关等组成，示意图如图9-17所示。

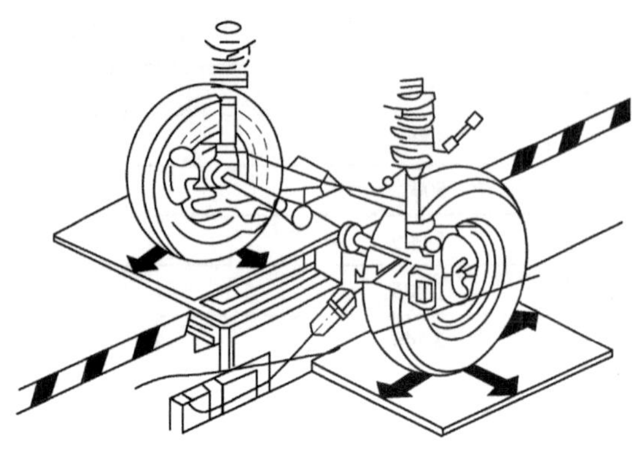

图9-16 悬架装置和转向系统间隙检测

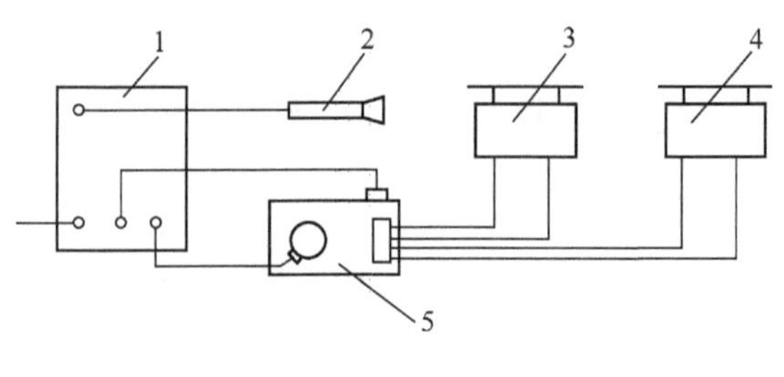

图9-17 悬架装置和转向系统间隙检测仪示意图
1—电控箱 2—手电筒式开关 3—左测试台
4—右测试台 5—泵站

1. 电控箱

电控箱主要由控制电路和保护电路组成。控制电路用于控制油泵电动机和电磁阀继电器的动作，保护电路用于保护油泵电动机过载和电路漏电。

2. 手电筒式开关

手电筒式开关由测试台移动方向控制按键和照明两部分组成。移动方向控制按键用于控制电控箱中各继电器的动作，照明部分能使检查员方便对检查部位进行观察。

3. 泵站

泵站由油泵、电动机、电磁阀、油压表、滤油器和溢流阀等组成。电动机带动油泵工作，电磁阀在继电器作用下控制高压油液流向相应的油缸。而油缸则产生推动左、右测试台测试板的动力。

4. 测试台

测试台包括左测试台和右测试台。按照测试台测试板移动方向的不同，测试台可分为前后双向移动式、前后左右四向移动式以及前后左右再加前左后右（对角线）、前右后左（对角线）八向移动式三种类型。前后双向移动式测试台主要由测试板、油缸、导向结构和壳体等组成，结构如图9-18所示。

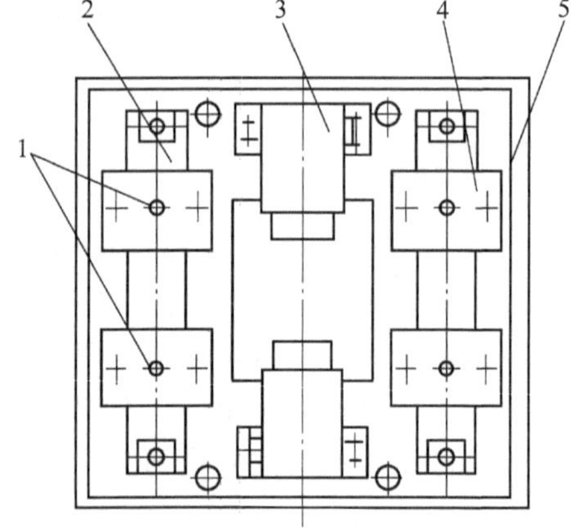

图9-18 前后双向移动式测试台的结构
1—润滑孔 2—导向杆 3—油缸
4—轴承座 5—壳体

二、工作原理

在手电筒式开关的左、右测试台移动方向控制开关作用下，控制电路控制油泵电动机和电磁阀继电器动作。在电动机带动下，油泵产生高压油液。电磁阀在继电器的作用下控制高压油液流向对应的油缸，另一油缸处于卸荷状态。在油缸动力作用下，测试台测试板及其上的悬架装置与转向系统，按照导向杆给定的方向移动。换向后，另一油缸产生动力，前一油缸处于卸荷状态。于是测试台测试板及其上的悬架装置与转向系统，按照导向杆给定的相反方向移动，从而实现了前、后双向对悬架装置与转向系统间隙的检测。

一、准备工作

1. 仪器准备

1）接通电控箱总电源。

2）将手电筒式开关的工作开关按下，其上工作灯应亮，电控箱上绿色指示灯应亮，电动机应带动油泵工作。否则，应检查并排除故障。

3）按下手电筒式开关上左、右测试板向前或向后移动的键，系统升压。当测试板移动到一侧极限位置时，检查油压表的压力是否正常。如果不正常，则应调节溢流阀，使油压达到要求。

4）检查测试板表面是否沾有泥、砂、油污等。若有，则应清除。

2. 车辆准备

1）车辆应运行至正常工作温度。

2）轮胎气压应符合汽车制造厂的规定。

3）轮胎上的砂、石、泥、土应清除干净。

二、测试步骤

工位检测员准备好“底盘技术状况检视记录单”（表9-11），按照表中的序号顺序分别逐项检查，并给出判定。

表9-11　底盘技术状况检视记录单

检测站名称：　　　　检测时间：　　　　No：SQC

车牌号码			厂牌型号		车辆类别		燃料种类	
挂车牌照号			检测类别			经营范围		
分类	序号	检验内容	评价	分类	序号	检验内容		评价
转向系统	1*	转向桥		行驶系统	15*	钢板弹簧		
	2	转向各部件			16*	钢板吊耳、吊耳销		
	3	转向装置			17	中心螺栓		
	4	转向节、臂及销			18*	U形螺栓		
	5*	横直拉杆球销			19*	悬架、杆系		
传动系统	6*	变速器、分动器及支架			20*	车桥		
	7*	驱动桥			21*	车架纵、横梁		
	8*	传动各部件		底盘件	22*	发动机固定		
	9*	润滑状况			23	燃油系统		
制动系统	10*	制动主缸和轮缸漏油、漏气			24	冷却系统		
	11*	制动软管老化			25	排气管、消声器		
	12*	制动管路各连接装置紧固			26*	四漏（水、油、气、电）		
	13*	驻车制动连接件			27	储气筒排污阀		
	14*	制动系统部件、结构改动			28	轮毂轴承间隙		
检测情况：								
检验员（签字）：								

说明：1. 合格的在评价栏记“✓”，不合格的记“×”，未涉及的记“//”。

2. 带*号的项目为二级维护竣工质量检验项目。

1）用底盘间隙观察仪检查球头、轴承、螺母等配合紧固件的连接状况。

①使汽车前轮停于地沟上方底盘间隙观察仪的滑台台面上，如图 9-19 所示。拉紧驻车制动器，发动机熄火。

图 9-19　车辆底盘技术状况检测

②接通底盘间隙观察仪电源，打开操纵器上的照明灯开关，这时电动机驱动油泵向液压驱动系统输送高压油。

③按下底盘间隙观察仪操纵器上左滑板纵向移动按钮，踩下制动踏板，使前轮制动，这时可检查转向节主销与主销支承孔是否松旷；转向器横、直拉杆球头销是否松旷；转向器支架连接是否松动；钢板弹簧 U 形螺栓是否松动；独立悬架下摆臂铰接处是否松动和传力斜拉杆胶垫是否磨损松旷等。

④松开左滑板纵向移动按钮和汽车制动踏板。按下右滑板横向移动按钮，这时主要检查：左、右轮轮毂轴承和主销铰接是否松旷；左、右钢板弹簧及销是否松旷；左、右悬架等其他连接是否松动；前部车架有无裂纹，悬架各零件有无裂纹等。

⑤松开右滑板横向移动按钮，按下右滑板纵向移动按钮，并立即踩下制动踏板，使前轮制动，此时检查内容与③相同。

⑥左、右滑板停止动作，使汽车后轮驶上滑台台面。

⑦按下右滑板横向移动按钮，此时无须踩下制动踏板，其主要检查内容与④相同。

⑧松开右滑板横向移动按钮，关闭操纵器上的照明灯开关，断开底盘间隙观察仪电源，汽车驶离滑台。

2）前轮停于地沟上，左、右转动转向盘，检查转向过程中有无干涉和摩擦现象。

3）用手转动传动轴、万向节，检查其装配是否正确，中间轴承和支架有无松旷，横、直拉杆是否拼焊并干涉其他部件。

4）电器导线是否捆扎成束并固定卡紧，接头是否牢固并有绝缘套，穿越孔洞时有无绝缘套管，有无破损。

5）检查钢板弹簧有无缺片、断片和加片，钢板弹簧规格是否一致，吊耳有无脱焊，吊耳及销是否松旷；纵梁和横梁有无变形、损伤裂纹，铆钉和螺栓有无缺少、松动。

6）制动控制阀（主缸）、制动气室（轮缸）和制动管路有无漏气、漏油，制动软管有无老化或破损，制动管路是否固定牢靠，有无和其他机件相碰擦的现象。

7）排气管和消声器是否完好、固定牢固，燃油管路是否固定可靠、有无和其他机件碰擦现象，软管是否有老化破损等现象。

8）润滑检查。底盘下方检视时，应检查下方各润滑部位的润滑情况，润滑脂嘴应齐全，转向横、直拉杆球头与球碗润滑良好；传动轴、万向节、中间轴承、伸缩套的润滑及各轮毂轴承的润滑，钢板弹簧吊耳和销及悬架系统的润滑，均是重点检视部位。

检验结束后，检验员将通过条形码阅读器将不合格项目输入工位计算机，如图9-20所示，以便主控计算机生成综检单报表。如果没有条形码及其阅读器，则需由检验员手工将不合格项目录入计算机。

图9-20　地沟检验条形码

三、检测标准

悬架与转向系统间隙检测目前尚无统一的标准，汽车检测线（包括客运公司站内的检测线）一般以不超过2mm为限，即如果间隙超过2mm，则必须予以修理。

四、实测报告单分析

1. 综检报告单分析

综检报告单中，汽车底盘检验部分报告单式样见表9-12。

表中，“滑行性能”的检测结果数据是由底盘测功项目中的汽车滑行距离检测后自动生成的。

表中其余各项在检测结果栏内均无须打印数据，只根据地沟检验员输入的结果自动生成判定。在表9-12中“直接档输出轴间隙”“传动轴间隙”和“主减速器间隙”三个项目中检测结果栏中分别打印有“4”“5”和“7”，单位应该是mm。这三个数据是没有必要打印的。而且实际地沟检验时，也只录入不合格项目，并没有具体数据录入，说明此三个数据为计算机系统自动打印上去的，而且数据距标准“通常为2mm”相差太多。

表9-12　综检报告单中，汽车底盘检验部分报告单式样

	序号	检测项目	检测结果	评　价
底盘技术状况	53*	滑行性能	74.1	○
	54*	直接档输出轴间隙	4	○
	55*	传动轴间隙	5	○
	56*	主减速器间隙	7	
	57*	转向系统		○
	58*	传动系统		○
	59*	行驶系统		○
	60*	制动系统		○
	61*	底盘件		○

2. 安检报告单分析

安检报告单中，人工检验部分内容式样见表9-13。

表9-13　安检报告单中，人工检验部分内容式样

人工检验项目		不合格否决项	不合格建议维护项				
1	外观检查			检验员			
2	底盘动态检验			检验员			
3	地沟检查			检验员			

表中，人工检验项目分为外观检查、底盘动态检验和地沟检查三个具体项。在每一项后面均有“不合格否决项”和“不合格维护项”。当人工检验完成后，检验员通过工位计算机录入不合格项目后，主控计算机会在两个栏内自动生成相关项目序号（人工检验记录单上的项目编号），并将检验员的名字打印在“检验员”栏内。

（1）发现不合格否决项时的处理　检验出现不合格否决项的情形时，检验员应继续进行其他线外检验项目的检验。不合格项不会影响仪器设备检验结果的，还应进行线内检验。

（2）发现其他不符合机动车国家安全技术标准情形时的处理　在车辆外观检查和底盘动态检验过程中，如果发现有其他不符合GB 7258—2012等机动车国家安全技术标准的情形[如：2005年2月1日起新注册登记机动车的警告性文字没有中文；汽车（三轮汽车除外）未按规定装备三角警告牌，或装备的三角警告牌在车上未妥善放置；消防车、救护车、工程救险车和警车未装备与其功能相适应的装置，或装备的装置布局不合理、固定不可靠等]，检验员应在人工检验记录单备注栏内记录不符合现象。

思考与练习

一、简答题

1. 正确解释车辆尺寸参数和质量参数的具体内容及测量方法。
2. 简述车辆外观检验的重要性。
3. 如何测量、计算和判定车辆左、右对称高度差及轴距差？

4. 外检时为什么一定要增加车辆的动态检测？如何进行动态检验？

5. 对于危险货物运输车辆，在检验时，有哪些部位应重点检查？

6. 集装箱运输车辆哪些部位应重点检查？

7. 客运车辆哪些部位应重点检查？

8. 为什么要进行车辆底盘技术状况的检测？

二、单项选择题

1. 漏油检查是指车辆连续行驶（　　）并停车 5min 后观察，不应有明显的渗漏现象。

A. 10min　　B. 10km　　C. 20km

2. 车长大于（　　）m 的客车，如车身右侧仅有一个乘客上、下的车门时，应设置安全门和安全窗。

A. 6　　B. 10　　C. 12

3. 为保证离合器踏板操纵的轻便性，规定离合器踏板力应不大于（　　）N。

A. 200　　B. 300　　C. 400

三、多项选择题

1. （　　）车辆的后悬不得超过轴距的 65%，最大不超过 3.5m。

A. 客车　　B. 封闭式车厢　　C. 汽车列车　　D. 罐车

2. 最大总质量为（　　）。

A. 厂定最大总质量　　B. 最大轴载质量之和

C. 允许最大总质量　　D. 最大整备质量

3. 离合器应接合平稳，分离彻底，工作时无（　　）现象。

A. 异响　　B. 干涉　　C. 抖动　　D. 打滑

4. 外检的人工检视和台试检验是综合性能检测工作整体的两个方面，两者是（　　）的关系。

A. 互相补充　　B. 前、后衔接　　C. 相互完善　　D. 完整统一

5. 外检的基本设施有外检停车场、标准试车道、驻车检验坡道、（　　）等。

A. 检验地沟　　B. 轮胎充气装置

C. 底盘间隙观察仪　　D. 淋雨试验装置

6. 外检常用工具有专用锤子、手电筒、轮胎气压表、（　　）及铅锤等。

A. 轮胎花纹深度尺　　B. 钢卷尺　　C. 前束尺　　D. 水平仪

7. 底盘间隙观察仪（又称为底盘间隙检测台）可对汽车前、后轮施加纵向或横向作用力以检查球头、轴承和螺母等配合机件的装配连接状况，检查（　　）。

A. 松旷　　B. 断裂　　C. 其他隐患　　D. 变形

8. 底盘间隙观察仪（又称为底盘间隙检测台）可对汽车前、后轮施加纵向或横向作用力以检查（　　）等配合机件的装配连接状况，检查松旷、断裂或其他隐患。

A. 球头　　B. 轴承　　C. 螺母　　D. 转向器

9. 通常车辆外观的检验分为（　　）几大部分。

A. 轴距差检查　　B. 车辆底盘下方检查

C. 外观检查　　D. 车辆动态检查

10. 车辆唯一性认定，应根据（　　），VIN 或车架号等与注册登记资料核对。

A. 车辆号牌　　B. 车辆类型　　C. 发动机号　　D. 车身颜色

11. 凡运输易爆、易燃、(　　) 等物品的车辆就是危险品运输车辆。

A. 毒害　　B. 腐蚀性　　C. 各种气体　　D. 放射性

12. 集装箱运输车的挂车部分应采用双管路气制动布置，(　　) 等不得有漏气现象。

A. 所有管路　　B. 各管接头　　C. 各阀总成　　D. 储气罐

13. GB 7258—2012《机动车运行安全技术条件》规定，下列 (　　) 的前排座位必须装置汽车安全带。

A. 危险品运输车辆　　B. 座位数≤20（含驾驶人座位）的客车

C. 车长≤6m 的客车　　D. 最大设计车速＞100km/h 的货车和半挂牵引车

14. 整备质量是车辆正常行驶时所具备的完整设备（设施）的质量之和，它包括 (　　)的质量。

A. 车辆本身　　B. 全部电气设备

C. 必需的辅助设施　　D. 可选用的设施

15. 整车装备应 (　　)，各连接部位应紧固完好。

A. 齐全　　B. 完好　　C. 有效　　D. 可靠

四、判断题

(　　) 1. 整车装备应齐全、完好、有效，各连接部位应紧固完好。

(　　) 2. 车体应周正，车体外缘左、右对称部位（在离地高 1.5m 内测量）高度差不得大于 40mm。

(　　) 3. 车辆左、右轴距差不得大于轴距的 1.5/1 000，对于二轴车辆，可分别在左、右两侧前、后轴头中心测量其轴距，取得其差值，以判断是否超差；对于三轴或多轴车辆，可以测量其中任意两轴的轴距，其差值应符合限值的规定。

(　　) 4. 车长是指垂直于车辆纵向对称平面并分别抵靠在车辆的前、后最外端凸出部位的两垂面之间的距离。

(　　) 5. 车宽是指平行车辆纵向对称平面并分别抵靠在车辆的两侧固定凸出部位（包括后视镜、侧位灯、示廓灯、转向指示灯、可拆卸装饰线条、挠性挡泥板、折叠式踏板、防滑链以及轮胎与地面接触部分的变形等）的两平面之间的距离。

(　　) 6. 在测量车辆高度时，顶窗和换气装置应处于开启状态。

(　　) 7. 车辆的后悬是指通过车辆最后车轮轴线的垂面与抵靠在车辆最后端（包括牵引装置、车牌及固定在车辆后部的任何刚性部件）并垂直于车辆的纵向对称平面的垂面之间的距离。

(　　) 8. 客车及封闭式车厢（或罐车）的车辆后悬不得超过轴距的 55%，最大不得超过 3.5m，其他车辆不得超过轴距的 65%。

(　　) 9. 车辆发动机的排气管不得指向车身的右侧，排气口至燃油箱的距离不得小于 500mm，客车的排气口应伸出车身外蒙皮。

(　　) 10. 车长大于 6m 的客车燃油箱距客车前端面应不小于 600mm，距客车后端面应不小于 300mm，允许用户加装燃油箱。

(　　) 11. 汽车的门窗必须使用安全玻璃，前风窗玻璃应使用夹层玻璃或钢化玻璃，其他车窗可采用区域钢化玻璃。

(　　) 12. GB 7258—2010 规定，轮胎的磨损限值：轿车和挂车胎冠花纹深度不得小于 1.6mm；其他车辆转向轮的胎冠花纹深度不得小于 3.3mm，其余轮胎胎冠花纹深度不得小于 1.6mm。

(　　) 13. 最大设计车速超过 100km/h 的车辆，其车轮应作动平衡，并应符合有关技术要求。

(　　) 14. 车轮总成技术状况检验要求：车轮的安装位置应正确；车轮总成的横向摆动量和径向圆跳动量，对于总质量小于或等于 4.5t 的汽车不得大于 5mm；其他车辆不得大于 8mm。

(　　) 15. 客车空调不允许采用直通式采暖方式。

(　　) 16. 卧铺客车每个铺位应安装两点式汽车安全带。

(　　) 17. 车辆总质量一般以发动机功率、厂定最大轴载质量、轮胎承载能力、车厢面积及正式批准的技术文件进行核算后，从中取最大值核定。

(　　) 18. 允许最大总质量是主管部门根据使用条件而规定的总质量。

(　　) 19. 整备质量是车辆空载时，按车辆正常运行时所具备的完整设备（设施）的质量之和。

(　　) 20. 车辆在整备质量状态下测得的值不超过汽车制造厂规定的整备质量的 5%。

(　　) 21. 营运客车乘客座椅间距应采用沿滑道纵向调整的结构。

(　　) 22. 客车动力门应有发光和音响装置，以便在乘客门未完全关闭时，告知驾驶人。

(　　) 23. 刮水器关闭时，刮片应自动返回至初始位置。

(　　) 24. 机动车必须装置后反射器。

(　　) 25. 卧铺客车的卧铺位应采用 1 +1（或 1 +1 +1）横向布置结构。

(　　) 26. 营运客车通道中设置的供乘客使用的折叠座椅不能超过三排。

(　　) 27. 底盘间隙观察仪的左、右滑板均应能前、后、左、右移动。

(　　) 28. 试车道的长度应大于 100m，并画出车道宽为 3m 的标线。

(　　) 29. 左、右轴距差的存在会造成车辆直线行驶跑偏和制动跑偏。

(　　) 30. 制动踏板自由行程过大会使制动作用迟缓，制动力减小。

(　　) 31. 离合器踏板自由行程过大会使离合器打滑。

(　　) 32. 运送易燃、易爆货物的车辆排气管应在车身的前部，车辆尾部应安装接地装置。

(　　) 33. 运送易燃、易爆货物的车辆排气管应在车身的后部，车辆尾部应安装接地装置。

项目十

噪声与其他项目检测

在综检报告单中，通常将汽车喇叭噪声级、汽车定置噪声、驾驶人耳旁噪声、车速表示值误差和客车防雨密封性检测项目归类于“噪声与其他”。

学习任务1　汽车噪声的检测

学习目标

1. 能够正确解释汽车噪声检测的理由。
2. 能够正确解释汽车噪声的评价指标。
3. 能够正确描述声级计的结构与工作原理。
4. 能够利用声级计进行汽车定置噪声、驾驶人耳旁噪声和喇叭噪声级的检测。
5. 能够根据检测结果，给出车辆噪声性能准确的评价，并提出维修建议。
6. 能够培养良好的安全与卫生习惯和团队协作意识。

任务分析

噪声作为一种严重的公害已日益引起人们的关注，目前世界各国已纷纷制定了控制噪声的标准。噪声的一般定义是频率和声强杂乱无章的声音组合，造成对人和环境的影响。更人性化的描述是，人们不喜欢的声音就是噪声。

随着汽车向快速和大功率方面的发展，汽车噪声已成为一些大城市的主要噪声源。汽车噪声主要包括：发动机的机械噪声、燃烧噪声、进/排气噪声和风扇噪声；底盘的机械噪声、制动噪声和轮胎噪声；车厢振动噪声、货物撞击噪声；喇叭噪声和转向、倒车时的蜂鸣声等噪声。由于车辆噪声具有游动性，影响范围大，干扰时间长，因而危害比较大。

在汽车检测线上，对汽车噪声的检测一般只检测喇叭噪声级。而综检报告单上还要求检查车辆的定置噪声及驾驶人耳旁噪声。

相关理论知识

一、噪声的主要物理参数

噪声的主要物理参数有声压与声压级、声强与声强级和声功率与声功率级。其中，声压与声压级是表示声音强弱的最基本的参数。

1. 声压和声压级

声压是指由于声波的存在而引起的在弹性介质中压力的变化值。声音的强弱取决于声压，声压越大，听到的声音越强。人耳可以听到的声压范围是2×10^{-5}（听阈声压）~20Pa

（痛阈声压），相差100万倍，因此用声压的绝对值表示声音的强弱会感到很不方便，所以人们常用声压级来表示声音的强弱。

声压级是指某点的声压 P 与基准声压（听阈声压）P_0 的比值取常用对数再乘以20的值 $\left(L_P = 20\lg\dfrac{P}{P_0}\right)$，单位为分贝（dB）。可闻声声压级范围为0～120dB。

2. 声强与声强级

声强是与声波传播相垂直方向单位面积、单位时间内通过的声能量，用 I 表示，单位为 W/m^2。声强也可用声强级来表示。声强级可用下式表示：

$$L_i = 10\lg(I/I_0)$$

式中　I——声强（W/m^2）；

I_0——基准声强，等于听觉能感受的最低声强值，$I_0 = 10^{-12} W/m^2$。

3. 声功率与声功率级

声功率是指声源在单位时间内向外辐射的总能量，单位为W。声功率同样也可用声功率级表示，声功率级的表达式为

$$L_W = 10\lg(W/W_0)$$

式中　W——声功率（W）；

W_0——基准声功率，$W_0 = 10^{-12} W$。

4. 噪声的频谱

人耳对声音的感觉不仅与声压有关，而且还与声音的频率有关。人耳可听到声音的频率范围为20～20 000Hz。一般的声源，并不是仅发出单一频率的声音，而是发出具有很多频率成分的复杂声音。声音听起来之所以会有很大的差别，就是因为它们的组成成分不同造成的。因此，为全面了解一个声源的特性，仅知道它在某一频率下的声压级和声功率级是不够的，还必须知道它的各种频率成分和相应的声音强度，这就是频谱分析。

以声音频率（Hz）为横坐标、以声音强度（如声压级dB）为纵坐标绘制的噪声测量图形，称为频谱图。

人耳可听到声音的频率有1 000多倍的变化范围，在实际频谱分析中不可能逐个频率分析。在声音测量中，让噪声通过滤波器把可听到声音的频率范围分割成若干个小的频段，称为频程或频带。频带的上限频率 f_h（或称为上截止频率）与下限频率 f_L（或称为下截止频率）具有 $f_h/f_L = 2^n$ 的关系，频带的中心频率 $f_m = \sqrt{f_h \cdot f_L}$，当 $n=1$ 时称为倍频程或倍频带。可听到声音频率范围用10段倍频程表示，见表10-1。

表10-1　倍频程中心频率及频率范围　（单位：Hz）

中心频率	31.5	63	125	250	500	1 000	2 000	4 000	8 000	16 000
频率范围	22～45	45～90	90～180	180～355	355～710	710～1 400	1 400～2 800	2 800～5 600	5 600～11 200	11 200～22 400

如果需要更详细地分析噪声，则可采用1/3倍频程，即可以把每个倍频程分成3份。

二、噪声的评价指标

噪声的评价指标有响度级和噪声级。

1. 响度级

用与人耳生理感觉相适应的指标来评价声音的强弱，即响度级，单位为“方”。

人耳对声音的感觉不仅与声压有关，而且还与声音的频率有关。往往声压级相同，但由于频率不同，听起来并不一样响；相反，不同频率的声音，虽然声压级不同，但有时听起来却可能一样响。

选取1 000Hz的纯音作为基准纯音，某噪声听起来与该纯音一样响，该噪声的响度级就等于这个纯音声压级的分贝数。

响度级LN是表示声音响度的主观量，它把声压级和频率用一个概念统一了起来。

2. 噪声级

声压级相同的声音，在频率不同时，听起来并不一样响；相反，不同频率的声音，虽然声压级也不同，但有时听起来却一样响。用声压级测定的声音强弱与人们的生理感觉往往不一样。因而，对噪声的评价常采用与人耳生理感觉相适应的指标。

为了模拟人耳在不同频率有不同的灵敏性，在声级计内设有一种能够模拟人耳的听觉特性，把电信号修正为与听觉近似值的网络，这种网络称作计权网络。通过计权网络测得的声压级，已不再是客观物理量的声压级，而是经过听感修正的声压级，称作计权声级或噪声级。

国际电工委员会（IEC）对声学仪器规定了A、B、C等几种国际标准频率计权网络，它们是参考国际标准等响曲线设计的。由于A计权网络的特性曲线接近人耳的听感特性，故目前普遍采用A计权网络对噪声进行测量和评价，记作dB（A）。

三、声级计的结构与工作原理

在汽车噪声的测量方法中，国家标准规定使用的仪器是声级计。声级计是一种能把噪声以近似于人耳听觉特性的方式来测定噪声级的仪器，可以用来检测机动车的行驶噪声、排气噪声和喇叭噪声等。

根据声级计在标准条件下测量1 000Hz纯音所表现出的精度，20世纪60年代国际上把声级计分为两类，一类叫做精密声级计，另一类叫做普通声级计，我国采用这种分类法。20世纪70年代以来，有些国家推行四类分类法，即分为0型、Ⅰ型、Ⅱ型和Ⅲ型。它们的测量精度分别为±0.4dB、±0.7dB、±1.0dB和±1.5dB。0型和Ⅰ型声级计属于精密声级计，Ⅱ型和Ⅲ型声级计属于普通声级计。根据声级计所用电源的不同，还可将声级计分为交流式声级计和使用干电池的直流式声级计两类，后者也可以称为便携式声级计。便携式声级计具有体积小、质量小和现场使用方便等优点。

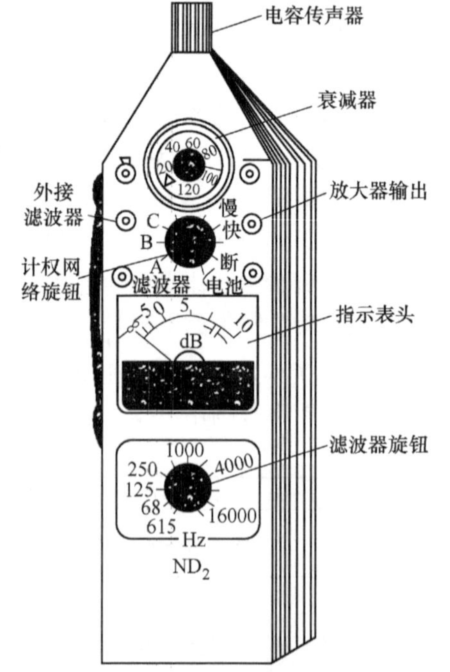

图10-1　国产ND2型精密声级计

声级计一般由传声器、放大器、衰减器、计权网络、检波器、指示表头和电源等组成。声级计的工作原理是被测的声波通过传声器被转换为电压信号，根据信号大小选择衰减器或放大器，放大后的信号送入计权网络作处理，最后经过检波并在以dB标度的表头上指示出噪声数值。图10-1所示为国产ND2型精密声级计，图10-2所示为声级计的组成框图。

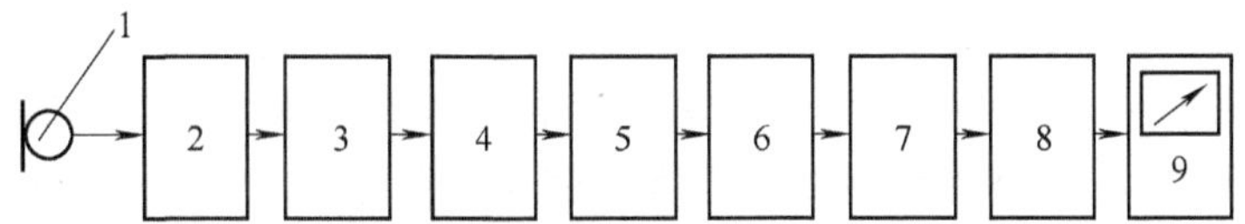

图 10-2　声级计的组成框图

1—传声器　2—前置放大器　3—输入衰减器　4—输入放大器
5—计权网络　6—输出衰减器　7—输出放大器　8—检波器　9—指示表头

1. 传声器

传声器是把声压信号转变为电信号的装置，是声级计的传感器。常见的传声器有晶体式、驻极体式、动圈式和电容式等多种形式，其中动圈式和电容式应用较为广泛。

动圈式传声器由振动膜片、可动线圈、永久磁铁和变压器等组成。振动膜片受到声波压力以后开始振动，并带动着和它装在一起的可动线圈在磁场内振动，以产生感应电流。该电流根据振动膜片受到声波压力的大小而变化。声压越大，产生的电流就越大；声压越小，产生的电流也越小。

电容式传声器主要由金属膜片和靠得很近的金属电极组成，实质上是一个平板电容，其结构示意图如图 10-3 所示。金属膜片与金属电极构成了平板电容的两个极板。当膜片受到声压作用时，膜片发生变形，使两个极板之间的距离发生变化，电容量也发生变化，从而产生电路电压的变化，电压波形在传声器线性范围内与声压级波形成比例，实现了将声压信号转变为电压信号的作用。

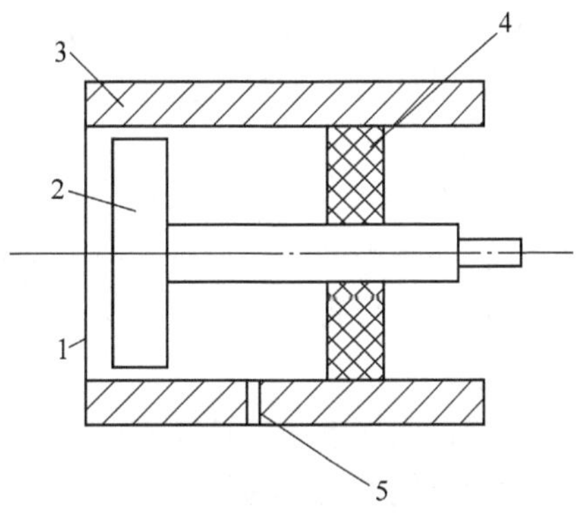

图 10-3　电容式传声器的结构示意图

1—金属膜片　2—电极　3—壳体
4—绝缘体　5—平衡孔

电容式传声器是声学测量中比较理想的传声器，具有动态范围大、频率响应平直、灵敏度高和在一般测量环境中稳定性好等优点，因而应用广泛。由于电容式传声器输出阻抗很高，因此需要通过前置放大器进行阻抗变换。前置放大器装在声级计内部靠近安装电容式传声器的部位。

2. 放大器和衰减器

目前使用的许多国产与进口的声级计，在放大电路中都采用两级放大器，即输入放大器和输出放大器，它们的作用是将微弱的电信号放大。输入衰减器和输出衰减器是用来改变输入信号的衰减量和输出信号衰减量的，以便使表头指针指在适当的位置上。衰减器每一档的衰减量为 10dB。输入放大器使用的衰减器调节范围为测量低端（如 0 ~ 70dB），输出放大器使用的衰减器调节范围为测量高端（如 70 ~ 120dB）。输入和输出两个衰减器的刻度盘常做成不同颜色，以黑色刻度盘与透明刻度盘配对为多。由于许多声级计的高、低端以 70dB 为界限，故在旋转时要防止超过界限，以免损坏装置。

3. 计权网络

为了模拟人耳听觉在不同频率下有不同的灵敏性，在声级计内设有一种能够模拟人耳的听觉特性并能把电信号修正为与听感近似值的网络，这种网络称为计权网络。通过计权网络测得的声压级，已不再是客观物理量的声压级（称为线性声压级），而是经过听感修正的声压级，称为计权声级或噪声级。

计权网络一般有A、B、C三种。A计权声级模拟人耳对55 dB以下低强度噪声的频率特性，B计权声级模拟55～85 dB的中等强度噪声的频率特性，C计权声级模拟高强度噪声的频率特性。三者的主要差别是对噪声低频成分的衰减程度，A衰减最多，B次之，C最少。A计权声级由于特性曲线接近于人耳的听感特性，因此是目前世界上噪声测量中应用最广泛的一种计权声级，B、C计权声级应用较少。

从声级计上得出的噪声级读数，必须注明采用的是何种计权网络测量的。

4. 检波器和指示表头

为了使经过放大的信号通过表头显示出来，声级计还需要有检波器，以便把迅速变化的电压信号转变成变化较慢的直流电压信号。这个直流电压的大小要正比于输入信号的大小。根据测量的需要，检波器有峰值检波器、平均值检波器和均方根值检波器之分。峰值检波器能给出一定时间间隔中的最大值，平均值检波器能在一定时间间隔中测量绝对平均值。除了像枪炮声那样的脉冲声需要测量它的峰值外，在多数的噪声测量中均采用均方根值检波器。

均方根值检波器能对交流信号进行平方、平均和开方，得出电压的均方根值，最后将均方根电压信号输送到指示表头。指示表头是一只电表，只要对指示表头刻度进行一定的标定，就可以从表头上直接读出噪声级的dB值。声级计表头阻尼一般都有“快”和“慢”两个档。“快”档的平均时间为0.27s，很接近于人耳听觉器官的生理平均时间。“慢”档的平均时间为1.05s。当对稳态噪声进行测量或需要记录声级变化过程时，使用“快”档比较合适；在被测噪声的波动比较大时，使用“慢”档比较合适。

为适应测量现场的需要，声级计一般都备有三脚支架，以便根据需要将声级计固定在三脚支架上。

声级计面板上一般还备有一些插孔。这些插孔如果与便携式倍频带滤波器相连，则可组成小型现场使用的简易频谱分析系统；如果与录音机组合，则可把现场噪声录制在磁带上存储下来，待以后再进行更详细的研究；如果与示波器组合，则可观察到声压变化的波形，并可存储波形或用照相机、摄像机把波形摄制下来；还可以把分析仪、记录仪等仪器与声级计组合、配套使用，这要根据测试条件和测试要求而定。

技能学习

一、准备工作

1. 准备步骤

1）在未接通电源时，先检查声级计仪表指针是否在机械零点上。若不在零点，则可用零点调整螺钉使指针与零点重合。

2）检查电池容量，把声级计功能开关对准“电池”，此时声级计仪表指针应达到额定红线或规定区域，否则读数不准。打开后盖便可更换电池。

3）打开电源开关，预热仪器10min。

4）对声级计进行校准。每次测量前或使用一段时间后，必须对声级计的电路和传声器进行校准。声级计上一般都配有电路校准的“参考”位置，可校验放大器的工作是否正常。如果不正常，应调节微调电位器。电路校准后，再利用已知灵敏度的标准传声器对声级计上的传声器进行对比校准。常用的标准传声器有声级校准器和活塞式发声器，它们的内部都有一个可发出恒定频率、恒定声级的机械装置，因而很容易对比出被检传声器的灵敏度。声级校准器产生的声压级为94dB，频率为1 000Hz；活塞式发声器产生的声压级为124dB，频率为250Hz。

5）将声级计的功能开关对准“线性”、“快”档。如果此时在室内，则由于一般办公室内的环境噪声为40～60dB，声级计上应有相应的示值。变换衰减器刻度盘，表头示值应相应变化10dB左右。

6）检查计权网络。按以上步骤，将“线性”位置依次变为“C”“B”“A”计权网络。由于室内环境噪声多为低频成分，故经频率计权后的噪声级示值将低于线性值，而且应依次递减。

7）考查“快”“慢”档。将声级计衰减器刻度盘调至高dB值处（如90dB），操作人员断续发出声响，并注意观察“快”档时的指针摆动能否跟上发音速度，“慢”档时的指针摆动是否明显迟缓。这是“快”“慢”两档所要求的表头阻尼程度的基本特征。

8）经过上述检查和校准后，声级计便可投入使用。在不知道被测声级多大时，必须把衰减器刻度盘预先放在最大衰减位置上（即120dB处），然后在实测中再逐步旋至被测声级所需要的衰减档。

2. 测量环境

（1）测量场地

1）测量场地应为开阔的，是由混凝土、沥青等坚硬材料所构成的平坦地面，其边缘至车辆外廓至少3m（见图10-4）。测量场地之外的较大障碍物（如停放的车辆、建筑物、广告牌、树木、平行的墙等），距离传声器不得小于3m。

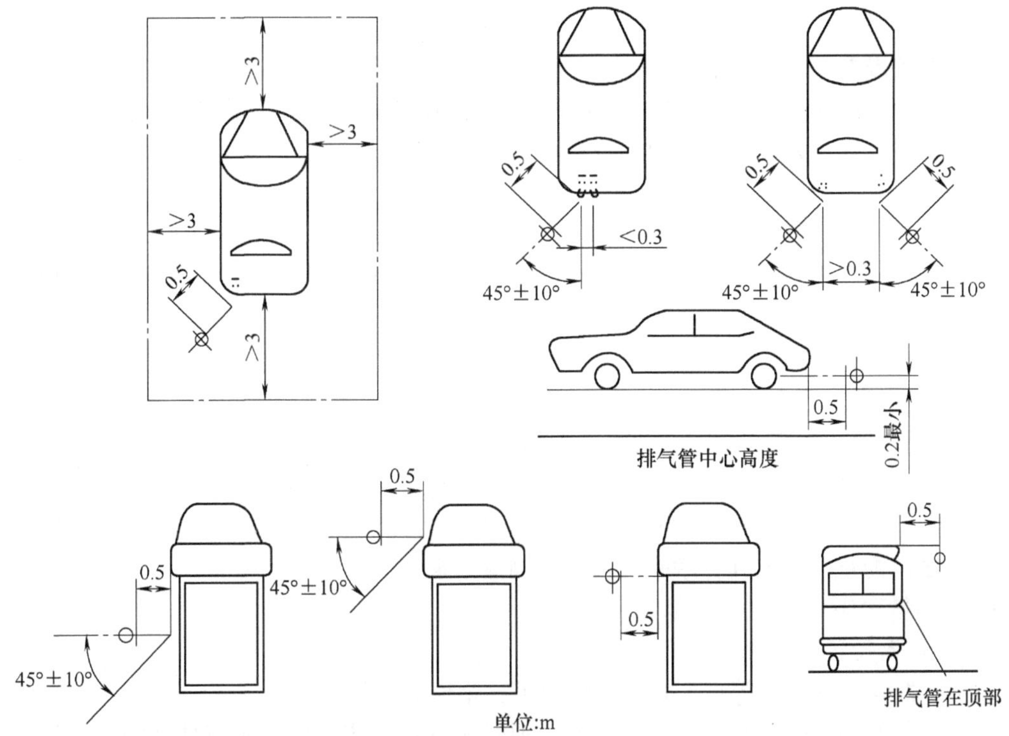

图10-4　定置噪声测量场地和传声器位置

2）除测量人员和驾驶人外，测量现场不得有影响测量的其他人员。

（2）背景噪声

1）测量过程中，传声器位置处的背景噪声（包括风的影响）应比被测噪声低 10dB（A）以上。这里所指的背景噪声是指车辆以外的噪声。

2）如果背景噪声比测量噪声低 6 ~ 10dB（A），则测量结果应减去表 10-2 中的修正值；如果差值小于 6dB（A），则测量无效。

表 10-2　背景噪声修正值　　（单位：dB）

测量噪声与背景噪声差值	6 ~ 8	9 ~ 10	>10
修正值	1.0	0.5	0

（3）风速

1）风速超过 2m/s 时，声级计应使用防风罩，同时注意阵风对测量的影响。

2）测量的风速大于 5m/s，测量无效。

（4）测量仪器

1）噪声测量仪器。

①声级计或相当声级计的其他测量系统应符合国家标准要求。

②测量使用声级计的 A 计权，快档。

③测量前后，仪器应按规定进行校准，两次校准值相差不应超过 1dB，校准器准确度应优于或等于 ±0.5dB。

2）测量发动机转速的仪器。发动机转速表准确度应优于 3%。

二、测试步骤

根据营运车辆的实际情况，按照 GB 18565—2001 规定，主要检测和控制汽车定置噪声、客车车内噪声、驾驶人耳旁噪声和喇叭声级。

1. 汽车定置噪声检测

汽车定置噪声是指被检车辆定置（不行驶）在测量场地上，发动机处于空载运转状态，按照 GB/T 14365—1993 中规定的方法测得的噪声。用这种方法得到的测量数据可评价、检查机动车辆的主要噪声源——排气噪声的水平。

（1）车辆位置和状态

1）车辆尽量置于测量场地的中央，变速器挂空档，拉紧驻车制动器，离合器接合。

2）发动机罩、车窗与车门应关闭，车辆的空调器及其他辅助装置应关闭。

3）测量时，发动机冷却液温度、润滑油温度应符合生产厂的规定。

（2）测量次数　每类试验的每个测点重复进行试验，直到连续出现 3 个读数的变化范围在 2dB 之内为止，并取其算术平均值作为测量结果。

（3）测量程序

1）传声器位置（见图 10-4）。

①传声器与排气口端等高，在任何情况下，距地面不得小于 0.2m。

②传声器的参考轴应与地面平行，并与通过排气口气流方向且垂直地面的平面呈 45° ± 10°夹角。传声器朝向排气口，距排气口端 0.5mm，放在车辆外侧。

③车辆装有两个或更多的排气管，且排气管之间的间隔不大于0.3m，并连接于一个消声器时，只需取一个测量位置。传声器应选择位于最靠近车辆外侧的那个排气管。如果两个或两个以上的排气管同时在垂直于地面的直线上，则选择离地面最高的一个排气管。

④装有多个排气管，并且各排气管的间隔又大于0.3m的车辆，对每一个排气管都要测量，并记录下其最高声级。

⑤排气管垂直向上的车辆，传声器放置高度应与排气管口等高，传声器朝上，其参考轴应垂直地面。传声器应放在离排气管较近的车辆一侧，并距排气口端0.5m处。

⑥车辆由于设计原因（如备胎、燃油箱和蓄电池等）不能满足①和②放置时，应画出测点图，并标注传声器选择的位置。传声器朝向排气口，放在尽可能满足上述条件并距最近障碍物大于0.2m的地方。

2）发动机运转条件。汽油车取3/4n_r ±50r/min，柴油车取3/4n_r ±50r/min，其中n_r为生产厂家规定的发动机额定转速。

3）测量时，当发动机稳定在上述转速后，测量由稳定转速尽快减速到怠速过程的噪声，记录最高声级值。

2. 汽车驾驶人耳旁噪声

（1）基本要求

1）环境噪声应低于被测噪声值至少10dB（A）。

2）声级计应置于“A”计权、“快”档。

（2）测试步骤

1）将声级计按图10-5所示测点位置放置，声级计的传声器应朝向驾驶人耳朵方向。

2）关闭车辆门窗。

3）车辆应处于静止状态且变速器置于空档，起动发动机并使其处于额定转速状态。

4）从声级计上读取数据。

3. 汽车喇叭噪声级的检测

1）将声级计安放于汽车前2m处，距地面高度为1.2m，如图10-6所示。

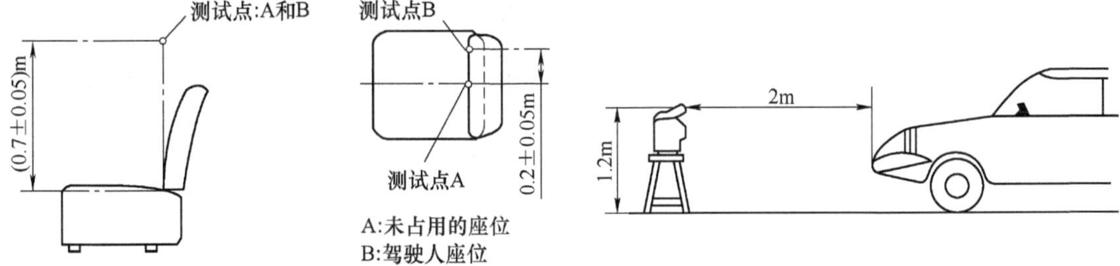

图10-5　传声器相对于座椅的位置

图10-6　汽车喇叭声的测点位置

2）声级计用“A”计权网络、“快”档进行测量，按下喇叭开关读取声级计表头最大读数。测量时应注意不被偶然的其他声源峰值所干扰。测量次数宜在2次以上，并注意监听喇叭声是否悦耳。

三、测量注意事项

1）时间计权（电表阻尼）特性的选择。声级计一般具有“快”和“慢”时间计权

（电表阻尼）特性，测量时要根据测量规范的要求来选择。例如：测量汽车噪声规定用“快”特性，测量城市环境噪声规定用“慢”特性。在没有规定时，对于比较稳定的噪声，“快”和“慢”特性都会得到相同的测量结果；对于不稳定噪声，当用“快”特性时，电表指针摆动较大（如大于4dB），就应用“慢”特性。又如需要测量某一时间内的最大值，则应当用“快”特性。

2）背景噪声影响的修正。在实际测量中，除了被测声源外，还会有其他噪声存在，这种噪声称为背景噪声（或本底噪声）。背景噪声会影响测量的准确性，但可通过背景噪声影响的修正曲线对测量结果进行修正。

3）风罩的应用。在有风的环境下测量噪声，当风吹到传声器上时，传声器的膜片上压力会发生变化，从而引起风噪声，这会影响到测量结果的准确性，此时，在传声器上加装一只风罩就可以大大地衰减风噪声，而对声音却没有衰减，从而提高了在有风环境下测量的准确性。但是，当风速大于5m/s时，一般不应进行测量。

4）减少环境对测量结果的影响。使用声级计时，应尽量避免附近墙壁或物体反射的影响。声波遇到障碍物会出现反射，反射波如果再次作用到传声器的膜片上，则将影响到测量结果的准确性，因而，在放置声级计时，应尽量避免周围有高大建筑物，同时，测试者也应尽可能远离声级计。当反射波到达声级计经过的路程是直达波到声级计处所经过路程的3倍以上时，这个误差才可以忽略不计。

在环境温度、湿度和大气压变化时，传声器及声级计的灵敏度可能发生变化，在测试中，必须按照生产厂家规定的条件使用声级计。

在强磁场、强电场的环境中，也会给声级计的测量带来误差，应当避免在这样的环境中测量；振动传给传声器的膜片也会影响测量结果，也应当尽量避免。

四、检测标准

1. 汽车定置噪声的限值

汽车定置噪声的限值见表10-3。

表10-3 汽车定置噪声的限值

车辆类型	燃料种类		出厂日期	
			1998年1月1日以前	1998年1月1日以后
轿车	汽油		87	85
微型客车、货车	汽油		90	88
轻型客车、货车 越野车	汽油	$n_r \leqslant 4\,300$r/min	94	92
		$n_r > 4\,300$r/min	97	95
	柴油		100	98
中座客车、货车 大型客车	汽油		97	95
	柴油		103	101
重型货车	$N \leqslant 145$kW		101	99
	$N > 145$kW		105	103

注：N—汽车发动机额定功率；n_r—发动机额定转速。

2. 驾驶人耳旁噪声限值

GB 18565—2001 及 GB 7258—2012 规定，汽车（三轮汽车和低速货车除外）驾驶人耳旁噪声声级不应大于 90dB（A）。

3. 喇叭噪声级的限值

GB 18565—2001 及 GB 7258—2012 规定，喇叭声级应在 90～115dB（A）的范围内。

对于营运车辆，该项目为不分级项，即各级车均应达到上述合格标准。

五、汽车噪声的影响因素

汽车是一个综合噪声源，由行驶的汽车所产生的这种综合的声辐射称为汽车噪声。汽车噪声包括发动机噪声（含燃烧噪声、机械噪声、进气噪声、排气噪声和风扇噪声等）、传动系统噪声（含变速器噪声、传动轴噪声及驱动桥噪声等）、轮胎噪声和车身噪声等。汽车的这些噪声源主要引起车外噪声和车内噪声，车外噪声是交通噪声的重要公害源，车内噪声关系到车辆乘坐的舒适性。

在汽车使用中，为了有效地控制汽车噪声，首先必须了解汽车的各种噪声源、噪声性质与产生机理及影响噪声水平的因素，以便在汽车噪声指标检测不合格时，分析和判断汽车噪声指标不合格的原因、可能存在的故障及其排除方法。

根据营运车辆的实际情况，GB 18565—2001《营运车辆综合性能要求和检验方法》中规定主要检验和控制汽车定置噪声、客车车内噪声、驾驶人耳旁噪声和喇叭噪声。影响上述噪声结果的主要是发动机噪声，为此，下面仅对影响上述噪声检测指标不合格的因素进行一些分析。

（1）燃烧噪声的影响　燃料的不正常燃烧会使燃烧噪声增大。发动机燃烧噪声是混合气燃烧时，使气缸内压力急剧上升产生的动负荷和冲击波引起的高频振动，经气缸盖、气缸套、活塞、连杆、曲轴及主轴承传播而辐射出来的噪声。

汽油机的正常燃烧噪声，在发动机总噪声中占很次要的地位。但是，对爆燃和表面点火等不正常燃烧时所产生的噪声，却必须给予重视。当发生爆燃时，气缸内的气体压力急剧上升，能产生 3～6kHz 的高频爆燃噪声——“敲缸”，这主要是由于汽油品质不良和点火提前角过大等因素造成的。对于正常使用的发动机，只要汽油牌号选用合适，点火提前角适当，爆燃噪声是可以避免的。对于压缩比高的汽油机，由于积炭多，产生过热，引起表面点火，从而导致气缸内压力剧增，这样就会产生频率为 0.5～2kHz 的纯音——“粗暴”。粗暴是由于燃烧室积炭引起表面点火所致。对于这种现象，只要清除积炭即可消除。

（2）机械噪声的影响　发动机是多声源的复杂动力机械，其机械噪声按照声源分类有活塞-曲柄连杆机构噪声、传动机构噪声（正时齿轮声、链传动声和传动带传动声）、柴油机供给系统噪声（喷油泵噪声、喷油器噪声和喷油管噪声）、配气机构噪声（气门开闭冲击声、配气机构冲击声和气门弹簧振动声）及其他机械噪声（发电机噪声、空气压缩机噪声、液压泵噪声和冷却器噪声）。

机械噪声是发动机运转过程中，各运动零部件受气体压力和运动惯性力的周期变化所引起的振动或相互冲击而产生的。其中，活塞对气缸壁的敲击，通常是发动机的最大机械噪声源，活塞的敲击声主要取决于气缸的最大爆发压力和活塞与气缸壁之间的间隙。在使用过程中，活塞与气缸壁的间隙及气缸的润滑条件是重要的影响因素。配合副之间的间隙及其润滑条件，同样是其他运动部件产生机械噪声的影响因素。在使用中，随着发动机技术状况的变化，如因磨损而使各配合副间隙增大，润滑条件变差及连接件和紧固件松动等，都会使机械噪声增大，因此，使用中加强发动机各机构的维护，保持其技术状况良好，可以避免机械噪声的增大。

（3）进、排气噪声的影响　进、排气噪声是由于发动机在进、排气过程中的气体压力波动和气体流动所引起的振动而产生的噪声，按照噪声形成的机理，它们都属于空气动力噪声。其中排气噪声是仅次于发动机本体噪声并与风扇噪声同等重要的噪声源，有时往往比发动机本体噪声高 10 ~ 15dB（A）。进气噪声比排气噪声小，但是它所特有的低频成分可使车身发生共振，是产生车内噪声的原因之一。进、排气噪声主要包括从吸气、排气部位放射出的空气声，进、排气系统零件表面激发声以及排气系统的漏气声。

降低进、排气噪声的主要措施是保持消声器的消声效果良好。如果消声器损坏，则会使其消声效果变差，造成排气噪声增大。此外，在使用过程中，要注意进、排气系统的紧固作业和接头的密封状况，以减小表面辐射噪声和漏气噪声。

（4）风扇噪声的影响　在风冷发动机中，风扇噪声是重要的噪声源。特别是近年来，一些车辆由于安装隔声装置和装设车内空调系统及排气净化装置等原因，使发动机罩内温度上升，风扇负荷加大，噪声变得更加严重。

影响风扇噪声的因素，除了风扇的结构、材料和效率等因素外，使用中正确维护是降低风扇噪声的有效途径。例如：使用中一定要保持风扇、散热器和导风罩的相对位置，因为风扇与散热器之间具有适当的距离及风扇与风罩之间具有适当的间隙，对降低其噪声是有意义的。试验表明，风扇与散热器的最佳距离为 100 ~ 200mm（货车）。这样既能充分发挥风扇的冷却能力，又可以使噪声最小。随着风扇与散热器之间距离的增加，风扇的冷却能力、流量和噪声都要增加。风扇前后的导风罩及其他零部件是产生涡流噪声的重要来源之一，因此，它对风扇噪声的影响也很大。在风冷发动机上，为了减少气体流动的能量损失，风扇入口处呈流线型，风扇及导风罩组成的气流通道形成光滑表面，并设置导向装置，以改善冷却风的流动状态，从而降低冷却系统的噪声。风扇和导向装置之间具有适当的间隙，间隙过小，会使噪声明显增大。这一间隙通常为叶轮外径的 59%。因此，在使用中，应经常检查风扇和导风罩是否松动，风扇叶片是否变形，如有松动和变形，则应予以紧固和校正，保持风扇、散热器和导风罩的相对位置关系。

（5）汽车底盘噪声的影响　底盘噪声主要包括：由于轮胎滚动而形成的轮胎噪声，齿轮系啮合和振动而产生的变速器、驱动桥噪声，旋转和振动传递而产生的传动轴噪声，汽车行驶引起的空气脉动产生的空气动力噪声等几个方面。从对汽车总噪声贡献大小来看，底盘噪声一般在汽车行驶速度较高时对汽车总噪声的影响较大，而且以轮胎噪声为主。底盘的其他噪声，相对于发动机噪声而言，能量较小，因此这里不再叙述。

学习任务 2　车速表示值误差的检测

学习目标

1. 能够正确解释汽车车速表示值误差检测的理由。
2. 能够正确描述车速表检测台的结构与工作原理。
3. 能够利用车速表检测台进行汽车车速表示值误差的检测。

4. 能够根据检测结果给出准确的车辆的车速表技术状况评价，并提出维修建议。

5. 能够培养良好的安全与卫生习惯和团队协作意识。

任务分析

汽车行驶速度与行车安全有着直接的关系。汽车行驶速度高，可以缩短运输时间、提高运输效率。但是，行驶速度过高往往会使车辆失去操纵稳定性，使行车制动距离大大增加。因此，行驶速度对交通安全有很大的影响。为了保证行车安全，特别是在限速路段和限速车道上行驶时，驾驶人必须按照车速表的指示值，根据车辆、行人和道路状况，准确地控制车速。为此，车速表一定要准确、可靠。如果车速表指示误差太大，那么驾驶人就难以正确控制车速，且极易因判断失误而造成交通事故。为确保车速表的指示精度，必须适时对车速表进行检测、校正。

车速表指示误差的检测一般为安检线的第一工位。在综检线上，车速表指示误差的检测通常利用底盘测功台来完成。

相关理论知识

一、车速表示值误差的检测原理

车速表的检测方法有道路试验法和室内台架试验法两种。道路试验法是指汽车以不同车速等速通过某一预定长度试验路段，测出通过该路段的时间，然后计算出实际车速，并与车速表指示值相对照，即可求出不同车速下车速表的指示误差。室内台架试验法是在滚筒式车速表检测台上进行的。本节介绍室内台架试验法。

1. 车速表误差的形成

车速表有磁感应式和电子式等类型，往往与里程表组合在一起。磁感应式车速表是通过蜗轮蜗杆和软轴的传动，利用磁电互感作用并通过指针的摆动来指示汽车行驶速度的。机件在使用过程中发生自然磨损、磁性元件的磁性发生变化和轮胎滚动半径发生变化等，都会造成车速表指示误差增大。不管是磁感应式车速表还是电子式车速表，在本身技术状况正常的情况下，轮胎滚动半径的变化是造成车速表误差的主要原因。轮胎滚动半径的变化主要是由于轮胎磨损、气压不足或气压过高等原因造成的。

汽车行驶速度用下式计算：

$$v = 0.377\frac{rn}{i_g i_0}$$

式中　v——汽车行驶速度（km/h）；

r——车轮滚动半径（m）；

n——发动机转速（r/min）；

i_g——变速器传动比；

i_0——主减速器传动比。

由上式可以看出，汽车实际行驶速度与车轮滚动半径成正比。因此，即使车速表的技术状况正常，车速表的指示值也会因车轮滚动半径的变化而与实际车速形成误差。

2. 车速表误差测量原理

为了在室内测得车速表的指示误差，需采用滚筒式车速表检测台对车速表进行检测。用滚筒式车速表检测台（以下简称车速表检测台）检测车速表的指示误差，是把与车速表有传动关系的车轮置于检测台滚筒上旋转，以滚筒的表面作为连续移动的路面，模拟汽车在路试中的行驶状态，进行车速表误差测量。车速表误差的测量原理如图 10-7 所示。测量时，将汽车上与车速表有传动关系的车轮（视车速表形式而定，多数情况下是驱动车轮）置于车速表检测台的滚筒上，由车轮驱动滚筒旋转或由滚筒驱动车轮旋转。车速表检测台滚筒的端部装有速度传感器，能发出与车速变化成正比的电信号。

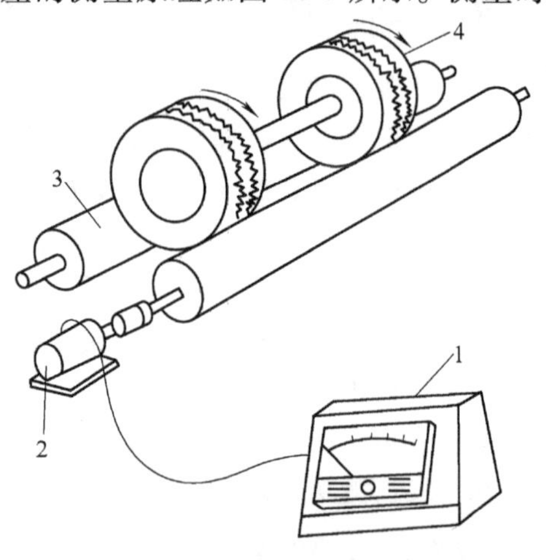

图 10-7　车速表误差的测量原理

1—实际车速的指示仪表　2—速度传感器　3—车速表试验台滚筒　4—驱动车轮

滚筒表面的线速度、滚筒的圆周长度和滚筒转速之间的关系可用下式表示：

$$v = Ln \times 60 \times 10^{-6}$$

式中　v——滚筒表面的线速度（km/h）；

L——滚筒的圆周长度（mm）；

n——滚筒的转速（r/min）。

由于滚筒表面的线速度就是车轮的线速度，因此上述计算值即汽车的实际车速值，由车速表检测台上的速度指示仪表显示，也称为试验台指示值。

车轮带动滚筒或滚筒带动车轮转动的同时，汽车驾驶室内的车速表也在显示车速值，称为车速表指示值。将车速表指示值与实际车速值（试验台指示值，下同）相比较，即可获得车速表指示误差，可用下式表示：

车速表指示误差 = [（车速表指示值 - 实际车速值）/实际车速值] ×100%

二、车速表检测台的结构与工作原理

常见的车速表检测台有三种类型：无驱动装置的标准型，它依靠被测车轮带动滚筒旋转；有驱动装置的驱动型，它由电动机驱动滚筒旋转；与制动检测台和底盘测功台等组合在一起的综合型。

1. 标准型车速表检测台

标准型车速表检测台由速度测量装置、速度指示装置和速度报警装置等组成，如图 10-8 所示。

(1) 速度测量装置　速度测量装置主要由框架、滚筒装置、举升器和速度传感器等组成。滚筒为 4 个，直径一般为 185mm 或更大，通过滚动轴承安装在框架上。检测时，为防止汽车驱动轴差速器行星轮自转，车速表检测台的两个前滚筒用联轴器连接在一起。为使汽车进、出车速表检测台方便，在前、后滚筒之间设有举

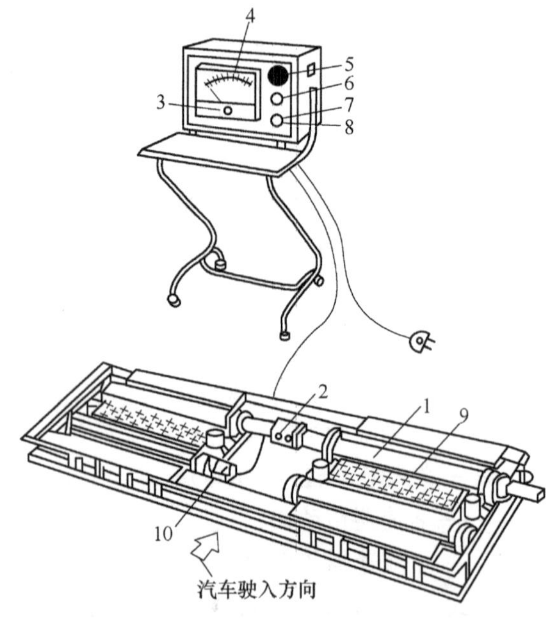

图 10-8　标准型车速表检测台

1—滚筒　2—联轴器　3—零点校正螺钉　4—速度指示仪表　5—蜂鸣器　6—警告灯　7—电源灯　8—电源开关　9—举升器　10—速度传感器（测速发电机式）

升器。举升器与滚筒装置联动。当举升器升起使车轮进、出检测台时，滚筒因自身制动装置的制动作用而不会转动。速度传感器有测速发电机式、差动变压器式、磁电式和光电式等多种类型。速度传感器安装在滚筒的一端，将对应于滚筒转速发出的电信号送至速度指示装置。

（2）速度指示装置　速度指示装置按照速度传感器发出的电信号进行工作，能把以滚筒圆周长度与滚筒转速算出的线速度以 km/h 为单位在仪表上指示。

（3）速度报警装置　速度报警装置是在测量中为提示汽车实际车速已达到检测车速（40km/h，下同）而设置的。在车速表检测台的速度指示装置上，一般都设有警告灯或蜂鸣器作为报警装置。检测中，当汽车实际速度达到检测车速时，警告灯亮或蜂鸣器响，提示检测员立即读取驾驶室内车速表的指示值，以便与实际车速进行对照，判断车速表指示值是否在合格范围之内。

2. 驱动型车速表检测台

多数汽车的车速表转速信号取自变速器或分动器的输出端，即取自汽车的驱动系统。但是，也有一些汽车的车速表转速信号取自汽车从动系统的车轮。驱动型车速表检测台就是为适应后一种汽车而设置的，如图 10-9 所示。需要指出的是，驱动型车速表检测台在滚筒与电动机之间装有离合器。当离合器处于分离状态时，驱动型车速表检测台也可以作为标准型车速表检测台使用。

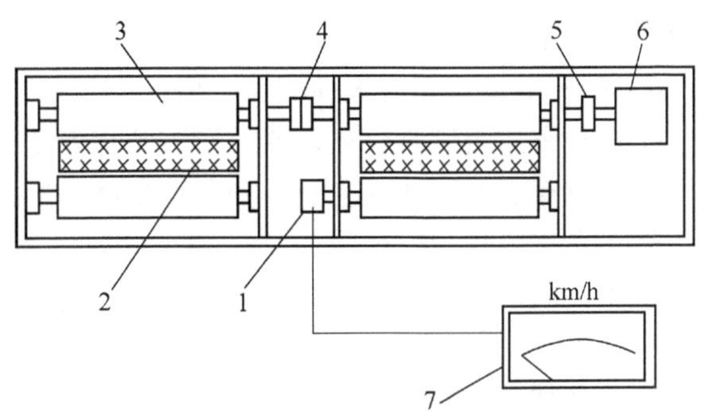

图 10-9　驱动型车速表检测台

1—测速发电机　2—举升器　3—滚筒　4—联轴器
5—离合器　6—电动机　7—速度指示仪表

技能学习

一、准备工作

1. 车速表检测台的准备

1）在车速表检测台滚筒处于静止状态下，检查指示仪表的指针是否在机械零点上。若指针不在零点上，则可用零点调整螺钉进行调整。若指示仪表为数码管式，则数码管亮度应正常，且均处于零位。

2）检查车速表检测台滚筒上是否沾有油、水、泥、砂等杂物。若有，则应清除干净。

3）检查车速表检测台举升器的升降动作是否自如。若动作阻滞或有泄漏部位，则应进行修理。

4）检查车速表检测台导线的连接情况。若有接触不良或断路，则应进行修理或更换。对于经常使用的车速表检测台，不一定每次使用前都要全面进行上述检查。

2. 被检车辆的准备

1）检查轮胎气压，应符合汽车制造厂的规定。

2）轮胎上沾有油、水、泥、砂或花纹内嵌有小石子时，应清除干净。

二、检测程序

1. 检测步骤

1）接通车速表检测台的电源。

2）升起滚筒间的举升器。

3）将汽车驶上车速表检测台，使与车速表有传动关系的车轮停在两滚筒之间。

4）降下举升器，到轮胎与举升器平板脱离为止。

5）对于标准型车速表检测台，应：

①汽车挂入最高档，松开驻车制动器，踩下加速踏板，使驱动车轮带动滚筒平稳地加速运转。

②当驾驶室内车速表指示值稳定达到检测车速时，读取检测台指示值（或操作遥控器，向工位微机发出读取数据的指令）；或当检测台指示值稳定达到检测车速时，读取驾驶室内车速表的指示值。

6）对于驱动型车速表检测台，应：

①接合车速表试验台离合器，使滚筒与电动机连接在一起。

②将汽车变速器挂入空档，松开驻车制动器，起动电动机，通过滚筒带动车轮旋转。

③当车速表指示值稳定达到检测车速时，读取检测台指示值（或操作遥控器，向工位微机发出读取数据的指令）；或当检测台指示值稳定达到检测车速时，读取车速表指示值。

7）读取数据后，轻轻踩下汽车制动踏板，使滚筒和车轮停止转动。对于驱动型车速表检测台，必须先关断电动机电源，再踩制动踏板。

8）升起举升器，将汽车驶出检测台。

9）关断检测台电源，测量工作结束。

2. 检测注意事项

1）检查汽车的轴荷，以保证待检汽车轴荷在检测台允许范围内。

2）对于前轮驱动的汽车，驶上检测台时应在低速情况下操纵转向盘确保汽车处于直驶状态，然后加速到检测车速。切忌汽车一上检测台就迅速加速。

3）对驱动型车速表检测台，在不用驱动装置进行测试时，务必分离离合器，使滚筒与电动机脱开。

三、检测标准

1. GB 18565—2001 规定

GB 18565—2001 规定，车速表允许误差范围为 +20% ~ −5%。当该机动车车速表的指示值 v_1 为 40km/h 时，车速表检测台速度指示仪表的指示值 v_2 为 33.3 ~42.1km/h 范围内为合格。

2. GB 7258—2012 规定

GB 7258—2012《机动车运行安全技术条件》规定，车速表允许误差范围为 $0 \leq v_1 - v_2 \leq (v_2/10) + 4$。其中 v_1 为车速表指示值，v_2 为实际车速值。即当车速表示值为 40km/h 时，实际车速应为 32.8 ~40km/h 范围内时为合格。

3. JT/T 198—2004 规定

一级车：车速表允许误差范围为 0 ~ +15%。即当车速表示值为 40km/h 时，实际车速应为 34.8 ~40km/h。

二、三级车：车速表允许误差范围为 $0 \leq v_1 - v_2 \leq (v_2/10) + 4$。其中 v_1 为车速表指示

值，v_2 为实际车速值。即当车速表示值为40km/h时，实际车速应为32.8～40km/h。

学习任务3　客车防雨密封性检测

学习目标

1. 能够正确解释客车防雨密封性检测的理由。
2. 能够正确描述淋雨检测线的结构与工作原理。
3. 能够利用淋雨检测线进行客车防雨密封性的检测。
4. 能够根据检测结果给出准确的客车防雨密封性评价，并提出维修建议。
5. 能够培养良好的安全与卫生习惯和团队协作意识。

任务分析

汽车防雨密封性对驾驶人、乘客的舒适性、驾驶室及车厢内的装备的正常工作和内饰的清洁完好，甚至行车安全，都有十分重要的影响。QC/T 476—2007《客车防雨密封性限值》及JT/T 198—2004《营运车辆技术等级划分和评定要求》对车辆各部位的渗、漏、流等作了比较具体的规定，并以扣分后对各种客车的限值以标准的形式给予实施。

相关理论知识

汽车淋雨装置是按照QC/T 476—2007《客车防雨密封性试验方法》的要求，对汽车进行防雨密封性试验的专用设备。

淋雨检测线主要由水泵、驱动电动机、底阀、压力调节阀、节流阀、截止阀、水压表、流量计、输水管路、喷嘴、蓄水池、支架、喷嘴架驱动和调整机构等组成，其淋雨系统如图10-10所示。

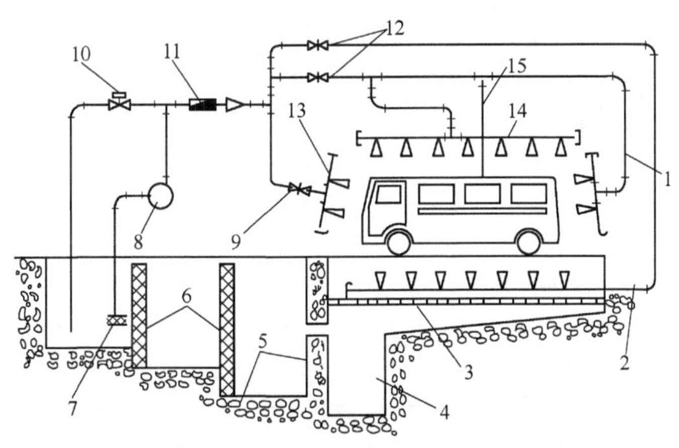

图10-10　淋雨系统示意图

1—淋雨管路(后)　2—淋雨管路(底)　3—盖板　4—泥沙沉淀池　5—多级沉淀池　6—滤网　7—吸水口滤网　8—水泵　9、12—闸阀　10—压力调节阀　11—流量计　13—淋雨管路(前)　14—淋雨管路(顶)　15—淋雨管路(侧)

测定降雨强度的器件包括2000～5000ml量杯一个，容量为10L遮盖式容器及其附属装置一个，其结构如图10-11所示。

淋雨测试时，由电动机驱动水泵，水从蓄水池内不断泵入主管路，经过压力调节和流量调节进入淋雨管路，通过喷嘴射向车体表面，喷射出的水被汇集流入蓄水池，经过多级沉淀、过滤后循环使用。

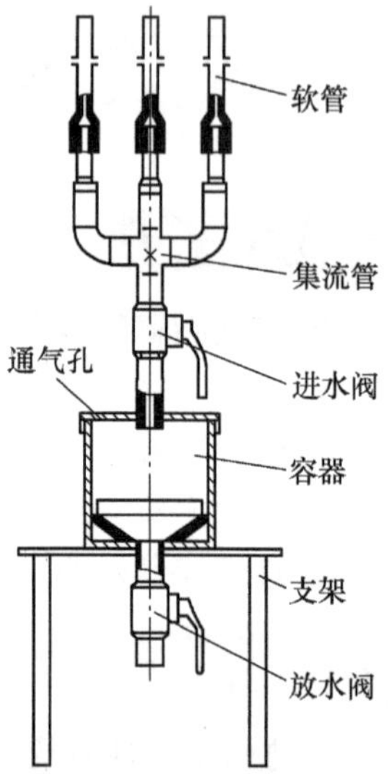

图10-11　遮盖式容器及其附属装置

技能学习

一、检测前准备

1. 测试条件

淋雨测试时，气温应在5～35℃，气压应在99～102kPa范围内。在室外淋雨测试时，应选择晴天或阴天，并且风速不超过1.5m/s。

2. 检测前准备

按照设备说明书的要求进行降雨强度测定和喷射压力测定，若不符合要求，则进行必要的调整。

二、测试步骤

1）将测试车停放在淋雨检测线内指定位置。

2）观察记录员进入车厢，然后关闭全部门、窗及孔盖。

3）启动淋雨设备，待进入稳定工作状态时即为测试开始，5 min后开始观察车厢渗漏水情况，并填入预先印制的表格中，见表10-4。

表10-4　客车淋雨试验记录表

检查部位	渗漏处数及扣分值									
	渗（每处扣1分）		慢滴（每处扣3分）		快滴（每处扣6分）		流（每处扣12分）		小计	
	处数	扣分	处数	扣分	处数	扣分	处数	扣分	处数	扣分
风窗										
侧窗										
顶盖(包括顶窗)										
后窗										
驾驶人门										
乘客门										
行李箱										
前围										
后围										
侧围										
地板										
其他										
合计										

有关术语解释如下：

渗：水从缝隙中缓慢出现，并沿着内护面蔓延开去。

慢滴：水从缝隙中出现，并且以少于或等于每分钟60滴的速度离开车身内护面，断续地落下。

快滴：水从缝隙中出现，并且以多于每分钟60滴的速度离开车身内护面，断续地落下。

流：水从缝隙中出现，并沿着或离开车身内护面连续不断地向周围或向下流淌。

4）达到规定淋雨时间后关闭淋雨设备，结束试验。

5）试验数据整理。每辆受试客车的初始分值为100分，按每出现一处渗扣1分，每出现一处慢滴扣3分，每出现一处快滴扣6分，每出现一处流扣12分累计，减去全部所扣分值即是实得分值，如出现负数，仍按零分计。

三、检测标准

客车防雨密封性限值见表10-5。

表10-5　客车防雨密封性限值

客车类型		限值/分	客车类型		限值/分
轻型客车		≥93	大型客车	旅游客车	≥90
中型客车	旅游客车	≥92		团体客车	≥88
	团体客车	≥90		城市客车	≥87
	城市客车	≥88		长途客车	≥87
	长途客车	≥80	特大型客车	铰接式客车	≥84

四、实测报告单分析

综检报告单中，噪声与其他项目的检测部分报告单式样见表10-6。

表10-6　综检报告单中，噪声与其他项目的检测部分报告单式样

噪声与其他	62	喇叭声级	110.9dB(A)	○
	63	定置噪声	dB(A)	○
	64	驾驶人耳旁噪声	78.1dB(A)	○
	65	车速表示值	39.3km/h　1.8%	—
	66	客车防雨密封性		—

表中，“喇叭声级”的实测数据为110.9dB（A），在标准数据范围［95～115dB（A）］内，故判定为合格。

“定置噪声”没有检测数据，只给出了合格的判定，显然不符合规范。

“驾驶人耳旁噪声”实测数据为76.1 dB（A），没有超过标准值（90 dB（A）），故判定为合格。

“车速表示值”实测值为39.3km/h。即当车速表示值为40km/h时，检测台读数为39.3km/h，该数据在34.8～40km/h范围内。计算得到的示值误差为1.8%，该数值在0～+15%范围内，故判定为一级。

由于本车为小型货车，故客车防雨密封性不检测。

思考与练习

一、简答题

1. 为什么要进行汽车噪声的检测？
2. 解释汽车噪声评价指标的含义。
3. 简要说明声级计的结构与工作原理。
4. 说明汽车定置噪声、驾驶人耳旁噪声和汽车喇叭噪声级检测时声级计的安置要求。
5. 说明车速表示值误差检测的理由。
6. 简要说明车速表检测台的结构与工作原理。

二、单项选择题

1. 0型和Ⅰ型声级计也称为精密声级计，Ⅱ型和Ⅲ型声级计也称为（　　）。

A. 普通声级计　　B. 脉冲声级计　　C. 交流式声级计

2. 传声器可分为三种：电动式传声器、压电传声器和（　　）。

A. 电容传声器　　B. 电流式传声器　　C. 电阻式传声器

3. 汽车喇叭声级应在（　　）dB（A）的范围内。

A. 90～105　　B. 90～115　　C. 90～125

4. 汽车定置噪声检验时，测量场地应为开阔的，是由混凝土、沥青等坚硬材料所构成的平坦地面，其边缘至车辆外廓至少（　　）m。

A. 3　　B. 4　　C. 5

5. 汽车定置噪声检验时，测量场地之外的较大障碍物，如停放的车辆、建筑物、广告牌、树木、平行的墙等，距离传声器不得小于（　　）m。

A. 3　　B. 4　　C. 5

6. 汽车定置噪声测量过程中，传声器位置处的背景噪声（包括风的影响）应比被测噪声低（　　）dB（A）以上。这里所指的背景噪声是指车辆以外的噪声。

A. 10　　B. 12　　C. 14

7. 汽车定置噪声检验时，每类试验的每个测点重复进行试验，直到连续出现（　　）个读数的变化范围在2dB之内为止，并取其算术平均值作为测量结果。

A. 2　　B. 3　　C. 4

8. 为避免汽车辐射的声音通过建筑物、墙壁或汽车外的类似大型物体的反射成为车内噪声。在进行测量的过程中，汽车与这类大型物体之间的距离应该大于（　　）m。

A. 15　　B. 20　　C. 25

9. 汽车定置噪声测量时，传声器与排气口端等高，在任何情况下距地面不得小于（　　）m。

A. 0.4　　B. 0.3　　C. 0.2

10. 检测车速表常用的方法是当汽车车速表的指示值 v_1 达到规定检测车速（　　）km/h时，读出检测台速度指示仪表的指示值 v_2。

A. 40　　B. 80　　C. 60

11. 车速表检测时，汽车轮胎（　　），轮胎沾有水、油等或轮胎花纹沟槽内嵌有小石子时，应清除干净。

A. 气压应符合汽车制造厂的规定　　B. 气压应高于汽车制造厂的规定

C. 气压应低于汽车制造厂的规定

12. 车速表试验台有三种类型：标准型、驱动型和综合型。驱动型可以转换成（　　）。

A. 标准型　　B. 综合型　　C. 驱动型

13. 造成车速表失准的原因，主要有两个方面：一方面是车速表自身的问题，另一方面与（　　）。

A. 发动机有关　　B. 轮胎的状况有关　　C. 主减速器有关

14. 将被测机动车的车轮驶上车速表检验台的滚筒上使之旋转，当车速表检验台速度指示仪表的指示值 v_2 为 40km/h 时，读取该机动车车速表的指示值 v_1，当 v_1 的读数在（　　）km/h 范围内时为合格。

A. 32.8 ~40　　B. 40 ~48　　C. 33.3 ~42.1

15. 将被测机动车的车轮驶上车速表检验台的滚筒上使之旋转，当该机动车车速表的指示值 v_1 为 40km/h 时，车速表检验台速度指示仪表的指示值 v_2 为（　　）km/h 为合格。

A. 32.8 ~40　　B. 40 ~48　　C. 33.3 ~42.1

16. 客车淋雨试验，启动淋雨设备，待进入稳定工作状态时即试验开始，（　　）min 后开始观察车厢渗漏水情况并记录。

A. 5　　B. 10　　C. 15

三、多项选择题

1. 声级计一般由传声器、放大器、（　　）、指示表头和电源等组成。

A. 衰减器　　B. 计权网络　　C. 检波器　　D. 计数器

2. 精密声级计有（　　）。

A. 0 型声级计　　B. Ⅰ型声级计　　C. Ⅱ型声级计　　D. Ⅲ型声级计

3. 普通声级计有（　　）。

A. 0 型声级计　　B. Ⅰ型声级计　　C. Ⅱ型声级计　　D. Ⅲ型声级计

4. 标准型车速表检测台速度测量装置主要由（　　）等组成。

A. 滚筒　　B. 速度传感器　　C. 举升器　　D. 框架

5. 标准型车速表检测台由（　　）等组成。

A. 速度测量装置　　B. 速度指示装置　　C. 速度调节装置　　D. 速度报警装置

6. 汽车车速表指示误差产生的主要原因有（　　）。

A. 转速传感器性能下降　　B. 车速表性能下降

C. 轮胎磨损　　D. 轮胎气压偏低

7. 淋雨试验时，有关渗漏情况的判断有（　　）几种。

A. 渗　　B. 慢滴　　C. 快滴　　D. 流

四、判断题

（　　）1. 声波作用于大气使大气压强发生变动的变动量称为声压。

（　　）2. 所谓噪声级，就是指在选定的计权网络下所测得的声压级（响度级）。

（　　）3. 0 型和Ⅰ型声级计也称为普通声级计。

（　　）4. 0 型和Ⅰ型声级计也称为精密声级计。

（　　）5. Ⅱ型和Ⅲ型声级计也称为普通声级计。

（　　）6. 声级计的传声器是用来把被测电信号变换成声信号，也称为话筒，它是声级计的传感器。

（　　）7. 从声级计上得出的噪声级读数必须注明测量条件，如单位为 dB，且使用的是 A 计权网络，则应记为 dB（A）。

（　　）8. 声级计内设置的一种能够模拟人耳的听觉特性，把电信号修正为与听感近似值的网络，称为计权网络。

（　　）9. 声级计一般具有“快”和“慢”时间计权（电表阻尼）特性，测量时要根据测量规范的要求来选择。例如：测量汽车噪声规定用“慢”特性，测量城市环境噪声规定用“快”特性。

（　　）10. 噪声测量时，只有反射波到达声级计经过的路程是直达波到声级计处所经过路程的 3 倍以上，由反射声波造成的误差才可以忽略不计。

（　　）11. 进行汽车定置噪声测量的场地应为开阔的，是由混凝土、沥青等坚硬材料所构成的平坦地面，其边缘距车辆外廓至少 5m。

（　　）12. 汽车定置噪声测量时，测量场地之外停放的车辆、建筑物、广告牌、树木、平行的墙等，距离传声器不得小于 3m。

（　　）13. 汽车定置噪声测量时，传声器的参考轴应与地面平行，并与通过排气口气流方向且垂直地面的平面成 45°±10°的夹角。传声器朝向排气口，距排气口端 0.5m，放在车辆外侧。

（　　）14. 汽车定置噪声测量时，对车辆装有两个或更多的排气管，且排气管之间的间隔不大于 0.3m，并联于一个消声器时，只需取 1 个测量位置。传声器应选择位于最靠近车辆外侧的那个排气管。

（　　）15. 汽车定置噪声测量时，对装有多个排气管，并且各排气管的间隔大于 0.3m 的车辆，对每一个排气管都要测量，并记录下其最高声级。

（　　）16. 汽车定置噪声测量时，对排气管垂直向上的车辆，传声器放置高度应与排气管口等高，传声器朝上，其参考轴应垂直地面。传声器应放在离排气管较近的车辆一侧，并距排气口 0.6m。

（　　）17. （GB 7258—2012）《机动车运行安全技术条件》规定，汽车喇叭声级在距车前 2m、离地高 1.2m 处用声级计测量时，其值应为 95～115dB（A）。

（　　）18. （GB 7258—2012）《机动车运行安全技术条件》规定，当该机动车车速表指示值（v_1）为 40km/h 时，车速表检测台速度指示仪表的指示值 v_2 为 32.8～40km/h 范围内为合格。

（　　）19. （GB 7258—2012）《机动车运行安全技术条件》规定，当该机动车车速表指示值 v_1 为 40km/h 时，车速表检测台速度指示仪表的指示值 v_2 为 40～48km/h 范围内为合格。

（　　）20. （GB 7258—2012）《机动车运行安全技术条件》规定，车速表检测台速度指示仪表的指示值 v_2 为 40km/h 时，读取该机动车车速表指示值 v_1，v_1 在 40～48km/h 范围内为合格。

（　　）21. （GB 7258—2012）《机动车运行安全技术条件》规定，车速表检测台速度

指示仪表的指示值 v_2 为 40km/h 时，读取该机动车车速表指示值（v_1），v_1 在 32.8～40km/h 范围内为合格。

（　　）22. 虽然轮胎磨损、气压不符合标准（过高或过低）等原因影响车轮半径的变化，但并不影响车速表的示值误差。

（　　）23. 驱动型车速表检测台在滚筒与电动机之间装有离合器，若检测时将离合器分离，则可作为标准型检测台使用。

（　　）24. 驱动型车速表检测台作为标准型检测台使用时，一定要将离合器接合，使滚筒与电动机脱开。

（　　）25. 对于后置发动机的汽车，由于转速信号取自前轮，可以利用驱动型车速表检测台检测车速。

（　　）26. 对于后置发动机的汽车，不可以利用驱动型车速表检测台检测车速。

（　　）27. 驱动型车速表检测台与标准型车速表检测台基本相同，不同的是在滚筒的一端装有电动机，用以驱动滚筒，再带动汽车从动轮旋转。

（　　）28. 标准型车速表检测台与驱动型车速表检测台相同，不同的是在滚筒的一端装有电动机，用以驱动滚筒，再带动汽车从动轮旋转。

（　　）29. 驱动型车速表检测台作为标准型检测台使用时，一定要将离合器分离，使滚筒与电动机脱开。

（　　）30. 在进行汽车车速表检测时，为防止被检车辆向前窜动，前驱动车宜使用驻车制动，后驱动车可在非驱动轮前部加止动块。

附录

国内与汽车整车性能检测相关的法律法规及标准简介

1.《营运车辆综合性能要求和检验方法》(GB 18565—2001)

该标准由中华人民共和国国家质量监督检验检疫总局、中国国家标准化管理委员会于2000年7月16日发布，2001年10月1日实施。

该标准规定了营运车辆的动力性、燃料经济性、制动性、转向操纵性、照明和信号装置及其他电气设备、排放与噪声控制、密封性、整车装备的基本技术要求和检验方法。

该标准为强制性国家标准，适用于营运车辆，非营运车辆可参照执行。该标准由各级交通运输行政主管部门统一监督实施。

标准的主要内容介绍如下：

1）营运车辆动力性要求和检验方法（标准第4条）。

2）营运车辆燃油经济性要求和检验方法（标准第5条）。

3）营运车辆制动性要求和检验方法（标准第6条）。

4）营运车辆转向操纵性技术要求和检验方法（标准第7条）。

5）照明和信号装置及其他电器设备技术要求和检测方法（标准第8条）。

6）排放与噪声控制技术要求和检测方法（标准第9条）。

7）密封性技术要求和检验方法（标准第10条）。

8）整车技术要求（标准第11条）。

9）检验方法（标准第12条）。

2.《机动车运行安全技术条件》(GB 7258—2012)

该标准规定了机动车的整车及主要总成、安全防护装置等有关运行安全的基本技术要求及检验方法。还规定了机动车的环保要求及消防车、救护车、工程救险车和警车的附加要求，是我国机动车安全技术管理最基本的技术性法规，同时也是我国机动车新车定型强制性检验、新车出厂检验及进口机动车检验、事故车检验等机动车安全性能检验的主要技术依据。该标准由中华人民共和国公安部、交通运输部、工业和信息化部提出，由国家质量监督检验检疫总局和国家标准化管理委员会批准发布，自2012年10月1日起实施。

该标准的附录为推荐性的，其余均为强制性的。

1）术语和定义（标准第3条）。

2）整车技术条件（标准第4条）。

3）发动机技术条件（标准第5条）。

4）转向系统技术条件（标准第6条）。

5）制动系统技术条件（标准第7条）。

6）照明、信号装置和其他电气设备技术条件（标准第8条）。

7）行驶系统技术条件（标准第9条）。

8）传动系统技术条件（标准第10条）。

9）车身技术条件（标准第11条）。

10）机动车安全防护装置技术要求（标准第12条）。

11）消防车、救护车、工程救险车和警车的附加要求（标准第13条）。

12）残疾人专用汽车的附加要求（标准第14条）。

13）标准的附录。

附录A（规范性附录）驾驶人耳旁噪声检验方法。

附录B（规范性附录）典型车型车身反光标志粘贴示例及要求。

附录C（资料性附录）四种类型机动车技术条件要求对应一览表。

3.《点燃式发动机汽车排气污染物限值及测量方法》（双怠速法和简易工况法）》（GB 18285—2005）

该标准由国家环境保护部、国家质量监督检验检疫总局2005年5月30日发布，2005年7月1日起实施。该标准规定了装用点燃式发动机汽车怠速和高怠速工况下排气污染物排放限值及测量方法，同时规定了点燃式发动机轻型汽车稳态工况法、瞬态工况法和简易工况法三种工况法的测量方法。该标准是对《汽油车怠速污染物排放标准》（GB 14761.5—1993）和《汽油车排气污染物的测量怠速法》（GB/T 3845—1993）的修订与合并，增加了高怠速工况排放限值和对过量空气系数的要求。本标准具有强制执行的效力，适用于装用点燃式发动机的新生产和在用汽车。

1）排气污染物排放限值（标准第4条）。

2）测量方法（标准第5条）。

3）单一燃料车和两用燃料车排放检测的要求（标准第6条）。

4）排放测量结果的判定规则（标准第7条）。

5）在用车的排放监控（标准第8条）。

6）标准附录。

附录A（规范性附录）双怠速法排放气体测量仪器技术条件。

附录B（规范性附录）稳态工况法测量方法。

附录C（规范性附录）瞬态工况法测量方法。

附录D（规范性附录）简易瞬态工况法测量方法。

4.《车用压燃式发动机和压燃式发动机汽车排气烟度排放限值及测量方法》（GB 3847—2005）

该标准由国家环境保护部、国家质量监督检验检疫总局2005年5月30日发布，2005年7月1日起实施。

该标准为贯彻《中华人民共和国环境保护法》和《中华人民共和国大气污染防治法》、控制汽车污染物排放、改善环境空气质量而制定。对车用压燃式发动机和压燃式发动机汽车的排气烟度排放限值及测量方法作了规定。

该标准是对《压燃式发动机和装用压燃式发动机的车辆排气可见污染物限值及测试方法》（GB 3847—1999）等标准的修订版。本标准修改采用联合国欧洲经济委员会1986年4月20日生效的ECE R24/03法规《对压燃式发动机和压燃式发动机汽车排气可见污染物排放的核准规则》的主要技术内容。对于在用汽车自由加速实验的排放限值及测量方法，参考了欧洲共同体委员会96/96/EC指令中第8.2.2条对装用压燃式发动机汽车排气可见物排放的相关规定。

本标准具有强制执行的效力，适用范围包括：

1）压燃式发动机排气烟度的检测，包括发动机形式核准和生产一致性检查。

2）压燃式发动机汽车排气烟度的检测，包括新车形式核准和生产一致性检测。

3）按照《柴油车自由加速烟度排放标准》（GB 14761.6—1993）生产制造的在用汽车测量方法与原《柴油车自由加速烟度测量滤纸烟度法》（GB 3846—1993）规定的博世烟度法相同，相应的排放限值及测量方法列入本标准。

4）污染物排放符合GB 18352的装用压燃式发动机的轻型汽车。

本标准不适用于低载货汽车和三轮汽车。

自本标准实施之日起，下列标准同时废止：《压燃式发动机和压燃式发动机的车辆排气可见污染物限值及测试方法》（GB 3847—1999）、《在用汽车排气污染物限值及测试方法》（GB 18285—2000）、《汽车柴油机全负荷烟度排放标准》（GB 14761.7—1993）、《汽车柴油机全负荷烟度测量方法》（GB 3847—1983）、《柴油车自由加速烟度排放标准》（GB 14761.6—1993）、《柴油车自由加速烟度的测量滤纸烟度法》（GB 3846—1993）。

标准第3条对本标准所采用的有关术语和定义作了规定。

标准具体规定共分4个部分，包括第Ⅰ部分压燃式发动机的排气烟度排放控制要求、第Ⅱ部分装用发动机形式核准已批准的压燃式发动机汽车的排气烟度排放控制要求、第Ⅲ部分装用未单独进行发动机形式核准的压燃式发动机汽车的排气烟度排放控制要求、第Ⅳ部分在用汽车的排气烟度排放控制要求。

标准的附录C（规范性附录）详细说明了全负荷稳定转速试验不透光烟度法的测量方法。

标准的附录D（规范性附录）详细说明了自由加速试验不透光烟度法的测量方法。

标准的附录H（规范性附录）详细说明了不透光烟度计的安装和使用方法。

标准的附录I（规范性附录）详细说明了在用汽车自由加速试验不透光烟度法的测量方法。

标准的附录是J（规范性附录）详细说明了在用汽车加载减速试验不透光烟度法的测量方法。

标准的附录K（规范性附录）详细说明了在用汽车自由加速试验滤纸烟度法的测量方法。

5.《营运车辆技术等级划分及技术评定要求》（JT/T 198—2004）

本标准是对《汽车技术等级评定标准》（JT/T 198—1995）和《汽车技术等级评定的检测方法》（JT/T 199—1995）中营运车辆相应内容的修订。

本标准规定了营运车辆技术状况等级的评定内容、评定规则、等级划分、评定项目和技术要求。

本标准适用于营运车辆。

1）评定内容。评定营运车辆整车装备及外观检查、动力性、燃料经济性、制动性、转向操纵性、前照灯发光强度和光束照射位置、排放污染物限值、车速表示值误差等。

2）评定规则。

①评定原则。

a. 营运车辆应达到 GB 18565 规定的要求。

b. 营运车辆技术等级评定项目和技术要求按照“营运车辆技术等级的评定项目和技术要求表”的规定执行。

c. 营运车辆的技术等级评定的检测方法应按 GB 18565 规定的方法执行。

②等级划分。营运车辆技术等级划分为一级、二级和三级。

一级：“营运车辆技术等级的评定项目和技术要求表”中分级的项目应达到规定的一级技术要求；没分级的项目应为合格。

二级：“营运车辆技术等级的评定项目和技术要求表”中 5.1.2、5.1.9 和 5.4.2 应达到规定的技术要求；5.1.1、5.1.3、5.2.1、5.3.1、5.4.4、5.5.2、5.7 和 5.10 八个项目中至少有三项应达到规定的一级技术要求；没分级的项目应为合格。

三级：“营运车辆技术等级的评定项目和技术要求表”中分级的项目应达到三级技术要求；没分级的项目应为合格。

参 考 文 献

[1] 安相璧. 汽车检测诊断技术 [M]. 3 版. 北京：北京理工大学出版社，2012.

[2] 邹小明. 汽车检测诊断技术 [M]. 北京：人民交通出版社，2006.

[3] 杨益明. 汽车检测设备与维修 [M]. 北京：人民交通出版社，2011.

[4] 崔选盟. 汽车故障诊断技术 [M]. 2 版. 北京：人民交通出版社，2011.

[5] 刘艳莉. 汽车故障诊断技术 [M]. 西安：西安电子科技大学出版社，2007.

[6] 张建俊. 汽车诊断与检测技术 [M]. 2 版. 北京：人民交通出版社，2006.

[7] 闵永军. 汽车故障诊断与维修技术 [M]. 2 版. 北京：高等教育出版社，2012.

[8] D 威德尔. 汽车发动机构造与诊断维修 [M]. 迟瑞娟，等译. 北京：机械工业出版社，2006.

[9] 张西振. 汽车发动机电控系统 [M]. 2 版. 北京：机械工业出版社，2009.